D1822445

दलित चिन्तन का विकास

अभिशप्त चिन्तन से इतिहास चिन्तन की ओर

'मातृसत्ता, पितृसत्ता और जारसत्ता'
पर
डॉ. धर्मवीर की
स्त्री-पुरुष के सम्बन्धों पर
पुस्तक-शृंखला

खण्ड-एक : कामसूत्र की सन्तानें

खण्ड-दो : तीन द्विज हिन्दू स्त्रीलिंगों का चिंतन

खण्ड-तीन-क : प्रेमचन्द : सामन्त का मुन्शी

खण्ड-तीन-ख : प्रेमचंद की नीली आँखें

खण्ड-चार : थेरीगाथा की स्त्रियाँ और डॉ. अम्बेडकर

खण्ड-पाँच : दलित सिविल कानून

खण्ड-छह : दूसरों की जूतियाँ

खण्ड-सात : चमार की बेटी रूपा

सम्पादन : सीमन्तनी उपदेश

In English

Bijak Paternity

or

Back to the Ajivak Morals

दलित चिन्तन का विकास

अभिशप्त चिन्तन से इतिहास चिन्तन की ओर

डॉ. धर्मवीर

वाणी प्रकाशन

वाणी प्रकाशन
4695, 21-ए, दरियागंज, नयी दिल्ली 110 002
फ़ोन : +91 11 23273167 फ़ैक्स : +91 11 23275710
शाखाएँ
अशोक राजपथ, पटना 800 004, बिहार
कॉफ़ी हाउस कैम्पस, महात्मा गांधी मार्ग, इलाहाबाद 211 001, उत्तर प्रदेश
महात्मा गांधी अन्तरराष्ट्रीय हिन्दी विश्वविद्यालय, वर्धा 442 001, महाराष्ट्र
सुल्तानिया रोड, मोतिया पार्क, भोपाल 462 001, मध्य प्रदेश
www.vaniprakashan.com
marketing@vaniprakashan.in
sales@vaniprakashan.in

DALIT CHINTAN KA VIKAS
ABHISHAPT CHINTAN SE ITIHAS CHINTAN KI OR
by Dr. Dharamveer

ISBN : 978-81-8143-870-6
Criticism

© लेखकाधीन

संस्करण 2008, 2012
तृतीय संस्करण 2020

मूल्य : ₹695

इस पुस्तक के किसी भी अंश को किसी भी माध्यम में प्रयोग करने के लिए प्रकाशक से लिखित अनुमति लेना अनिवार्य है।

मेहरा ऑफसेट, नयी दिल्ली-110 002 में मुद्रित

वाणी प्रकाशन का लोगो मक़बूल फ़िदा हुसेन की कूची से

उस दलित चिन्तन को
जो दलितों की जिम्मेदारी गैर-दलितों पर नहीं डालता
और खुद पर ओटता है

—धर्मवीर

भूमिका

हिन्दुओं में एक बड़ी तादाद के लोग बिना धर्म के रह रहे हैं। दलित उन्हीं में से हैं। हिन्दुओं ने उन के लिए धर्मशास्त्रों और मन्दिरों के रास्ते रोके हैं और खुद दलितों ने अपने धर्मशास्त्र और मन्दिर खड़े नहीं किए। यह धर्महीनता की स्थिति है और इसे अच्छी स्थिति नहीं कहा जा सकता। इसीलिए हिन्दू धर्म की कोई परिभाषा तय नहीं हुई है क्योंकि दलितों को इस में शामिल किया गया है। यदि दलितों और पिछड़ों को हिन्दू धर्म की गिनती में न लिया जाए तो हिन्दू धर्म की एक पक्की परिभाषा बन सकती है। हिन्दू धर्म के अपरिभाषित रहने का मुख्य कारण यह है कि उस के काफी संख्या में लोग अहिन्दू हैं।

बाबा साहेब डा. अम्बेडकर दलित चिन्तन में जरूर पड़ते हैं और गहराई से पड़ते हैं। उन्होंने दलितों के लिए बहुत सोचा और किया है। लेकिन उन्होंने बौद्ध धर्म को ग्रहण करके मूल दलित चिन्तन को बीच में छोड़ा है। कहा तो यह भी जाना चाहिए कि उन्होंने बौद्ध धर्म और बौद्ध दर्शन को दलित जातियों के अनुकूल व्याख्यायित करने का प्रयत्न किया जो सफल नहीं हो सका। लेकिन मंगूराम और स्वामी अछूतानंद ने बिना किसी विचलन के सोचा है। वे सीधे रैदास और कबीर पर गए हैं जिन के पवित्र चरणों में हमारे शीश झुकते हैं।

सारी समस्या हीनता की ग्रन्थि की है। दलित जातियों में गिनाए गए लोग केवल शब्दों से मरे पड़े हैं। ये स्वतन्त्र कैसे होंगे?—इन्होंने दूसरों के कहने से खुद को हीन समझ रखा है! विचारों की अपनी ताकत होती है जिस का दलित जातियों ने इस्तेमाल नहीं किया। मनुष्य में हीनता क्यों? किसी को भी अपने माँ-बाप का नाम बताने में हिचक क्यों? साथ ही, 'वंदे मातरम' के साथ 'वंदे फादरम' भी गाना है बल्कि 'वंदे फादरम' को कुछ ज्यादा उच्च स्वर से गाना है क्योंकि पिता को जानना मां को जानने की अपेक्षा सामाजिक विकास का ज्यादा परिचायक है।

इन्द्र, सिकन्दर, कनिष्क, बाबर और क्लाइव आदि विदेशों से इस देश पर दावा जमाने और कब्जा करने आते रहे हैं। इधर, दलितों ने अपने देश में ही अपने घर और अपनी औरतें छिनवा रखी हैं। स्थिति को बदला जा सकता है बशर्ते दलित जातियाँ इसके लिए सोच पैदा करें और तदनुरूप काम करें। मुश्किल इसलिए नहीं है क्योंकि जो वे भुगत और सह रहे हैं, वह कहीं ज्यादा मुश्किल है।

—धर्मवीर

14 अप्रैल, 2008
अम्बेडकर जयन्ती
तिरुवनन्तपुरम

विषय सूची

भूमिका 7

भाग-एक

अध्याय - 1. दलित साहित्य की परिभाषा : समग्रता और पूर्णता की ओर 13
अध्याय - 2. 'हिन्दी' 'साहित्य' के 'इतिहास' की 'राजनीति' 32
अध्याय - 3. डा. नामवर सिंह का दुःख 39
अध्याय - 4. तुलसी की याद आना 59
अध्याय - 5. अधखुले दरवाजे की कविताएँ 65

भाग-दो

अध्याय - 6. दलित चिन्तन का विकास : अभिशप्त चिन्तन से इतिहास चिन्तन की ओर 75
अध्याय - 7. क्या शूद्र भी हिन्दू हैं? 91
अध्याय - 8. अस्पृश्य किस देश के नागरिक हैं? 100
अध्याय - 9. हिन्दुत्व : परिभाषित और अपरिभाषित 114
अध्याय -10. दलितों का दर्शन क्या हो? 137
अध्याय -11. जातिविहीन समाज का सपना 149
अध्याय -12. सम्पूर्ण क्रान्ति के लिए वर्ग एवं वर्ण उन्मूलन की भूमिका 158
अध्याय -13. आरक्षण पर सार्थक बहस 165
अध्याय -14. सन्तराम बी. ए. : गैरों के बीच 170
अध्याय -15. मुद्रा राक्षस : एक विदेशी शूद्र 190

भाग-तीन

अध्याय -16.	महापुरुषों का बँटवारा : अम्बेडकर बनाम गांधी की बहस	197
	क. बहस का वर्तमान रूप	197
	ख. दलित प्रतिनिधित्व पर हमला	202
	ग. अस्पृश्यता, हिन्दू धर्म और गांधी जी	205
अध्याय -17.	कबीर मंडन गांधी खंडन	221
अध्याय -18.	सार्वजनिक कार्यकर्ता?	224
अध्याय -19.	देवदत्त क्यों हँसे?	234
अध्याय -20.	हिंदुओं के दो महापुरुषों की अछोपा औरतें और वे खुद	237
Appendix-I .	Twenty One Thesis on Dalit Language, Literature and Thought by Dr. Dhram Veer, I.A.S.	243
संदर्भ साहित्य		249
डॉ. धर्मवीर के दलित सम्बन्धी साहित्य पर बहस		256

भाग-एक

अध्याय-1

दलित साहित्य की परिभाषा : समग्रता और पूर्णता की ओर[क]

I

दलित व्यक्ति एक मनुष्य पैदा होता है। मनुष्य एक सम्भावना है। हर दलित व्यक्ति मनुष्य की सम्भावनाओं से भरपूर पैदा होता है। वे लोग मनुष्य के दुश्मन कहे जाएँगे जो मनुष्य की सम्भावनाओं पर किसी भी रूप में रोक लगाते हैं। दूसरी तरफ से, इस चिन्तन में इतना और कहने की जरूरत है कि मनुष्य केवल हिन्दू नहीं है—अर्थात दलित भी मनुष्य है।

यह आश्चर्य और दुख की बात है कि दलित को हिन्दू संस्कृति पर मर्सिया गाने वाला कवि मान लिया गया है। यह उसे व्यक्तिगत संघर्ष में फाँस कर जबरदस्ती हिन्दू बनाए रखने की रणनीति है। लेकिन यदि दलित चिन्तन हिन्दू वर्ण-व्यवस्था से बाहर खड़ा हो कर देखता है तो वह ब्राह्मण बनने के लिए व्यक्तिगत संघर्ष नहीं करता बल्कि ब्राह्मण से लौकिक रूप का तीन हजार साल का अपना लम्बा युद्ध करता है। व्यक्तिगत संघर्ष में पीड़ा हो सकती है लेकिन ऐतिहासिक युद्ध में ऐसी संवेदनाओं के लिए स्थान नहीं रह जाता। दलित जीवन में अनेक मानवीय संवेदनाएँ सीधे प्रकृति और सृष्टि से प्राप्त होती हैं।

दलित साहित्य की परिभाषा में दलित के स्वप्न, दलित की कल्पना और दलित के ख्याल को छोड़ा नहीं जा सकता। जरूरत पड़े तो खुद इस 'दलित' शब्द को छोड़ा जा सकता है। दलित जीवन में अभिधा, लक्षणा और व्यंजना की सारी खूबियाँ और शक्तियाँ हैं। किसी की क्या मजाल है कि दलित की मुसकान पर रोक लगा दे? दलित का बच्चा वैसे ही मुसकराता है जैसे प्रकृति उस से चाहती है। वह किलकारियाँ भरता है और

क. दलित साहित्य की परिभाषा : समग्रता और पूर्णता की ओर, धर्मवीर, दलित साहित्य 1999, सम्पादक जय प्रकाश कर्दम, सी-19, डी. डी. ए. फ्लैट्स, ईस्ट आफ लोनी रोड, दिल्ली-110 003, पृ.-32-49

अन्तर्मन में हिरन की तरह उछालें लेता है। उस का मन संसार में मयूर बन कर मोहक नाच नाचता है। कोशिश की गई है कि वह ऐसा न करे लेकिन यह प्रकृति का विद्रोह है जो उस के मनुष्य में प्रकट होता है कि वह ऐसा करता है। समाधान में, दलित साहित्यकार ने सब से पहले अपने मनुष्य की खोज की है और हिन्दुओं की समाज-व्यवस्था में खुद के लिए चौथे वर्ण की स्थिति उस ने कभी कबूल नहीं की। ब्राह्मण उसे शूद्र और अछूत कहता है, कहता रहे, लेकिन दलित ने इस समाज-व्यवस्था पर सदा अपनी विमत टिप्पणी दर्ज की है। दलित की इस विमत टिप्पणी को शम्बूक, एकलव्य, कबीर और अम्बेडकर के रूप में ध्यानपूर्वक पढ़ा जाना चाहिए। यदि उसे ठीक से नहीं पढ़ा गया तो दलित और गैर-दलित दोनों तरफ के समाज-दार्शनिकों द्वारा 'दलित' और 'दलित साहित्य' की गलत परिभाषाएँ की जा सकती हैं।

क्या यह पाबंदी लगातार जारी रहेगी कि दलित अपने पूरे मनुष्य की खोज नहीं कर सकता? क्या एक धौंस के तहत मनुष्य के रूप में वह सदा अधूरा ही रहता चला जाएगा? क्या उस के दिल और दिमाग पर वर्ण-व्यवस्था की एक आपात स्थिति जरूर लगी रहेगी कि वह स्वतंत्र हो कर ज्ञान-ध्यान नहीं कर सकता, अपनी स्त्री की रक्षा में हथियार धारण नहीं कर सकता और अच्छी माली हालत के लिए सम्पत्ति का अधिकार अखत्यार नहीं कर सकता? दलित को रुदाली का साहित्य लिखने में सीमित रखने का मतलब क्या है? मतलब जो निकले लेकिन ऐसी परिभाषा करने में मन्शा क्या है?

वह दलित मनुष्य क्या करे जिस ने हजार पाबंदियों के बावजूद हिन्दुओं और बौद्धों की वर्ण-व्यवस्थाओं के घेरे से बाहर भीतर के संभावित अपने पूरे मनुष्य की खोज कर ली है? क्या एक गलत परिभाषा की वेदी पर बलि चढ़ने के लिए वह खुद अपने हाथ-पाँव कस कर बाँध ले? क्या तब वह अलग और विशिष्ट पहचान का दलित नहीं रह जाएगा? क्या तब वह हिन्दू, भारतीय और आर्य बन जाएगा? एक मुसलमान जब मुक्त होता है तो वह क्या होता है? उत्तर साफ है—वह मुसलमान होता है। समझना इतना है कि एक ईसाई गुलाम था और अब वह गुलाम नहीं रह गया है। ऐसा नहीं है कि गुलामी की बेड़ियों से मुक्ति में वह ईसाई ही नहीं रह गया है। दुर्भाग्य से, दलित के बारे में यही रणनीति अपनाई गई है कि यदि दलित मुक्त हो गया है तो उस की विशिष्ट पहचान खू गई है। दुख में उसे चैन नहीं लेने दिया जाता और सुख में उस का अस्तित्व नहीं माना जाता—यह कितना बड़ा धोखा और भ्रमजाल है! उस का सुख में अस्तित्व माना जाए तो वह इस बात की पुख्ता किलेबंदी करे कि पुनः गुलाम न हो सके। वर्ण-व्यवस्था के दायरे में उस की इस किलेबन्दी करने की क्षमता को बारूद लगा कर नाकाम किया जाता है। डा. अम्बेडकर के घर में पत्नी बना कर शौक से एक ब्राह्मणी दे दी जाती है। यह आपद्धर्म की रणनीति दलितों से उन का नेतृत्व छीनने के कौशल में काम आती है। यह 'दलित एलिएनेशन' की घातक जादूगरी और जहरीली कीमियागिरी है।

यहाँ एक खास सन्दर्भ में बात की जा सकती है। महाड सत्याग्रह और काला राम मन्दिर प्रवेश की जद्दोजहद डा. अम्बेडकर के रूप में दलित चिन्तन के शुरूआती दौर की बात थी। इस से आगे पूना पैक्ट के मसौदे पर हस्ताक्षर करने में डा. अम्बेडकर को दोषी नहीं ठहराया जा सकता क्योंकि तब वे हिन्दुओं के दबाव में थे। हिन्दू कोड बिल को ले कर असफल होने में भी उन की गलती नहीं मानी जा सकती क्योंकि उस में हिन्दुओं की संसद उन के खिलाफ एकजुट खड़ी हो गई थी। लेकिन डा. अम्बेडकर उस दिन दलित चिन्तन की प्रखरता को छोड़ कर ठण्डे हो चुके थे जिस 14 अप्रैल, 1948 के दिन उन्होंने एक ब्राह्मणी से अपना ब्याह रचाया था। 14 अक्टूबर, 1956 के दिन जब उन्होंने बौद्ध धर्म स्वीकार किया तो उन में मानो दलित चिन्तन की निजता और उष्मा का सब कुछ निचड़ चुका था। ये दोनों उन के निजी और व्यक्तिगत निर्णय थे। इन दोनों महत्वपूर्ण निर्णयों में उन पर हिन्दुओं का गाँधी के आमरण अनशन के रूप में या संसद की लोकतांत्रिक गिनती का कोई दबाव नहीं था। अपने इन दोनों निर्णयों के लिए वे स्वयं जिम्मेदार और जवाबदेह हैं। लेकिन मूल्यांकन यह है कि 13 अप्रैल, 1948 के दिन तक का डा. अम्बेडकर का दलित चिन्तन किसी भी तरह से कमजोर चिन्तन नहीं था। तब तक उस चिन्तन में निजता और उष्मा दोनों थीं। यूँ, हिन्दी में दलित साहित्य की परिभाषा मराठी के दलित साहित्य के अम्बेडकरवाद को समा कर भी अम्बेडकरवाद से आगे निकली हुई है। अम्बेडकरवाद दलित साहित्य के एक दौर की खास और सशक्त प्रवृत्ति है लेकिन इस में उस के सम्भावित सब कुछ को परिभाषित करने की क्षमता नहीं है। अम्बेडकरवाद ने दलित बालक को घुटनों चलना सिखाया है लेकिन यह खुद डा. अम्बेडकर की मन्शा कही जाएगी कि उन का दलित बालक सम्भावनाओं की दुनिया में अब आगे दौड़ेगा भी। विशेषकर, डा. अम्बेडकर के बौद्ध धर्म ग्रहण करने के बारे में यही कहा जा सकता है कि यह कोट दलित जीवन की नाप का नहीं है। इस पुराने और उतरे हुए कोट को पहन कर दलित शरीर का जाड़ा नहीं मिटा है। इस में दलित के हाथ और पैर ठण्ड और गर्मी की मार सहते उघड़े रह गए हैं तथा उस के मुँह और सिर को इस ने आँख और कान समेत फालतू ढक दिया है। जरूरत इस बात की थी कि बाबा साहेब अपनी नाप का पहनावा खुद सी लेते। बौद्ध धर्म और बौद्ध दर्शन दलित विचार में खपते और जँचते नहीं हैं। उतरन तो उतरन ही है।

यह सही है कि बाबा साहेब ने यह बहुत अच्छी बात कही थी कि उन के अनुयायी यदि उनके कारवें को आगे न ले जा सकें तो उसे इसी जगह छोड़ दें लेकिन कम-से-कम उसे पीछे न ले जाएँ। लेकिन पूछना खुद बाबा साहेब से है कि बौद्ध धर्म अपना कर वे खुद अपने रास्ते से क्यों भटक गए। वे दूसरों को सही आगाह कर रहे हैं लेकिन खुद चूक क्यों कर रहे हैं? उन्हें क्या जरूरत पड़ी थी कि वे किसी ब्राह्मणी से शादी करने की हीनता दिखाते? निश्चित रूप से, इन दो मामलों को ले कर वे खुद अपने खिलाफ दीवार बन कर खड़े हो गए हैं।

बात 'दलित' शब्द की रह जाती है। शब्दों के अर्थ वे हुआ करते हैं जो उन्हें दिए जाते हैं। भाषा मनुष्य की रचना है। इस में अनिर्वचनीयता और मौन भी भाषा बन कर आते हैं। गैब और उलटबासियाँ भी भाषा की धरोहर हैं। हर शब्द एक अभिव्यक्ति है। अभिव्यक्ति सामयिक और सीमित हो सकती है। किसी भी शब्द से काम चलाया जा सकता है। यदि ऐसा करना सम्भव नहीं है तो दलित साहित्यकार को इस 'दलित' शब्द से कोई मोह भी नहीं है। यह दलित चिन्तक का प्रिय शब्द नहीं है बल्कि शुरू से ही वह इस से आपत्ति जताता आ रहा है। जितना दलित अस्तित्व में है, और जो दलित की सम्भावना है, यदि वह सब इस 'दलित' शब्द से अभिव्यंजित नहीं हो सकता तो आज हिन्दी भाषा में शब्द-निर्माण के टोटे नहीं पड़ गए हैं। यदि दलित साहित्यकार रूढ़ हो गए इस 'दलित साहित्य' की परिभाषा से कोई बड़ी सम्भावना ले कर उतर रहा है तो एक सही शब्द के अभाव में चिन्तन को रोका नहीं जा सकता। तब 'दलित' शब्द को छोड़ा जा सकता है—कई दलित साहित्यकार छोड़ने की इस प्रक्रिया को अभी से आरम्भ कर सकते हैं। इसलिए, वे अपनी उन कविताओं को आग की भेंट न चढ़ाएँ जिन में उन्होंने भंगी और चमार रह कर यौवन के उभार में प्रेम और सौन्दर्य की स्वाभाविक और सच्ची अभिव्यक्ति की है। लिखी हुई कविताओं को छुपाना अपने मनुष्य के प्रति झूठ बोलना हो जाएगा। वे निस्संकोच हो कर उन्हें विश्व के सामने लाएँ। किसी दलित या गैर-दलित की हीनता या उन के बहकावे में रह कर महान साहित्यिक सम्पत्ति को नष्ट न करें। गलत चिन्तन के दबाव में न रहें और अपने मनुष्य को पूर्ण रूप से अभिव्यक्त करें। वर्ण-व्यवस्था से नाप कर पाँच प्रतिशत के असहज सामाजिक दुख को लेखनी में सौ प्रतिशत का न बनाएँ। जीवन को जगत में एक त्यौहार माने और वर्ण-व्यवस्था से शिकायत करने के बजाय उस के जनक से सीधे युद्ध करें। यदि ब्राह्मण उस के लिए जिम्मेदार है तो उसे वर्ण-व्यवस्था का ऐसा घिनौना पात्र सिद्ध कर दें ताकि ब्राह्मण थर-थर काँप उठें और तौबा बोले कि अब वह ऐसा कुकृत्य नहीं करेगा।

सारे संसार को डोंडी पीट कर बताया जा सकता है कि जब दलित का विवाह होता है वह रोता नहीं है, बल्कि खुशी के गीत गाता हुआ दुल्हा बनता है—और सच यह भी है कि दलित का विवाह होता है। साथ ही, यह बात भी जोर से घोषणा कर के बताई जा सकती है कि जिस दिन दलित के घर में बच्चा जन्म लेता है उस दिन वह संसार की किसी दूसरी कौम की तुलना में कम खुशियाँ नहीं मनाता—और सच यह भी है कि दलित के घर बच्चा जन्म लेता है। द्विज चिन्तन को जान लेना चाहिए कि उन की हजार कोशिशों के बावजूद उन से दलितों का वंश नहीं मिट सका है। अपनी स्मृतियों के तहत ब्राह्मण ने दलित के साथ कितना भी निर्दयी और कठोर व्यवहार किया हो लेकिन परमात्मा दलित से निराश नहीं हुआ है। धरती पर अपने जीवन को 'सेलेब्रेट' करने के लिए दलित के लिए यह कम आशाजनक बात नहीं है। इस में, ब्राह्मण रुकावट कैसे बन सकता है? इस जगह आ कर संसार में परमात्मा का राज चलता है, ब्राह्मण का नहीं।

II

यह किस ने बताया है कि शूद्र का काम द्विजों की सेवा करने का है? इस से भी आगे यह कहने की किस की हिम्मत है कि अमुक व्यक्ति शूद्र है? द्विजों को शूद्रों की आवश्यकता है तो वे उन्हें अपने परिवारों में ढूँढ़ा करें। अंग्रेज उन की वर्ण-व्यवस्था में शूद्र क्यों बनेंगे? मुगल और तुर्क किसी ब्राह्मण की सेवा क्यों करेंगे? ब्राह्मण शूद्र की रचना करनी चाहता है तो अपनी औलाद में से किसी को शूद्र करार दे दिया करे। कहना यह है कि दलित का हिन्दू वर्ण-व्यवस्था से कुछ लेना-देना नहीं है। हिन्दू वर्ण-व्यवस्था ब्राह्मण के घर से शुरू हो कर ब्राह्मण के घर में पूरी हो कर रह जाती है। चाहे तो ब्राह्मण अपनी एक औलाद को शूद्र कह कर जितना पीटा करे—दलित इस में क्या कर सकता है? चाहे तो ब्राह्मण शूद्र-ताड़ना की अपनी धार्मिक सन्तुष्टि के लिए अपने पैरों की डंडों से ठुकाई किया करे—दलित उस के इस अभ्यास में अड़चन कैसे बन सकता है?

दलित हिन्दू वर्ण-व्यवस्था का कुछ नहीं लगता। वर्ण-व्यवस्था दलित की न माँ है, न ताई, न चाची, न मौसी और न मामी, न फूफी। वह उस की दादी या नानी में से कुछ नहीं है। दलित के लिए हिन्दू वर्ण-व्यवस्था एक पराई और फालतू चीज है। ज्यादा से ज्यादा हिन्दू वर्ण-व्यवस्था दलित के लिए एक अचम्भा हो सकती है। जरूरत पड़े तो हिन्दू वर्ण-व्यवस्था दलित के लिए युद्ध है जो यह मुसलमान और ईसाई समेत किसी के लिए भी सिद्ध हो सकती है। हाँ, यह कहना किसी भी दलित का मूल अधिकार है कि वह हिन्दू वर्ण-व्यवस्था का अंग नहीं है। हिन्दू वर्ण-व्यवस्था दलित के लिए एक जेल है। दलित वर्ग ब्राह्मण की तरफ से सजायाफ्ता है लेकिन इस सम्भावना के साथ कि युद्ध कर के वह इस जेल से कभी भी बाहर हो सकता है। दृष्टि यहाँ तक फैली हुई होनी चाहिए कि दलित हिन्दू वर्ण-व्यवस्था से अनजान, बाहर और पृथक है। यहीं से दलित साहित्य की परिभाषा निकलती है। लेकिन विरोध में दलित साहित्य की यह झूठी परिभाषा ब्राह्मण की तरफ से दी गई है कि दलित हिन्दू वर्ण-व्यवस्था का अंग है। यह एकदम गलत दृष्टि, गलत परिभाषा और गलत परिणाम है। दलित ने अपनी सम्भावनाओं और पृथकता में इस परिभाषा को कभी स्वीकार नहीं किया। बाकायदा अपने लौकिक इतिहास में वह राम से युद्ध करता हुआ शहीद शम्बूक है। इसलिए इस बात को पचास बार कहा जाना चाहिए कि दलित का हिन्दू वर्ण-व्यवस्था से कोई रिश्ता नहीं है। दलित के लिए सामाजिक वर्गीकरण की समस्या वहीं तक है जहाँ तक ब्राह्मण उसे अपनी व्यवस्था का शूद्र और अछूत कहता है। इस व्यवस्था के भीतर रहते हुए शूद्र का ब्राह्मण बनने के लिए कल्पित संघर्ष है लेकिन इस व्यवस्था से बाहर होते ही यह व्यक्तिगत संघर्ष ब्राह्मण न होने के धार्मिक युद्ध में तब्दील हो जाता है। यूँ, चिन्तन के क्षेत्र में हिन्दुओं की वर्ण-व्यवस्था ने दलित को एक निश्चित घेरे में संघर्षरत रहने के लिए अभिशप्त करने की नाकाम कोशिश की है।

हिन्दू के लिए मुसलमान कौन हैं? हिन्दू के लिए मुसलमान शूद्र हैं। ऐसे ही हिन्दू के लिए ईसाई, पारसी और यहूदी शूद्र हैं। अपने बर्तनों को ले कर वह उन्हें अछूत भी कह सकता है। लेकिन यही परिभाषा हिन्दू के लिए दलित की है। दलित हिन्दू के लिए उतनी ही दूर का आदमी है जितनी दूर का कोई मुसलमान, ईसाई, यहूदी या पारसी है। हिन्दू इन्हें अपनी वर्ण-व्यवस्था में शूद्र के रूप में ही स्वीकार कर सकता है, किसी अन्य वर्ण में नहीं। वास्तव में, दलित वर्ग हिन्दू नहीं है। हिन्दुओं ने दलितों पर यह मजबूरी बना रखी है कि वे खुद को हिन्दू कहें लेकिन ऐसे काग नहीं उड़ाए जा सकते। दलित की सामाजिक मजबूरी को दलित की हौंस और खुशी न कहा जाए। घुटन को दलित साहित्य की परिभाषा न बनाया जाए। दलित साहित्य की परिभाषा बंधन से मुक्ति की छटपटाहट में खोजी जानी चाहिए। यह वह प्रक्रिया है जो पीछे हटाने के बजाय दलित चिन्तन को रोने-धोने से परे और सुख की ओर आगे बढ़ाती है।

ब्राह्मण विद्वानों ने दलित साहित्य की एक खास पहचान बनानी चाही है। वे दलित वर्ग को अपनी वर्ण-व्यवस्था के चौथे शूद्र वर्ण से जोड़ते हैं। वेदान्तसूत्र में बादरायण ने 'शूद्र' शब्द को दो भागों में विभक्त किया है–'शुक्' (शोक) और 'द्र' जो 'द्रु' धातु से बना है जिस का अर्थ है दौड़ना। प्रो. रामशरण शर्मा के अनुसार, इस की टीका करते हुए शंकर ने इस बात की तीन वैकल्पिक व्याख्याएँ की हैं कि जानश्रुति शूद्र क्यों कहलाएँ : (1) 'वह शोक के अन्दर दौड़ गया', –'वह शोक-निमग्न हो गया' (शुचम् अभिदुद्राव), (2) 'उस पर शोक दौड़ गया',–'उस पर संताप छा गया' (शुचा वा अभिद्रुवे) और (3) 'अपने शोक के मारे वह रैक्व दौड़ गया' (शुचा वा रैक्वम् अभिदुद्राव)। पाणिनि के व्याकरण में उणादि सूत्र के लेखक ने इस शब्द की ऐसी ही उत्पत्ति की है जिस में शूद्र शब्द के दो भाग किए गए हैं, अर्थात् धातु शुच् या शुक् + र। पुराणों में जो परम्पराएँ हैं उन से भी शूद्र शब्द शुच् धातु से सम्बद्ध जान पड़ता है, जिस का अर्थ है संतप्त होना। कहा जाता है कि "जो खिन्न हुए और भागे, शारीरिक श्रम करने के अभ्यस्त थे तथा दीन-हीन थे, उन्हें शूद्र बना दिया गया।"[1] लेकिन दलित ने अपनी तरफ से कभी ऐसी झूठी परिभाषाओं को कबूल नहीं किया। दलित की अपनी ऐसी किसी अमानवीय पहचान से दुश्मनी और लड़ाई है। इसलिए दलित की परिभाषा वह है जो वह खुद देता है। कबीर ने अपनी समग्रता और पूर्णता की ऐसी परिभाषा दी थी। कैसा रोना और कैसा संतप्त होना, किस का शोक और किस की खिन्नता,–कबीर अपने राम-नाम में निमग्न मस्त हुए नाचते और गाते हैं। उन के जीवन में शत-शत कलशों में प्रकाश के निर्झर झरते हैं। वे हजार सूर्यों की रश्मियों के सौन्दर्य में स्नान करते हैं। चन्द्र किरणें उन के पाँव धोती हैं। तभी कहा जा रहा है कि दलित साहित्य की परिभाषा ऐसी कैसे हो जाएगी कि बाँट में ब्राह्मण के हक में मुसकाना और हँसना तथा दलित के हिस्से में रोना और चिल्लाना आएगा। ऐसी थोपी हुई परिभाषा को दलित साहित्यकार द्वारा सौ-सौ नमस्कार।

हुआ क्या है? दलित साहित्य की इस समग्र और पूर्ण परिभाषा के कारण हँसने पर से ब्राह्मणों का एकाधिकार समाप्त हो जाता है। इस में चेहरे की मन्द-मन्द मुसकान पर सब का हक बराबर हो जाता है। यह धरती पर भौतिक सुख और आत्मिक आनन्द के ढेर में से पूरा-पूरा बँटवारा है। इस परिभाषा में दलित साहित्यकार हाहाकार मचाता हुआ हिन्दू या बौद्ध वर्ण-व्यवस्था का शूद्र और अन्त्यज नहीं है। इस में दलित चिन्तक ने खुद को गौरवान्वित और गरिमायुक्त मनुष्य के रूप में खोजा है और वह मनुष्य से ले कर ईश्वर तक में विकासशील और फैला हुआ हो जाता है।

यह अच्छा हुआ कि मूल सृष्टि का ब्राह्मण के हाथ में कुछ भी नहीं है। मनुष्य पैदा करने का काम परमात्मा ने अपने हाथ में ले रखा है। यदि खुदा-ना-खास्ता मनुष्य पैदा करने का अधिकार ब्राह्मण को मिल जाता तो वह दलित को जन्म से अंधा तथा बेजुबान का मूक और कानफोड़ बहरा पैदा करता। वह उस के गर्भ में ही हाथ-पाँव तोड़ कर उसे लंगड़ा-लूला बनाता। बुद्धि उस में भेड़ की भर देता। पीठ उस की बोझा ढोने के लिए गधे की बनाता। पंजे उस के आगे की ओर के बजाय पीछे की ओर चलने वाला बनाता। उस ने जो वर्ण-व्यवव्था की सामाजिक सृष्टि रची है उस में दलित के साथ ऐसा ही बुरा बर्ताव करना चाहा है। लेकिन यह दलित के पूर्ण मनुष्य का केवल पाँच प्रतिशत दुखद भाग है। पिच्चानवे प्रतिशत भाग में दलित ब्राह्मण की सृष्टि से अनजान और अप्रभावित है। वहाँ वह प्रकृति से ले कर परमात्मा तक का लाड़ला बालक है। वह खूब हँसे और खूब मुसकाए। हाँ, ब्राह्मण ने यही चाहा है कि दलित के चेहरे पर कभी मुसकान न खेल जाए। मुसकान खेल गई तो वर्ण-व्यवस्था की उस की सामाजिक सृष्टि बेकार चली जाएगी। इधर, ब्राह्मणी सृष्टि से अप्रभावित दलित का यह मूल अधिकार है कि वह जरूर मुसकराएगा और अदबद कर हँसेगा। इस के लिए अच्छी बात यह है कि दलित ने ब्राह्मण से शिकायत करनी छोड़ दी है। शिकायत करने का मतलब रोना है और अब दलित ब्राह्मण द्वारा की गई ज्यादतियों को ले कर रोएगा नहीं। रोना ऐरक में होता है और ऐरक अपनों से होता है जबकि दलित का ब्राह्मण से सात समुन्दर पार से भी ज्यादा दूर का रिश्ता है।

III

दलित साहित्य के बारे में एक धुंध छाई हुई है। दलित साहित्य के मूल्यांकन में यह चूक दलित और गैर-दलित दोनों तरफ के विद्वानों से हो रही है। दलित साहित्य की वर्तमान अवधारणा से अनावश्यक पेचीदगियाँ पैदा होती हैं। ब्राह्मण चिन्तन का उद्देश्य ही यह है कि ये पेचीदगियाँ बनी रहें। सुलझाने वाली बात कहने में उस का नुकसान है। विरोध इस हद तक है कि दलित का नुकसान उलझाने वाली बातों से होता है। लेकिन दलित साहित्य के बारे में फैली इस धुंध को कैसे छाँटा जाए? उपाय यह है कि ब्रिटिश कालीन

हिन्दी साहित्य या मुस्लिम कालीन हिन्दू साहित्य का मूल्यांकन किया जाए। मुस्लिम काल में 'सूर सागर' और 'राम चरित मानस' नाम की पुस्तकें क्यों लिखी गईं? सूरदास ने और तुलसीदास ने तत्कालीन मुस्लिम बादशाह या कुरान के खिलाफ लेखनी क्यों नहीं चलाई? ब्रिटिश भारत में हिन्दी साहित्य में 'कामायनी' क्यों लिखी गई? पूछना यह है कि जिस समय देश अंग्रेजों से स्वतंत्रता संग्राम कर रहा था उस समय सुमित्रानंद पंत प्रकृति और सौन्दर्य के सुकुमार कवि कैसे बने रहे और महादेवी वर्मा व्यक्तिगत प्रेम की पीड़ा का निवेदन और इजहार कैसे कर सकीं। पूछना यह है कि स्वतंत्रता-प्राप्ति के बाद भी राज्यों के शिक्षा बोर्डों और विश्वविद्यालयों में पाठ्यक्रमों के लिए ब्रिटिशकालीन उन्हीं पुस्तकों को महत्व क्यों मिला है जो कलात्मक और सौन्दर्यपरक रचनाएँ हैं? जो जनवादी हैं वे प्रोफेसर कामायनी को पढ़ाने में क्यों लगे हुए हैं? पूछना यह भी है कि यदि ब्रिटिश कालीन हिन्दी साहित्य में हरिवंश राय बच्चन की 'मधुशाला' और रामधारी सिंह दिनकर की 'रसवंती' लिखी जा सकती हैं तो हिन्दी के वर्तमान दलित साहित्य में 'कम्पिला' क्यों नहीं लिखी जा सकती। वास्तव में, यह अभिशाप को कायम रखने वाली बात है कि दलित साहित्यकार प्रेम, सौन्दर्य और जीवन की समग्रता और पूर्णता के गीत नहीं गा सकता। यह दलित साहित्यकार को सजा देने के बराबर है—लेकिन कोई भी साहित्यकार ऐसी सजा क्यों भुगतेगा?

साहित्यिक क्षेत्र में दलित साहित्यकार से क्या अपेक्षाएँ रखी जा रही हैं? वे अपेक्षाएँ दलितों की हैं या गैर-दलितों कीं? क्या साहित्य केवल समाज का दर्पण होता है? यदि समाज गिरा हुआ हो तो समाज को ऊपर उठाने का नेतृत्व कौन प्रदान करेगा? सामाजिक जीवन का यथार्थ परिवर्तित और विकसित क्यों नहीं हो सकता? दर्पण के नाम पर कब तक साहित्यकार एक गिरे हुए समाज का पिछलग्गू बना रहेगा? मनुष्य अपने अन्तर्मन की गहरी सुरंग को अन्धेरी क्यों बनाए रखेगा? क्षमता में रहते हुए वह उसे प्रभात के सूर्य के प्रकाश से आलोकित क्यों नहीं करेगा?

दलित साहित्य की वह परिभाषा एकदम खतरनाक है जिस में इस बात की गुंजाइश रखी जाती है कि गैर-दलित भी दलित साहित्य की रचना कर सकता है। उस परिभाषा में मान लिया गया है कि साहित्य ठेके पर लिखा जा सकता है। लेकिन यह प्रतिनिधित्व का मामला है और दलित का पवित्र प्रतिनिधित्व दलित के सिवा दूसरा कोई नहीं कर सकता। यह बेटी के विवाह के जैसा मामला है कि फेरे पड़ते समय मंडप में दुश्मन पक्ष का कोई आततायी दुल्हन को उठा ले जाए। यह 'चक्की रवाह लो और सिल-बट्टे रवाह लो'—की गाँव में फेरी वाले की पुकार नहीं है। ब्राह्मण सब के लिए साहित्य नहीं लिख सकता। यह चेष्टा ही गलत है, दकालत तो और भी बुरी बात होगी कि अब ब्राह्मण का ठेकेदार दलित साहित्य रचने के लिए टेन्डर भरेगा। यह अनुभूतियों और जिम्मेदारियों का गहरा मामला है, यह रिकार्ड को लिपिबद्ध करने में प्रविष्टियों और अन्तरणों की मखौल नहीं है। दलित साहित्य के नाम पर कोई तमाशा नहीं होना है कि दिहाड़ी का पेशेवर ब्राह्मण कलाकार इसे ढूँगे मटका कर मंच पर प्रस्तुत कर जाएगा।

दलित साहित्य वह है जिसे दलित लेखक लिखता है। वह श्रेष्ठ और कम श्रेष्ठ साहित्य लिख सकता है लेकिन शर्त यह है कि गैर-दलित लेखक कैसा भी दलित साहित्य नहीं लिख सकता। दलित साहित्य के मूल्यांकन की मनाही नहीं है, समीक्षक यह निर्णय दे सकता है कि कौन-सी रचना दलित साहित्य की श्रेष्ठ रचना है, लेकिन उसे यह अनुमति नहीं दी जा सकती कि वह किसी गैर-दलित लेखक की रचना को दलित साहित्य की रचना मान ले। इस बार देश में कथनी और करनी के अन्तर को अन्तिम रूप से और सदा के लिए समाप्त किया जाना है। ब्राह्मण हिप्पोक्रेट हो कर केवल कथता है जिस में उस का करना सम्मिलित नहीं रहता। कबीर ने 'साखी सार' में कथनी और करनी का अंग गा कर इस पक्ष को सब से ज्यादा महत्व दिया है। उन के मत में एक ब्राह्मण, एक हिन्दू या एक गैर-दलित लेखक दलित साहित्य के नाम पर केवल स्वांग रच सकता है। उन्हें अपने समय में किसी वैष्णव का विश्वास नहीं था, आज के सन्दर्भ में उन के उस तर्क का विस्तार यह है कि किसी उदारवादी हिन्दू लेखक का विश्वास नहीं किया जा सकता। अभी चार दशक पहले डा. अम्बेडकर दलित लेखकों को ठीक आगाह कर के गए हैं कि हिन्दू लेखक अपनी कलम से रिडल खड़ी करने लगता है। इसलिए, उदारवादी हिन्दू लेखक के साहित्य का मूल्यांकन हिन्दू साहित्य के नाते किया जाना चाहिए, चाहे वह दलित के भले के नाम पर लिखा गया हो। विश्लेषण में उसे दलित के पक्ष में लिखा गया 'हिन्दू साहित्य' कहा जा सकता है लेकिन 'दलित साहित्य' नहीं। हिन्दी साहित्य के ऐसे दो भाग जरूर किए जाने चाहिए।

दलित साहित्य की उस परिभाषा के जिस में गैर-दलित भी दलित साहित्य की रचना कर सकता है और दलित भी दलित विरोधी साहित्य रच सकता है, खास नुकसान क्या हैं? नुकसान जो भी हों, और वे भले ही सामने स्पष्ट न दीखते हों, लेकिन पीछे एक जबर्दस्त रणनीति कायम रहती है। रणनीति पूरे युद्ध को एक मायावी युद्ध में बदल कर रख देती है। पहली रणनीति यह है कि गैर-दलित वर्ग में जन्मा व्यक्ति दलित साहित्यकार बन जाता है—अर्थात कबीर की भाषा में चोर पुआल में छुप जाता है। अब दलित समाज में जन्मा दलित साहित्यकार उसे कहाँ ढूँढ़ेगा? दूसरी रणनीति यह है कि दलित साहित्यकार को इशारे से प्रलोभन दे कर बताया जाता है कि दलितों में ब्राह्मणवाद पैदा हो गया है, इसलिए उसे ब्राह्मणों के पुराने और असली ब्राह्मणवाद के बजाय दलितों के भीतर जन्मे नए और नकली ब्राह्मणवाद से युद्ध की ठाननी चाहिए। चोर को साधु बना दिया जाता है और जो चोर नहीं है उसे चोर बना दिया जाता है। यह आवरण और विक्षेप के मंत्र की मायावी लड़ाई है कि दलित सेना आपस में ही लठ-मूंगरों से लड़ने लगती है। भेद-बुद्धि यहाँ तक विकृत कर दी जाती है कि दलितों की महान ऐतिहासिक क्रान्ति की सारी लड़ाई पाला खींच कर चमार और भंगी के बीच की तथा दलित नारी और दलित पुरुष के बीच की लड़ाई बता दी जाती है।

ब्राह्मण चिन्तन दलित दृष्टि पर दो तरह से आक्रमण करता है। पहले आक्रमण में वह भंगी और चमार में युद्ध करवाना चाहता है और दूसरे आक्रमण में वह दलित नारी को दलित पुरुष से घर में लड़वाना चाहता है। इस नीति पर ब्राह्मण चिन्तन तब आता है जब उस का कथनी और करनी के भेद का आक्रमण नाकाम हो जाता है। लेकिन जवाब में यही प्रश्न पूछा जाना है कि ब्राह्मण चिन्तन भंगी के पक्ष में कब से हो गया है और वह दलित नारी का हितैषी कब से बन गया है। कबीर की शैली में बोला जाए तो यही पूछा जा सकता है—'पांडे, कब से हुए हितैषी', 'पांडे, कब से दोस्त भए हैं?' दलितों के घर में और बाहर आपस में लड़ाई करवाने वाला ब्राह्मण चिन्तन यह बताना भूल जाता है कि मनुष्य को समाज में इस स्तर पर मार-मार कर भंगी खुद उस ने बनाया है और दलित नारी की जारकर्म और बलात्कार द्वारा इज्जत खुद उस ने लूटी है। आश्चर्य होता है कि भंगी को भंगी बनाने वाला 'दलितों में दलित' का सवाल उछालता है तथा दलित नारी के उदर में अवैध औलाद पैदा करने वाला दलित नारी की वेदना की बात करता है। वह दलित नारी का पक्ष दलित पति और दलित बच्चे के बिना लेता है। लेकिन दलित नारी से भी ज्यादा पीड़ित दलित बच्चा है—उस की फिक्र उसे नहीं सताती। दलित बच्चा इतना पीड़ित है कि वह बिना बाप का 'अक्करमाशी' है।

चमार और भंगी के बीच आर्थिक झगड़े हो सकते हैं लेकिन देखना यह है कि क्या उन के बीच के वे ब्राह्मण की तरह के धार्मिक झगड़े भी हैं। यूरोप और अरब समेत कोई भी समाज यह दावा कैसे कर सकता है कि उस ने अपने सामाजिक विकास को चरम और अन्तिम रूप से प्राप्त कर लिया है? फिर, भंगी और चमार के बीच ऐसी अपेक्षा एकदम कैसे कर ली जाती है कि कल्पित स्वर्ग उतर जाना चाहिए? आश्चर्य है कि भंगी और ब्राह्मण के बीच के धार्मिक अन्तर को भंगी और चमार के बीच की लड़ाई बना दिया जाता है। क्या मैथिल ब्राह्मणों और कनौजिया ब्राह्मणों में अन्तर नहीं है? उस अन्तर के बावजूद क्या वे चमार और भंगी के खिलाफ दोनों ब्राह्मण एक नहीं हैं? इसी तर्क के आधार पर कहा जा रहा है कि भंगी और चमार के बीच अन्तर रहते हुए भी वे दोनों ब्राह्मण विरोधी दलित हैं। वे दोनों आपस में सामाजिक विकास के लिए होड़ कर सकते हैं लेकिन दोनों को ब्राह्मण से अपने-अपने हिस्से की लड़ाई जरूर लड़नी चाहिए। समझना यह है कि तीन हजार साल की ऐतिहासिक लड़ाई में इन बातों को कितनी तूल दी जाए। भंगी और ब्राह्मण के बीच के धार्मिक भेद को भंगी और चमार के बीच के वर्गीय भेद से तुलना न की जाए। पता होना चाहिए कि जिस गाँव में भंगी नहीं होते उस गाँव में भंगी का काम चमार ने किया है। भंगी और चमार का अन्तर भंगी और भंगी तथा चमार और चमार का अन्तर भी हो सकता है। ब्राह्मण जिस बात से घबराता है वह दलित की उस पोशाक से है जिस में छाती पर आगे 'जय भंगी' और पीठ पर पीछे 'जय चमार' लिखा हुआ है।

पुनः पूछा जाए कि मैथिल ब्राह्मण और कनौजिए ब्राह्मण की अपनी-अपनी पृथक पहचान रखते हुए भी क्या वे दोनों भंगी और चमार के खिलाफ मिल कर नहीं लड़ते। उन में से कौन-सा एक ब्राह्मण दूसरे ब्राह्मण के मुकाबले में वेद का संशोधन कर के भंगी के घर में जनमे लड़के को शंकराचार्य की पदवी दे रहा है? किस ब्राह्मण की सम्पत्ति उत्तराधिकार में आज तक मुसहर और डोम को मिली है जो आज ब्राह्मण विद्वानों द्वारा कबीर के उभार के कारण जुलाहे और भंगी के फर्क का सवाल जहरीले रूप में प्रमुखता से उठाया जा रहा है? दलितों में फांट डालने की भेदबुद्धि के इस विषवमन का मतलब क्या है? क्या ब्राह्मण भंगी को गोद लेने को तैयार है? क्या एक डा. अम्बेडकर को ब्राह्मणी दे कर चमार उस का सगा नाती-गोती बन गया है? क्या ब्राह्मण अपने मनु को 'भगवान मनु' कहना छोड़ रहा है?

लेकिन दलित दृष्टि इन सब बातों से भी अलग है। ब्राह्मण अच्छा हो जाए तो इस में दलित क्या करे? ब्राह्मण अच्छा है तो इस में ब्राह्मण का ही फायदा है। दलित का ब्राह्मण के अच्छे या बुरे होने से कुछ भी सरोकार नहीं है। वह बुरा है तो अपने लिए है और अच्छा है तो अपने लिए है। ब्राह्मण अच्छा हो जाए तो दलित उस के पैर क्यों पकड़ेगा? दलित किसी भी समय ब्राह्मण की प्रशंसा क्यों करेगा? उस के अच्छे होने का दलित पर अहसान क्या है? ये दुनियावी बातें हैं और दुनियावी ढंग से तय हो जाएँगी। कहने का मतलब यह है कि ब्राह्मण के अच्छे होने का दलित की पृथकता पर कोई असर नहीं पड़ता। यदि कोई मुसलमान अच्छा है तो क्या दलित मुसलमान हो जाए? यदि कोई ईसाई अच्छा है तो क्या दलित ईसाई हो जाए? दुनिया में इतने सारे अच्छे लोग हैं, दलित क्या-क्या होता फिरेगा? इतिहास के रंगमंच पर क्या यह धर्मान्तरणों के द्वारा हर बार एक ही पात्र के द्वारा पोशाक बदल-बदल कर आना-जाना नहीं कहा जाएगा? यदि पारसी और यहूदी धर्म अच्छे हैं तो क्या इसी कारण हिन्दुस्तान के सारे ब्राह्मण पारसी या यहूदी हो जाएँगे? इसलिए, यदि कोई ब्राह्मण उदारवादी, मार्क्सवादी, समाजवादी या जनवादी हो गया है तो यह खासमखास खुद उस ब्राह्मण के हित की बात हो सकती है, दलित का उस के इस होने या न होने से कोई मतलब नहीं बैठता। दलित इस बात का स्वागत ही कर सकता है कि घमण्ड में खुद को सब से बड़ा न कह कर ब्राह्मण धरती पर अमन चैन से अपने दिन गुजारना चाहता है। हाँ, इस की पक्की और मुकम्मिल गारन्टी दी जा सकती है कि दलित किसी से कभी बेमतलब की लड़ाई नहीं लड़ेगा। पर क्या किया जाए, जो ब्राह्मण आज अपने ब्राह्मण उपनाम प्रयोग नहीं करते वे भी अपनी सरकारी सर्विस बुकों में धर्म के कालम में हिन्दू लिखने के बाद ब्रेकेट में ब्राह्मण लिखते हैं। केवल हिन्दू होने से उन की सन्तुष्टि नहीं है। उन्हें इस से कुछ ज्यादा बताने की जरूरत हमेशा रहती है। खैर, यह उस की मर्जी है, वह कुछ भी करे। आश्चर्य केवल इस बात का होता है कि वह दूसरों को धोखा देने का अपना मूल अधिकार सुरक्षित रखना चाहता है। ब्राह्मण के पास कुछ भी कहने की स्वतन्त्रता होनी चाहिए लेकिन साथ ही

दलितों को भी यह स्वतंत्रता मिलनी चाहिए कि वे ब्राह्मण की किसी भी बात का विश्वास न करें। सच भी है, सम्पत्ति के उत्तराधिकार का वंशगत आधार रहते हुए खाली मुँहजबानी बातों का मतलब दूसरों को धोखा देने का अधिकार माँगना ही है। सच्चाई यहाँ तक है कि ब्राह्मण अपनी जारज सन्तान को भी उत्तराधिकार में सम्पत्ति नहीं देता। ऐसी स्थिति में ऐसा कैसे मान लिया जाएगा कि ब्राह्मण ने धार्मिक मठों और शंकराचार्य की पीठों पर चमार के मुकाबले में भंगियों को तैनात कर दिया है? दिखाने के लिए ही सही, झूठमूठ के लिए ही सही, शंकराचार्य की पदवी की चार पीठों में से कम से कम एक पीठ तो भंगी के नाम लिख दी जाए। सारे चमार भंगी बन जाएँगे, भंगियों के नाम से ही भला हो। भंगी और चमार का अन्तर तब भी मिट जाएगा। लेकिन दिक्कत यही है कि संसार का कोई भी उदारवाद कभी ओथोरिटी से नहीं बोलता। उदारवाद और उदारवादी में सदा से फर्क रहता आया है। उदारवाद ठीक हो सकता है लेकिन उदारवादी सम्पत्ति के पैतृक उत्तराधिकार का पक्षधर होता है। विशेषकर, हिन्दुओं में उदारवादी वही बनता है जिस के पास देने को कुछ नहीं होता। वह खुद बिना मन्दिर का भूखा-नंगा गांधी बाबा होता है और दलित के लिए उम्मीद जताने की उस की हर बात गैर-जिम्मेदारी से शुरू होती है।

बहस का तार्किक परिणाम यह निकलता है कि ब्राह्मण दलित को विश्वास देना चाहता है कि आगे से मैं तेरी बहू-बेटी को गलत नजर से नहीं देखूँगा। दलित उस से कहता है कि इस बात की कानून में लिखत-पढ़त क्यों न कर ली जाए। सवाल इस बात का है कि यदि विश्वास दे कर ब्राह्मण पुरुष दलित नारी को पहले की तरह वचन-भंग कर के पुनः छेड़ बैठा तो तब दलित पुरुष क्या कर पाएगा। इसलिए दलित पुरुष ब्राह्मण से कहता है–"तू मेरी औरत को दस बार छेड़ पर हर छेड़ने पर मैं तुझे जेल भेजने और तेरी सम्पत्ति को छीनने का अधिकार संविधान और कानून के तहत रखना चाहता हूँ।" उधर, ब्राह्मण यम, नियम, योग और पंचशील के पालन में नैतिक होने का पूरा-पूरा धार्मिक विश्वास देना चाहता है लेकिन कानून, मजिस्ट्रेट और दण्ड से सदा डरता है। सच बात यह है कि ब्राह्मण दलित को हर बार की तरह इस बार भी छलना चाहता है जो केवल विश्वास दे कर ही सम्भव है। वास्तव में, यदि इन मामलों में दलित समाज ब्राह्मण का विश्वास करना छोड़ दे तो ब्राह्मण उस के घर का कुछ भी नुकसान नहीं कर सकता। बाकी कोई भी आर्थिक और अन्य दुनियावी सम्बन्ध सामाजिक कोन्ट्रक्ट की शर्तों की लिखत-पढ़त से तय किए जा सकते हैं।

दलित जीवन में चिन्तन का स्तर यह है कि वह व्यक्तियों की बात नहीं कर रहा है बल्कि संस्थाओं की बात कर रहा है। व्यक्तियों में विचलन हो सकते हैं, उन्हें ढूँढ़ा जा सकता है, लेकिन संस्थाओं में दोष क्यों हैं? व्यक्ति अपराधी हो सकते हैं लेकिन संस्थाएँ अपराधी क्यों हैं? व्यक्ति जन्म लेते हैं लेकिन संस्थाएँ खड़ी की जाती हैं। जो दिमाग से उतर कर आती हैं उन संस्थाओं का काम क्या है? वे व्यक्ति के दोषों और अपराधों को

घटाएँगी या बढ़ाएँगी? क्या संस्थाएँ व्यक्ति की कमियों को दूर करेंगी या उन्हें बलवती बनाएँगी? यहाँ बताया जा सकता है कि दलित के सामने पूरा हिन्दू धर्म एक संस्था के रूप में ही पेश आता है।

दलित साहित्य की इस परिभाषा में यह कभी नहीं माना जा सकता कि दलितों में किसी ब्राह्मणवाद ने जन्म ले लिया है। सच्चाई यह है कि दलितों में ब्राह्मणवाद पैदा नहीं हो सकता। जो दलितों में धनपति हैं वे दलित हैं, ब्राह्मण नहीं। द्विजों की आँखों में यह बात किरकिरी बन कर अखरती है कि एक भी दलित धनपति क्यों है। वे उसी एक मंत्री या प्रशासनिक अधिकारी को निशाना बना रहे हैं जो उन की पकड़ से बाहर हो गया है। वे दलितों से दलितों के नेतृत्व को 'दलित इलीट' कह कर पिटवाना चाह रहे हैं। दलित अफसरों और दलित धनपतियों की सहज मानवीय कमजोरियों को दलितों में ब्राह्मणवाद का जन्म लेना बताते हैं। वे रिश्ते-नातों की पारिवारिक समस्याओं का और मनुष्य के सामान्य दोषों और साधारण विचलनों के प्रश्नों का बिना विकास की यात्रा के चुटकियों में हल चाहते हैं जबकि खुद उन से अपने घरों में यह काम तीन हजार साल तक वेद का निरन्तर पाठ करते हुए भी नहीं हो सका है। वे दलित मनुष्य में सामाजिक शील की एक छलांग में प्राप्ति चाहते हैं जबकि उन्हें पता होना चाहिए कि हर पीढ़ी अपने नए स्वप्नों को ले कर पैदा होती है। वे 'भारतीय दंड संहिता' में गिनाए गए कानूनी अपराधों का वर्ण-व्यवस्था के युद्ध से मिलान कर के एकलव्य के तीर के निशाने को पूर्णतया भ्रमित कर देते हैं। तब भंगी और चमार के रूप में दलित का निशाना बार-बार कहीं से कहीं चूकता है। मछली के घूमने के बजाय वे खुद ही घूम जाते हैं और उन्हें पेड़ पर चिड़िया की मात्र आँख नहीं दीखती।

ब्राह्मण की ज्यादतियों को छोड़ कर भी समाज में ज्यादतियाँ हैं लेकिन इसीलिए ब्राह्मण की ज्यादतियाँ वैध नहीं हो जातीं। ब्राह्मण के बिना भी समाज में शोषण और भ्रष्टाचार है लेकिन इसीलिए ब्राह्मण के शोषण और भ्रष्टाचार जायज नहीं माने जा सकते। ब्राह्मण के जारकर्म और बलात्कार के अपराधों को इसलिए माफ नहीं किया जा सकता क्योंकि बाकी समाज में भी ये समस्याएँ और प्रश्न हैं। सच बात यह है कि ब्राह्मण के और बाकी समाज के अपराधों में समानता होते हुए भी खास असमानता है। असमानता यह है कि बाकी समाज के पास असमानता का शास्त्र नहीं है जबकि ब्राह्मण के पास असमानता का शास्त्र है। बाकी समाज ज्यादती, शोषण, भ्रष्टाचार, जारकर्म, बलात्कार, हिंसा और छुआछूत का सिद्धान्तकार और पक्षधर नहीं है जबकि ब्राह्मण इन अपराधों का सिद्धान्तकार और पक्षधर है। ब्राह्मण के पास इन अपराधों के पक्ष में संस्कृत में लिखी गई किताबें हैं जबकि शेष समाज के पास ऐसा कुछ नहीं है। उदाहरण के रूप में, चमार के पास ऐसा कोई वेद नहीं है कि वह भंगी से छुआछूत बरतेगा। ऐसे ही, पिछड़े वर्ग के पास ऐसी कोई स्मृति नहीं है कि दलित को पीटा जाएगा। बाकी समाज बुराइयों की वकालत नहीं करता लेकिन ब्राह्मण अपने शास्त्रों के प्रमाण उद्धृत

करता हुआ अपराधों के पक्ष में अड़ता है। मतलब यह है कि ब्राह्मण पर तर्क, उपदेश और समझाने का कोई असर नहीं होता जबकि बाकी समाज इन चीजों से सुधर सकता है। उलटे, भीड़ पड़ने पर सुधरने के बजाय ब्राह्मण कथनी और करनी का अन्तर खड़ा कर के हिप्पोक्रेट हो जाता है। वह रिडल और आपद्धर्म का विधान रचने लगता है। ब्राह्मण और बाकी समाज की बुराइयों में अन्तर यह है कि जबकि बाकी समाज की बुराइयाँ लौकिक हैं, ब्राह्मण की बुराइयाँ वैदिक और धार्मिक हैं। ब्राह्मण ने शूद्र-ताड़ना का दर्शनशास्त्र खड़ा कर रखा है। पश्चिम की भाषा में ब्राह्मणवाद नस्लवाद, नाजीवाद और फासीवाद है। वहाँ यह बदनाम और पिटा हुआ दर्शन है लेकिन यहाँ यह इज्जतदार और हावी दर्शन है। वहाँ इस का जन्म हाल ही के वर्षों में हुआ है जबकि भारत में यह दर्शन तीन हजार वर्ष पुराना खुर्राट बूढ़ा है। यूँ, दलित साहित्य को ब्राह्मण साहित्य के चिकने घड़े का मुँहतोड़ उत्तर बनना है। उसे अपने तीन हजार साल के चोर को ढूँढ़ कर पकड़ना है। अब वह भंगी और चमार तथा दलित और पिछड़े के भेद में धार्मिक रूप से नहीं उलझेगा अन्यथा यदि दलित साहित्य अपने मुख्य काम को छोड़ कर दलितों में ही ब्राह्मणवाद की खोज करने बैठ गया तो समझ लो, वह पूरा भ्रान्त किया जा चुका है। दूसरी तरफ, यदि किसी दिन दलित चिन्तक ने यह मान लिया कि गैर-दलित भी दलित साहित्य लिख सकता है तो समझ लो, उस दिन से इस परिभाषा की उम्र आधी रह जाएगी। शायद कोई दलित चिन्तक किसी भी सुभीते के लिए ऐसा खतरा मोल नहीं लेगा। फिर भी, दलित चिन्तन के सामने एक सवाल बराबर बना रहेगा कि उदारवादियों के हिन्दू साहित्य के साथ क्या सम्बन्ध रखा जाए। उत्तर यह है कि दलित साहित्य हिन्दुओं के उदारवाद की कट्टरपंथ से लड़ने में मदद कर सकता है। लेकिन इस उत्तर में भी यह सोचना बिल्कुल छोड़ देना चाहिए कि हिन्दुओं का उदारवाद दलित साहित्य की कोई मदद करेगा। इस सोच के पक्के कारण मौजूद हैं। असल में, उदारवाद को खुद मालूम नहीं है कि कट्टरपंथ उस का अपने पक्ष में कितना लाभ उठाता है। यह गहरे और सूक्ष्म विश्लेषण का मामला है जिसे अवसर मिलने पर कहीं अन्यत्र बताया जाएगा। इस लेख की सीमा में केवल इतना जान लेना पर्य्राप्त है कि विचार के स्तर पर दलित साहित्य हिन्दुओं के उदारवाद समेत किसी की मदद का मोहताज नहीं है। इस में उदारवादियों को अपमानित महसूस करने की जरूरत नहीं है क्योंकि जब उन्हें उन की मजबूरियों का विश्लेषण कर के बता दिया जाएगा तो वे, यदि सच में दलितों के हितैषी हैं तो, इस बात को स्वीकार कर लेंगे। इस में उन की परख भी है कि वे इन्तजार करें।

कहा जाना चाहिए कि दलित चिन्तक को मार्क्सवाद या समाजवाद से कोई दिक्कत या परहेज नहीं है लेकिन वह दलित समाज का सदस्य हो कर मार्क्सवादी या समाजवादी बनना चाहता है। वह वैसा ही चाहता है जैसे हिन्दू हिन्दू रहते हुए, सिक्ख सिक्ख रहते हुए, मुसलमान मुसलमान रहते हुए और ईसाई ईसाई रहते हुए मार्क्सवादी या समाजवादी बनते हैं। दलित कहना चाहता है कि मार्क्सवाद या समाजवाद अलग से कोई चीज नहीं

हैं बल्कि इन का जनता में अलग-अलग धार्मिक और सामाजिक आधार है। दलित समाज ब्राह्मण, क्षत्रिय और वैश्य से उस बराबरी पर सम्बन्ध रखना चाहता है जिस बराबरी पर वह मुसलमान या ईसाई से सम्बन्ध रखता है। अपनी शिनाख्त खो कर वह हिन्दू धर्म में समाप्त नहीं होना चाहता। इस में दलित क्या गलत चाहता है? आज भी वह दलित रहता हुआ ही किसी मार्क्सवादी या समाजवादी संस्था में दाखि़ल होता है। उद्देश्य यह है कि उस की इस दलितपन की पृथकता को खास शिनाख्त क्यों न दे दी जाए। यदि कोई मार्क्सवादी ईसाई मार्क्सवादी नहीं रहना चाहता तो भी वह ईसाई रहता है। यही मार्क्सवादी मुसलमान, मार्क्सवादी सिक्ख और मार्क्सवादी हिन्दू के बारे में सच है। दलित ऐसा ही पृथक सच अपने बारे में चाहता है कि जब कोई मार्क्सवादी दलित मार्क्सवादी न रहना चाहे तो उसे हिन्दू न कहा जा कर अलग शिनाख्त का कहा जाए। फिर, विश्वास यह है कि मार्क्सवाद और समाजवाद जैसे सामाजिक सिद्धान्त इतिहास में आगे भी आते रहेंगे। इन का आना सामाजिक विकास के लिए अच्छी चीज है लेकिन शिनाख्त वह गज है जिस से पता चलता है कि मनुष्य कहाँ से आगे बढ़ा है।

IV

एक महत्वपूर्ण बात दलित साहित्य की विधा की रह जाती है। उत्तर में कहा जा सकता है कि आवश्यकता के अनुसार किसी साहित्यिक विधा का महत्व घटता या बढ़ता है। साथ ही, कुछ पुरानी विधाएँ पूर्णतः छोड़ी जा सकती हैं तथा कुछ नई विधाओं की खोज भी की जा सकती है। इस विषय को ले कर दलित साहित्य हिन्दू साहित्य से बँधा हुआ नहीं है। दलित साहित्य की विधा को अपनी प्रामाणिकता सिद्ध करने के लिए इस बात की गर्ज नहीं है कि हिन्दू साहित्य में उस तरह की विधा मौजूद है या नहीं। दलित साहित्य की विधा एकदम नई या पृथक हो सकती है। साथ ही, मान्य साहित्यिक विधाओं में दलित साहित्य नए-नए आयाम जोड़ सकता है। 'पहला खत' की साहित्यिक विधा के बारे में ऐसी घटना घट चुकी है। ब्राह्मण समीक्षकों द्वारा इस रचना को विधा की दृष्टि से एकदम अमान्य किया जा रहा था। लेकिन ढूँढ़ने से पता चलता है कि पहले कभी किसी ब्राह्मण लेखक पण्डित सूर्यकान्त त्रिपाठी निराला ने इसी विधा में अपनी एक पुस्तक लिखी थी। अब चूँकि ब्राह्मण लेखक ने इस विधा में पहले लिख दिया था तभी जा कर 'पहला खत' की साहित्यिक विधा को मान्य किया गया है। कहने का मतलब यह है कि यदि निराला ने इस विधा की शुरूआत न की होती तो खुद 'पहला खत' को इस विधा की शुरूआत नहीं माना जा सकता था क्योंकि यह एक दलित लेखक द्वारा लिखी गई रचना है। हिन्दी साहित्य में ब्राह्मण समीक्षक की यह सोच और मानसिकता क्या दर्शाती है?

दलित साहित्य की विशेषता है कि हिन्दू साहित्य के विश्वकोष महाभारत और रामायण में से यह अपने कथानक नहीं चुन सकता। कारण साफ है कि ये उस के साहित्यिक ग्रन्थ नहीं हैं। किसी साहित्य को अपनी परम्परा से ही प्रेरणा मिला करती है। वेद, उपनिषद और पुराण—इन में उस का कुछ भी अपना नहीं है। ये दूसरों के लिखे हुए ग्रन्थ हैं। दलित साहित्य के पूर्वजों में से किसी ने इन में से एक भी ग्रन्थ नहीं लिखा। यह एकदम झूठ है कि वाल्मीकि और व्यास में से कोई आधुनिक दलित का पूर्वज रहा है। 'वाल्मीकि' और 'व्यास' शब्द ही बताते हैं कि ये विदेशी शब्द हैं। दलितों ने अपनी जुबान के सही उच्चारण में 'वाल्मीकि' को 'बालमीक' और व्यास को 'बियास' कहा है। दलित की भाषा में संस्कृत का हर तत्सम शब्द तद्भव बना कर बोला गया है। इसलिए, कई कारणों से दलित साहित्य की परम्परा मौखिक ही रही है।

इस विषय को ले कर दलित साहित्य में प्रिय बनती जा रही आत्मकथा की साहित्यिक विधा पर कुछ चर्चा की जा सकती है। लगता ऐसा है कि यह विधा आज के दलित साहित्य के गद्य लेखन की आवश्यकता और मजबूरी बन गई है। लेकिन इसे दलित साहित्य की एकमात्र और स्थायी विधा नहीं माना जाना चाहिए। आत्मकथा लिखने के बजाय दलित साहित्यकार को इस समस्या की जड़ को पकड़ना चाहिए। अपने घरों का फजीता करने के बजाय उस को अपराधी घोषित किया जाना चाहिए जो उस के जिम्मेदार हैं। दलित नारी यही कहना चाहती है कि अपनी माँ-बहनों के चरित्र पर लांछन लगाने के बजाय हिन्दुओं के उस पर्सनल कानून को पकड़ा जाए जो ब्राह्मणों और जमींदारों को उन की इज्जत लूटने की खुली छूट देता है। मामला स्त्री और पुरुष का नहीं है बल्कि यह ब्राह्मण पुरुष का दलित नारी के सम्मान पर चोट करने का कानूनी मामला है। बाबा साहेब डा. अम्बेडकर ने जो कानूनी लड़ाई शुरू की थी उसे जारी रखने की जरूरत है। हिन्दू कोड बिल पर डा. अम्बेडकर की अकेले की हार को अपने समूह को जीत में बदला जाना है।

डा. अम्बेडकर द्वारा शुरू की गई वह कानूनी लड़ाई क्या है? उस का अध्ययन और विश्लेषण किया जा सकता है। यदि दलित नेतृत्व ने वह लड़ाई जीत ली तो दलित साहित्य को विधा के रूप में आत्मकथा के सहारे की जरूरत नहीं रह जाएगी। वास्तव में, साहित्यिक क्षेत्र में विधा के रूप में आत्मकथा आत्महत्या है। एक लेखक के लिए आत्मकथा लिखना आत्महत्या करना है। दलित लेखकों को इस विधा से बचना चाहिए। संसार की सारी शासक कौमें अपने परिवारों की अन्दरूनी बातें बचा कर रखती हैं। दलित लेखक को इस आत्मरस के लोभ से दूर रहना चाहिए। यह खतरनाक पड़ाव है। संसार के सारे निजी कानूनों में परिवार की गोपनीयता का संरक्षण रखा गया है। दलित लेखक को ध्यान रखना चाहिए कि वह एक व्यक्ति नहीं है बल्कि एक बृहत्तर दलित समाज और परिवार का अंग है। उस के परिवार और परिवेश में अन्य लोग भी हैं। इसलिए आत्मकथा के बजाय वह जीवनी, उपन्यास और कहानी आदि लिखने की विधा

को पकड़ ले तो दलित समाज के सम्मान के लिए ज्यादा अच्छा रहेगा।

दलित साहित्यकार आत्मकथा लिखने के बजाय उन मामलों को ले कर न्यायालयों में मुकदमे दायर करने जाएँ तो हिन्दू समाज पर कानूनी दबाव सही ढंग से पड़ेगा। बिना मुकदमा दायर किए आत्मकथा लिखने का मतलब अपना फजीता आप करना है। दलित साहित्यकार का उद्देश्य अपने घर का फजीता करवाने के बजाय गलत धर्म और गलत कानून का फजीता करना होना चाहिए। दलितों के घर ऐसे इसलिए हैं क्योंकि हिन्दू कानून ने ऐसा ही चाहा है। हिन्दू कानून दलित नारी के शरीर द्वारा जबरन ब्राह्मण और जमींदार की धोतियों को गर्म करवाना चाहता है। दलित पुरुष को गुलाम सिद्ध करने के लिए यह उस का खासमखास उद्देश्य है। यूँ, यह लड़ाई व्यक्तिगत न हो कर व्यवस्था से है। हिन्दू कानून दलित की व्यवस्था से बड़ी लड़ाई को उस के घर की व्यक्तिगत और छोटी लड़ाई बना कर छोड़ देता है जबकि जवाब इस तरह का होना चाहिए कि हर व्यक्ति की निजी लड़ाई गलत व्यवस्था के खिलाफ लड़ाई बन जानी चाहिए। इस में दलित को कानून के अन्तर्गत कानून से लड़ना पड़ेगा। कानून के माध्यम से ही बताना है कि कानून गलत है। इस के लिए उसे लोकतन्त्र में अल्पसंख्यक होने के लिए मांग रखनी चाहिए। वास्तव में, हर दलित साहित्यकार के पास आत्मकथा में से ऐसा एक मामला जरूर होता है जिसे ले कर वह ब्राह्मणी व्यवस्था के खिलाफ न्यायालय में जा सकता है। दलित के पास आत्मकथा लिखने के बजाय कोर्ट में जाने का विकल्प है—उसे इस का इस्तेमाल जरूर करना चाहिए। कोर्ट में केसों के अम्बार खड़े किए जा सकते हैं। तब जारकर्म में लिप्त कितने राम नारायण कम्पाउन्डर[2] और कितने धर्मा ऐबेनेजर[3] खोजे जाएँगे उन की गिनती नहीं है। लगभग हर ब्राह्मण अपराधी सिद्ध हो जाएगा क्योंकि यह एक व्यक्ति का चरित्र नहीं बल्कि हिन्दुत्व की परिभाषा में पूरी संस्कृति की जीवन-शैली है। ब्राह्मण समीक्षक दलित साहित्यकार की आत्मकथा की मजाक फोड़ कर रह जाएँगे लेकिन न्यायालय में केस दायर होने पर वे जेल की हवा खा सकते हैं। तब वे अपने साहित्यिक उपन्यासों में हर चमारी और हर भंगन के गाल चूमने भूल जाएँगे। इसलिए दलित साहित्यकार का काम है कि बताए कि फैसला देने में कानून और न्यायालय कहाँ चूकते हैं। भारतीयता के नाम पर न्यायालय जिस ब्राह्मण अपराधी को छिपाना चाहता है, उसे वह उजागर करे। अवैध बाप की सम्पत्ति में से हिस्सा पाने के लिए कोर्ट में मुकदमा दायर हो, तभी समाज में बेहतरी और खुशहाली आएगी। कहना यह भी है कि जो लोग जारकर्म में कई हजार साल के बेहया हैं, मात्र उन की बेहयाई को कथ देने से उन पर कोई फर्क नहीं पड़ता। यदि अनुमति हो तो कथने का ऐसा काम वे खुद भी कर देंगे। नम्बूदिरी ब्राह्मण ऐसा कहने में कब चूकेगा कि मैं नायर के घर शाम को गया हूँ, रात को नायर की लड़की के साथ सोया हूँ, सुबह उठ कर अपने घर चला आया हूँ। इस सम्बन्ध से जो सन्तान पैदा होती है वह उस का स्पर्श नहीं करता क्योंकि वह अछूत है। उस का पालन-पोषण उस की माँ और उस के मामा करते हैं। नम्बूदिरी ब्राह्मण पर उस

की परवरिश की कोई जिम्मेदारी नहीं है। 'अक्करमाशी' में उघड़ कर कुल इतनी बात आती है। इसलिए आत्मकथा के बजाय करनी के मामले में कानूनी लड़ाई यह है कि अवैध बाप की सम्पत्ति जब्त की जाए और 'अक्करमाशी' को दी जाए। यदि ऐसा नहीं है तो मात्र आत्मकथा लिखने से जारकर्म और बलात्कार के अपराध कैसे रुकेंगे? मात्र बदनामी को दबंग अपनी प्रभुताई कहता है। ब्राह्मण तुलसी ने अपनी कौम के कान में पहले से डाल रखा है कि 'समरथ को नहिं दोष गुसांई'। इसलिए, बिना कानून बदले ऐसी आत्मकथा लिखने से जारकर्मी को अपराधी घोषित करने में मदद कहाँ मिलती है?

असल में, यह कानून क्या है और इस का कुल प्रभाव क्या है? यह सीधे ब्राह्मण वंश और उस की सम्पत्ति से जुड़ा हुआ प्रश्न है। अधिवक्ता चन्द्रनाथ झा ने अपनी पुस्तक 'हिन्दू विधि' में इस का दृष्टान्त देते हुए लिखा है—"जैसे एक हिन्दू पुरुष 'क' का अवैध सम्बन्ध एक महिला 'ख' से हो गया जिस से अधर्मज पुत्र 'ग' और पुत्री 'घ' उत्पन्न हुए तो दोनों अधर्मज पुत्र एवं पुत्री अपने पिता से उत्तराधिकार के मामले में सम्बन्धित नहीं हैं किन्तु दोनों अधर्मज पुत्र-पुत्री अपनी माँ से सम्बन्धित हैं और एक-दूसरे से सम्बन्धित हैं तथा माता की सम्पत्ति के उत्तराधिकारी हैं और माता अपने अधर्मज पुत्र की सम्पत्ति की उत्तराधिकारिणी है।"[4] तो इस प्रकार, दलित द्वारा आत्मकथा लिखने की जरूरत नहीं रह जाएगी यदि कानून बदल जाएगा। इस के विपरीत, तब ब्राह्मणों का जारकर्म खत्म होगा और खुद उन्हें आत्मकथा लिखने की जरूरत पड़ जाएगी क्योंकि तब जारकर्म के परिणामस्वरूप कानून द्वारा उन की पैतृक और अर्जित सम्पत्ति छिनने लगेगी। वास्तव में, हर कोई वह व्यक्ति जो किसी दूसरे की पत्नी से जारकर्म कर रहा है, यही चाहेगा कि इस कानून में परिवर्तन न हो जाए। उस के लिए यह ब्राह्मणी वर्ण-व्यवस्था का रामराज्य और स्वर्ग का कानून है कि दूसरों के घरों में अपनी अवैध औलाद पैदा करेगा और पहचान और जाँच के लिए उस के खून की कोई एक बूंद और सिर का एक बाल भी नहीं ले सकता। इस के विपरीत, जिस के घर में ऐसे बच्चे पैदा हो रहे हैं वह क्या चाहेगा? उस की सम्पत्ति को उस का दुश्मन चोरी और डकैती के बजाय जारकर्म और बलात्कार के द्वारा छीन रहा है। यहाँ विशेष रूप से बताया जा सकता है कि पशु-पक्षी भी दूसरों के थोंपे हुए बच्चों का पालन-पोषण नहीं करते, जो अस्वाभाविक काम द्विजों द्वारा दलितों से कानून बना कर करवाया जा रहा है। इस प्रकार, यह विधि के समक्ष समता या विधियों के समान संरक्षण का मामला नहीं है बल्कि क्लास-लेजिस्लेशन और कास्ट-लेजिस्लेशन का गहरा मामला है।

अन्त में, कहा जा सकता है कि दलित साहित्य की परिभाषा में पीड़ा से ले कर मुसकान तक हैं। इस में रोने के बजाय मुसकान की खोज के द्वारा समग्रता और पूर्णता की ओर मनुष्य का प्रयाण है। यह कमजोरी नहीं है बल्कि शक्ति है, यह गुलामी नहीं है बल्कि आजादी है, यह शिकायत नहीं है बल्कि युद्ध है, और यह समस्या नहीं है बल्कि समाधान है। यूँ, आत्मकथा समेत दलित साहित्यकार जो आज लिख रहा है, वह सब इस

परिभाषा में शामिल है, लेकिन इस परिभाषा में वह भी शामिल है जो वह आगे लिखेगा और जो उस की महान सम्भावनाओं का अनन्त क्षेत्र उस के सामने पड़ा है।

सन्दर्भ

1. शूद्रों का प्राचीन इतिहास, राम शरण शर्मा, राजकमल प्रकाशन प्रा. लि., 1-बी, नेताजी सुभाष मार्ग, नई दिल्ली-110 002, पेपर बैक संस्करण, 1997, पृ.-36-7
2. Sarla vs Mahendra Kumar : 1989 Criminal Law Journal 730 (Rajasthan)
3. श्रीमती सुमित्री विष्णु बनाम भारत संघ : उम. नि. प. (1985) 4 : 1259
4. हिन्दू विधि, चन्द्र नाथ झा, सुविधा ला हाउस, 28, मालवीय नगर, भोपाल, संस्करण 1991, पृ.-268

अध्याय-2

'हिन्दी' 'साहित्य' के 'इतिहास' की 'राजनीति'[क]

'हिन्दी साहित्य के इतिहास की राजनीति' के शीर्षक में चार शब्द बहुत महत्व के हैं जो 'हिन्दी', 'साहित्य', 'इतिहास', और 'राजनीति' हैं। बिलकुल शीर्षक के इन चारों शब्दों के साथ अब तक अन्याय किया गया है। आगे इन चारों शब्दों पर एक-एक कर के संक्षिप्त विचार किया जा रहा है।

क. हिन्दी

सब से पहली बात खुद 'हिन्दी' की है। इस बात को पूरे धुंधलके में डाल दिया गया है कि हिन्दी क्या है और हिन्दी क्या नहीं है। गलत पक्ष ले कर विभाजक रेखाएं खींची गईं हैं। सुन कर आश्चर्य और अफसोस होता है कि हिन्दी में कविता लिखनी भारतेन्दु हरिश्चन्द्र ने शुरू की थी। अपना सिर धुनने को जी चाहता है कि ऐसे इतिहास-लेखकों के बारे में क्या कहा जाए। इस छोटी सी बात को नहीं समझा जाता कि भारतेन्दु हरिश्चन्द्र ने हिन्दी में भी कविता लिखनी शुरू की थी। उनकी मातृभाषा कुछ भी हो लेकिन वे ब्रज भाषा में कविता लिखने की निपुणता रखते थे। अब सरोजनी नायडू ने अंग्रेजी में कविता लिख दी तो इस का मतलब यह नहीं है कि अंग्रेजी कविता का इतिहास सरोजनी नायडू से शुरू होता है। सरोजनी नायडू से पहले अंग्रेजी कविता में शेक्सपीयर और मिल्टन विराजमान हैं।

कहना यह है कि बजाय तुलसीदास की 'रामचरित मानस' को हिन्दी साहित्य में पढ़ाने के 'एम. ए. इन अवधी' का एक नया कोर्स तैयार किया जा सकता है। कोई भी व्यक्ति किसी दूसरी भाषा के विरोध में क्यों होगा लेकिन सूरदास को हिन्दी में पढ़ाने के बजाय 'एम. ए. इन ब्रज' का पाठ्यक्रम शुरू किया जाना चाहिए। यह ईमानदारी की बात है कि इस दृष्टि को ले कर विद्यापति की मैथिली भाषा की अब विशिष्ट पहचान

क. 'हिन्दी' 'साहित्य' के 'इतिहास' की 'राजनीति', डा. धर्मवीर, अम्बेडकर इन इण्डिया, सम्पादक, क्रान्ति कुमार निगम, पनार आफसैट, गुईन रोड, लखनऊ-226 018, अगस्त, 2006, पृ.-16-20

कायम की जाने लगी है। अच्छी बात यह होगी कि विद्वान लोग 'एम. ए. इन मैथिली' का पाठ्यक्रम तैयार कर लें।

यहाँ किसी भी कवि के खिलाफ कोई बात नहीं कही जा रही है। कहा केवल यह जा रहा है कि विद्यापति, सूरदास और तुलसीदास महाकवि हैं लेकिन उससे पहले यह तय कर लेना चाहिए कि ये किन-किन भाषाओं के महाकवि हैं। यह विद्यार्थियों की रुचियों पर छोड़ दिया जाना चाहिए कि वे 'एम. ए. इन हिन्दी' में पढ़ना चाहते हैं या 'एम. ए. इन अवधी' या 'एम. ए. इन ब्रज' या 'एम. ए. इन मैथिली' में। यह केरल के हिन्दी साहित्य के विद्यार्थियों और अध्यापकों पर घोर अत्याचार है कि हिन्दी के नाम पर उन पर अवधी, ब्रज और मैथिली भाषाओं के व्याकरण थोंपे जाते हैं। यह बात गलत होगी कि अंग्रेजी साहित्य का अध्ययन करने में विद्यार्थियों पर यह शर्त लगा दी जाए कि उन्हें फ्रेंच, लैटिन, जर्मनी और ग्रीक भाषाओं का भी अध्ययन करना पड़ेगा। इस बात का ध्यान रखा जाना चाहिए कि ओक्सफोर्ड यूनिवर्सिटी का जो विद्यार्थी हिन्दी पढ़ना चाहता है उस पर अवधी न थोंप दी जाए। जो कई भाषाओं के विद्वान होते हैं, उन की कद्र की जानी चाहिए, लेकिन हिन्दी के विद्वान यदि अंग्रेजी और फ्रेंच भी जानते हैं तो उन के इस ज्ञान की विविधता की वजह से हिन्दी में अंग्रेजी और फ्रेंच की पढ़ाई अनिवार्य नहीं की जा सकती। यदि राहुल सांकृत्यायन बारह भाषाएँ जानते थे तो इसी वजह से हिन्दी में बारह भाषाएँ नहीं पढ़ाई जा सकतीं।

ख. साहित्य

साहित्य क्या है–हिन्दी साहित्य में इस की चर्चा गम्भीरता से नहीं की गई है। गम्भीरता की बात बहुत दूर की है, इस विषय को ले कर विद्वान लोग एक क्षण के लिए भी जिम्मेदार बनना नहीं चाहते। शोचनीय स्थिति है कि साहित्य को अश्लील साहित्य से अलग कर के नहीं देखा गया। अश्लील साहित्य के कई प्रकार हो सकते हैं लेकिन यहां इस के इस एक ही रूप को विवेचित किया जा रहा है जो सामाजिक रूप से विधि-विरुद्ध और जार साहित्य है। कबीर ने ऐसे असामाजिक जार जीवन के अश्लील साहित्य पर जबर्दस्त रोक लगाई थी। उन्होंने कहा था कि 'बाप पूत की एकै नारी'। उन्हें देख-देख कर गुस्सा आ रहा था कि उन के सामने यह क्या हो रहा है। यह कबीर को आँखों के सामने दीख रहा था कि बाप बेटे की बहू को अपने पास सुला रहा है। कोई सहृदय विद्वान सामाजिकता और पारिवारिकता के मुहाने पर खड़ा हो कर ऐसे अनाचार और व्यभिचार को कैसे बर्दाश्त कर सकता है? लेकिन हिन्दुओं के साहित्य में इसे राजा ययाति की महान कहानी बता कर पेश किया जाता है। बाप अपने बेटों से उनकी जवानी मांग रहा है। सीधा मतलब यह है कि वह उन की बहुओं के साथ कामाचार कर रहा है।

यह एक ययाति नाम के बूढ़े राजा की अश्लीलता और कामुकता की बात नहीं है, बल्कि हिन्दी साहित्य के रीति काल तक में इस व्यभिचार की धूम मची हुई है। आचार्य केशवदास रीतिकाल के एक ब्राह्मण कवि हैं। उन के मन में लोक-व्यवस्था के प्रति तनिक भी सम्मान भाव नहीं है। उन की बूढ़ी अवस्था में उन के सिर के बाल सफेद हो गए हैं। उम्र के हिसाब से अब वे पोते-पोतियों वाले दादा हो गए हैं। कितनी अच्छी बात है कि ऐसे बूढ़े व्यक्ति को गांव-मौहल्ले की बेटी-पोतियां 'बाबा' कह कर पुकारती हैं। वे तहजीब के भीतर हैं। लेकिन यह बूढ़ा व्यक्ति तो ब्राह्मण है। इतने सभ्य सम्बोधन के खिलाफ आचार्य बने हुए केशवदास का मन कुढ़ रहा है—'चन्द्र बदन मृग लोचनी बाबा कहि-कहि जाय।' कबीर ऐसे केशवदास के पीछे लाठी ले कर दौड़ेंगे कि अपने बुढ़ापे को क्यों बिगाड़ रहा है।

यह जारकर्म का अश्लील और कामुक साहित्य एक ययाति या दूसरे केशवदास तक सीमित नहीं है। कृष्ण के राधा-साहित्य के नाम पर हिन्दी में इस की एक पूरी सगुण संस्था खड़ी कर दी गई है। बताइए, कृष्ण का गाँव की लड़कियों से रास मचाने का क्या अधिकार है? लोकाचार में वे सब बहनें होती हैं। लेकिन हिन्दी के विद्वानों ने वेदाचार में जैसे मनुष्य का ज्ञान बिगाड़ा है वैसे ही उन्होंने लोकाचार में समाज का चरित्र बिगाड़ कर रख दिया है। इसीलिए कबीर को ऐसे लोक और वेद दोनों से अलग खड़ा होना पड़ा है। हिन्दी के विद्वानों ने साहित्य का इतिहास लिखते समय इस पृथकता पर तनिक ध्यान नहीं दिया, उलटे वे राधा-साहित्य का अध्ययन करने में परकीया नारी का विशेष जारशास्त्र खड़ा कर गए हैं। वास्तव में, यह वेश्या, नगरवधू, देवदासी और परनारी का तमाम अश्लील साहित्य है जिस का भले लोगों की जबान पर नाम भी नहीं आना चाहिए। कृष्ण ने एक काम अच्छा किया था कि वैदिक साहित्य के बलात्कारी इन्द्र की पूजा बन्द कर दी थी लेकिन आज तक हिन्दी साहित्य में ऐसा कोई विद्वान नहीं उभरा जो जारकर्म वाली कृष्ण पूजा को भी समाप्त करने का बीड़ा उठाता। यदि साहित्य समाज का दर्पण है तो समाज की तरह साहित्य में भी बलात्कार और जारकर्म दण्डित होने चाहिए।

कहना यह है कि जो लोग घरों के भीतर रुक्मणियों को दहेज के कारण जिन्दा जलाते हैं, वे ही लोग यमुना के तट पर कुंज गलियों में राधारानी के साथ रास रचाने के गीत लिखते हैं। हिन्दू साहित्य का यह भेद छिपा ही रह गया है कि राधा के बिना कृष्ण का कोई मन्दिर नहीं है। लगता है, कृष्ण को राधा से अलग कर दिया जाए तो हिन्दुस्तान से कृष्ण पूजा समाप्त हो जाएगी। सोचने की बात है, बिना राधा वाले कृष्ण को कौन हिन्दू भक्त पूजेगा? कोई हिन्दू भक्त राधा-कृष्ण की जुड़वाँ मूर्तियों को नदी या तालाब में सलाने नहीं जा रहा है।

हुआ यह है कि द्विजों के हाथ में रहने से हिन्दी के शील साहित्य का इतिहास नहीं लिखा जा सका। उधर, जीवन और समाज में शील और चरित्र का सम्मान करने वाले दलित विद्वान ऐसे साहित्य को अश्लील और राष्ट्र के लिए पतनकारी कह कर उसे स्कूल

और कॉलिजों के पाठ्यक्रमों से बाहर ही रखना चाहेंगे। ऐसे साहित्य से विद्यार्थियों के मन पर बुरा असर पड़ता है; तब हर किसी को एक राधा और कई गोपियां चाहिएं। लेकिन कोई भी समाज पत्नी दिया करता है, राधा नहीं। लेकिन क्या किया जाए, दिल्ली की हाई कोर्ट भी 'आध्यात्मिक पत्नी' की बात करती है। फिर अवैध बच्चे पैदा होते हैं और जाति के झूठे प्रमाण-पत्र बनते हैं। फिर सुप्रीम कोर्ट बच्चे की पैतृकता जानने के लिए ब्लड-ग्रुप की वैज्ञानिक जाँच पर रोक लगाती है। यह चक्रव्यूह अश्लील साहित्य की जड़ है। अध्यात्म से ले कर व्यवहार तक, साहित्य से ले कर कानून तक कहीं भी अश्लील साहित्य के प्रचार-प्रसार पर रोक नहीं है। कई-कई आध्यात्मिक पत्नियाँ रखने दी जाएँ पर बच्चे की पैतृकता की जाँच तो होने दो। बच्चे का जन्म तो लौकिक हुआ है। वह तो सत्यकाम, कर्ण और शरण कुमार लिम्बाले है। उसे अपने बाप का नाम जानने का अधिकार दो। वह किसी वैदिक मन्त्र की फूँक से पैदा नहीं हुआ बल्कि रज और वीर्य से पैदा हुआ है।

ग. इतिहास

यदि हिन्दी के विद्वानों को किसी बात से सब से ज्यादा चिढ़ है तो वह इतिहास है। कहना पड़ता है कि यह उन के सामने किसी बैरी का नाम लेना हो जाता है। हिन्दी के विद्वानों का और इतिहास का छत्तीस का नाता है।

बस्ती में ऐसा होता है कि कोई आदमी बैंगन के नाम से चिढ़ जाता है। टमाटर क्या चीज है—पर मेरे गाँव की एक औरत इसी नाम से चिढ़ जाती थी। यहाँ मेरा कहना यह है कि यदि हिन्दी के किसी भी बड़े से बड़े विद्वान को चिढ़ाना हो तो उस के सामने इतिहास का नाम ले दो। वह कितनी तरह से मुँह बनाएगा—वह चित्रकार के लिए मुद्राओं का अध्ययन करने का अच्छा मौका हो जाता है। वह कहेगा—यह क्या टॉपिक छेड़ दिया है? असल में, इसी विषय से तो वह बचता-भागता फिर रहा है।

लेकिन यह सब अकारण नहीं है। कारण यह है कि सच्चे और साहसी लोग ही इतिहास लिख सकते हैं। इतिहास लिखना बहादुर और ईमानदार लोगों का काम है। मनोविज्ञान यह है कि संसार के किसी भी चोर और जार ने आज तक अपनी कहानी नहीं लिखी। सब से बड़ी बात यह है कि इतिहास-लेखन कथनी और करनी में अन्तर करने के लिए मौका नहीं छोड़ता। इतिहास की प्रक्रिया में पारमार्थिक सत्ता और व्यावहारिक सत्ता का कोई भेद नहीं है। इतिहास के खुलासे में अनिर्वचनीयता और मौन के विषय पर कोई तार्किक बहस सम्भव नहीं है। वहाँ सिकन्दर की हार और जीत है, चाणक्य के छल और कपट नहीं। सत्य की स्वीकृति है, शक्ति को झुठलाना नहीं। इतिहास में धोखों से नहीं, शहादत से काम चलता है। लेकिन यदि वैष्णव और वेदान्ती का मन भीतर से दोफाड़ नहीं है तो वह वैष्णव और वेदान्ती कैसा? भारत राष्ट्र की

विश्व-ख्यात ऐतिहासिक गुलामी का कारण भारतीय लोगों का इतिहास से विद्रोह है। भीख का कटोरा इतिहास की ओर नहीं ले जाता, उस के लिए शहादत देनी पड़ती है। यही वजह है कि शहादत के बजाय चोरी, जारी और भीख को प्रश्रय देने से हिन्दी साहित्य में इतिहास-लेखन के नाम पर पढ़ने को ब्राह्मणों की वार्ताएँ भर मिलती हैं। क्या यह इतिहास लिखने की ब्राह्मण-वार्ता नहीं है कि कबीर के गुरू रामानन्द ब्राह्मण थे और कबीर की माँ कोई विधवा या कुमारी ब्राह्मणी थी? आखिर ऐसी किंवदन्तियां चलाने से क्या तात्पर्य है कि रैदास ने पैदा होते ही अपनी चमारी माँ का दूध पीने से इसलिए इन्कार कर दिया था क्योंकि वे पूर्वजन्म में ब्राह्मण थे? फिर, आधुनिक विद्वानों का इन किंवदन्तियों पर आंख मींच कर धार्मिक शैली का अंधविश्वास स्थिति को और भी हेयकर और भयावह बना देता है। सच्चाई यह है कि इतिहास लिखना द्विज विद्वानों की मजबूरी है, खुशी नहीं। ऐसे मजबूरी में वे इतिहास का जितना नुकसान कर सकते हैं, अपनी खोल से बाहर आ कर कर देते हैं।

नीयत से ही पता चल जाता है कि क्या होने जा रहा है। हिन्दी के विद्वान रामधारी सिंह 'दिनकर' लिखते हैं—"संस्कृति का इतिहास शौकिया शैली में ही लिखा जा सकता है।" सीधा मतलब यह है कि वे इतिहास के साथ मखौल करने जा रहे हैं। जब डॉ. हजारी प्रसाद द्विवेदी लिखते हैं कि 'सभी परम्पराएँ इस बात का समर्थन करती हैं कि कबीरदास का रामानन्द के साथ सम्बन्ध था' तो इस का साफ मतलब है कि परम्परा का नाम ले कर आगे वे हर झूठ बोलने जा रहे हैं। इन विद्वानों में से इतिहास के सच की किसी को फिक्र नहीं है। इतिहास का सच इनकी सोच से पूरी तरह बाहर की चीज और गायब है।

कहा जा सकता है कि शुरू में ही ब्राह्मणों के बीच में आ जाने से हिन्दी साहित्य के विद्यार्थियों ने अभी इतिहास-लेखन की सच्ची कलम नहीं देखी है। ब्राह्मण-विद्वानों द्वारा इतिहास-लेखन का सच्चा काम नहीं किया जा सकता था क्योंकि यह उन के स्वभाव में नहीं है। उन की अलग परम्परा है, अलग शैली है और उन के अर्थशास्त्र आदि के अलग ग्रन्थ हैं। इसलिए, इस विषय को ले कर ब्राह्मण विद्वानों की कोई गलती नहीं है। गलती केवल तब होती है जब वे इतिहास के नाम पर पुराण, संस्कृति और किंवदन्तियों का कूड़ा-कर्कट विद्यार्थियों पर थोंपने लगते हैं। उन्हें अपनी इसी बात पर कायम रहना चाहिए कि वे इतिहास नहीं लिखेंगे। बात भी सच्ची है, कथावाचकों और पुराण बाँचने वाले लोगों से इतिहास लेखन की अपेक्षा नहीं की जा सकती।

ब्राह्मण विद्वानों ने हिन्दी साहित्य के प्रति तनिक भी न्याय नहीं किया है, उल्टे उन्होंने इस अच्छे काम को बुरी तरह से बिगाड़ दिया है। गणपति चन्द्र गुप्त ने हिन्दी साहित्य का वैज्ञानिक इतिहास लिख कर इस बुरी तरह बिगाड़े गए काम को कुछ ठीक करने की कोशिश की है लेकिन जरूरत एकदम नई दृष्टि की है। हिन्दी साहित्य के एक ऐसे इतिहास-लेखन की आवश्यकता है जो ब्राह्मणों के द्वारा लिखे गए इतिहास का न

वर्णन करे और न उसकी आलोचना करे। सन्दर्भ देने तक से काम खराब हो जाता है। जैन साध्वी डा. मंजुश्री ने 'जैन दर्शन और कबीर' शीर्षक से एक अच्छा काम हाथ में लिया था लेकिन वे इसी वजह से फेल हो गई हैं क्योंकि उन्होंने ब्राह्मणों के द्वारा फैलाए गए इस झूठ को स्वीकार कर लिया कि कबीर कर्मवाद और पुनर्जन्म में विश्वास करते हैं। उन्होंने ब्राह्मणों की प्रक्षिप्त रचने की कला की ओर बिलकुल भी ध्यान नहीं दिया। वास्तव में, हिन्दी साहित्य को समझने में जैन और बौद्ध दर्शन से खासी मदद मिल सकती थी लेकिन अपनी प्रक्षिप्त रचने की चातुरी के कारण ब्राह्मणों ने इन दोनों दर्शनों को भी प्रक्षिप्त और नष्ट-भ्रष्ट कर दिया है।

घ. राजनीति

जो भारतीय सन्दर्भ है उसी सच के साथ कोई बात होनी चाहिए। कुछ लोग भारत में ईसाई, मुसलमान, पारसी और यहूदी हैं। दूसरे लोग भारत में हिन्दू, बौद्ध, जैन और सिख हैं। हिन्दू, बौद्ध, जैन और सिखों की बात ब्राह्मण, क्षत्रिय, वैश्य, शूद्र और अछूत के शब्दों से शुरू होती है। ऐसी किसी बहस का अन्त भी इन्हीं शब्दों से होता है। हिन्दू धर्म पर कोई वैधानिक निर्णय देते समय भारत की सुप्रीम कोर्ट भी इसी पक्ष पर विचार करती है कि कोई व्यक्ति, ब्राह्मण, क्षत्रिय, वैश्य, शूद्र या अछूत है। इसलिए साहित्य की भी किसी बहस में इन शब्दों से बचना नहीं चाहिए। जरूरत पड़े तो इन शब्दों से टकराया जा सकता है लेकिन इन्हें भुलाया नहीं जा सकता।

जब हिन्दी साहित्य का इतिहास विभिन्न वर्णों के लोगों के द्वारा लिखा जाता है तो वह एक-सा नहीं रह सकता। ऐसा हो सकता है कि एक स्तर पर ब्राह्मणों, क्षत्रियों और वैश्यों के द्वारा लिखे गए इतिहास में कुछ तारतम्य जुड़ता हो। इसका कारण चातुर्वर्ण्य व्यवस्था में सत्ता का बंटवारा और उस में इन तीन वर्णों की हिस्सेदारी है। लेकिन शूद्र तक आते-आते यह तारतम्य टूट जाता है। अछूत का दृष्टिकोण तो इतिहास को एकदम पलट ही देता है। वस्तुतः, अछूत का इन चार वर्णों की बंदरबाँट से कुछ लेना-देना नहीं है। वह इस छीन-झपट में किसी धर्म का अंग नहीं है। इसलिए जब वह इतिहास लिखने बैठता है तो अपने साथ हुए अत्याचारों को भूल नहीं सकता। खेतों और खलिहानों में जारकर्म और बलात्कार से उजड़ती हुई उस की बहू-बेटियों की इज्जत कृष्ण के राधा सम्बन्धी गीतों को अश्लील साहित्य की कोटि में धकेल देती है। इसलिए सब काँप जाते हैं कि जाने वह क्या लिख देगा। ब्राह्मण का कहना ही है कि लिखने-पढ़ने का अधिकार केवल ब्राह्मण को है। यह एक लाइन की डिक्टेटरी है। अगली कोई बात ही खत्म हो जाती है। दूसरे, हिन्दुओं की सामाजिक व्यवस्था का रंग-ढंग कुछ ऐसा है कि कई ब्राह्मणेत्तर विद्वानों की दृष्टि भी दूषित हो जाती है। इस चक्कर में दलितों और पिछड़ों की दृष्टि तो अभिशप्त ही हो कर रह जाती है।

यहाँ सही बहस के लिए चौथा शब्द 'राजनीति' का उपयुक्त नहीं है। राजनीति राजकाज में चलती है। साहित्य में राजकाज की राजनीति का कोई सम्बन्ध नहीं बनता। हाँ, राजनीति की तर्ज पर साहित्य के क्षेत्र में 'साहित्यनीति' के शब्द का प्रयोग जरूर किया जा सकता है। उधर, राजनीति विकसित होते-होते लोकतंत्र तक आ पहुँची है। राजा और राजतन्त्र मिट चुके हैं। भारत में हर वयस्क नागरिक को वोट का अधिकार मिल चुका है। अफसोस की बात है कि साहित्यनीति में अभी तक लोकतंत्र की व्यवस्था नहीं की जा सकी है। साहित्यपतियों के पद कुछ खास वर्गों के कब्जे में हैं। भारत के सन्दर्भ का सीधा प्रयोग किया जा सकता है कि हिन्दी साहित्य के इतिहास-लेखन पर ब्राह्मणों का वर्चस्व है। वे वाइस चांसलर, विभागाध्यक्ष, अकादमी और मीडिया के सभी प्रमुख पदों पर आसीन हैं। शोधकार्य उनके निर्देशनों में ही नहीं बल्कि उन के दबावों में भी होते हैं। भाई-भतीजेवाद को चयन समिति का नाम दे कर प्राध्यापक के पदों पर नियुक्तियां कर दी जाती हैं। ब्राह्मण महासभा को पाठ्यक्रम समिति की वैधता दे कर लीगेलाइज कर दिया जाता है। असल में, अब तक जो हिन्दी में पढ़ाया जा रहा है वह अपने अपवादों समेत सब 'एम. ए. इन ब्राह्मण साहित्य' है। जब कबीर को वैष्णव घोषित किया जाता है तो यह ब्राह्मणों के द्वारा और ब्राह्मणों के लिए लिखा गया साहित्य बन कर रह जाता है। इसे हिन्दी के छात्रों का दुर्भाग्य ही कहा जाएगा कि कबीर को ले कर गलत सिद्ध हो जाने पर भी डा. हजारी प्रसाद द्विवेदी पाठ्यक्रम में बने हुए हैं।

यहाँ इतना कहना शेष है कि कुछ क्षत्रिय और वैश्य विद्वान अवश्य सामने आए हैं लेकिन उनके चिम्तन का स्वतन्त्र विकास नहीं हो सका। वे अपने ब्राह्मण गुरुओं से बंधे रह जाते हैं। क्षत्रियों ने प्राचीन बौद्ध साहित्य का अवगाहन नहीं किया और कई वैश्य विद्वानों को जैन साहित्य की पुस्तकों के नाम तक याद नहीं हैं। यूं, साहित्य के क्षेत्र में भी क्षत्रियों और वैश्यों ने ब्राह्मणों की सर्वोपरिता स्वीकार कर रखी है। कायस्थ विद्वान कुछ खासमखास करने की दृष्टि और क्षमता रखते हैं लेकिन वे होशियारी वाला एडजस्टमेन्ट ज्यादा करते हैं। चिन्तन की स्पष्टता, स्वतन्त्रता और नवीनता का नितान्त अभाव है। साहित्य के पदों पर दलितों को आरक्षण मिलेगा तो हिन्दी में नए और सही इतिहास-लेखन की संभावना बन सकती हैं। यहाँ आरक्षण से मेरा मतलब प्रतिनिधित्व से है, किसी भीख से नहीं। दलितों पर वेदान्त की अनिर्वचनीयता की अघोषित रोक और स्मृतियों के आदेशों की पाबन्दी हटे तो हिन्दी साहित्य का कबीर की आजीवक दृष्टि से सच्चा इतिहास लिखा जा सकता है।

अध्याय-3

डॉ. नामवर सिंह का दुःख

I

मैं अपने असली काम पर आता हूँ कि पाठकों को यह बताऊँ कि डॉ. नामवर सिंह ने डॉ. हजारी प्रसाद द्विवेदी पर एक किताब 'दूसरी परम्परा की खोज' के नाम से लिखी है। क्रमवार अध्ययन किया जा सकता है कि उस किताब में द्विजों के ब्राह्म-विवाह के कूड़े का ढेर अटा पड़ा है।

'दूसरी परम्परा की खोज' को पढ़ कर लगता है, शीर्षक को भ्रामक न कहा जाए तो अधूरा जरूर कहा जाना चाहिए। प्रायः शीर्षक छोटे रखे जाते हैं लेकिन यह शीर्षक अपने लम्बे रूप में 'ब्राह्मणों की दूसरी परम्परा की खोज' रख दिया जाता तो विषय के साथ ज्यादा न्याय होता। यदि ऐसा न किया जाए तो पाठकों को पहाड़ खोद कर चुहिया निकालने वाली निराशा हाथ लगती है। इस पुस्तक में उस परम्परा का कुछ भी हासिल नहीं है जिसे इतिहास के विद्यार्थी भारत में बहुचर्चित 'क्षत्रिय बनाम ब्राह्मण' के उपनिषदों, पुराणों और क्षत्रिय-धर्मो के संघर्ष के रूप देखते हैं। कहने का मतलब यह है कि यहां कोई गुंजाइश नहीं है कि विद्वानों और पाठकों की इन्डोलोजी की तीसरी धारा की झलक तक मिल सके।

डॉ. नामवर सिंह लिखते हैं—"कबीर के माध्यम से जाति-धर्म-निरपेक्ष मानव की प्रतिष्ठा का श्रेय तो द्विवेदी जी को ही है। एक प्रकार से यह दूसरी परम्परा है।"[1] यह दूसरी परम्परा जरूर है लेकिन इसमें पहली परम्परा छोड़ी नहीं गई है। पहली परम्परा ज्यों की त्यों हृदय में मौजूद है। वह पहली कौन सी परम्परा है? वह तुलसी की जाति-धर्म-सापेक्ष ब्राह्मण की प्रतिष्ठा के श्रेय की है। बात एकदम तुल कर सही है, कबीर को अपनानें में तुलसी की एक बार भी भर्त्सना नहीं की गई है। भर्त्सना बहुत दूर की बात है, तुलसी को एक भी जगह त्यागा नहीं गया है। तुलसी के पाले में एक पैर बंधवा कर कबीर के

मैदान में दूसरे पैर से खेला गया है, या कहें, तुलसी के हक में यह कबीर को जीता गया है।

डॉ. नामवर सिंह ने तुलसी और कबीर की तुलना को ले कर डॉ. द्विवेदी को आचार्य शुक्ल की परम्परा से भिन्न परम्परा के माना है। कसौटी पहले साहित्य के सामाजिक आदर्श और दूसरे भावबोध की है। सूर को ले कर दोनों का निचोड़ इस कथन में है—"द्विवेदी की दृष्टि में सूर की गोपियों का प्रेम कुल-जाति की मर्यादा को तोड़ता है.....।"[2] कौन बताए कि इससे कुल-जाति बिलकुल भी नहीं टूटती? इस बात को ले कर हिन्दी के कई दूसरे लेखक भी भ्रम में हैं कि द्विजों द्वारा शूद्र जातियों की स्त्रियों के साथ विवाहेतर रंगरेलियाँ करने से विवाह के कायदे-कानून टूटते हैं। यदि ऐसा होता तो हिन्दुस्तान से जाति-बिरादरी की भावना का नामोनिशान कभी का मिट गया होता क्योंकि ब्राह्मण और ठाकुर ऐसे रखैलवाद के व्यवहार में हमेशा से कायल रहे हैं। उल्टे, यह राधावाद दलित जातियों की स्त्रियों की मान-मर्यादा और उनके यौन-शोषण का जरिया है।

दूसरी परम्परा के उन्नायक डॉ. हजारी प्रसाद द्विवेदी पहली परम्परा के स्थापक आचार्य रामचन्द्र शुक्ल के बारे में अपनी पुस्तक में लिखते हैं—"भारतीय काव्यालोचन शास्त्र का इतना गम्भीर और स्वतंत्र विचारक हिन्दी में तो दूसरा हुआ ही नहीं, अन्यान्य भारतीय भाषाओं में भी हुआ है या नहीं, ठीक नहीं कह सकते। शायद नहीं हुआ।"[3] इन शब्दों को उद्धृत करते हुए डॉ. नामवर सिंह लिखते हैं—"आचार्य द्विवेदी से पहले किसी ने आचार्य शुक्ल के महत्व की प्रतिष्ठा इतनी उच्च भूमि पर की है, इसकी जानकारी मुझे नहीं है।"[4] तब दूसरी परम्परा पहली परम्परा के मुकाबले में इतनी ही क्रान्तिकारी भी हो सकती थी। आश्चर्य है, काशी हिन्दू विश्वविद्यालय के एम. ए. के पाठ्यक्रम में निराला के काव्य 'तुलसीदास' का समावेश करने को डॉ. द्विवेदी के विरोधियों द्वारा 'हिन्दी विभाग से शुक्ल जी के विचारों की परम्परा को उखाड़ फेंकना'[5] बताया गया था। शुक्ल भी ब्राह्मण, द्विवेदी भी ब्राह्मण, निराला भी ब्राह्मण और तुलसीदास भी ब्राह्मण लेकिन परिवर्तन हो रहे हैं, उखाड़ फेंक क्रान्ति हो रही है, और यहां चर्चा के लायक महान 'दूसरी परम्परा की खोज' हो रही है। खुद डॉ. द्विवेदी के शब्दों में इस क्रान्ति का स्वरूप देखा जाए— "आधुनिकता की आत्मा वहां (काशी हिन्दू विश्वविद्यालय में) अब भी दुर्लभ थी। बात-बात में मुझे शान्तिनिकेतन और रवीन्द्रनाथ को ले कर ताना दिया जाता था, कुछ इस ढंग से मानो उदार होना या सार्वभौम दृष्टि रखना कोई बहुत बड़ा अपराध हो। काशी विश्वविद्यालय में मैंने कबीर पढ़ाना शुरू किया तो एक मित्र कुलपति से शिकायत कर आए कि जिस विभाग में तुलसीदास से पढ़ायी शुरू होती थी उसमें कबीर से शुरू होने लगी है।"[6] यहां ध्यान देने की बात है कि उनके रवीन्द्रनाथ भी ब्राह्मण हैं। डॉ. द्विवेदी ने खुद अपनी दृष्टि को क्रान्ति या दूसरी परम्परा कहा भी नहीं है। उनके अपने शब्द 'आधुनिक', 'उदार' और 'सार्वभौम दृष्टि'

के हैं। सबसे आखिरी और बड़ी बात, उनके पास जो कबीर हैं, मैं बहुत पहले सिद्ध कर चुका हूं कि वे 'वैष्णव कबीर' अर्थात 'प्रक्षिप्त कबीर' हैं। ऐसे में, 'दूसरी परम्परा की खोज' क्या है जिसका विशेष रूप से उल्लेख किया जाए?

डॉ. नामवर सिंह ने मुक्तिबोध के विचारों के बारे में लिखा है—''मुक्तिबोध की मुख्य स्थापना यह है कि निचली जातियों के बीच से पैदा होने वाले सन्तों के द्वारा निर्गुण भक्ति के रूप में भक्ति आन्दोलन एक क्रान्तिकारी आन्दोलन के रूप में पैदा हुआ किन्तु आगे चल कर ऊंची जाति वालों ने इसकी शक्ति को पहचान कर इसे अपनाया और क्रमशः उसे अपने विचारों के अनुरूप ढालकर कृष्ण और राम की सगुण भक्ति का रूप दे डाला जिससे उसके क्रान्तिकारी दांत उखाड़ दिए गए।''[7] यह इतिहास का अच्छा मूल्यांकन है। लेकिन डॉ. नामवर सिंह से जो चूक हुई वह डॉ0 हजारी प्रसाद द्विवेदी के मन्तव्य को समझ न पाने की है। डॉ. द्विवेदी ने कबीर के साथ क्या किया है? अपने समय तक रचे गए प्रक्षिप्तों के माध्यम से उन्होंने कबीर को ही तुलसी और सूर की परम्परा का वैष्णव बना दिया था। ऐसा करके ही वे कबीर से ले कर सूर और तुलसी तक अपने वैष्णव साहित्य की एक अविच्छिन्न निरन्तरता की धारा प्रवाहित हुई दिखा सकते थे जिससे जर्मन विदुषी मोनिका टेटलबाख भी धोखा खा गई हैं। वैष्णव बनाते ही और पुनर्जन्म में विश्वास करवाता दिखाते ही कबीर की सारी क्रान्तिकारिता अपने आप सूखे मशान के रोग में समाप्त हो जाती है।

आर्य समाजी और सनातनी का फर्जी अन्तर देखो, डॉ. द्विवेदी लिखते हैं—''मेरे एक मित्र थे। उन्होंने कोआथ (आरा) में मेरी कथा बैठा दी। वे खुद आर्य समाजी थे पर मेरी सहायता के लिए उन्होंने इस बात की परवा नहीं की।''[8] यही मैं कह रहा हूं कि ब्राह्मणों की दो परम्पराओं के कुछ अर्थ नहीं हैं। एक ही परम्परा के दो हिस्से हैं। क्या सांप की आगे फटी जीभ पीछे से एक नहीं होती? वे लिखते हैं—''सो मैंने बगल में पोथी दबायी और कथा बांचने चला गया।''[9] कथा बांचने में जो मिला वह इस प्रकार था—''कथा सात दिन तक हुई। और आठवें दिन चढ़ावा चढ़ा। 35 रुपये की एक रजाई, कुछ साड़ियां, कुछ कपड़े, कुछ धोतियां और प्रचुर अन्न मुझे मिला।''[10] यह डॉ. द्विवेदी अपने स्कूल जीवन की गरीबी का वर्णन कर रहे हैं। तब उन्हें संस्कृत कॉलेज में 15 रुपये वृत्ति मिलती थी और वे 5 रुपये का एक ट्यूशन अतिरिक्त करते थे।[11] यह उस समय की बात हो रही है जब मेरे दादा ने 40 रुपये में मेरी बुआ की शादी की थी। लेकिन डॉ. नामवर सिंह के द्वारा उस समय के इतिहास में डॉ. द्विवेदी के इन्हीं शब्दों की खोज हुई है—''घर की अवस्था बड़ी दयनीय थी। आज भी याद करता हूं तो रोएं खड़े हो जाते हैं।''[12] यह ब्राह्मणों की दूसरी परम्परा की गरीबी है जिसमें 'कहीं से (डॉ0 द्विवेदी के) घरवालों को हजार रुपये की आमदनी हो गई'[13] थी तो उस की खुशी में उनका नाम 'हजारी प्रसाद' रखा गया था। हजार रुपये और उस समय का दलित! दलित की गरीबी का जिक्र नहीं....गरीब भी हुए तो हजारी प्रसाद द्विवेदी हुए।

विचित्र नहीं है कि डॉ. द्विवेदी 'अपने को "शूद्र जाति का ब्राह्मण" कहा करते थे।"[14] इस घोषणा को सही ठहराने का तरीका डॉ. नामवर सिंह का देखा जाए—"उनकी नजर में शूद्र जाति के ब्राह्मण वे हैं जो किसी दूसरे के इशारे से विनियुक्त होकर कलम घसीटते हैं।"[15] वे अन्दाजा लगाते हैं कि ब्राह्मण होने के नाते उनका 'उपनयन संस्कार हुआ ही होगा,'[16] 'लेकिन द्विजत्व-प्राप्ति का दिन वे बड़ी निष्ठा से मनाते थे'[17] जो न तो उनका जन्मदिन था और न ही उपनयन संस्कार का दिन बल्कि शान्ति निकेतन में पहुंचने का दिन था। इसे ही वे अपना द्विजत्व-प्राप्ति का दिन कहते थे। यूं, हर बात उनके ब्राह्मणी संस्कारों के ही अनुकूल उच्चरित हो रही है। वर्ण-व्यवस्था की शब्दावली में ब्राह्मण, क्षत्रिय, वैश्य और शूद्र का क्रम भी वही है जिसे डॉ. नामवर सिंह ने अंगीकार भी किया है, लेकिन एक अनावश्यक प्रश्नचिन्ह, अपने क्षत्रिय होने की वजह से जोड़ दिया है—"और सबसे श्रेष्ठ (?) ब्राह्मण-ब्राह्मण वे हैं जो अपनी योजना के अनुसार लिखते-पढ़ते हैं।"[18]

डॉ. नामवर सिंह ने अपनी पुस्तक के दूसरे अध्याय का शीर्षक 'ब्राह्मण समाज में ज्यों अछूत' रखा है। मैं बहुत दिनों से कहता आ रहा हूं कि निराला की इस काव्य-पंक्ति का दलित के लिए कोई वजन नहीं है। 'ब्राह्मण समाज में ज्यों अछूत' और 'ब्राह्मण समाज में खुद अछूत' में फर्क ही फर्क है। पहले वाक्य में दो ब्राह्मणों की खयाली तुलनाएं हो रही है जबकि दूसरे वाक्य में ब्राह्मण और अछूत के फर्क की वास्तविक घटनाएं घटित हो रही हैं। इसलिए, 'ब्राह्मण समाज में ज्यों अछूत' के वाक्य में ब्राह्मणों की ही दो परम्पराएं अभिव्यक्त होती हैं, अछूत की परम्परा की इसमें याद तक नहीं है। ऐसे तो दलित की भी ब्राह्मणों को देखने की दो परम्पराएं गिनाईं जा सकती हैं, लेकिन उससे वास्तविकता का कुछ सधता नहीं है। काशी के ब्राह्मणों ने ब्राह्मण तुलसीदास को गाली में जुलाहा कह दिया तो इससे क्या फर्क पड़ गया, खास फर्क तब पड़ता जब वे कबीर की तरह के वास्तविक जुलाहे होते। तुलसी को जुलाहा कहने की गाली मिल गई तो क्या वे कबीर की तरह जुलाहों का प्रतिनिधित्व कर के गए हैं? जुलाहे कहे जाने पर भी वे अपने ब्राह्मणत्व के ही प्रतिनिधि बन कर गए हैं—'पूजिअ बिप्र सील गुन हीना।'[19] तभी डॉ. नामवर सिंह के डॉ. द्विवेदी भी लिखते हैं—"मुझे तुलसीदास का स्मरण करने में विशेष आनन्द आता है।"[20] आएगा क्यों नहीं -और मैं यही बताता आ रहा हूं कि एक ब्राह्मण होने के नाते उन्हें तुलसीदास के स्मरण में विशेष आनन्द जरूर आएगा। डॉ0 नामवर सिंह लिखते हैं—".....तुलसीदास की यह दुखद जीवनकथा बहुत-कुछ हजारी प्रसाद द्विवेदी की ही आत्मकथा है।"[21] जरूर होगी, इसे कौन मना कर रहा है, पर इसकी जुलाहे कबीर की आत्मकथा से क्या तुलना? रोने लगा रखे हैं कि तुलसीदास की 'महन्ती छूट गई।"[22] क्या मालूम नहीं है कि कबीर का क्या छूट गया था—"दो गज बुने खवास कुटुम तेरा कहां से खावै जी?"

अपनी पुस्तक में डॉ. नामवर सिंह को अन्यत्र भी 'दूसरी परम्परा की खोज' करने का मौका मिला है। इसे वे 'संस्कृति और सौन्दर्य' वाले अध्याय में बताते हैं। वे लिखते हैं—"पण्डितों की समझ का यह इकहरापन द्विवेदी जी की दृष्टि में एक बड़ी बाधा है। इस संकीर्ण इकहरेपन के खिलाफ संघर्ष करते हुए उन्होंने भारतीय संस्कृति की विविधता, जटिलता, परस्पर विरोधी जीवन्तता और समृद्धि का पुनः सृजन किया। भारतीय संस्कृति के अन्तर्गत आर्येतर जातियों के अवदान की उल्लसित चर्चा का कारण यही है। यदि इस प्रयास में कहीं आर्य-श्रेष्ठता के अहंकार को ठेस लगती है तो द्विवेदीजी इस बात से चिन्तित नहीं दिखते। वस्तुतः यह दूसरी परम्परा की खोज का प्रयास है जिस का प्रयोजन मुख्यतः पण्डितों की इकहरी परम्परा की संकीर्णता का निदर्शन है।"[23] इस लम्बे उद्धृत पैरे में डॉ. नामवर सिंह से जो गलती हो रही है वह यह न समझने की कमजोरी है कि पण्डितों की आलोचना करते हुए भी डॉ. हजारी प्रसाद द्विवेदी पण्डित बने हुए हैं। वे डॉ. नामवर सिंह द्वारा की गई दूसरी परम्परा की खोज में वैदिक-पौराणिक खांचे से बाहर नहीं निकल सके हैं, और न ही उन का ऐसा प्रयास था।

II

डॉ. नामवर सिंह ने अपनी इस पुस्तक में लिखा है कि '....आज भी पण्डित मण्डली इन प्रश्नों को ले कर असमंजस में पड़ी है कि कबीर का अपना दर्शन क्या था, कुछ था भी या नहीं?"[24] ऐसी हालत में, यदि आचार्य रामचन्द्र शुक्ल ने 'कबीर के विचारों को खिचड़ी कहा'[25] तो इसमें कुछ भी अयथार्थ नहीं है। प्रक्षिप्त को अलग ढूंढ़ लेने के बाद ही कबीर का वास्तविक दर्शन सामने आ सकता है। प्रक्षिप्त की मिलावट की वजह से उसे खिचड़ी कहना एकदम सही है। किसी का भी सिर चक्कर खा सकता है। यदि डॉ. नामवर सिंह के मत में डॉ. हजारी प्रसाद द्विवेदी ने 'कबीर के परस्पर विरोधी विचारों में भी एक संगति बैठाने का प्रयास किया'[26] है तो उन्होंने 'वैष्णव कबीर' निर्मित करने की गप्प भी हांकी है।

डॉ. नामवर सिंह ने डॉ. हजारी प्रसाद द्विवेदी को अपनी पुस्तक में उद्धृत किया है—"इस्लाम के आने के पहले इस विशाल जनसमूह का कोई एक नाम तक न था। अब उस का नाम 'हिन्दू' पड़ा। हिन्दू अर्थात् भारतीय, अर्थात् गैर-इस्लामी मत। स्पष्ट ही गैर-इस्लामी मत में कई तरह के मत थे।"[27] प्रश्न यह है कि कबीर पर लिखने से पहले क्या विद्वानों ने इन कई तरह के मतों की पूरी खोज कर ली है? यदि नहीं, जो सच भी है, तो यह अच्छा नहीं हुआ है। मैं खोज करके बताता हूं कि क्या बीजक कबीर की रचना नहीं है? यदि बीजक उन की रचना है तो क्या वे आजीवक धर्म के नहीं थे? आजीवक धर्म एक संस्थागत धर्म था, फिर कबीर को धर्म के मामले में संस्थाहीन मानना कैसे उचित हो सकता है?

डॉ. नामवर सिंह ने डॉ. हजारी प्रसाद द्विवेदी की आलोचना-पद्धति के बारे में लिखा है कि वे 'एक-एक शब्द की चीर-फाड़ नहीं करते....शब्द की व्याख्या नहीं करते.....।'[28] वे साफ निर्णय देते हैं–"आलोचना उनके लिए विश्लेषण का पर्याय नहीं है.....।"[29] न हो, लेकिन इससे आलोचना का भला भी नहीं है। आलोचना की संश्लेषणात्मक पद्धति इतिहास के कई काम नहीं कर सकती। मसलन, वह कबीर के साहित्य में प्रक्षिप्त की खोज नहीं कर सकती। इसकी तुलना विवाह-शास्त्र में बच्चे की पैतृकता की जानने की वैज्ञानिक जांच पर लगी पाबन्दी से की जा सकती है।

जो विवाह में जारकर्म है, वही साहित्य में प्रक्षिप्त है। चूंकि ये अनुमत चीजें नहीं हैं इसलिए ये किसी मिश्रण को तैयार नहीं करते बल्कि इनसे विवाह और साहित्य अविशुद्ध रह जाते हैं। मिलावट बुरी चीज नहीं है यदि वह विवाह में तलाक के द्वारा और साहित्य में असर के द्वारा आए। जारकर्म में बच्चा किसी का है और कहा जा रहा किसी का है, ऐसे ही, साहित्य में रचना किसी की है और कही जा रही किसी की है। यह दोनों जगह जारज सन्तान और जारज रचना है। वर्णसंकर विवाह एक काम्य चीज हो सकती थी, लेकिन यहां प्रतिलोम को रोक कर अनुलोम के पक्ष में विवाहेतर मैथुन हो रहा है। कबीर से प्रभावित हो कर ब्राह्मणों को सुधर जाने के सारे अवसर थे लेकिन यहां वैष्णवों द्वारा कबीर की छाप से जारज कविताएं लिखी जा रही हैं। यह खुश हो कर गौरव करने लायक कथन नहीं है जो डॉ. द्विवेदी का इस प्रकार है–"देश और जाति की विशुद्ध संस्कृति केवल बात की बात है, सब कुछ में मिलावट है, सब कुछ अविशुद्ध है।"[30] यह स्पष्टता नहीं, सांस्कृतिक और साहित्यिक घोटाला है। आजीवक दृष्टि शुद्धता की दरकार कब रखती है, उसे वैधता से सन्तुष्टि मिल सकती थी। जारज सन्तान का भरण-पोषण वह करे जो उसे महालिंगी बन कर पैदा करता है। कबीरों के नाम से होली पर गाई जाने वाली हिन्दुओं की अश्लील कविताओं के रचनाकार कबीर कैसे माने जा सकते हैं?

जब भारत की संस्कृति को सामासिक संस्कृति कहा जाता है तो उसमें संस्कृति को बहुवचन में लिया जाता है। तब हिन्दू संस्कृति, बौद्ध संस्कृति, जैन संस्कृति, मुसलमान संस्कृति, ईसाई संस्कृति, दलित संस्कृति और आदिवासी संस्कृति की अलग-अलग पहचानें बनती हैं। लेकिन जब उसे डॉ. हजारी प्रसाद द्विवेदी 'अविशुद्ध' कहते हैं तो उन का मतलब सामासिक से कतई नहीं है। उसमें भी अविशुद्ध का मतलब यह नहीं है कि दलित संस्कृति में आर्य संस्कृति मिल गई है। डॉ0 रवीन्द्रनाथ टैगोर को बार-बार उद्धृत करके अविशुद्ध का मतलब यही बताया गया है कि आर्य संस्कृति में आर्येतर संस्कृति मिल गई है। स्पष्ट धारणा है कि आर्य की शुद्ध संस्कृति है और उसमें आर्येतर की मिलावट हो गई है। यहां 'हिन्दू संस्कृति' का नाम लेना जानबूझ कर इसीलिए छोड़ा गया है कि वैसी स्थिति में, चुम्बक के दूसरे ध्रुव की तरह, 'मुसलमान संस्कृति' का अस्तित्व तत्काल बनने की संभावना हो जाती है। फिर, संस्कृति को अविशुद्ध कहने में यह टीस बराबर उठती रहती है कि वह शुद्ध और विशुद्ध नहीं रह गई है। उसमें शुद्धता की स्मृति

बार-बार हिलोर लेती रहती है और शुद्ध और विशुद्ध के आदर्श की प्राप्ति के लिए अवसर बना रहता है। निश्चित रूप से संस्कृति का 'अविशुद्ध' रूप डॉ. हजारी प्रसाद द्विवेदी का आदर्श नहीं है, किसी का भी नहीं हो सकता। इसलिए यह निष्कर्ष निकालना तनिक भी अनुचित नहीं है कि संस्कृति के लिए यह 'अविशुद्ध' विशेषण एक ब्राह्मण लेखक की कलम से निकला है।

कोई चीज 'अविशुद्ध' है, इसमें कहने का मतलब क्या है? आप तथ्य का उद्घाटन कर रहे हैं या उद्देश्य की पूर्ति कर रहे हैं? अविशुद्धता आपका आदर्श है या मजबूरी? इस स्वीकृति के पीछे कौनसी रणनीति काम कर रही है? निश्चित रूप से अविशुद्धता को स्वीकार करने वाले लोग भोले नहीं हैं। फिर, अविशुद्ध को 'अशुद्ध' क्यों नहीं कहा गया? क्या आप का मतलब अशुद्धता से ही है? आप तो इतने भी ईमानदार नहीं रहे कि इसे पहले से उपलब्ध शब्द 'वर्णसंकर' कह देते। फिर, कोई चीज अविशुद्ध है तो क्या किया जा सकता है? क्या अविशुद्धता जहर नहीं है? जहर अविशुद्ध है या मधु अविशुद्ध है? दोनों स्थितियों में आपका मन्तव्य क्या है? जरा बताया जाए, आप क्या कह रहे हैं? दूध अविशुद्ध है तो आप क्या करोगे? सोना अविशुद्ध है तो आप क्या करोगे? आपके कालिदास बता कर गए हैं–"सोने की शुद्धि या मिलावट अग्नि में ही देखी जाती है।"[31] क्या उन की बात मानने की आपके जी में है? तब फर्क इतना है कि जारकर्म की जांच की अग्नि में से आप को स्वयं गुजरना है और प्रक्षिप्त की खोज में आप ही पकड़े जाओगे।

सोने की अविशुद्धता में चोरी कितनी है, विवाह की अविशुद्धता में जारी कितनी है और साहित्य की अविशुद्धता में प्रक्षिप्त कितना है? यदि सोने में खोट निकालने और देखने की चाह है, तो विवाह में जारज सन्तान की खोज पर कैसे पाबन्दी लगाई जा सकती है? फिर कबीर के साहित्य में प्रक्षिप्त क्यों नहीं ढूंढ़ा जाएगा? सोने में मिलावट जानने के लिए सुनार के पास कसौटी है, बच्चे की पैतृकता जानने के लिए डी. एन. ए. और एच. एल. ए. का टेस्ट है और कबीर के साहित्य में प्रक्षिप्त की खोज के लिए धर्म की खोज है। लेकिन इनका एक दूसरा पक्ष भी है। सोने में मिलावट करने वाला कसौटी से डरता है, जारकर्मी डी. एन. ए. के टेस्ट से डरता है और कबीर के साहित्य का प्रक्षिप्तकार कबीर को धर्म से जोड़ने से परेशान होता है।

III

डॉ. नामवर सिंह का प्रश्न बहुत महत्वपूर्ण है–"....वह क्या है जिसकी प्रक्रिया इस्लाम के आने के पहले ही शुरू हो गई थी और उसके बाद भी अबाधित गति से चलती रही?"[32] उनका उत्तर 'लोक धर्म बनाम शास्त्र धर्म' की गुत्थमगुत्था से निकला है। लोक

धर्म में वे लोक-जीवन, लोक शक्ति और लोक संस्कृति के नाम गिनाते हैं। लेकिन यह सपाट बयानी अधिक है। सपाट बयानी इसलिए क्योंकि इसमें 'लोक-बिगाड़' का शब्द नहीं आया। असल में, लोक के दो रूप थे—एक लोक-सुधार और दूसरा लोक-बिगाड़। आजीवक धर्म हमेशा लोक-सुधार की बात सामने लाता था लेकिन ब्राह्मण धर्म उसी जगह लोक-बिगाड़ करता रहता था। इस बिगाड़ के लिए वह अन्य विरोधी धर्मों में प्रच्छन्न रूप धारण कर घुस जाता था। बौद्ध धर्म का उसने खात्मा इसी विधि से किया था। सिद्धों में जो कुछ वरेणीय और श्रेष्ठ था, उसे वह नष्ट करता जा रहा था। जो मत पत्नी के रूप में स्त्री का सम्मान करना चाहता था, उसकी तुलना में उसने स्त्री को परकीया और रखैल बना दिया था। उसने सिद्ध, नाथ, तन्त्र, योग और शाक्त की तुलना में अपने राधावाद को आगे रख दिया था। वह लोक-सुधार को मिटाता गया और लोक-बिगाड़ को बढ़ाता गया।

इसके प्रमाण अनुपलब्ध नहीं हैं। डॉ. नामवर सिंह ने डॉ. हजारी प्रसाद द्विवेदी के साहित्य का अध्ययन करते हुए लिखा है—"द्विवेदी जी का प्रतिपाद्य ही यह है कि कृष्ण भक्ति के विकास में तन्त्र की महत्वपूर्ण भूमिका रही है।"[33] इसकी पुष्टि होती है जब डॉ. द्विवेदी स्वयं लिखते हैं—"ब्रजभाषा में काव्य की युगलमूर्ति का परिचय अपूर्ण ही रह जाएगा यदि हम तन्त्रवाद और सहजवाद का रहस्य न समझ लें।"[34] वे शाक्तों के बारे में लिखते हैं—"शाक्तों का एक सम्प्रदाय जो पराशक्ति की उपासना स्त्री-रूप से करता था....इसका प्रभाव भागवत सम्प्रदाय पर भी पडा।....राधा और गोपियों के रूप में तन्त्रशास्त्र का उक्त अंग भी इसमें सुलभ हो गया।"[35] अन्त में शका की किसी गुंजाइश के लिए जगह नहीं रह जाती है जब डॉ0 नामवर सिंह यह भी लिखते हैं—"इसी क्रम में द्विवेदी जी ने यह भी दिखाने का प्रयास किया है कि वैष्णव भक्ति-विशेषतः चैतन्यदेव के वैष्णव सम्प्रदाय में परकीया-प्रेम को जो इतना ऊंचा स्थान दिया गया है वह भी एक तरह से तान्त्रिक साधना का ही परिमार्जित रूप है।"[36] अन्तिम मजेदार बात यह है कि परकीया सम्बन्धों के इस लोक-बिगाड़ को डॉ. द्विवेदी द्वारा खूबसूरत नाम 'लोक धर्म' का दिया गया है— "असल में 'सूरसागर' शास्त्रीय वैष्णव भक्ति शास्त्र से प्रेरणा अवश्य लेता है; पर शास्त्रीय की अपेक्षा लोकधर्म के अधिक निकट है।"[37] "लोक-जीवन ही 'सूरसागर' की लीलाओं की मुख्य सामग्री है।"[38]

अब ब्राह्मणों को सिद्ध बनने की जरूरत नहीं रह गई थी। सिद्धों के डोम्बीवाद का काम कृष्ण भक्ति के राधावाद से चल निकला था। पहले वे तन्त्र में अपने जारकर्म और बलात्कार की ओट ढूंढ रहे थे, अब उन्हें कृष्ण भक्ति में यह ओट मिल गई थी। उन्हें अपनी जार मनोवृत्ति को सन्तुष्ट करना है, वह सिद्ध बन कर हो या भक्त बन कर हो, इससे उन्हें एतराज नहीं है। उन्हें जारकर्म को युगानुकूल रूप देना है। सिद्धों की डोम्बी, चाण्डाली, बंगालन और बालरण्डा कृष्ण भक्ति में गोपियां बन गई हैं। वहां और यहां सब जगह ये दलित जातियों की स्त्रियां हैं। इनमें से किसी के साथ विवाह नहीं किया जाता।

इस दृष्टि से बिलकुल कहा जा सकता है कि ब्राह्मणों के लिए उन का साहित्य एक निरन्तर अविच्छिन्न प्रवाह है जिसमें ब्राह्म-विवाह में अनुमत उनके परकीया-सम्बन्धों के जारकर्म पर कोई रोक-टोक नहीं है।

ब्राह्म-विवाह के अधीन किसी भी व्यक्ति के लिए जरूरी हो जाता है कि वह यौन-अपराध को क्षम्य कहे। हुआ यों कि डॉ. नामवर सिंह ने अपने गुरुदेव डॉ. हजारी प्रसाद द्विवेदी से पूछ लिया कि वह कौन-सा अपराध है जिसे आप क्षमा कर सकते हैं। डॉ. द्विवेदी का तत्काल और संक्षिप्त उत्तर था—'यौन-अपराध।'[39] यह उत्तर है लेकिन इसके पीछे का दर्शन क्या है? दर्शन ब्राह्म-विवाह की खत्ती से निकलता है।

ब्राह्म-विवाह में विवाह नहीं टूट सकता—अब चाहे पति कितना भी दुष्ट हो या पत्नी कितनी भी व्यभिचारिणी हो। ऐसी स्थिति में पति और पत्नी दोनों जारकर्म की ओर दौड़ते हैं। यूं, द्विजों में जारकर्म की एक संस्कृति ही बन गई है। लोक में यह जारकर्म चलता रहता है लेकिन इसकी वैधता क्या है? इस की वैधता कृष्ण भक्ति से मिलती है। कृष्ण का राधा-सम्बन्ध ऐसे सारे जारकर्मियों की शरणस्थली है। डॉ. नामवर सिंह अपनी पुस्तक में इसे दर्ज करते हैं—"जो हो, कृष्ण की भक्ति का महत्व इस भटकन की पीड़ा से त्राण में है। जो अपने आपको पतित समझने के लिए विवश किए गए थे वे भक्तवत्सल कृष्ण की शरण में आ कर इस पाप-बोध से मुक्त हुए और उनमें आत्म-गौरव का संचार हुआ।"[40] डॉ. द्विवेदी के एक उपन्यास की पात्रा कहती है—"मानव देह केवल दंड भोगने के लिए नहीं बनी है, आर्य! यह विधाता की सर्वोत्तम सृष्टि है।....पहले इस बात को समझ गई होती, तो इतना परिताप नहीं भोगना पड़ता। गुरु ने मुझे अब यह रहस्य समझा दिया है। मैं जिसे अपने जीवन का सबसे बड़ा कलुष समझती थी, वही मेरा सबसे बड़ा सत्य है।"[41] इस चिन्तन में दुर्बलताओं की परिभाषा ब्राह्म-विवाह की जकड़न से तुलना करके ही की गई है। डॉ. द्विवेदी अपनी पुस्तक 'सूर साहित्य' में लिखते हैं—"ये दुर्बलताएं हैं क्या चीज? नरकमय, दण्ड, अभिशाप आदि के नाम पर मानव जाति के कल्याणकामी शास्त्रकारों ने विधि-निषेध की सीमाएं निर्धारित कर दी हैं। परन्तु जिस प्रकार हवा बांधने से नहीं रुकती, उसी प्रकार मनुष्य की प्रकृति भी बन्धन से नहीं बंधती। एक तरफ बांधने से वह दूसरी ओर निकल पड़ती है—भयानक वेग से। यह दूसरी ओर निकली हुई प्रवृत्तियां मनुष्य की दुर्बलताएं हैं।"[42]

भारी दिक्कत पाप-बोध की है। लेकिन कृष्ण भक्ति में पाप-बोध इस शब्द से रफूचक्कर हो जाता है कि मनुष्य खुद को अकर्त्ता माने। डॉ. द्विवेदी की वही पात्रा कहती है—"मन क्यों नहीं समझ पाता आर्य, कि वह किसी कार्य का उत्तरदायी नहीं है? वासुदेव के रहते इतना वृथा सोच क्यों करता है वह?"[43] सीधा रास्ता है, जब कर्ता नहीं तो अपराधी नहीं और जब अपराधी नहीं ठहराया जा सकता तो मनुष्य को दण्ड का भागी कैसे बनाया जा सकता है?

जब डॉ. हजारी प्रसाद द्विवेदी सूर साहित्य का इतना गुणगान कर चुके हैं तो स्वतः

डॉ. नामवर सिंह को उन के कबीर का डर सता जाता है। वे उस डर को शब्दों का आकार देते हैं—"जिनके मानस में हजारी प्रसाद द्विवेदी की प्रतिमा कबीर के साथ एकाकार है वे शायद इन बातों से कुछ विचलित हों, किन्तु इसमें आश्चर्य के लिए जगह नहीं है।"[44] वे डॉ. द्विवेदी की मानसिक यात्रा का ब्यौरा देने बैठ जाते हैं—" 'सूर-साहित्य' से चलकर ही द्विवेदी जी 'कबीर' तक पहुंचे थे, यह तथ्य है। और सच पूछिए तो इस विचार-यात्रा में कोई विरोध भी नहीं है।"[45] खुलासा इस प्रकार है—"सूर से कबीर तक की यात्रा प्रेम के पन्थ की ही भाव यात्रा है। सामाजिक विद्रोह का एक रूप वह भी है जो प्रेम की भाषा में अभिव्यक्ति पाता है। आकस्मिक नहीं है कि द्विवेदी जी के कबीर पर सूर की प्रेम भक्ति का गहरा रंग है। द्विवेदी जी के कबीर उनके सूर से निश्चय ही अधिक मुखर क्रान्तिकारी हैं, और इसलिए द्विवेदी जी उनकी ओर आकृष्ट भी होते हैं, पर ऐसा लगता है कि उनके अन्दर कहीं-न-कहीं सूरदास के रूप में एक मृदु-विद्रोही भी बैठा हुआ था जिसका प्रवेश साहित्य-साधना की उस वय में हुआ जिसका संस्कार जल्दी नहीं छूटता और प्रायः स्थायी हुआ करता है।"[36] पर इस में कहने की नई बात क्या है? राधावाद हर ब्राह्मण कवि का हर वय का स्थायी भाव है। इस मामले में डॉ. द्विवेदी के प्रतिद्वंद्वी और विरोधी आलोचक आचार्य रामचंद्र शुक्ल भी उनसे एक मत हैं जब वे लिखते हैं—"इस प्रेम को हम जीवनोत्सव के रूप में पाते हैं।....सूर के कृष्ण और गोपियां पक्षियों के समान स्वच्छन्द हैं। वे लोकबन्धनों में जकड़े हुए नहीं दिखाये गए हैं।"[47] और किसकी जानकारी की कहें, खुद डॉ. नामवर सिंह ने अपनी इस पुस्तक में बल्लभाचार्य के 'पुष्टिमार्ग' की विशेषताएं बताने वाले आचार्य शुक्ल को उद्धृत किया है—"इस पुष्टि मार्ग में आने के लिए पहली आवश्यक बात यह है कि लोक और वेद दोनों के प्रलोभनों से दूर हो जाय— उन फलों की आकांक्षा छोड़ दे जो लोक का अनुसरण करने से प्राप्त होते हैं तथा जिनकी प्राप्ति वैदिक कर्मों के सम्पादन से कही गई है।"[48]

कौन नहीं जानता कि हिन्दुओं में एक ही व्यक्ति दोनों अवतारों का एक साथ प्रशंसक होता है? राम और कृष्ण की एकता यहां तक फलीभूत है कि एक ही व्यक्ति का नाम 'रामकृष्ण' रखा जाता है। यह विवाह को कोन्ट्रक्ट मानने वाले दलित समाज में जन्मे बाबा साहेब डॉ. अम्बेडकर को एक और नई रिडल लग सकती है लेकिन ब्राह्म-विवाह के द्विजों के लिए यह नितान्त आवश्यक है कि एक गाल से राम और दूसरे गाल से कृष्ण के गीत गाए जाएं। जो गलती है वह यह हैं कि सूर की कबीर से तालमेल बैठाई जाए। कबीर सूर के कृष्ण को 'काम कौ कीरा'[49] कहते हैं। सच यह है कि डॉ. द्विवेदी का सूर के साथ स्थायी भाव है लेकिन कबीर के साथ उनका पराया भाव ही है। वैष्णव मत में परकीया के जारकर्म की वजह से इस मामले में वे कबीर की एक भी सीख नहीं मान सकते थे। सीधी बात है, कबीर और तुलसी को ले कर हिन्दी जगत में यह समझ पैदा है कि ये दोनों कवि अलग-अलग रास्तों के हैं। इसे डॉ. नामवर सिंह भी जानते हैं कि ये दो एक दूसरे की विरोधी धारा वाले कवि हैं। जिस जगह उनसे भी गलती हो रही है

वह कबीर और सूर के अन्तर को न समझने की है। कबीर की तुलसी से वर्णवाद को ले कर भिन्नता है लेकिन उनकी सूर से भिन्नता परकीया सम्बन्ध को ले कर है।

जहां तक निर्गुण कवियों के लोकधर्म की व्याख्या का प्रश्न है, दोनों परम्पराओं के आचार्य-आचार्य रामचन्द्र शुक्ल और डॉ. हजारी प्रसाद द्विवेदी ने गलतियां की हैं। आचार्य रामचन्द्र शुक्ल ने निर्गुण के गायकों को 'लोक-विरोधी'[50] ही माना है तो डॉ. हजारी प्रसाद द्विवेदी ने उनके सदाचारी जीवन का सम्मान नहीं किया। आचार्य शुक्ल लोकधर्म को वर्णधर्म बना रहे थे तो डॉ. द्विवेदी उसे परकीया सम्बन्धों की गन्दगी में तब्दील कर रहे थे। पहले आचार्य को वर्ण-विरोध सह्य नहीं था तो दूसरे विद्वान को जारकर्म-विरोध पसन्द नहीं था। कहने का मतलब यह है कि अपने-अपने ढंग से इनमें से किसी को भी कबीर की कविता रुचिकर नहीं लग रही थी। लेकिन इससे ज्यादा गन्दगी की और झूठी बात दूसरी नहीं हो सकती कि परकीया-सम्बन्ध को लोकधर्म और लोकजीवन कहा जाए। पर क्या किया जाए, ब्राह्म-विवाह को अपनाने वाले लोग जारकर्म और बलात्कार को लोक-बिगाड़ के खाते में नहीं रख सकते। तलाक की व्यवस्था न होने के कारण उनके जीवन में यौन-अपराध क्षम्य होते हैं। अन्तर करने वाली बात केवल यह है कि कबीर के आजीवक समाज का द्विजों के यौन-अपराध करने की मजबूरी और प्रवृत्ति से मेल नहीं खाता। अध्ययन करते समय इन दोनों जीवन-शैलियों को अलग-अलग रखना चाहिए। इसीलिए आज के हिन्दू कानून से दलितों को दिक्कतें पेश आ रही हैं।

डॉ. हजारी प्रसाद द्विवेदी के इस कृष्ण-चिन्तन में जो चीज सबसे पहले और सबसे घातक रूप में घायल होती है वह नैतिकता है। यह एक उनका दुर्गुण नहीं है बल्कि ब्राह्म-विवाह में तलाक का विकल्प न मिलने की वजह से हर द्विज चिन्तक के साथ जुड़ा हुआ है। नैतिकता पर तरह-तरह से वार किए गए हैं लेकिन इस पुस्तक में 'सुन्दर' को ले कर भी ऐसा किया गया है। डॉ. नामवर सिंह लिखते हैं—"…..नैतिकतावादियों को प्रत्युत्तर देने के लिए प्रसाद ने यदि 'सुन्दर' की परम्परा को अपनी ही परम्परा के रूप में निरूपित करने का प्रयास किया तो हजारी प्रसाद द्विवेदी ने उसे अपनी ही परम्परा के अन्दर आर्येतर तत्वों के अभिन्न मिश्रण के रूप में विवेचित किया। एक की परम्परा और दूसरे की प्रति-परम्परा दो दिशाओं से चल कर एक ही बिन्दु पर मिलती है—थोथे नैतिकवाद के विरुद्ध 'सुन्दर' की प्रतिष्ठा।"[51] वे आगे सीधे मुद्दे पर आते हैं—"यह आकस्मिक नहीं है कि भारतीय संस्कृति के नाम पर नैतिकता की ध्वजा फहराने वाले प्रकृति के सौन्दर्य को तो किसी प्रकार सह लेते हैं, पर नारी-सौन्दर्य के सामने आंखें चुराने लगते हैं।"[52] लेकिन दुर्भाग्य यह है कि द्विजों के लिए नारी-सौन्दर्य जीवन की दो अतियों के बीच फँस कर रह गया है। इसका कारण इनके ब्राह्म-विवाह में स्त्री और पुरुष के लिए तलाक और पुनर्विवाह की अनुमति का न होना है। वैवाहिक जीवन में व्यभिचार से सामना होने पर व्यक्ति तलाक नहीं ले सकता। उसके लिए विवाह से मुक्ति का एक ही रास्ता बचता है कि वह संन्यास धारण करके जीते जी अपनी सामाजिक मृत्यु

को प्राप्त हो जाए। ऐसा मुमुक्षु संन्यासी या बौद्ध और जैन भिक्षु नारी के सौन्दर्य की प्रशंसा कैसे कर पाएगा? यदि वह संन्यास का रास्ता नहीं अपनाता है तो उसे परकीया की खोज करनी पड़ेगी। यदि छायावाद के, सूर के या विद्यापति के ऐसे रखैलवाद को एक आचार्य शुक्ल क्या, कोई भी भला आदमी सुनेगा-देखेगा तो उसे नारी-सौन्दर्य ग्राह्य कैसे हो जाएगा? लेकिन भारत में नारी-सौन्दर्य कबीर के आजीवकवाद में पूरी तरह सुरक्षित और सजता है जिसमें न उससे मुंह फेर का संन्यास और भिक्षुपन है और न परकीया सम्बन्धों का डोम्बीवाद और राधावाद। वहां 'सुन्दर' की प्रतिष्ठा के लिए नैतिकता को भी कोसना नहीं पड़ता। सौन्दर्य पत्नी का शील बन जाता है। उस में स्त्री-पुरुष सम्बन्धों की जटिलता नहीं बल्कि पति-पत्नी के बीच प्रेम की तीव्रता बढ़ती है।

बताया जा चुका है कि द्विज कवियों को नारी के पत्नी वाले रूप की सुन्दरता सुलभ नहीं है। यह सोच कर उनके विवाह नहीं होते। फिर भी वे अपने काव्य में शालीनता आदि की बात करते दिखाई दे सकते हैं– लेकिन उनकी वह शालीनता और वह कलात्मकता रहेगी परकीया से जुड़ कर ही। डॉ. हजारी प्रसाद द्विवेदी ने तो शब्द से धोखा देने की हद कर दी है जब वे लिखते हैं कि सौन्दर्य-बोध के लिए '....उस जाति की ऐतिहासिक और सांस्कृतिक परम्परा बड़ी और उदार होनी चाहिए और उसमें एक ऐसा कौलीन्य गर्व होना चाहिए जो आत्म-मर्यादा को समस्त दुनिया की सुख-सुविधाओं से श्रेष्ठ समझता हो.... ।'[53] तो, वे नैतिकता को सजाने के लिए घुटनों के बल रेंगते हुए किसी तरह 'आत्म-मर्यादा' के शब्द तक पहुंचे हैं। लेकिन जो आत्म-मर्यादा है, उसे कानून की धाराओं से क्यों नहीं जोड़ा जा सकता? यौन-अपराध क्षम्य क्यों मांगे जा रहे हैं? सेक्स में अपराध की अवधारणा और दण्ड के प्रावधान से डर क्यों लगता है? डॉ. द्विवेदी तो पाप-बोध से भी गुजरना नहीं चाहते। उनका पाप-बोध भी बाह्य और आगन्तुक वस्तु है, ईसाइयों की तरह का आन्तरिक और स्वाभाविक नहीं। डॉ. द्विवेदी लिखते हैं–"सूरदास आदि स्वभावतः अपने आपको पापात्मा नहीं समझते।"[54] खुद को पापात्मा कैसे समझें जब वे कृष्ण की शरण में जा कर कर्त्ता ही नहीं हैं–अर्थात वे अपराधी नहीं हैं?

द्विज कवियों को स्वकीया में 'संचय का विकार' दीखता है तथा परकीया में 'आत्मदान का सहज रूप।'[55] कितनी उलटी बात है? ब्राह्मविवाह के कोढ़ से ग्रसित संस्कृति के कवि हैं–इनकी किस्मत का क्या कहा जाए? यह सच है कि "जो जाति 'सुन्दर' का सम्मान नहीं कर सकती वह यह भी नहीं जानती कि बड़े उद्देश्य के लिए प्राण देना क्या चीज है।"[56] लेकिन प्राणों के उत्सर्ग की खुशी तभी मिलती है जब यह 'सुन्दर' स्वकीया के शील से जुड़ा हो। जारज सन्तान अपने किस बाप के लिए देश की सीमाओं पर शहीद होगी और जारज सन्तान की दीर्घायु के लिए कौन बाप रण-भूमि में अपनी मृत्यु मांगेगा?

डॉ. द्विवेदी हर बार नैतिकता और मर्यादा पर पिल पड़ते हैं। जब उनका जी चाहता है वे इनके कान ऐंठने लगते हैं। बात सामान्य मनुष्य की हो या विशेष मनुष्य की हो—इससे कुछ फर्क नहीं पड़ता। डॉ0 नामवर सिंह ने उनके विचारों का तुलनात्मक मूल्यांकन किया है—"....द्विवेदी जी 'नार्म' अथवा 'सामान्य मर्यादा' को तोड़ने वाले किसी कवि अथवा लेखक को अपनी सहज सहानुभूति देते हैं। कुल मिला कर आचार्य शुक्ल के 'सामान्य मनुष्य' की धारणा यदि उन्हें मर्यादावाद की दिशा में ले जाती है, तो द्विवेदी जी का सामान्य मनुष्य उन्हें जड़ मर्यादाओं को तोड़ने वाले विद्रोह की ओर ले जाता है।"[57] लेकिन ब्राह्म-विवाह की अटूट जड़ता को तोड़ने का मतलब यह तो नहीं माना जा सकता कि जारकर्म और बलात्कार के यौन-अपराध किए जाने लगें? फिर खुद ब्राह्म-विवाह की अटूटता को ही क्यों न तोड़ा जाए? उसमें तलाक का प्रावधान रख कर पुनर्विवाह क्यों न किया जाए? विधवा को वेश्या क्यों बनाया जाए—उसे पुनर्विवाह की अनुमति क्यों न दी जाए? लेकिन ब्राह्म-विवाह की अटूटता पर न आचार्य शुक्ल आंच आने देंगे और न डॉ. द्विवेदी उसे छेड़ने देंगे। तब इनकी कविता बेचारी का क्या होगा? वह दोनों ओर से मरेगी। वह मर्यादा पर नहीं टिक सकेगी—या तो संन्यासी की आंखें बन कर रसशुष्क हो जाएगी या परनारी की मर्यादाहीनता में बदनाम होती फिरेगी। कौन ऐसा द्विज कवि होगा जो रखैलशास्त्र में विश्वास न रखता हो? इन का सामान्य मनुष्य भी ग्यारह-ग्यारह औरतों को बर्बाद करके छोड़ सकता है, विशेष कृष्णों का तो क्या कहा जाए?

कृष्ण का अकर्त्तावाद अपराधी के पक्ष में जाता है, कारण, आधे अकर्त्तावाद को लागू नहीं किया जाता। पूरा अकर्त्तावाद हो तो समाज को भी इस का लाभ हो। कृष्ण की गीता का अकर्त्तावाद यही बताता है कि मेरे भक्त ने कोई अपराध नहीं किया है क्योंकि थ्योरी में वह अकर्त्ता है। लेकिन जब दण्ड की बात आती है तो तब भक्त को दण्ड का भोक्ता बनने से बचाता है। अकर्त्तावाद में अपराध कारित हो जाता है, बस, थ्योरी में उसे अकर्त्ता कहा जाता है। तब दण्ड की बारी में ऐसा क्यों माना जाता है कि दण्ड के भुगतने से वह भोक्ता बन जाएगा? अकर्त्तावाद की सापेक्षता से अभोक्तावाद भी अस्तित्व में आ जाना चाहिए। समाज जारकर्मी और बलात्कारी को दण्ड दे दे, उस सजा काटने के बाद कृष्णभक्ति उसे समझाए कि तूने कोई सजा नहीं भुगती है तो थ्योरी पूरी हो। अपराध करने के बाद अकर्त्ता और दण्ड का नाम सुनने से पहले भोक्ता—ये दोनों बातें एक साथ नहीं चलेंगी। इनमें असंगति है। यह दिमागी कलाबाजी है। ईमानदारी इस में मानी जाएगी कि दंड संहिता के तहत यदि कोई अपराध कारित होता है तो विधि प्रक्रिया के तहत उसे उपयुक्त दण्ड मिले। उसके बाद ही गीता के कृष्ण के अकर्त्तावाद और अभोक्तावाद की थ्योरी बननी चाहिए। अपराध करने के बाद अकर्त्तावाद में बचाव ले लिया जाता है लेकिन असली थ्योरी तभी पूरी होगी जब दण्ड भोगने के बाद अभोक्तावाद को स्वीकार किया जाए। कृष्ण की भक्ति अकर्त्तावाद तक जा कर समाप्त

क्यों हो जाती है? उसका दायरा अभोक्तावाद तक क्यों नहीं फैलाया जा सकता? तब लोक में और अध्यात्म में कोई झगड़ा भी नहीं रहेगा। अभी तो इन दोनों में अध्यात्म बेईमान बना हुआ है क्योंकि वह अपराधी को कानून के हत्थे नहीं चढ़ने देता। विधि-प्रक्रिया पूरी नहीं होती, अपराधी अदंडित रह जाता है, लिहाजा लोक में अपराध बढ़ता ही रहता है। होना यह चाहिए कि कानून अपना काम करे और अध्यात्म अपना काम करे। कानून के तहत यदि जारकर्म या बलात्कार की किस्म का कोई यौन-अपराध होता है तो उसके अपराधी को हजार मुखौटे लगा लेने पर भी ढूंढ़ कर पर्याप्त दण्ड दिया जाए। उसके बाद वह कृष्ण भक्ति से पूरा अध्यात्म सीखे कि न वह कल अपराध का कर्त्ता था और न वह आज दण्ड का भोक्ता है। ऐसे परे-परे के अध्यात्म से लोक को क्या परेशानी हो सकती है? लोक केवल यह चाहता है कि अपराध और दण्ड की प्रक्रिया पूरी हो। पूरा लोक और पूरा अध्यात्म —तभी ये समानान्तर हो कर चल सकते हैं। लोक में अपराध करके कृष्ण भक्ति में आ जाना —यह वही हुआ कि डकैत डकैती डाल कर अपने सुरक्षित अड्डों पर पहुंच जाते हैं। जारकर्मियों और बलात्कारियों को दण्ड भुगतवा कर कृष्ण भक्ति सिखाई जाए तो लोक-मर्यादा बनी रह सकती है। कृष्ण अपने भक्तों के लिए पतित-पावन बन सकते हैं लेकिन कृष्ण भक्ति जारकर्म और बलात्कार के अपराधियों की शरणस्थली कैसे बनने दी जाएगी? परकीया-सम्बन्धों की प्रशंसा में आध्यात्मिक गीत कैसे गाने दिए जाएंगे क्योंकि वे अपने असर में लोक-बिगाड़ करते हैं?

IV

एक तरह से डॉ. नामवर सिंह ने लिख ही दिया है कि 'कबीर की इस अभूतपूर्व और अभिनव कवि-प्रतिभा को ध्यान से देखें तो स्पष्ट हो जाएगा कि यह द्विवेदी जी के मनोवांछित विद्रोही कवि की अपनी कल्प-सृष्टि है, जिस पर बहुत हद तक चौथे दशक के फक्कड़पन की गहरी छाप है।'[58] इस 'कल्प-सृष्टि' का अर्थ तब ज्यादा समझ में आता है जब डॉ0 द्विवेदी को ले कर डॉ. नामवर सिंह इसी पुस्तक में एक प्रश्न यह पूछते हैं—"....क्या..... 'गप्प' के सुसंस्कृत रूप 'गल्प' और 'कल्प' को सजातीय और सहोदर नहीं माना जा सकता?"[59] वे यह भी जानते हैं—" 'गप्प' हो भले ही 'गल्प' का ही तद्भव लेकिन 'गप्प' में जो व्यंजना है वह 'गल्प' की सीमा से बाहर पड़ती है; फिर भी कल्प-सृष्टि के 'कल्प' से उसका रिश्ता निकाला जा सकता है।"[60] वे आगे लिखते हैं—"यह कल्प-सृष्टि ही है जो द्विवेदी जी के निबन्धों से ले कर उपन्यासों तक एकतान है।"[61] यहां निबन्धों से ले कर उपन्यासों तक में उनकी पुस्तक 'कबीर' का नाम भी सहसा जुड़ जाता है जिसका उपशीर्षक उन्होंने 'कबीर के व्यक्तित्व, साहित्य और दार्शनिक विचारों की आलोचना' रखा है। मेरा कहना है कि वे अपने उपन्यासों और

निबन्धों में कल्प-सृष्टि करने के लिए स्वतंत्र थे लेकिन ऐतिहासिक कबीर के बारे में उन्हें किसी भी कल्पसृष्टि करने से विरत और बाज रहना चाहिए था। नुकसान यह हुआ है कि इस कल्प-सृष्टि में प्रक्षिप्त ढूंढ़ने के बजाय प्रक्षिप्त जोड़ने का साहित्यिक अपराध समस्याग्रस्त हो जाता है। ईमानदारी की बात यह होती कि उतने कबीर छोड़ दिए जाते जितने वे पुनर्जन्म में विश्वास करने वाले वैष्णव सिद्ध नहीं हो रहे थे।

ऐसे समय डॉ. नामवर सिंह को कितना दोष दिया जाए, वे तो अपना पल्ला झाड़ कर साफ खड़े हैं—" 'कबीर' भी द्विवेदीजी जी की अन्य कल्प-सृष्टियों की ही शृंखला में एक कड़ी है—निश्चय ही आलोचना क्षेत्र की एक विशिष्ट कल्प-सृष्टि! इस आलोचनात्मक कल्प-सृष्टि का मूल्य उसकी 'प्रामाणिकता' से अधिक अपने रचनाकार की तात्कालिक प्रासंगिकता में है।"[62] ऐसी हालत में डॉ. द्विवेदी के कबीर में बचता क्या है? प्रमाण को ढूंढ़ने की मनाही की जा रही है, उनके अनुसार, कम-से-कम प्रमाण की कोई अपेक्षा न रखी जाए। डॉ. नामवर सिंह से जो गलती हो रही है वह यह है कि इसे वे 'भारतीय साहित्य की....दूसरी परम्परा'[63] और 'क्रान्तिकारी परम्परा'[64] भी कहते हैं। उलटे, हुआ यह है कि इस पौराणिक कल्प-सृष्टि के कारण ऐतिहासिक और प्रामाणिक कबीर की जो क्रान्तिकारिता है, वह पूरी तरह से कुंठित-लुंठित हो गई है। डॉ. नामवर सिंह से डॉ. द्विवेदी के बारे में जो दूसरी सबसे बड़ी गलती हुई है वह उनके शब्दों में इस प्रकार है—"आज का युग अपने कबीर की प्रतिमा स्वयं गढ़ेगा, लेकिन उससे द्विवेदी जी के कबीर की प्रतिमा धूमिल न होगी क्योंकि उसमें एक क्रान्तिकारी परम्परा की पहचान से उत्पन्न कालजयी कान्ति है।"[65] आज हर कोई देख सकता है कि उनकी भविष्यवाणी एकदम झूठी साबित हुई है। उनकी यह पुस्तक सन् 1982 में पहली बार प्रकाशित हुई थी और वे पन्द्रह साल का भी अन्दाजा नहीं लगा सके कि हिन्दी साहित्य में क्या होने वाला है। इस गलत आकलन में उन्होंने इस पुस्तक में ब्राह्मण नागार्जुन को 'आधुनिक कबीर' भी कह डाला है और यह पुस्तक उन्हें समर्पित भी है।[66] यह उनकी हददर्जे की जबर्दस्ती और छीना-झपटी थी कि कबीर को जुलाहों से इतनी दूर कर दिया कि अब ब्राह्मणों में से कबीर खोजे जाएंगे। है न कुछ अजीब बात ! तब ऐसे भविष्यवक्ता की भविष्यवाणी तो फेल होनी ही थी। क्या इसका शोक मनाया जाए? कोई जरूरत नहीं है—कबीर ही ब्राह्मणों को उठा कर दे दिए गए हैं वह भी एक किताब लिख कर, थ्योरी बना कर। कल्प सृष्टि भी होनी है, और कबीर क्रान्तिकारी भी रह जाएंगे, वह भी ब्राह्मणों के हाथों ! बस, योगदान इतना माना जाना चाहिए कि 'प्रक्षिप्त' का एक और नया नाम 'कल्प सृष्टि' मिलता है।

यह गप्प और कल्पसृष्टि की बात हुई लेकिन इससे आगे मेरा मानना है कि यदि भारत के ब्राह्मण ज्योतिषियों का अध्ययन किया जाए तो उनमें से ऐसा एक भी नहीं मिलेगा जो ज्योतिष में विश्वास रखता हो। कारण साफ है, मनु ने ज्योतिष को मूर्खों की विद्या कहा है और चाणक्य ने इसका दूसरों को मूर्ख बनाने के लिए इस्तेमाल किया है।

ब्राह्मण भाग्यवादी नहीं होता। वह अन्धविश्वासी नहीं होता बल्कि अन्धविश्वास को पैदा करने का अपराध करता है। डॉ. हजारी प्रसाद द्विवेदी ज्योतिष के पण्डित थे। लेकिन वे शिवप्रसाद जी का हवाला देते हुए अपने खास अन्दाज में अपने एक निबन्ध में लिखते हैं–"मैं ज्योतिष जानता हूं, वह मानते हैं।"[67] इस पर डॉ. नामवर सिंह सही टिप्पणी करते हैं–"उन्हें ज्योतिष को मानने की जरूरत न थी क्योंकि उसे वे जानते थे।"[68] उनका सही निष्कर्ष है–"वस्तुतः वे यथार्थवादी थे।"[69] ऐसी स्थिति में कबीर के बारे में उन की गप्प और कल्प-सृष्टि का अर्थ बहुत स्पष्ट हो जाता है। उन्होंने कबीर को वैष्णव बनाने में अपनी लम्बी गप्प ही हांकी है।

V

द्विजों का जीवन-दर्शन पवित्र ब्राह्म-विवाह की अटूटता को न तोड़ कर नैतिकता और मर्यादा को तोड़ता है या खुद मनुष्यों को तोड़ता है। जो व्यक्ति एक ब्राह्म-विवाह को नहीं तोड़ता वह समाज की बाकी हर पवित्र और शुचि चीज को तोड़ता और अपवित्र करता है। लेकिन उघड़ने से पहले चोरी से काम चलता रहता है। चोरी अनेक तरह से की जाती है, लेकिन इस का पहला अच्छा तरीका पर्दा करने का और दूसरा मुखौटे लगाने का है। पर्दा कर लिया जाए तो यह पता न चलेगा कि चोर कौन था। यदि ज्यादा धोखा देना है तो मुखौटा पहन लो—एक तीर से दो शिकार। खोज आपके दुश्मन की होती फिरेगी जिसका आपने चोरी और जारी करते समय मुखौटा लगाया था। आप खोजबीन और जांच-परख के दायरे से बिल्कुल नदारद रहेंगे। अपराध और दण्ड की आप तक आंच नहीं आने वाली। डॉ. द्विवेदी इस जीवन-दर्शन के अपवाद नहीं हैं बल्कि सिरमौर हैं। डॉ. नामवर सिंह ने अपनी पुस्तक के आठवें अध्याय 'व्योमकेश शास्त्री उर्फ हजारी प्रसाद द्विवेदी' में इस विषय पर प्रशंसात्मक बहस की है। खोज करते हुए वे 'अवगुन्ठन के तत्ववाद'[70] तक पहुंचते हैं।

यह 'अवगुण्ठन का तत्ववाद' क्या है? शब्दों के धोखों में नहीं आना चाहिए कि यह कोई बड़ी चीज है। हर चोर और जार अपना ऐसा 'अवगुण्ठन का तत्ववाद' रखता है। लेकिन यहां व्यक्ति की बात न हो कर ब्राह्म-विवाह पर आधारित एक पूरी संस्कृति की बात हो रही है। तो, यह द्विज संस्कृति के 'अवगुण्ठन के तत्ववाद' का मामला है।

डॉ. नामवर सिंह ने इस अध्याय में डॉ. द्विवेदी की कृति 'पुनर्नवा' पर बोलते हुए लिखा है–" 'पुनर्नवा' में व्योमकेश शास्त्री की आड़ लेते न देख कर लगता है कि प्रौढ़वय के कारण झिझक दूर हो गई। लेकिन इस एक आड़ के हटते ही अधिकांश चरित्र अपने आपको छिपाये फिरने के लिए विवश होते हैं। लोरिक और संवरू देर तक छिपते रहते हैं; यहां तक कि परम पण्डित देवरात भी मंजुला देवी के प्रेम की चोट खाकर

आश्रम तज देते हैं। सर्वत्र एक ही कारण है—लोकापवाद।''[71] तो, हर पात्र चोर बना फिरता है। धींग हो जाएं तो यह लोकापवाद का डर भी समाप्त हो जाए लेकिन हर बार ऐसा संभव नहीं है। मन की ख्वाहिश यही होती है लेकिन लोकापवाद का सामना करने के लिए व्यक्तिगत स्तर पर इसका दार्शनिक तत्ववाद ढूंढ़ लिया गया है। बौद्ध धर्म की पैरोड़ी पर इसे 'कृष्णं शरणं गच्छामि' कहा जा सकता है। ब्राह्म-विवाह की मार के सताए हुए और लोकापवाद से डरे हुए सारे चोर और जार पतित पावन कृष्ण की शरण में जाते हैं, अन्यथा ये किस कृष्ण की भक्ति करते? डॉ. नामवर सिंह ने अपने विषय पर जमे हुए रहते लिखा है—''इस प्रकार द्विवेदी जी अपनी कृतियों में कम-से-कम दुहरा अवगुण्ठन इस्तेमाल करते हैं : एक तो अपने अभिन्न व्योमकेश शास्त्री का और दूसरा वह व्यक्ति-चरित्र जो पूरी कथा लिखकर शास्त्रीजी को देता है। दोनों के लिए एक तत्ववाद है, जिसे वैष्णव दर्शन सुलभ कर देता है। मूल सिद्धान्त है अपने को कर्त्ता न मानना। इस धारणा का आधार है द्विवेदी जी का यह प्रिय श्लोक—

तत्रैवं सति कर्त्तारमात्मानं मन्यते तु यः।
पश्यत्यकृत-बुद्धित्वान्न स पश्यति दुर्मतिः।।

—''जो अपने को कर्त्ता मानता है वह स्वयं श्रीकृष्ण भगवान की नजरों में 'दुर्मति' है।''[72]

डॉ. द्विवेदी अपने एक पत्र में लिखते हैं—''यह गलत बात है कि मैं जो कुछ करता हूं उसकी पूरी जिम्मेदारी मेरी ही है।''[73] वे गीता का उक्त श्लोक उद्धृत करते हैं जिसमें 'दुर्मति' शब्द आया है। फिर लिखते हैं—''अपने को जिम्मेवार मानने वालों पर श्रीकृष्ण भगवान का बहुत ज्यादा गुस्सा न होता तो 'दुर्मति' कहकर डांट नहीं बताते। सो दुर्मति मैं नहीं हूं।''[74] कहने का मतलब यह है कि इस एक वाक्य में पूरी आई. पी. सी. फेल कर दी गई है। भारतीय दण्ड संहिता का कोई कानून उन पर लागू नहीं है क्योंकि वे अकर्त्ता हैं। इसे कहते हैं कि ब्राह्मण अदण्डनीय किसलिए बनना चाहता है।

यह कृष्ण की भक्ति वैसी ही है जैसी भक्ति कोई डकैत किसी भवानी मां के मंदिर में जा कर करता है। चोर भी अपने किसी आराध्य को सुमर कर ही चोरी के लिए निकलते हैं। इसी हिसाब से राधा वल्लभ कृष्ण हिन्दुओं के तमाम पतित जारों का भगवान है। कितनी अच्छी सपोर्ट है —तुमने यह जारकर्म का अपराध किया ही नहीं है। कानून के स्तर पर सबूतों को मिटाने की पड़ी रहती है। यदि सबूत नहीं हैं तो अपराध नहीं हैं। यदि सबूत भी बचे रह जाएं तो कानून को अधिकार मिला है कि वह फैसला दे सके कि हमारी नजर में जारकर्म के ऐसे सारे अपराध लुप्त समझे जाते हैं। लेकिन कृष्ण क्या कहते हैं—''अरे, तुम कर्त्ता ही नहीं हो, करने वाला मैं हूं।'' यह कहने की शैली भर का अन्तर है। कृष्ण का कहना यह है कि जब मेरे साथ सोलह हजार गोपियां

जुड़ी हुई हैं, मैं नहीं डरता, तो तुम्हारे साथ तो इससे कम संख्या की ही बात होगी, तुम क्यों डरते हो? फिल्मी हीरो अमिताभ बच्चन ने विदेशी महिला को दिए अपने एक इन्टरव्यू में कृष्ण के नाम को अपने लिए इसी कवच के रूप में लिया है।

'अवगुण्ठन के तत्ववाद' को 'मुखौटे की चालाकी' कहा जाए तो इसमें बाल भर की फी नहीं निकाली जा सकती। डॉ. नामवर सिंह ने मुखौटे की पैरवी इन शब्दों में की है–"दरअस्ल मुखौटा इसीलिए मूल्यवान है कि वह स्वयं एक कलाकृति है और कलाकृति स्वयं मनुष्य से ज्यादा अभिव्यंजक होती है। विचित्र विरोधाभास है कि जो मुखौटा चेहरा छिपाता है, वही भावों को ज्यादा से ज्यादा उद्‌घाटित करता है।"[75] पहले ही बताया जा चुका है कि यह कला-वला कुछ नहीं है बल्कि ब्राह्म-विवाह का अशोभनीय परिणाम और मुख्य उत्पाद है। जीवन में जितनी सफाई आएगी, मुखौटों की उतनी कम जरूरत पड़ेगी। तब चेहरे पर मुखौटा कला क्यों बनेगा, मनुष्य का असली चेहरा सृष्टि की सब से सुन्दर कला है। प्रेम करने की कहां मनाही है, लेकिन प्रेम के नाम पर ऐल्फैल –इन्हें कौन बर्दाश्त करेगा? खैर, डॉ. नामवर सिंह ने वही लिखा है जिस से मेरे विचारों की पुष्टि हो रही है –"आकस्मिक नहीं है कि द्विवेदी जी के सारे उपन्यास मूलतः प्रेम-कथा ही हैं और इन सब में प्रेम का एक चिर-परिचित त्रिकोण है....निश्चय ही एक तत्ववाद के अधीन!"[76] बड़ी खास बात है, डॉ. नामवर सिंह ने इस वाक्य के अन्त में पूर्ण विराम का प्रयोग न कर के विस्मयबोधक चिह्न का प्रयोग किया है। आखिर वे साहित्यकार हैं, और ऐसा वे ही कर सकते हैं। मुझे इस मुकाम पर उनके इस विस्मयबोधक चिन्ह् के प्रयोग की बेहद खुशी है। उन्हें सौ-सौ बधाइयां!

कहना चाहिए, जिसका दिल साफ होता है उसे मुखौटों की बिल्कुल जरूरत नहीं पड़ती। क्रान्तिकारिता बिना मुखौटों के चलती है जबकि मुखौटों से षड्‌यन्त्र हुआ करते हैं। क्रान्तिकारी मुखौटों में नहीं छुपा करते। कम-से-कम कबीर पर लिखने वालों को मुखौटों का सहारा नहीं लेना चाहिए। डॉ. नामवर सिंह ने मनुष्य के पास मुखौटों के न होने के दुख गिनाए हैं। बीच में उनके आदरणीय गुरु डॉ. हजारी प्रसाद द्विवेदी हैं। वे उनका हवाला देते हुए लिखते हैं–"उनकी यह भी धारणा थी कि मनुष्य जब स्वयं बोलता है तो अपने असली रूप में नहीं होता। उसे एक मुखौटा दे दीजिए, फिर देखिए वह सच बोलने लगेगा।"[77] लेकिन द्विजों की तरफ से यह कथन कितना भी सार्थक और सफल हो, दलित इसे इसी रूप में जानता-पहचानता है कि जब भेड़िया मेमने की खाल पहनता है तो वह एक जबर्दस्त मुखौटा ही है। कबीर के साहित्य में 'कथनी और करनी कौ अंग' द्विजों के इस मुखौटे वाले तत्ववाद के कारण ही अस्तित्व में आया है। इन मुखौटों के कारण ही बाबा साहेब डॉ0 अम्बेडकर हिन्दू धर्म को पढ़ने में असमर्थ रह कर उसे रिडल कह कर छोड़ गए हैं। यह मुखौटा ही तो है कि द्विज लेखक दम भर रहे हैं कि वे दलित साहित्य लिख सकते हैं। डॉ. नामवर सिंह ने इस में मुखौटे का ही इस्तेमाल किया है जब लिखते हैं कि उनका चिन्तन दलितों के हित में है और डॉ. धर्मवीर का

चिन्तन दलितों के हित में नहीं है[78]– अर्थात मुखौटों से दूसरों के वास्तविक चेहरे हटाए भी जाते हैं।

यदि सारी बहस मुखौटों पर ही होनी है तो ठीक इसी जगह जमा जाए। द्विज चिन्तन का काम है कि वह दलित के सामने भेष बदल-बदल कर आए लेकिन दलित चिन्तन का काम है कि वह हर बार उसके असली चेहरे की पहचान कर ले। खिसियानी बिल्ली चाहे खम्भा नोंचे, या बन्दर घुड़की दे, या लोमड़ी के लिए अंगूर खट्टे हों – यह सारा वैष्णव जनों का बेहरूपियापन है। 'पहली परम्परा की खोज' में पहला मुखौटा था तो 'दूसरी परम्परा की खोज' में दूसरा मुखौटा है। इस इकहरे और दोहरे अवगुण्ठन में छिपी संस्कृति एक ही है। वेदान्त ने इसे 'आवरण' और 'विक्षेप' का दोहरा भ्रम कहा था पर मैं कहता हूं कि कबीर के सामने यह तीहरा और चौहरा भी बन कर आए -वे धोखे में आने वाले नहीं हैं। आचार्य शुक्ल ने कबीर पर आवरण ही डाला था कि कबीर के साहित्य में साहित्यिकता नहीं है लेकिन डॉ. द्विवेदी ने कबीर का विक्षेप ही कर दिया कि कबीर का साहित्य वैदिक-पौराणिक खांचे का वैष्णव साहित्य है। लेकिन दलित-चिन्तन को न आचार्य शुक्ल की सुननी है और न डॉ. द्विवेदी की माननी है। उसका कबीर पहली और दूसरी के नाम से गिनाई गईं इन दोनों द्विज परम्पराओं से हट कर है। द्विज लेखक का काम है कि वह अपने चेहरे पर मुखौटा लगाता रहे और दलित लेखक का काम है कि वह उसके उस मुखौटे को उतारता रहे। यूं, आलोचना के क्षेत्र में दोनों के ये दो अलग-अलग नजरिये हैं।

सन्दर्भ

1. दूसरी परम्परा की खोज, नामवर सिंह, राजकमल प्रकाशन प्रा. लि., 1. बी, नेताजी सुभाष मार्ग, दरियागंज, दूसरा संस्करण, पहली आवृत्ति, 2000, पृ.-15
2. वही, पृ.-20
3. वही, पृ.-32
4. वही, पृ.-32
5. वही, पृ.-32
6. वही, पृ.-35.6
7. वही, पृ.-83
8. यही, पृ.-25
9. वही, पृ.-25
10. वही, पृ.-25
11. वही, पृ.-24.5
12. वही, पृ.-25
13. वही, पृ.-24
14. वही, पृ.-39
15. वही, पृ.-39
16. वही, पृ.-13
17. वही, पृ.-13
18. वही, पृ.-39
19. कबीर साहित्य की प्रासंगिकता, सम्पादक विवेक दास, कबीर वाणी प्रकाशन केन्द्र, सतगुरु कबीर मन्दिर, कबीर चौरा मठ, वाराणसी-1ए 1978ए पृ.-153
20. दूसरी परम्परा की खोज, नामवर सिंह, राजकमल प्रकाशन प्रा. लि., 1 -बी, नेताजी सुभाष मार्ग, दरियागंज, नई दिल्ली-110002, दूसरा संस्करण, पहली आवृत्ति 2000, पृ.-22
21. वही, पृ.-23
22. वही, पृ.-23

23. वही, पृ.-89
24. वही, पृ.-8
25. वही, पृ.-81
26. वही, पृ.-81
27. वही, पृ.-76
28. वही, पृ.-107-108
29. वही, पृ.-108
30. दूसरी परम्परा की खोज, नामवर सिंह, राजकमल प्रकाशन प्रा. लि., 1.बी, नेताजी सुभाष मार्ग, दरियागंज, नई दिल्ली-110002, दूसरा संस्करण, पहली आवृत्ति, 2000, पृ.-85 पर डॉ. हजारी प्रसाद द्विवेदी उनकी पुस्तक 'अशोक के फूल' से उद्धृत।
31. अनमोल वचन, अमर उजाला, मेरठ संस्करण, 13 फरवरी, 2003, पृ.-4
32. दूसरी परम्परा की खोज, नामवर सिंह, राजकमल प्रकाशन प्रा. लि., 1.बी, नेताजी सुभाष मार्ग, दरियागंज, नई दिल्ली-110002, दूसरा संस्करण, पहली आवृत्ति, 2000, पृ.-76
33. वही, पृ.-62
34. वही, पृ.-62
35. वही, पृ.-62
36. वही, पृ.-62
37. वही, पृ.-66
38. वही, पृ.-66
39. बलात्कार का दर्शन, डॉ. जय प्रकाश कर्दम, पृ.-5.6
40. दूसरी परम्परा की खोज, नामवर सिंह, राजकमल प्रकाशन प्रा. लि. 1.बी, नेताजी सुभाग मार्ग, दरियागंज, नई दिल्ली-110002, दूसरा संस्करण, पहली आवृत्ति 2000ए पृ.-59
41. वही, पृ.-59
42. वही, पृ.-60
43. वही, पृ.-59
44. वही, पृ.-67
45. वही, पृ.-67
46. वही, पृ.-67
47. वही, पृ.-65
48. वही, पृ.-65
49. कबीर : आधुनिक सन्दर्भ में, डॉ.. राजदेव सिंह, लोक भारती प्रकाशन, 15ए, महात्मा गांधी मार्ग, इलाहाबाद-1, संस्करण-1999, पृ.-137
50. दूसरी परंपरा की खोज, नामवर सिंह, राजकमल प्रकाशन प्रा. लि., 1-बी, नेताजी सुभाष मार्ग, दरियागंज, नई दिल्ली-110002, दूसरा संस्करण, पहली आवृत्ति, 2000, पृ.-83
51. वही, पृ.-91
52. वही, पृ.-91
53. वही, पृ.-92
54. वही, पृ.-62
55. वही, पृ.-93
56. वही, पृ.-94
57. वही, पृ.-102
58. वही, पृ.-47
59. वही, पृ.-116
60. वही, पृ.-116
61. वही, पृ.-116
62. वही, पृ.-53
63. वही, पृ.-55
64. वही, पृ.-55
65. वही, पृ.-55
66. वही, पृ.-5
67. वही, पृ.-39
68. वही, पृ.-39
69. वही, पृ.-39
70. वही, पृ.-110
71. वही, पृ.-111
72. वही, पृ.-111
73. वही, पृ.-30
74. वही, पृ.-30
75. वही, पृ.-112
76. वही, पृ.-113
77. वही, पृ.-112
78. दलित साहित्य-परम्परा में कबीर, नामवर सिंह, अपेक्षा, जनवरी-मार्च, 2003, 27, घौंडली, कृष्णा नगर, दिल्ली-110051, पृ.-24

अध्याय-4

तुलसी की याद आना[क]

सब से पहली बात खुद 'हिंदी' की है। इस बात को पूरे धुंधलकों में डाल दिया गया है कि हिंदी क्या है और हिन्दी क्या नहीं है। कहना यह है कि तुलसी की पुस्तक 'रामचरितमानस' को हिंदी साहित्य में पढ़ाने के बजाय 'एम.ए.-इन-अवधी' के पाठ्यक्रम में पढ़ाया जाना चाहिए। 'एम. ए.-इन-पालि' या 'एम.ए.-इन-प्राकृत' या 'एम.ए.-इन-संस्कृत' की तरह 'एम.ए.-इन-अवधी' का एक पूरा पाठ्यक्रम शुरू कर दे ा चाहिए। तब मेरे समेत कोई भी व्यक्ति किसी दूसरी भाषा के विरोध में क्यों होगा? मैं अवधी का विरोध क्यों करूँगा? वह जनभाषा है और साहित्य भाषा है। मेरी परेशानी तभी बढ़ती है जब 'रामचरितमानस' को 'एम.ए.-इन-हिंदी' के पाठ्यक्रम में रख कर जबरन पढ़ाया जाता है। इसलिए, यहाँ भाषा को ले कर तुलसी के खिलाफ कोई बात नहीं कही जा रही है। कहा केवल यह जा रहा है कि यदि हों तो, तुलसी को अवधी भाषा का महाकवि कहा जाए, हिंदी का नहीं। यह विद्यार्थियों की रुचियों और उनके ओप्शनों पर छोड़ दिया जाना चाहिए कि वे 'एम.ए.-इन-हिंदी' में प्रवेश लेना चाहते हैं या 'एम.ए.-इन-अवधी' में। यह केरल के हिंदी साहित्य के विद्यार्थियों और अध्यापकों पर घोर अत्याचार है कि हिंदी के नाम पर उन पर तुलसी की पुस्तक 'रामचरितमानस' की वजह से अवधी का व्याकरण थोपा जा रहा है जिसे मैं और मेरा मास्टर भी नहीं जानता। यह बात गलत होगी कि अंग्रेजी साहित्य का अध्ययन करने में विद्यार्थियों पर यह शर्त लगा दी जाए कि उन्हें फ्रेंच, लैटिन, जर्मनी और ग्रीक भाषाओं का भी अध्ययन करना पड़ेगा। इस बात का ध्यान रखा जाना चाहिए कि ओक्सफोर्ड यूनिवर्सिटी का जो छात्र हिंदी में दाखिला लेता है उस पर अवधी न थोप दी जाए। जो कई भाषाओं के विद्वान होते हैं, उन की कद्र की जानी चाहिए, लेकिन हिंदी के विद्वान यदि अंग्रेजी और संस्कृत भी जानते हैं तो उन के इस ज्ञान की विविधता की वजह से हिंदी में अंग्रेजी और संस्कृत की पढ़ाई अनिवार्य नहीं की जा सकती। यदि राहुल सांकृत्यायन दस से अधिक भाषाएँ जानते थे तो इसी वजह से हिंदी में दस या दस से अधिक भाषाएँ नहीं पढ़ाई जा सकतीं।

क. तुलसी की याद आना, लेखक, डा. धर्मवीर, वाक्, वाणी प्रकाशन, 21-ए, दरियागंज, नई दिल्ली-110 002, प्रवेशांक, जनवरी-मार्च, 2007, पृ.-78-81

साहित्य का अध्ययन इसलिए भी किया जाता है कि उस भाषा में नया योगदान किया जा सके। 'रामचरितमानस' को पढ़ कर हिंदी के करोड़ों विद्यार्थियों या हजारों पढ़ाने वालों में से कौन अवधी भाषा में साहित्य सृजन करने की दक्षता प्राप्त कर लेता है? महारत हासिल करने की बात दूर, यह भी नहीं जाना जाता कि उनमें से किसी को इसकी जरूरत भी है कि नहीं। बस, 'मान न मान, मैं तेरा मेहमान'—की लोकोक्ति चरितार्थ की जा रही है। इसलिए तुलसी के साहित्य का अध्ययन किया जा सकता है लेकिन हिन्दी साहित्य का पाठ्यक्रम बना कर नहीं। वे विश्व कवि हो सकते हैं लेकिन हिंदी भाषा के नहीं। कोई गलत जिद काम कर रही है जिसके तहत वे हिंदी के विद्यार्थियों और अध्यापकों पर थोपे जा रहे हैं। आखिर, देश-विदेश में, मुसलमानों और ईसाइयों के बच्चे भी हिंदी पढ़ते हैं। जो हिंदी में है, नेक नीयती से वह उन्हें पढ़ा दिया जाना चाहिए, यह हिंदी से बाहर के साहित्य के लिए हिंदी में मारामारी क्यों चल रही है?

यदि प्रक्षिप्त पाठ की बात की जाए तो तुलसी का साहित्य भी इस से बरी नहीं है। मेरे पास तुलसी की पुस्तक 'रामचरितमानस' के दो कांड हस्तलिपि प्रति के रूप में उपलब्ध हैं। ये 'अयोध्या कांड' और 'लंका कांड' हैं। लिपि फारसी की है और समय 19वीं शताब्दी का है। जब मैं आज की छपी 'रामचरितमानस' के अंश उन प्रतियों से मिलाता हूँ तो कई जगह भेद मिलते हैं। इस पाठभेद और क्रमभेद को कैसे करके लूँ? ऐसा हुआ क्यों?

एक व्यक्ति ने दलित संदर्भ से मुझ से कहा—"राम ने निषाद राज को गले लगाया था।" लेकिन मेरा पूछना दूसरा था। मैंने उन से पूछा था—"यह रघुकुल कब से चला आ रहा था? यदि निषाद राज अपने पुरखों का अयोध्या का राज्य वापिस मांगते तब क्या राम उन्हें गले लगाते?" फिर, राम ने निषाद को अपनी बराबरी के स्तर पर गले नहीं लगाया है। आखिर, निषाद के मुँह से कहलवाया ही गया है—"तुम सुकृति हम नीच निषादा।"[1] कहने का मतलब यह है कि निषाद राज खुद को अपने ही शब्दों में नीच कह रहे हैं। इतना ही नहीं, राम को अपनी तुलना में सुकृति अर्थात धर्मात्मा भी कहना पड़ा है। यदि निषाद राज खुद को उच्च कह देते तो क्या होता? यदि वे खुद को राम की बराबरी का ही कह देते तो भी उनकी खैर नहीं थी। तो, निषाद को गले लगाना और शम्बूक का गला काटना—दोनों बातें एक साथ कैसे समझी जाएँ? फिर, जब तुलसी राम का चरित्र लिख रहे थे तो महाकाव्य के आकार की पुस्तक में कथा अधूरी क्यों छोड़ी? वे राम में से कितने राम को अपनाते थे और बचे हुए कितने राम को अपनाने से छोड़ते थे? यह 'अपने-अपने राम' के मुहावरे का क्या मतलब है? पुराण की जरूरत है या इतिहास की? तब तुलसी के राम ही पूरे नहीं रह जाते। उदाहरण के तौर पर मैंने एक पुस्तक 'बालक अम्बेडकर' लिखी है। इस का मतलब यह नहीं है कि मैं डा. अम्बेडकर की बाकी जीवनी नहीं लिखूँगा। ऐसे ही, तुलसी ने यदि राम की कथा 'लंका कांड' तक लिखी है, इस का मतलब यह नहीं है कि वे राम की बाकी कथा को नकार रहे हैं।

सच्चाई यह होनी चाहिए कि वे राम की पूरी कथा को मान रहे हैं जिस में उनकी स्त्री सीता का बनवास भी शामिल है। फिर, शम्बूक की कथा को तुलसी ने भले ही न लिया है लेकिन शम्बूक की संतानों से उन्होंने अपना पूरा बैर निकाला है। नीचे शम्बूक की उन्हीं संतानों और स्त्रियों के बारे में तुलसी के शब्द दिए जा रहे हैं जो इस प्रकार हैं :

1. पूजिअ बिप्र सील गुन हीना,
सूद्र न गुन गन ग्यान प्रवीना।
सापत ताड़त परुष कहंता,
विप्र पूज्य अस गावहिं संता।[2]

2. जे बरनाधम तेलि कुम्हारा,
स्वपच किरात कोल कलवारा।
ते विप्रन सन पाँव पुजावहि,
उभय लोक निज हाथ नसावहिं।
शूद्र द्विजहिं उपदेसहिं ज्ञाना,
मेलि जनेऊ लोहें कुदाना।

बादहिं सूद्र द्विजन्ह सन, हम तुम्ह से कछु घाटि।
जानइ ब्रह्म सो विप्रवर, आँख देखावहिं डाँटि।।

शूद्र करहिं जप तप ब्रत नाना,
बैठि बरासन कहहिं पुराना।[3]

3. नारि स्वभाव सत्य कबि कहई,
अवगुण आठ सदा उर रहई।
साहस अनृत चपलता माया,
भय अविवेक अशौच अदाया।[4]

4. ढोल गंवार सूद्र पसु नारी,
सकल ताड़नु के अधिकारी।[5]
दुष्टौ धेनु दुहि सुना भाई,
साधु रासभी दुही न जाई।[6]

देखा जा सकता है, इन पंक्तियों में तुलसी ने शूद्र, तेली, कुम्हार, श्वपच, किरात, कोल, कलवार और स्त्री के लिए जी भर कर दुर्वचन कहे हैं। यह सब उनके मन का

जहर ही है जो सामने आया है। यह जहर इतना शक्तिशाली है कि भक्ति और अध्यात्म को भी दोफाड़ कर देता है। तुलसी के ही शब्द हैं :

6. कहहि सुनहि अरु अधम नर, ग्रसे जे मोह पिसाच।
पाखंडी हरिपद बिमुख जानहिं झूठ न साँच।।

अग्य अकोविद अंध अभागी,
काई विषय मुकुर मन लागी।
लम्पट कपटी कुटिल बिसेखी,
सपनेहु संत सभा नहिं देखी।
कहहिं ते वेद असम्मत बानी,
जिन्ह के सूझ लाभु नहिं हानी।
मुकुर मलिन अस नयन विहीना,
राम रूप देखहिं किमि दीना।
जिन्ह के अगुन न सगुन बिबेका,
जल्पहिं कल्पित वचन अनेका।
हरि माया बस जगत भ्रमाहीं,
तिन्हहिं कहत कहु अघटित नाहीं।
बातुल भूत बिबस मतवारे,
ते नहिं बोलहिं वचन बिचारे।।[7]

अब क्या किया जाए, तुलसी 'जीवा को राजा' कह रहे हैं जबकि कबीर ने इस के लिए हजार बार मना किया था। तुलसी माया के अधीन रहना चाहते हैं क्योंकि उन के राम भी मारीच की माया में फँसे हुए हैं।

डा. कौशल राय प्रेमचंद के सगे भतीजे हैं। उन्हें मेरी पुस्तक 'प्रेमचंद : सामंत का मुंशी' पसन्द नहीं आई। पसन्द इसलिए नहीं आई क्योंकि मैंने इस में प्रेमचंद की पत्नी शिवरानी देवी के पुख्ते प्रमाणों से यह दर्शाया है कि प्रेमचंद ने अपनी पत्नी के रहते एक रखैल रख छोड़ी थी। लेकिन जवाब में डा. कौशल राय मेरी खोज का साहित्यिक और तार्किक खंडन करने के बजाय कुछ और ही लिख बैठे हैं। वे 'समाचार टाइम्स' में छपे अपने लेख 'क्या प्रेमचंद जी की कोई रखैल थी?' का अंतिम पैरा इस प्रकार लिखते हैं:

> "पिछले दो दशक से दलित लेखकों द्वारा प्रेमचंद जी के प्रति अनर्गल प्रलाप उनकी निम्न-जातिगत सोच और हीन ग्रंथि को ही दर्शाता है। ये लोग चाहे जितना पढ़-लिख लें, रहेंगे निम्न सोच के ही। मुझे तो तुलसीदास का यह दोहा उचित ही जान पड़ता है—

ढोल, गँवार शूद्र, पशु नारी,
ये सब ताड़न के अधिकारी।।''[8]

यदि यहाँ मैं दार्शनिक क्षेत्र में उतर कर 'लोजिकल पोजिटिविज्म' की भाषा-प्रक्रिया के विश्लेषण का इस्तेमाल करने बैठ जाऊँ, जो अर्थ विज्ञान और वाक्य-विन्यास पर आधारित है, तो डा. कौशल राय क्या जवाब क्या देंगे? मैं उन से पूछूँगा कि तुलसी की इस चौपाई में आए हुए इस 'शूद्र' शब्द में कौन-कौन आते हैं। आखिर, हिन्दू समाज में वर्ण-व्यवस्था कायस्थों ने नहीं बनाई है। इसे ब्राह्मणों ने बनाया है। डा. कौशल राय स्वयं कायस्थ जाति के हैं। तब ब्राह्मणी वर्ण-व्यवस्था में वे क्या हैं? उत्तर है—सिर पर साफा धारण किए हुए अपने स्वामी विवेकानंद समेत वे शूद्र हैं। तो, क्या वे अपने बारे में कुछ कह रहे हैं?

बात बुद्धि की और बुद्धि की क्षमता की है। डा. कौशल राय कह रहे हैं कि दलित जातियों के तमाम लेखकों की सोच निम्न है। लेकिन खुद उनकी जातिगत सोच और उनकी घमंड ग्रंथि का क्या हाल है? अभी 60 साल पहले वे अंग्रेज जाति के अपने घर में गुलाम थे। उस के पहले मुगलों के और उस से पहले तुर्कों के। कुषाणों, शकों और यवनों के गुलाम रहे ही हैं। समझ में नहीं आता कि गुलाम कौम के लोग खुद को ऊँची सोच के कैसे कह सकते हैं। कायस्थ जाति भी इस देश में दलित जातियों के साथ सन् 1947 में अंग्रेजों से आजाद हुई है, उस के पहले नहीं। जी हाँ, कोई कौम गुलामी में मस्ती नहीं मार सकती। यदि ऐसा करती है तो अपने प्रति बेईमान और झूठी है। समझ लो, वह देश के प्रति गैर-जिम्मेदार हो गई है।

तुलसी ने भी ऐसी चौपाई मुगलों और तुर्कों के खिलाफ नहीं रची। उसे ताड़न के लिए शूद्र ही क्यों मिल रहे हैं? धमक किस पर चलती है? मुगल और तुर्क वर्ण-व्यवस्था में क्या थे? उत्तर इस शर्त से बंध कर दिया जाना है कि पाँचवाँ वर्ण ब्राह्मणों से कभी बन ही नहीं पाया। तुलसी की कविता की एक अन्य पंक्ति 'धूत कहो, अवधूत कहो, रजपूत कहो, जुल्हा कहो कोऊ'[9] में भी शेख, सैय्यद, मुगल, पठान कहीं नहीं हैं। तुलसी अपने समय में किन शब्दों को चुन रहे थे? हिंदुओं का राज्य मुगलों और तुर्कों ने छीना था पर तुलसी को शूद्रों से लड़ने की पड़ रही थी। हिम्मत एक कबीर की थी कि वे अपने समय में तुर्क और सुल्तान को ललकार रहे थे। तब मोटी बुद्धि के कौन ठहरे?

तुलसी ने 'ढोल, गंवार, सूद्र, पशु नारी' क्यों लिखा? मसलन, वे 'चोर डकैत जार व्यभिचारी' क्यों नहीं लिख सके? चौपाई बहुत अच्छी बन सकती थी :

चोर डकैत जार व्यभिचारी।
सकल ताड़ना के अधिकारी।।

अर्द्धाली में मात्राएँ तब भी गिन कर सोलह ही होतीं। छंद के पूरे निभाव में, अंत में, दो गुरु भी हो जाते। पर तुलसी की मानसिकता का विकास इस दिशा में क्यों नहीं हुआ?

वे संस्कृत के प्राचीन ग्रंथों के शूद्रविरोधी श्लोकों का अवधी में अनुवाद करते क्यों रह गए?

फिर बताइए, प्रमाणों के आधार पर एक सीधी साहित्यिक बहस के मामले में डा. कौशल राय के दिमाग में ताड़ने की बात कहाँ से आ गई? क्या प्रेमचंद से डा. कौशल राय ने यही सीखा-पढ़ा था कि तुलसी की चौपाई कह दी जाए? तब क्या यह प्रेमचंद की परंपरा की सामन्ती दृष्टि नहीं है? है क्यों नहीं, स्वयं प्रेमचंद ने जुलाई 1933 में मूल्यांकन करते हुए तुलसी की प्रशंसा में लिखा है–"तुलसीदास जी ने हिंदू जाति और हिंदू धर्म का...उपकार किया...है। उन्होंने हिंदू-सभ्यता और हिंदू-संस्कृति की बड़ी रक्षा की है। हिंदू-समाज और हिंदू-साहित्य उन के उपकार-भार से कभी मुक्त नहीं हो सकता।...गोस्वामी जी की रचनाएँ सनातन धर्म की ढाल हैं... ।"[10] आखिर, इतना ही मुझे सिद्ध करना था, सो हो गया है।

अजीब यह भी लगता है कि डा. कौशल राय तुलसी की चौपाई को दोहा बता रहे हैं–जाने कितने पढ़े-लिखे हैं?

सन्दर्भ

1. हजारी प्रसाद द्विवेदी ग्रंथावली, खंड-4, राजकमल प्रकाशन प्राइवेट लिमिटेड, 8, नेताजी सुभाष मार्ग, नई दिल्ली-110 002, प्रथम संस्करण, अगस्त, 1981, पृ.-513
2. कबीर साहित्य की प्रासंगिकता, सम्पादक विवेक दास, कबीर वाणी प्रकाशन केंद्र, सतगुरु कबीर मंदिर, कबीर चौरा मठ, वाराणसी-1, 1998, पृ.-153
3. वही, पृ.-154,
4. वही, पृ.-157
5. वही, पृ.-154
6. वही, पृ.-161
7. कबीर (कबीर के व्यक्तित्व, साहित्य और दार्शनिक विचारों की आलोचना), डा. हजारी प्रसाद द्विवेदी, हिंदी ग्रंथ रत्नाकर कार्यालय, बम्बई-4, तृतीय परिवर्धित संस्करण, 1950, पृ.-118
8. क्या प्रेमचंद जी की कोई रखैल थी?, डा. कौशल राय, समाचार टाइम्स, संस्मरण कथा विशेषांक, पृ.-3
9. हजारी प्रसाद द्विवेदी ग्रंथावली, खंड-4, राजकमल प्रकाशन प्राइवेट लिमिटेड, 8, नेताजी सुभाष मार्ग, नई दिल्ली-110 002, प्रथम संस्करण, अगस्त 1981, पृ.-494
10. प्रेमचंद : विविध प्रसंग, खंड-3, संकलन और रूपांतर, अमृत राय, हंस प्रकाशन, इलाहाबाद, प्रथम संस्करण, प्रेमचंद स्मृति दिवस, 1962, पृ.-101

अध्याय-5

अधखुले दरवाजे की कविताएँ[1]

I

कविता लिखना कोई पेशा नहीं है

इस लेख में यह मान कर चला जा रहा है कि कविता रचना कोई पेशा नहीं है। एम. मोहन कुमार की कविताएँ इसी श्रेणी में आती हैं। उनकी कविताओं के दूसरे संकलन का नाम 'हाफ-ओपन्ड डोर' है। ये अंग्रेजी में लिखी गई कविताएँ कोणार्क पब्लिशर्स, दिल्ली से सन 2000 में प्रकाशित हुई हैं।

कवि अपनी पहली कविता 'हाफ-ओपन्ड डोर' में बता रहा है कि यह दरवाजा बन्द नहीं है। न इसे खटखटाया जाना है और न इसे खुलवाने के लिए बाहर खड़े हो कर देर तक घंटी बजाई जानी है। यह पहले से ही अधखुला पड़ा है जिसकी दोनों संभावनाएँ हैं कि यह पूरा बन्द भी हो सकता है और पूरा खुल भी सकता है।

कहना पड़ेगा कि यह अधखुला दरवाजा झरोखों की दुनिया और पर्दों की झिलमिलाहट से परे का बिम्ब और प्रतीक है। पर्दे से झाँकने और झरोखों से देखने में चोरी की प्रवृत्ति भी नजर आ सकती है। अधखुले दरवाजे में ऐसा कुछ नहीं है। साथ ही, इस से हो कर ज्ञान की आंधी नहीं आ रही है लेकिन सूरज की कुछ धूप मुँह पर जरूर पड़ रही है। यह 'खुल जा सिम-सिम' वाला कोई तिलस्मी दरवाजा भी नहीं है। बस, यह आधा ही खुला है। जिसे अन्दर जाना है वह चाहे तो इसे पूरा खोल ले और जिसे बाहर आना है वह इसे पूरा बन्द कर सकता है। इस किताब को पढ़ते हुए यह पता नहीं चला कि इन दो तरफ की संभावनाओं में से खुद कवि की मर्जी क्या है।

---

1. Half-opend Door, M. Mohan Kumar, Konark Publishers, Delhi, Ist Edition, 2000

जिन्होंने कविता को धन्धा बनाया हुआ है, वेदान्त दर्शन के अधिकारी-भेद की भाषा में वे जरूर पूछेंगे कि एम. मोहन कुमार को कविता लिखने का अधिकार क्या है। वे प्रमाण-पत्र चाहेंगे और ऐसा प्रमाण-पत्र न होने के कारण उनके कविता लिखने के दावे को खारिज भी कर सकते हैं। ऐसा इसलिए कहा जा रहा है क्योंकि इस देश के पौराणिक इतिहास में शूद्र शम्बूक को रामराज्य में तपस्या करने का अधिकार नहीं था। खुदा-न-खास्ता, यदि आज इतिहास की खोज से यह सिद्ध हो जाए कि कालिदास अन्त्यज थे तो बिना किसी दूसरी बात की परवाह किए उन्हें कवियों की सूची से बाहर किया जा सकता है। ऐसा मातंग कवि के साथ हो चुका है। आज उस महाकवि की कोई काव्य-रचना उपलब्ध नहीं है। न जाने कितने महाकवियों के साथ ऐसा हुआ है जो इतिहास और पुराण लिखते समय अधिकारी-भेद की वजह से गुमनामी और अयोग्यता के अंधकार में धकेल दिए गए हैं।

यहाँ बताया जा सकता है कि संस्कृत के परम्परागत काव्य-शास्त्र की कुछ खास बातें हैं जिन में से एक वर्ण-व्यवस्था से जुड़ी हुई बात है कि काव्य-रचना को ब्राह्मण के कर्म से जोड़ दिया गया है। यूँ, कवि को एक खास वर्ग में पैदा हुआ माना गया है। इस काव्यशास्त्र में कविकर्म एक पेशा है—एक कविता लिखी जाएगी और एक स्वर्णमुद्रा दी जाएगी। लेकिन प्रस्तुत कविता-संग्रह कविकर्म की ऐसी विशेषज्ञता के सारे मिथकों को तोड़ देता है। पहला मिथक यही तोड़ा गया है कि काव्य-रचना के लिए मोहन कुमार ने लोक सेवक होने के अपने पेशे को नहीं छोड़ा है और न अपने उस पेशे को किसी मंदिर के पुजारी के पेशे से हीन माना है।

आखिर, इस कवि से लोगों ने सवाल पूछा ही है जिसे उस ने अपनी पहली कविता-पुस्तक 'पर्ल डाइवर'[2] में संकलित कविता 'इट कम्स एज दि विन्ड' में अभिव्यक्त किया है—"कुछ लोग मुझसे पूछते हैं कि अब तक कुछ नहीं छपवाया तो उम्र की इस दहलीज पर कविता क्यों लिखते हो।" कवि ने कई उत्तर दिए हैं जिन में से एक महत्वपूर्ण यह है—"महोदय, आप गीत लिखने की कोई उम्र तय नहीं कर सकते।" कवि ने सब से अच्छा उत्तर यह लिख कर दिया है कि जब कविता जन्म लेती है तो वह हृदय में उसकी हत्या नहीं होने देता बल्कि कागज पर उतार लेता है। सच बात है, पेशे और अधिकारी-भेद के कारण शूद्रों और स्त्रियों को साहित्य रचने का अधिकार नहीं दिया गया था पर वह कितना गलत था—वह कविता का भ्रूण हत्या वाला मर्डर था।

सीधे मुद्दे पर आया जाए कि हिन्दी के साहित्यकारों में ऐसी धारणा बनी हुई है कि लोक सेवक साहित्य रचना नहीं कर सकते। समीक्षकों की मूल आपत्ति यह है कि साहित्य रचना के लिए किसी व्यक्ति को अपना पेशा त्याग देना चाहिए। उन में से कई का मानना है कि साहित्य का सृजन मुफलिसी और भुखमरी में होता है। लेकिन इस से जुड़ी हुईं कुछ बातें और भी हैं।

---

2. Pearl Diver, M. Mohan Kumar, B.I. Publications Pvt. Ltd., 54, Janpath, New Delhi-110 001, Ist Edition, 1998

कहने का मौका दिया जाए तो हिन्दी कविता को चार रोगों से एक साथ मुक्त किया जाना है—कि कवि जार होगा, घमण्डी होगा, शराब पिएगा और अपनी रोजी-रोटी आप नहीं कमाएगा। सच तो यह है कि ऐसा व्यक्ति सच्ची कविता नहीं लिख सकता। वह पटरी पर बिकने वाला प्रतिबन्धित अश्लील साहित्य ही लिख सकता है। ऐसा व्यक्ति व्यवस्था बदलने के किसी काम नहीं आ सकता। यहाँ तक कि वह घोर व्यक्तिवादी हो जाता है। हाँ, जारकर्म जातिवाद को तोड़ना नहीं है और शराब पीना कोई साहित्यिक क्रांति नहीं है। उल्टे, ऐसा उदारवाद व्यवस्था की हिप्पोक्रेसी बन जाता है। इस के विपरीत, एम. मोहन कुमार की कविता 'मैचिंग' में पत्नी की बात कही गई है कि पत्नी बाजार में जा कर साड़ी के चयन में कितना समय लेती है। उस से भी दुगना समय वह ब्लाउज-पीस के चुनाव करने में लगाती है। कवि सोच कर रह जाता है कि यदि पत्नी को मौका मिलता तो वह पति का चुनाव करने में कितना समय लेती। उसे डर है कि अपने दो बच्चों के लिए जोड़े चुनने में जाने वह कितना समय लेगी। निश्चित रूप से यह कविता कविता को नैतिकता और चरित्र से सजाती है। कृष्ण के परतिरिया-प्रेम और उस से खीज कर बुद्ध के घर-छोड़-संन्यास वाले देश में ऐसी कविता महान आजीवक कबीर की परंपरा में ही लिखी जा सकती है। मनुष्य एक पूर्ण मनुष्य पैदा होता है। यदि किसी मनुष्य में अंग-विकार या मनो-विकार पैदा हो जाए तो उसे विकार कहा जाएगा जिसका इलाज करने की कोशिश की जाती है। गृहस्थ के मुकाबले में परतिरिया-प्रेम और संन्यास भारतीय चिन्तन के दो बड़े रोग हैं जो स्वस्थ साहित्य को घुन की तरह नष्ट कर रहे हैं। साथ ही, यह कवि इन्द्र, विष्णु और वेद की चर्चा के इस भ्रम में भी नहीं जी रहा है कि अतीत में कोई स्वर्ण युग था। उस ने अपनी कविता 'पास्ट परफेक्ट' में सही प्रश्न पूछा है कि 'प्रेजेन्ट इम्परफेक्ट' 'पास्ट परफेक्ट' कैसे बन सकता है। आखिर, अतीत वर्तमान का गोदाम भर है। कवि अपने वर्तमान को अच्छी तरह जानता है कि यह कितना इम्परफेक्ट है। इसे जानने की वजह से वह समझ सका है कि उसके अतीत का ढेर भी कैसा होगा।

कवि 'पर्ल डाइवर' की अपनी कविता 'ए फ्लावर'स सोलिलोक्वाय' में हिन्दू समाज के सच को बहुत बारीक संवेदना से व्यक्त कर गया है। पता चल सकता है कि कटाक्ष कितना नुकीला है। यह एक फूल का अरण्य-रोदन है। इस फूल के दिन पूरे होने वाले हैं। इसे पता है कि अब वह जल्दी मुरझा जाएगा और डाली से टूट कर धंरती पर गिर पड़ेगा। उसे यह भी मालूम है कि जिस मालन ने इस सुन्दर बाग को सींचा है वह उसे अपनी कोमल अंगुलियों से छूने और चुनने नहीं आएगी। लेकिन दूसरे फूलों को वह सुबह-शाम चुनने आती है और डलिया में भर कर नजदीक के मंदिर में ले जाती है। पिच्ची, मन्दार, चमेली, गुलाब और रोडोडेन्ड्रन रोज देवताओं के शीश पर चढ़ते हैं लेकिन इस जैसे फूलों को केवल कुढ़ना मिला है। ये फूल पूछते हैं—"वे दूसरे फूल देवताओं के गले के हार बनते हैं या उन के चरणों पर चढ़ कर पूर्णकाम होते हैं, पर हमारे साथ ऐसा

भेद क्यों है? क्या हम सुन्दर नहीं हैं?" ये फूल पुनः पूछते हैं–"कभी हम ड्राइंग रूम में सिगरेट के धुएँ की घुटन और बदबू सहते रहने के लिए रखे जाते हैं। कभी लोगों के लौकिक रिवाजों के लिए दूसरे फूलों के साथ माला में गूंथ दिए जाते हैं पर इस से क्या होता है? हमें भी स्वर्गिक सुख चाहिए।" अन्त में कवि इन फूलों की शिकायत के रूप में दलित समाज की मांगों को लोगों के सामने रख देता है–"मैं उन देवताओं को जानता हूं जिन्हें फूल और पत्तियाँ पसन्द हैं फिर हमारे साथ ऐसा भेद क्यों है? क्या हम देवताओं के लिए अछूत हैं?"

II

गलतियाँ कई-कई हुई हैं

भारतीय चिन्तन की एक गलत पहचान बना दी गई है कि यह पुनर्जन्म में विश्वास रखता है। विदेशों में भारतीय दर्शन का प्रतिनिधित्व पुनर्जन्म का सिद्धान्त ही करता है। आज भी दूरदर्शन के चैनलों पर पौराणिक हिन्दू कथानकों को पुनर्जन्म के इसी अन्धविश्वास के साथ पेश किया जा रहा है। कारण यह है कि ब्राह्मण और बौद्ध दोनों दर्शन इस अन्धविश्वास के जन्मदाता और कायल रहे हैं। लेकिन भारतीय दर्शन की समग्रता में यह सही विचार नहीं है। ब्राह्मणों और बौद्धों के सिवा भारत में दार्शनिकों की एक बड़ी जमात है जो पुनर्जन्म में विश्वास नहीं करती। इस में मक्खलि गोसाल से ले कर कबीर तक की लम्बी परम्परा है। मृत्यु को ले कर एम. मोहन कुमार का कवि भी इन्हीं आजीवकों की श्रेणी में आता है। कहा जा सकता है कि आलोच्य पुस्तक में कवि मोहन कुमार पुनर्जन्म में विश्वास नहीं रखते। यह तब कहा जा रहा है जबकि वे मृत्यु के विचार से अपना खूब सामना करते हैं। वे ब्राह्मणों के ग्रन्थों की झूठी अमरता की खोज में अपने मन को नहीं बहलाते।

ऐसा नहीं है कि इस कवि ने मृत्यु के बारे में न सोचा हो। क्षणिकवाद से उन का पूरा परिचय है जब वे बौद्ध दर्शन की खिल्ली उड़ाते हुए पूछते हैं कि कौन कहता है कि उसी नदी को दुबारा पार नहीं किया जा सकता। कवि को 'द एण्ड' कविता में यह भी पता है कि हर शुरूआत का एक अन्त होता है तथा हर जन्मी चीज एक दिन मृत्यु को प्राप्त हो जाती है। उन के अनुसार, मृत्यु जीवन का शिकार करती है। फूलों के रंगों में, चिड़ियों के चहचहाने में और कोयल के गाने में जीवन की विजय प्रतीत होती है लेकिन कवि को विज्ञान के माध्यम से यह भी पता है कि एक दिन मृत ग्रह पर अन्धकार की महाछाया और शाश्वत शान्ति छा जाएगी। यूँ, कवि ने मृत्यु को मृत्यु कह कर लिया है। उसने मृत्यु के बाद पुनर्जन्म के भ्रम में विश्वास नहीं किया। वह गीता के इस भुलावे में

नहीं जी रहा है कि आत्मा शरीरों को चौरासी लाख योनियों में पुराने कपड़ों की तरह बदलती है।

इस विषय को ले कर 'एफिमेरल' एक छोटी लेकिन बहुत महत्वपूर्ण कविता है। इस में फूलों को इसलिए चुनने की सलाह दी गई है ताकि नए फूल आ सकें। ऐसा नहीं है कि पौधे की डाल पर एक ही फूल बार-बार लगता रहेगा। प्रकृति और परमात्मा के पास नए फूलों की कमी नहीं है कि वे एक फूल को ही बार-बार भेजते रहेंगे। पूरा संसार नए फूलों की सम्भावनाओं से भरा हुआ है। कवि के सामने निहारने को हर फूल नया और विशिष्ट है। खिल चुके बासी फूलों को संजो कर बचा रखने की जरूरत नहीं है। किसी को फूल चुनने की सलाह रास न आए तो वह मुरझाए हुए फूलों को मिट्टी दे दे–अर्थात 'दफन करना चाहिए फूलों को मुरझाने के बाद।' कवि का मानना है कि पेड़ पर नए साल के पत्ते पुराने साल के पत्तों को गिरा कर ही आते हैं। कुल मिला कर यह प्रतिस्थापन है, पुनर्जन्म नहीं। यह पहले को हटाना है, एक ही का बार-बार नई-नई योनियों में जन्म लेना नहीं। कवि की सोच है कि पुराने गुच्छे के जाने का मलाल न किया जाए। जिस नियम पर आधारित पहला गुच्छा खिला है, उसी न्याय के अनुसरण में बाद के गुच्छे भी खिलेंगे।

कवि ने मृत्यु पर इस से पहले अपनी प्रथम काव्य पुस्तक 'पर्ल डाइवर' में भी सोचा था जिसमें एक कविता 'आई विश टू डाइ पीसफुली' शीर्षक से संकलित है। उस में कवि ने चाह की थी–"मैं शांति से मरना चाहता हूँ। अपने घर में, जहाँ मैं इतनी बार सोया हूँ, उसी बिस्तर पर शांति से मरना चाहता हूँ। मैं एन्टी-सेप्टिक दवाओं की दुर्गन्ध वाले अस्पताल में मरना नहीं चाहता जहाँ डाक्टर लाइलाज मरीज को बचाने के लिए जी-तोड़ मेहनत करते हैं।" कवि की लिखत है–"कोई मेरे मरने पर दुखी न हो। मैं ऐसी जगह जा रहा हूँ जहाँ न रोग है और न कष्ट। वहाँ काल और दिक के लम्बे प्रसार नहीं हैं। इसलिए उस शांति की गरिमा को भंग करता हुआ मेरे लिए कोई न रोए। साथ ही, शव हुए शरीर पर पुष्पहार चढ़ाने की भी कोई जरूरत नहीं है। शवयात्रा सादी हो और उस में लोग भी कम हों। मैं सदा से ही सीधा-सादा रहा हूँ। मैंने आडम्बर और दिखावे को कभी पसन्द नहीं किया। मेरे शरीर का अन्तिम संस्कार जल्दी कर दिया जाए। शमशान में लोग मेरी अजल-मजल करके जल्दी अपने घर लौट जाएँ। वे मुझे भूल ही जाएँ।" पत्नी के लिए कवि ने कहा है–"मेरी पत्नी मेरे जीवन का सम्बल रही है। परमात्मा उसे उस विदाई की घड़ी को सहने की क्षमता दे। वह बच्चों के प्यार की खुशी में अपना बाकी जीवन व्यतीत करे।" देखा जा सकता है कि यहाँ भी कवि ने पुनर्जन्म के सहारे किसी योनि में वापिस लौट आने की इच्छा जाहिर नहीं की है। यही आजीवक दर्शन का मोक्ष है जो हर मनुष्य को निरायास प्राप्त है।

यह बात सही है कि बहुत दिनों से ब्राह्मणों और बौद्धों ने इस देश के चिन्तन को पुनर्जन्म की गफलत में डाल रखा है। ये वर्ग वे ही हैं जिन्हें ऐसे भ्रम से लाभ होता है।

ब्राह्मणों और बौद्धों ने बाहरी रूप से पक्ष और विपक्ष में बंट कर भी इस मामले में अपनी आन्तरिक एकता और एकजुटता कायम कर रखी थी। ब्राह्मण लोग अपने वैदिक धर्म में गैर-ब्राह्मणों को नीचा घोषित किए हुए थे और बौद्धों ने ब्राह्मणों समेत सारे दूसरे लोगों को क्षत्रियों के नीचे मान रखा था। पुनर्जन्म की इस गफलत का असर आजीवकों को छोड़ कर सभी पर था। एम. मोहन कुमार के मन में भी इस गफलत ने थोड़े समय के लिए घर किया था। उन्होंने पुनर्जन्म के सिद्धान्त में विश्वास नहीं किया था लेकिन वे सन्देह के दायरे में आ गए थे। 'पर्ल डाइवर' में उन की एक कविता 'फ्रोम फेमिलियर टु अनफेमिलियर' है। इस कविता में वे संसार में लोगों से मिलने और बिछुड़ने की प्रक्रिया को समझना चाहते हैं। काल की निरंतरता चल रही है और दिक का लम्बा प्रसार फैला हुआ है। इस में मनुष्य कहीं से शुरू होता है और कहीं उस का अन्त हो जाता है। इस शुरू और अन्त के बीच में उस के होने की एक छोटी लकीर खिंचती है। इस दौरान मिलन और बिछोह के अनेक मेले जुड़ते और उठते हैं। एक परिचित बिछुड़ जाता है और दूसरा अपरिचित व्यक्ति परिचित बन जाता है। फिर वह भी बिछुड़ जाता है। कवि इस प्रक्रिया के बार में लिखता है :

ये मिलने और बिछुड़ने
सतत चलते हैं अनजाने
तब तक, उस दिन तक,
जिस दिन लम्बे पैर पसार कर,
तुम सब को छोड़ चल देते हो।

छोड़ कर चल देना एक सच्चाई है लेकिन सवाल यह है कि इस के बाद व्यक्ति जाता कहाँ है। उस का मृत्यु के बाद क्या होता है? कवि सोचता है :

तुम्हें कुछ पता नहीं होता कि तुम कहाँ जा रहे हो,
कि क्या वहाँ तुम अपने परिचितों से,
या दूसरे चिर अपरिचितों से पुनः मिलोगे!
या वहाँ एक दम निस्तब्ध मौन खड़ा होगा!!
या वहाँ केवल निरी रिक्तता फैली होगी!!!
या वहाँ नितान्त शून्य का साम्राज्य होगा!!!!

यहाँ भी कवि आजीवक बन कर कह रहा है कि उसे कुछ पता नहीं कि मृत्यु के बाद आगे क्या होने वाला है। कल्पना की उड़ान कई दिशाओं में जा सकती है। इतना जरूर है कि इस भूल-भुलैया में कवि ने यह कल्पित नहीं किया कि वह पुनर्जन्म के रास्ते किसी अच्छी-बुरी कोख में दुबारा जन्म लेगा।

'एज दि कर्टेन कम्स डाउन' शीर्षक की कविता में कवि ने एक खास दार्शनिक

प्रश्न उभारा है। हर पाठक अपना उत्तर आप ढूँढ़े। खुद कवि ने अपना उत्तर देने की जरूरत नहीं समझी। प्रश्न बहुत सुन्दर बना है—"क्या मनुष्य मृत्यु के समय अपनी भूमिका से सन्तुष्ट है? क्या उस की मौत जल्दी आ गई? क्या मरने से पहले वह कुछ और करना चाहता था?" लेकिन कवि के सामने एक प्रश्न मृत्यु के आने से पहले का भी खड़ा हुआ है। कवि मृत्यु से पहले की इस पारी में भी क़िसी से जूझता नहीं है बल्कि अपने मन में एक खास समझ पैदा करता है। कवि के अनुसार जब जबान तुतलाने लगे और जब पैर लड़खड़ाने लगें तो बेहतर यह है कि आदमी अपनी भूमिका के मंच से सहज रूप में नीचे उतर जाए। एक समय पर कवि दौड़ में शामिल होना छोड़ देता है। जब कल्पना चुक गई तो कविता कैसी? बिना स्याही के पेन अपने आप क्या लिखेगा? यह इस लोक सेवक की अपनी सेवानिवृत्ति की सहज मानसिक तैयारी है। जीवन को सीधा-सादा बना लिया जाए। घर-बाहर की छोटी-छोटी चीजों में मन लगाया जाए। कभी हताश न रहो, कोई शिकायत न करो—न मनुष्य से, न विधाता की विधि से—ऐसा उन्होंने अपनी कविता 'टाइम टु गिव अप' में लिखा है। उन का कवि लोक सेवक होने की अपनी सेवानिवृत्ति के लिए तैयार खड़ा है। कहना यह है कि जीवन जीने के दूसरे ढंग भी हो सकते हैं लेकिन जो ढंग इस कवि ने खोजा है वह भी एक अच्छा ढंग है। कई लोक सेवकों के लिए सेवानिवृत्ति की सच्चाई मौत से पहले की मौत हो जाती है। लेकिन यह कवि सेवानिवृत्ति और मृत्यु—दोनों को पुनर्जन्म के झूठ में विश्वास न क़रते हुए सहज रूप में लेने की क्षमता रखता है।

III

लोक सेवा जीवन से जुड़ी हुई चीज है

लोक सेवक का पेशा लोगों के जीवन से कटा हुआ पेशा नहीं है। यह मानी हुई बात है कि बहुत सारे लोगों का जीवन फाइलों से जुड़ा हुआ है। फाइलें सरकारी हो सकती हैं या न्यायालयों में मुकदमे बनी हो सकती हैं। लोग फाइलों के पीछे सचिवालय से ले कर विभागाध्यक्षों के कार्यालयों तक दौड़ते हैं। फाइलों में फैसले होने पर परिवार हँसते या रोते हैं। तब वे लोग जो फाइलों में फैसला दे रहे हैं, साहित्य से जुड़े हुए क्यों नहीं हो सकते? इस संग्रह में ऐसी एक कविता 'ओफिसिएलीज' शीर्षक से लिखी गई है।

इस दफ्तरगिरी में जो होता है वह विस्तार से बताया गया है। यह फाइल बुरी हालत में है। इसे छूना भी मुश्किल है। पन्ने सील गए हैं। साल-दर-साल मोटी और भारी होती गई है। पत्राचार-फाइल में पेज नम्बर तक नहीं डाले गए। निदेशक के आखरी पत्र में बताए गए संदर्भ गायब हैं। बैक-फाइल कहाँ गई? वह बिना कोई फैसला लिए क्यों बन्द कर दी गई? टिप्पणी-भाग की टिप्पणियाँ पूरी तरह गड़बड़झाले की हैं। हाथ की

लिखाई समझ में नहीं आती। फिर, क्या हुआ जो किसी ने अपने वरिष्ठ पूर्ववर्ती अधिकारियों से टिप्पणियाँ और मसौदे लिखना सीख रखा है! फाइल उन के पास भेज दी जाए जो इसे रखना चाहे। बाकी बातों को देख लिया जाएगा। इस फाइल में बहुत सारे आवृत्ति और अनावृत्ति खर्चों का प्रस्ताव है। वित्त विभाग की सलाह लेनी पड़ेगी। क्या किसी ने होने वाले कुल खर्चे का आकलन किया है? क्या इस फाइल का किसी दूसरे विभाग पर प्रभाव पड़ेगा? क्या बजट में इस का प्रावधान है या 'न्यू सर्विस प्रोसीजर' को अखत्यार करना पड़ेगा? क्या किसी नियम को शिथिल किया जाना है? जरूरत न हो, तो भी यही बेहतर होगा कि विधि विभाग की राय ले ली जाए। क्या पहले ऐसे फैसले लिए गए हैं? पहले फैसलों से बच कर भी चलना पड़ सकता है। इतना समझ लीजिए कि इस फाइल में थोड़े समय की जरूरत और पड़ सकती है। जब यह फाइल पहले ही पाँच साल पुरानी है तो इस में एक साल और लग जाए तो क्या नई बात हो जाएगी? एक बात और है। इस मास में पुरानी लम्बित फाइलों के निपटारे का विशेष अभियान चल रहा है। इसलिए, जैसे पहले करते आए हो, इस बार भी वैसा ही करो—अर्थात इसे 'काल-बुक' में चढ़ा दो।

यह भारत की वर्तमान दफ्तरगिरी पर कटाक्ष भरी कविता है। ऐसे समय ज्योतिबा फुले की पुस्तक 'गुलामगीरी' की याद आती है जिस में उन्होंने 19वीं शताब्दी की स्थिति पर अपना बयान दर्ज किया है कि ब्राह्मण राज कर्मचारी गरीब जनता के साथ कैसा व्यवहार करते थे।

यह कहने में कोई बुराई नहीं है कि लोक सेवक का खेत, कारखाना या मन्दिर उस का सचिवालय होता है। यह उस की राजधानी है जहाँ बैठ कर वह दुनिया को देखता है। दिल्ली की भाषा में इसे 'दफ्तर जाना' कहा जाता है। सच बात है, समाज की वास्तविकता को समझने के लिए यह कोई छोटा झरोखा नहीं है। यहाँ से लोक सेवक यह कह सकता है कि उसे समाज के छल-कपट, भलाई-बुराई और गलत-सही का कई दूसरे लोगों से ज्यादा पता है। न जाने सामाजिक ज्ञान की कितनी बातें वह अपने साथ विश्व-कोश की तरह लिए रहता है। कवि ने 'पर्ल डाइवर' में 'ए गवर्नमेन्ट सेक्रेटेरियट' शीर्षक से अपने सचिवालय की तस्वीर खींची है। सचिवालय एक आदमी के रूप में पेश किया गया है जो थुल-थुल मोटा, सर पर अधपके खिचड़ी बाल और सोई चढ़े हाथ-पाँव वाला है। उसकी तोंद फूली है और सूजे चेहरे पर थके-थके भाव हैं। वह हर कदम पर रुकता हुआ, धीमा और हाँफता हुआ बिल्डिंग की सीढ़ियों पर चढ़ रहा है!

भाग-दो

अध्याय-6

दलित चिन्तन का विकास

अभिशप्त चिन्तन से इतिहास चिन्तन की ओर[क]

I

शुरू में कह दिया जाए कि पिछले कुछ ज्ञात हजार वर्षों से दलित चिन्तन एक अभिशप्त चिन्तन रहा है। साथ ही, यह बात भी शुरू में ही कह दी जानी चाहिए कि अगले दलित चिन्तन को स्वतंत्र, मुक्त और इतिहास चिन्तन की ओर जाना है। यह बात पहली बार बताना इस पर्चे का मुख्य उद्देश्य है। यह केवल शुरूआत और रूपरेखा है—आगे इस विषय को ले कर कोई दलित चिन्तक ज्यादा काम कर सकता है। और कोई सन्देह न रह जाए, इसलिए व्याख्या में दलित चिन्तन को अभिशप्त इस रूप में कहा जा रहा है कि यह ब्राह्मण के जिक्र से भरा हुआ है। इस पर यह बन्धन है कि यह ब्राह्मण के विरोध के सिवा कुछ अन्य नहीं सोच पा रहा है। वास्तव में, दलित चिन्तन उस समय मुक्त, स्वतंत्र और वास्तविक होगा जिस समय उसके जिक्र में से ब्राह्मण का सन्दर्भ निकल जाएगा। वह दिन उस की सच्ची स्वतंत्रता का दिन होगा।

दुर्भाग्य से, दलित चिन्तन में कभी निरन्तरता नहीं रही है। एक विचार में से दूसरा विचार नहीं निकल सका है। पहला विचार ही एक जगह रुका पड़ा है। ऐसा शिक्षा के अभाव के कारण भी रहा है। इसे जानबूझ कर अक्षर ज्ञान से वंचित रखा गया था।

क. दलित चिन्तन का विकास : अभिशप्त चिन्तन से इतिहास चिन्तन की ओर, डा. धर्मवीर, दिनांक 14-17 अक्टूबर, 1997 को 'दि इण्डियन इन्सूटिट्यूट आफ एडवांस्ड स्टडी, शिमला' के तत्वावधान में 'ब्लैक एण्ड दलित राइटिंग्स—सम रिसेन्ट ट्रेंड्स' के विषय पर आयोजित सेमिनार में पढ़ा गया एक पर्चा; हंस, 2/36, अन्सारी रोड, दरियागंज, नई दिल्ली-110 002, मार्च, 1998, पृ.-52-7 पर प्रकाशित; चमन लाल द्वारा सम्पादित पुस्तक 'दलित और अश्वेत साहित्य : कुछ विचार', प्रकाशक, भारतीय उच्च अध्ययन संस्थान, शिमला, प्रथम संस्करण, 2001, पृ.-57-70

लेकिन यह ज्ञान की अपनी मौखिक परम्परा चला सकता था। ब्राह्मणों ने अपने वेद हजारों साल तक कंठस्थ ही किए थे। उन्होंने उन के लिपिबद्ध करने पर खुद पाबन्दी लगा रखी थी। उन्हें डर था कि लिपिबद्ध करने पर शूद्रों और अन्त्यजों द्वारा उन की चोरी सम्भव हो जाएगी। इसलिए, इस दृष्टि से ब्राह्मणों को भी निरक्षर और अनपढ़ कहा जा सकता था। फायदा यह है कि विचार की निरन्तरता से समय बर्बाद होने से बच जाता है। यदि हर नया गणितज्ञ पायथागोरस की प्रमेय को ही खोजता रहेगा तो इस से विज्ञान का विकास नहीं हो सकता। दलित चिन्तन में यही हुआ है कि वह आगे नहीं बढ़ सका है। उस ने एक जगह खड़े हो कर ही अधिकांश वक्त गुजारा है। यह स्थिति टूटनी चाहिए।

एक जगह खड़े होने के भी कुछ फायदे हो सकते थे लेकिन वे भी दलित के हिस्से में नहीं आए हैं। वे फायदे तब होते जब इस का कोई अपना अलग धर्म होता। संसार की कई कौमें अपने अलग धर्म ले कर मजबूती से खड़ी हैं। उन की संख्या छोटी हो सकती है लेकिन उन की अलग पहचान में कोई कमी नहीं है। उन कौमों ने यदि दुख उठाए हैं तो अपने लिए उठाए हैं जो उन के लिए एक गौरव की चीज है। लेकिन दलितों को यह भी मयस्सर नहीं हो सका। ये बेमतलब और धर्मान्तरणों के कारण दूसरों के लिए भी पिटे हैं। लेकिन सच्चाई यह है कि किसी कौम के पास धर्म भी एक लम्बी वैचारिक यात्रा के बाद आता है। दलित ने वह वैचारिक यात्रा कभी पूरी नहीं की। मुश्किल से वह समय अब आया है।

II

दलित चिन्तन की एक महत्वपूर्ण समस्या यह है कि गैर-दलित लोग इस चिन्तन का प्रतिनिधित्व करने का दावा पेश कर जाते हैं। दलित चिन्तन को उस की पूर्णता तक पहुँचने के मार्ग में इस से ज्यादा बड़ी रुकावट दूसरी नहीं हो सकती। यह इतना बड़ा धोखा है कि कई बार दलित चिन्तक इस का प्रभावी उत्तर नहीं दे पाते हैं। ऐसी स्थिति में सब कुछ गड्ड-मड्ड हो जाता है और बात साफ उभर कर नहीं आती। इस का मूल कारण द्विजों का उदारवाद है जो सच में कभी उदार नहीं हो सकता। आखिर, लन्दन की गोल मेज सभा में गाँधी जी की यह कहने की हिम्मत कैसे पड़ गई कि 'मैं उन (डा. अम्बेडकर) का अस्पृश्यों का प्रतिनिधि होने का दावा स्वीकार नहीं करता। उन का प्रतिनिधि मैं हूँ।'[1] यहाँ देखा जा सकता है कि देश के भाग्य का निपटारा होने के समय गाँधी जी दलितों को अपनी आपबीती खुद नहीं कहने दे रहे हैं। यह बिलकुल वैसी ही बात है कि गाँव में कोई बनिया किसी चमार को घुड़कते हुए यह कह कर बोलने नहीं दे रहा है—"तू चुप रह, तुझे पता ना, तुझे बोलना नहीं आता।" कैसे विस्मय की बात

है कि समस्या चमार की है और चमार को पीटने वाला उस की तरफ से बोलने का अपना हक जता रहा है! तभी डा. अम्बेडकर ने गाँधी जी के इस दावे के बारे में कहा था—"इस दावे के बारे में मैं केवल यह कहना चाहता हूँ कि गैर-जिम्मेदार लोग ऐसे झूठे दावे किया ही करते हैं जब कि सच यह होता है कि उन दावों से सम्बन्धित लोग उन्हें सदा ही नकारते हैं।"[2]

यहाँ तक ठीक है लेकिन एक भूल खुद दलित चिन्तक से भी हो जाती है। तब क्या किया जाए कि खुद दलित चिन्तक, इस न तो उस, गैर-दलित चिन्तक की शरण में चला जाता है? यह स्वयं डा. अम्बेडकर के साथ घटित हुआ है। लगता ऐसा है कि डा. अम्बेडकर अपने समय के गाँधी के रूप में जनमे नए बुद्ध से तो जुझारू हो कर लड़े थे लेकिन ढाई हजार वर्ष पहले बुद्ध के रूप में जनमे पुराने गाँधी के शिष्य बन गए थे। वास्तव में, आज दलितों को अपने उन ऐतिहासिक डा. अम्बेडकर की खोज करनी है जो बुद्ध के समय में बुद्ध से ऐसे ही लड़े थे जैसे आज के गाँधी के सामने वे लड़े थे। ऐसे किसी डा. अम्बेडकर ने उस समय जरूर जन्म लिया होगा। दलित चिन्तन की दृष्टि से कोई युग इतना खाली नहीं जा सकता जितना बुद्ध का युग खाली दिखाया जाता है।

III

दलित की एक मुख्य समस्या आस्तिकता और नास्तिकता की भी है। पता चलता है कि यह समस्या भी उस पर थोंपी हुई समस्या है। उस की बहस के सही शब्द 'ईश्वर' और 'अनीश्वर' के हैं। इस लड़ाई में लगता ऐसा है कि ब्राह्मणवाद ने आज के दलित को भीत से मिला कर अनीश्वरवाद में ढकेल दिया है। दलित चिन्तक अभिशप्त हो कर रह गया है कि उस का खेमा नास्तिकों का होगा। डा. अम्बेडकर के बौद्ध चिन्तन ने इस दिशा में एक विशेष मोड़ दे दिया है। दलित लोगों में ज्यादातर लोग ईश्वरवादी और आस्तिक हैं लेकिन उन के चिन्तक और लेखक अनीश्वरवादी और नास्तिक होते जा रहे हैं। लेकिन इस विषय पर गहराई से विचार करने की जरूरत है कि ऐसा क्यों है। क्यों दलित चिन्तक और दलित लेखक नास्तिक बनते जा रहे हैं? क्या यह उन के चिन्तन का स्वाभाविक विकास है या वे केवल प्रतिक्रिया स्वरूप ऐसा कर रहे हैं? यदि यह उन का स्वाभाविक चिन्तन होता तो इस में कुछ कहने की आवश्यकता नहीं थी। लेकिन सच में ऐसा नहीं है। उन्हें खुद अपने मन को टटोलना चाहिए कि क्या अपने चिन्तन में वे प्रतिक्रिया से बचे हुए हैं। फिर, प्रतिक्रिया भी एक अच्छी चीज हो सकती है लेकिन उस के लिए यह देखा जाना चाहिए कि वह किस क्षेत्र में है। ईश्वर और आस्तिकता का किसी प्रतिक्रिया से कोई मतलब नहीं होना चाहिए। यह कोई तर्क नहीं हुआ कि चूंकि ब्राह्मण ईश्वर में विश्वास रखता है तो इसीलिए दलित ईश्वर में विश्वास नहीं करेगा। यह

वैसा ही तर्क हुआ कि चूँकि ब्राह्मण रोटी खाता है इसीलिए दलित रोटी नहीं खाएगा। होना यह चाहिए था कि ब्राह्मण के ईश्वर के जवाब में दलित चिन्तक अपना ईश्वर अलग से खोजता। उस का ईश्वर ब्राह्मण के ईश्वर से ज्यादा ताकतवर होना चाहिए था। तब वह अपने ईश्वर को ब्राह्मण के ईश्वर से भिड़ा सकता था। उस का काम था कि वह ब्राह्मण के ईश्वर के विरोध में खड़ा होता लेकिन उस से भूल यह हुई है कि इस चक्कर में वह खुद अपने ईश्वर के विरोध में खड़ा हो गया है। एक तरह से वह खुद अपने सामने दीवार बन गया है। सृष्टि और ब्रह्माण्ड से उस का सम्बन्ध, बिना ब्राह्मण को बीच में लाए, सीधा होना चाहिए। गंगा ब्राह्मण की नहीं है, यमुना का कूल कृष्ण का खरीदा हुआ नहीं है, हिमालय हर भारतवासी का है और समुद्र सब के पैर पखार रहा है। इसी लिए, जब कि दलित का ब्राह्मण के प्रति गुस्सा सच्चा है, लेकिन इस गुस्से में उसे गंगा को अपना पेशाब कहने की कोई आवश्यकता नहीं है। हिमालय का धवल सौन्दर्य उसके नयनों का सुख बनता है तो उसे बिना झिझक ऐसा कह देना चाहिए। सूर्य और चांद दलित कविता की उतनी ही सम्पत्ति है जितनी संसार में किसी अन्य कौम के कवि की। पेड़ और पौधे, पशु और पक्षी, नदी और झरने, फूल और पत्ती, गंध और हवा, रंग और रूप, बरसात और धूप—ये सब धरती के जीवन का महान सुख हैं। किसी की प्रतिक्रिया में इस सुख से वंचित नहीं रह जाना चाहिए। आकाश और तारे, समुद्र और किनारे, पहाड़ और झीलें—सृष्टि के इन सब विषयों पर दलित चिन्तक का समान हक है। किसी ऐरे-गैरे ब्राह्मण की वजह से वह अपने इस हक को खुद न छोड़ता रहे। धर्म और ईश्वर की दृष्टि से वह खुद निहत्था न हो जाए। दूसरों के पास ये हथियार के रूप में मौजूद हैं, दलित के पास भी इस रणभूमि में ये हथियार होने चाहिए। धर्म के सामने धर्म लड़े और ईश्वर के सामने ईश्वर लड़े—इन गैब की चीजों के सामने वह खुद क्यों आता है?

IV

पहले इशारा किया जा चुका है कि दलित चिन्तन को सब से पहला और भारी धक्का ढाई हजार साल पहले बुद्ध के चिन्तन के रूप में लगा था। उस धक्के और धोखे से दलित चिन्तन आज तक उभर नहीं सका है। उलटे, डा. अम्बेडकर के रूप में वह इस धोखे में फँसता ही जा रहा है। इस दलदल से निकलने का उस के पास अभी कोई पक्का और मुकम्मिल उपाय नहीं है। असल फर्क वही है कि राजकुमार बुद्ध संघर्षशील दलित का प्रतिनिधित्व नहीं कर सकते थे। वास्तव में, बुद्ध ने केवल अपनी लड़ाई लड़ी थी और वह भी ठीक तरह से नहीं लड़ी थी। उन का दलित की समस्या से कुछ लेना-देना नहीं था। बुद्ध की समस्या एक साधन सम्पन्न व्यक्ति की समस्या थी। ऐसी

समस्या का समाधान दलित के लिए किसी मतलब का नहीं हो सकता। नुकसान यह हुआ है कि आज के दलित ने बुद्ध के बहकावे में आ कर अपने स्वतंत्र चिन्तन की खोज करनी छोड़ रखी है। वैसे, भारत के मध्य काल के इतिहास में दलितों में से कबीर एक बहुत मजबूत चिन्तक हो चुके हैं। रैदास भी उसी जोड़ के हैं—उन दोनों को मिला कर एक नाम दिया जा सकता है। उन में से एक जूते बनाने वाला चमार है और दूसरा कपड़े बुनने वाला चमर-जुलाहा है। लेकिन उन के धार्मिक आन्दोलनों को कई नुकसान हुए हैं। रैदास का अधिकांश साहित्य उपलब्ध नहीं है और कबीर का बीजक चोरी तक हुआ है। वह चोरी ब्राह्मणों ने की थी। जो बीजक उपलब्ध है, उस पूरे को कबीर का नहीं कहा जा सकता। उधर, कबीर से पहले जाते हैं तो एकलव्य और शम्बूक संघर्षरत मिलते हैं और कबीर के बाद आते हैं तो फुले और अम्बेडकर संघर्षशील मिलते हैं—लेकिन यहाँ से वहाँ तक बात एक ही फैली हुई है। हाँ, धार्मिक दृष्टि से कबीर और अम्बेडकर में एक अन्तर है कि कबीर बुद्ध के बहकावे में नहीं आए थे। लेकिन दलित चिन्तन बाबा साहेब डा. अम्बेडकर के योगदान को नकार कर आगे नहीं बढ़ सकता। उन के बौद्ध होने में दलित को कोई शर्म महसूस करने की मजबूरी नहीं है। उलटे, वह कह सकता है कि दलित समाज बौद्ध धर्म का ऋणी नहीं है बल्कि बौद्ध धर्म दलित समाज का ऋणी है क्योंकि दलितों ने बीसवीं शताब्दी का अपना सब से महान चिन्तक उसे दिया है। दलित ने बौद्ध धर्म से कुछ लिया नहीं है बल्कि उसे केवल दिया है।

उधर, जाति के बारे में इस देश में कई गलतफहमियाँ चल रही हैं। ये गलतफहमियाँ बुद्ध के समय से ही चल रही हैं। असल में, ये समस्याएँ बुद्ध के द्वारा छोड़ी गई समस्याएँ हैं। उन्होंने इन समस्याओं का कोई समाधान नहीं दिया जबकि यह उन की जिम्मेदारी थी। वे इन समस्याओं से टकराने से बच कर चले गए। उन्होंने धर्म और दर्शन के क्षेत्रों में सुकरात और ईसा वाला कठिन रास्ता न अपना कर राजुकमारों के सुभीते वाला रास्ता पकड़ा। बुद्ध सुकरात और ईसा की तरह के दुख नहीं उठा सकते थे। यह उन के स्वभाव में नहीं था। वे पेट को भूखा मार कर देख सकते थे लेकिन खुद उन का पेट सुजाता की खीर से पहले छका हुआ था। वे सच में सुकरात की तरह गरीब नहीं थे लेकिन गरीबी उन्होंने ओढ़ कर देखनी चाही थी जो विहारों के धनधान्य में बदल गई थी। यह बिलकुल वैसा ही नाटक और छद्म था जैसा इस शताब्दी में उद्योगपति बिरला के आश्रम में गाँधी जी ने अपने कोट-पैन्ट उतार कर घुटनों तक की धोती पहन कर किया था। बुद्ध ईसा की तरह कुमारी मरियम से पैदा नहीं थे जिन्होंने परमात्मा को अपने पिता के रूप में खोजा था।

खैर, बात यह है कि पिछले तीन हजार सालों से इस देश में शोर मच रहा है कि जाति मिटाई जाएगी। सच यह है कि यह आज तक नहीं मिटी है। उलटे, जातिविहीन समाज की स्थापना का सपना द्विजों के उदारवाद के हाथ में एक हिपोक्रेसी का काम कर रहा है। दलित को इस सपने और इस वाग्जाल से बचना है। भारत में जाति ऐसी चीज

से जुड़ चुकी है जो अमिट है। जाति में अपने माँ-बाप का नाम सम्मिलित रहता है जिसे कभी नहीं भुला जा सकता। अपने माँ-बाप का नाम लेने में कोई बुराई नहीं है—बुराई दूसरी बात में है। बुराई इस बात में है कि एक व्यक्ति को अपने माँ-बाप का नाम बताने में गर्व महसूस होता है तथा दूसरे व्यक्ति को अपने माँ-बाप का नाम बताने में हीनता का बोध होता है। बुराई इस बात में है कि एक व्यक्ति को अपने माँ-बाप का नाम बताने से अवांछित लाभ प्राप्त होते हैं तथा दूसरे व्यक्ति को अपने माँ-बाप का नाम बताने से अकारण नुकसान होते हैं। लेकिन अब डा. अम्बेडकर के बाद दलित चिन्तन का क्या भविष्य है? भविष्य इस रूप में उज्ज्वल है कि दलित चिन्तन को बौद्ध धर्म से जितनी जल्दी हो सके, हट जाना चाहिए। दलित के लिए बौद्ध चिन्तन एक पराया चिन्तन है। यह तब तक पराया नहीं लगेगा जब तक दलित का अपना चिन्तन एक इतिहास के रूप में नहीं लिखा जाएगा। अपने स्वतंत्र चिन्तन की राह पर आते ही दलित को बौद्ध चिन्तन एकदम पराया और निरर्थक लगने लगेगा। इसी बात को देर तक सोचना है लेकिन इस में कहीं भी बाबा साहेब को नहीं बिसारना है। बाबा साहेब ने अपने चिन्तन में कोई ऐसा ओछा काम नहीं किया है जिस से दलितों को शर्म महसूस हो। यही चिन्तन के इतिहास के ज्ञान का फायदा होना है। दूसरी तरफ, यह अन्यथा भी उचित है कि दलित अपनी समस्या से खुद दलित के रूप में जूझता क्यों नहीं है। वह विभिन्न धर्मान्तरणों के द्वारा अपनी विशिष्ट पहचान खोता हुआ छुपता क्यों है? उसे चुनौती मिलने पर चुनौती के सामने आना चाहिए। सिंह पुरुष ऐसा ही किया करता है। दलित व्यक्ति चिन्तन के क्षेत्र में विवशता और अपाहिजगिरी क्यों दिखाता है? प्रकृति की ओर से दिया गया उस के पास कौन सा वरदान नहीं है? आँख, कान, नाक में से कौन सी इन्द्री उस के पास नहीं है? वह कब लंगड़ा और लूला पैदा हुआ है? परमात्मा ने अपनी कौन सी नेमत उस पर नहीं बरसाई है? उसे अपने जन्म से शिकायत क्यों है? वह धरती पर अपने जन्म लेने को त्यौहार की तरह क्यों नहीं मनाता है? वह अपनी मुस्कान को ब्राह्मण के होने या न होने से क्यों जोड़ता है? उस का सब कुछ दूसरों पर क्यों निर्भर है? इस सब के लिए वह खुद कहाँ गायब है? उस ने कैसे मान लिया है कि वह खुश तभी होगा जब दूसरे उसे खुश रहने देंगे? वह दूसरों से अपनी खुशी छीनता क्यों नहीं है?

V

दलित चिन्तन की एक अन्य गम्भीर समस्या यह है कि उसे किस नाम से पुकारा जाए। इस के बारे में आज तक कुछ निश्चित रूप से तय नहीं हुआ है। इसे कोई भी नाम दिया जाए यह उसी से परेशान हो जाता है। यह अपने चमार के नाम से घबराया हुआ है और

न ही यह खुद को भंगी कहलवाने देता है। दलित को एक नाम गाँधी जी ने 'हरिजन' का दिया था। गाँधी जी को ऐसा कोई हक नहीं था लेकिन दलित की समस्या यह है कि उसे कोई शब्द पसंद नहीं है। हिन्दुस्तान के दलित ने शब्द 'हरिजन' को अपने लिए अपशब्द और अपमानजनक माना और कानून की भाषा में इस के प्रयोग पर पाबन्दी लगवा दी है। यह ठीक हुआ लेकिन उस ने विकल्प में अपना कोई शब्द नहीं दिया है। खुद आज प्रयोग हो रहे इस 'दलित' शब्द से उसे भारी आपत्ति है। पुरानी शब्दावली के 'शूद्र', 'अस्पृश्य', 'अन्त्यज', 'श्वपच', 'सूकर' और 'चाण्डाल' जैसे शब्दों से वह खुद को जोड़ना नहीं चाहता। संविधान के बिलकुल नये शब्द 'एस-सी' और 'अनुसूचित जाति' के प्रयोग से भी वह डरा हुआ है।

मुसीबत इस बात की है कि दलित दूसरों के दिए हुए हर शब्द से असहमति जरूर दर्ज करता है, यह उस का हक भी है, लेकिन उस ने खुद के लिए अभी तक कोई नाम चुन कर नहीं दिया है। 'प्रोटेस्टेन्ट हिन्दू', 'आदि हिन्दू'—ये कोई नाम नहीं हैं—ये हिन्दू हैं। इन के अतिरिक्त, बौद्ध, सिक्ख, मुसलमान और ईसाई—ये उस के अपने नाम नहीं हैं। इन नामों से वह दूसरों में केवल छुपना और रलना चाहता है। लेकिन इस देश में धर्मान्तरण उस की समस्या का कोई समाधान नहीं है क्योंकि उतना धर्मान्तरण ब्राह्मण भी कर जाता है। धर्मान्तरण के मामले में ब्राह्मण दलित से कहता है—'तू डाल-डाल, मैं पात-पात।' तब समाधान क्या है? समाधान इस बात के जानने में है कि उस की समस्या नाम के बजाय हीनता की है। उसे कोई भी नाम दिया जाए, वह उसी से चिढ़ जाता है। इस का भाषा विज्ञान में शब्द-व्युत्पत्ति-शास्त्र से कोई सम्बन्ध नहीं है। शब्द-व्युत्पत्ति-शास्त्र लाचार है क्योंकि यहाँ हर शब्द पिटता है—'बुद्ध' का मतलब 'बुद्धू' हो जाता है। यह समस्या बहुत पुरानी है। कौटिल्य के अर्थशास्त्र से पता चलता है कि उस समय भी लोग अपनी जाति को छिपाने की कोशिश करते थे। ग्रन्थकार लिखता है—"जो लोग अपना देश, जाति, गोत्र नाम और अपने अध्यवसाय का ठीक-ठीक पता न देते हों, नीच कर्म करने वाले, नीच जाति में उत्पन्न वे शंकित लोग हैं।"[3] लेकिन दलित किसी का चोर और जार नहीं है। इस ने किसी की बेटी और बहू नहीं भगाई है। लेकिन आश्चर्य की बात है कि आज भी सरकारी सेवाओं में आरक्षित कोटे से आए हुए कई कर्मचारी और अधिकारी लोग दफ्तरों में अपनी जाति को छुपाते हैं। समस्या यहाँ तक गम्भीर बनी हुई है कि कई दलित लेखक तक अपने साहित्य में और सभा-समाजों में अपनी जाति को छुपाते हैं। किसी भी साहित्यिक लेखन का सब से पहला उद्देश्य यह होना चाहिए कि लेखक अपने पाठकों की हीनता-ग्रन्थि को समाप्त कर के उन्हें शक्ति और स्वतंत्रता की ओर ले जाए। लेकिन यहाँ अभी स्वयं लेखक ही हीनता-ग्रन्थि से ग्रसित है। इसलिए वास्तविक समाधान के लिए, हर हालत में, दलित के मन से हीनता की ग्रन्थि समाप्त होनी है। वह दलित व्यक्ति अपने प्रतिद्वन्द्वी से क्या लड़ेगा जो मात्र 'चमार' और 'भंगी' के शब्दों से डर गया है? दूसरे, वह आदमी समाज में किसी मतलब

का नहीं है जो अपने बाप का और अपनी माँ का नाम गर्व से नहीं ले सकता। संसार का कोई बच्चा अपने माँ-बाप का नाम लेना नहीं छोड़ता है।

समाधान यह है कि दलित चिन्तक खराब से खराब, कमजोर से कमजोर और घृणित से घृणित शब्द अपने लिए पकड़ लें और उसी का अर्थ बदल दें। शब्दों के अर्थ स्थायी नहीं हैं और बिना किए कुछ मिलता नहीं है। ज्यादातर दलित व्यक्ति की शिकायत ऐसी होती है कि इस के लिए कोई दूसरा आदमी काम कर के देगा। शिकायत करने के बहाने यह खुद गैर-जिम्मेदार और गायब हो जाता है। पता होना चाहिए कि शब्दों के अर्थ समय के अनुसार बदलते रहते हैं। इस परिवर्तन के बाद भी ब्राह्मण को जिस शब्द से स्वप्न में भी डर लगता है वह 'चाण्डाल' है। पानी पानी है पर क्या सौ डिग्री सेन्टीग्रेड के उबले हुए पानी में भी कोई नहाना चाहेगा? लोहा लोहा है पर क्या कोई तपते लोहे को हाथ से छूना चाहेगा? चमार चमार है पर जब वह ब्राह्मण को कुश्ती के मैदान में ढहा लेगा तो वह कैसा चमार होगा? वह ऐसा ही चमार बन जाए कि ब्राह्मण हाथ जोड़ कर उस का सम्मान करने लगे—फिर शब्दों में क्या रह जाएगा? असली समस्या पहचान की है। दलित चाहता रहा है कि विभिन्न धर्मान्तरणों के द्वारा उस की पहचान मिट जाए लेकिन चिन्तन के स्तर पर यही बात उस के सब से ज्यादा नुकसान में है। उलटे, उसे अपनी पृथक और विशिष्ट पहचान खुद खोजनी चाहिए। मनुष्य जी रहा है और उस की पहचान मिट रही है—यह पशु का जीवन है। यह जानवर के गले में माला है। प्राप्ति और योगदान यह है कि मरने के बाद भी मनुष्य की पहचान बनी रहे। कहा जा सकता है कि दलित के साथ ऐसा कोई अपराध नहीं जुड़ा है और न ही वह किसी ऐसी अच्छी बात से महरूम है कि कोई उसे हीन बनाए रखे या वह खुद को ऐसा सोचता रहे। प्रकृति और भगवान ने उसे अपने सारे साजो-सामान से नवाजा है। बच्चा कितना प्यारा पैदा होता है। उसे भगवान की दी हुईं सारी इंद्रियाँ और शक्तियाँ प्राप्त होती हैं। वह जन्म लेते ही हाथ-पैर हिलाता है और बचपन में बढ़ता हुआ जबान से मधुर-मधुर तुतलाता है। वह अपने घुटनों के बल रेंगता है और फिर खड़ा होता है। वह हँसता है और किलकारियाँ देता है। उस का शरीर आश्चर्यों का ढेर है।

कोई कारण नहीं है कि दलित इस संसार में खुद को हताश महसूस करे। जीवन के उबाल में वह थका-थका न रहे। किस के पास गरीबी नहीं थी? कौन सी सभ्यता चर्मयुग से गुजर कर नहीं आई? किस सभ्यता के लोग पाषाण युग में नहीं जिए हैं? कौन युद्ध भूमि में बिना बिछौने के पत्थरों पर नहीं सोया है? किस कौम ने सूखा पड़ने पर भगवान से अन्धविश्वासियों की तरह दोनों हाथ आकाश की ओर उठा कर वर्षा की भीख नहीं माँगी है? कौन योद्धा संकट काल में जंगलों की झाड़ियों में गीदड़ों की तरह लुका-लुका नहीं फिरा है? किस ने घास की रोटियाँ नहीं पकाईं और किस ने कुत्ते का मीट नहीं खाया? किन की माताओं के साथ बलात्कार नहीं हुए हैं? किन के मन-मन भर जनेऊ और चोटियाँ नहीं काटी गई हैं? सही बात यह है कि जजिया कर लगाए गए हैं,

मुगलों को बेटियाँ दी गई हैं और छाती पर एंग्लो-इण्डियन पैदा हुए हैं। जब ऐसी कौमें अपने आप को गर्व से हिन्दू और ब्राह्मण कह सकती हैं तो दलित को खुद को चमार और चाण्डाल गौरव से क्यों नहीं कहना चाहिए? उत्थान-पतन चलते रहते हैं, कौमों में अमीरी-गरीबी बँटती रहती है, लेकिन इन कारणों से कोई कौम अपनी पहचान नहीं मिटाया करती। दलित को खुश होना चाहिए कि इतिहास ने उसे एक पहचान दी है—भले ही आज यह दुख की है पर कल को सुख में बदल जाएगी। समस्या अस्पृश्यता और अपमान की है तो उसे मेहनत कर के मिटाया जा सकता है। सभी कौमें ऐसा करती हैं, दुनिया की कोई कौम दुखों की इस प्रक्रिया से नहीं बची है, अन्यथा अंग्रेजों के गुलाम हो कर भारत के ब्राह्मण और ठाकुर क्या संसार के सामने कहीं अपना मुँह दिखाने लायक माने जा सकते हैं? गुलामी में उन के साथ क्या नहीं हुआ था लेकिन सन् 1950 में वे फिर स्वतंत्र भारत का संविधान लिखने बैठ जाते हैं।

बहुत अच्छा प्रश्न है कि इतना कहने से क्या दलित का काम चल जाएगा कि उसे ब्राह्मण ने मारा है। जीवन के संघर्ष में किस ने किस को नहीं मारा? कोई एक कौम दूसरी कौम को मौका मिलने पर मारने से कब छोड़ती है? इसलिए, असली सवाल यह है कि किसी कौम के पास दूसरी कौम का जवाब क्या है। आखिर, दलित किसे बता रहा है कि उसे ब्राह्मण ने मारा है? ब्राह्मण को बताने से कोई फायदा नहीं है क्योंकि उस की लड़ाई अन्धविश्वास और मूर्खता की नहीं चल रही है जो गाँधी जी बहकाना चाहते हैं। ब्राह्मण के सिवा किसी गैर-दलित को बताने से भी कोई फायदा नहीं है क्योंकि वह दलित का कोई मसीहा बना कर नहीं भेजा गया है। यदि दलित को यह बात किसी को बतानी है तो खुद अपने आप को बतानी है कि उसे ब्राह्मण मार रहा है। केवल तभी वह जिम्मेदारी और सही समाधान की ओर बढ़ सकता है।

दलित अपने संघर्ष की जिम्मेदारी लेने से क्यों बचता है? जो लड़ाई उस पर थोपी गई है, उबाल खा कर, वह उसे लड़ता क्यों नहीं है? वह बौद्ध धर्म के, सिक्ख धर्म के, इस्लाम के और ईसाइयत के घरों में लुकता-छिपता क्यों फिर रहा है? क्या उसे यकीन है कि वहाँ-वहाँ वह ब्राह्मण द्वारा ढूंढ़ नहीं लिया जाएगा? सच यही है कि किसी भी धर्मान्तरण के द्वारा वह लड़ नहीं रहा है बल्कि छिप रहा है। लेकिन वह कहीं भी छिपे, ब्राह्मण द्वारा वहीं खोज लिया जाता है और वहीं दलित बनाया जाता है। यहाँ 'दलित बौद्ध', 'दलित सिक्ख', 'दलित मुसलमान' और 'दलित ईसाई' के शब्द वास्तव में मौजूद और प्रचलन में हैं। आखिर, तब दलित क्या करेगा जब ब्राह्मण भी उस से पहले बौद्ध, सिक्ख, मुसलमान या ईसाई बन जाता है? सही बात यह है कि दलित और ब्राह्मण की यह ऐतिहासिक लड़ाई हर धर्म में लड़ी जा रही है। इसलिए दलित का काम है कि यदि ब्राह्मण ने उसे चुनौती दी है तो वह उसे हिम्मत से स्वीकार करे। यह युद्ध है—इस दृष्टि से इस लड़ाई में कुछ भी अलौकिक नहीं है। यह सांसारिक और सम्मान की लड़ाई है।

यह बात सही है कि ब्राह्मण की यह गन्दी आदत है कि वह दुनिया में सब से

लड़ाई मोल लेता फिरता है। यदि रोटी-पानी और धन-दौलत का कोई मुद्दा शेष नहीं है तो वह लड़ाई के लिए न्यौता देता हुआ इतना भर कह देगा कि वह सब से श्रेष्ठ हैं।[4] इस में यह बात भी सही है कि इस से उसे आज तक कोई लाभ नहीं हुआ है। वह बार-बार विदेशियों द्वारा गुलाम बनाया गया है पर उस की रट है कि वह यह कहना नहीं छोड़ेगा कि वह सब से श्रेष्ठ है। लेकिन यह हर पहलवान का वाजिब हक है कि वह दंगल में आ कर अपना लंगर घुमा दे। यह परम्परा अखाड़े के नियमों का एक हिस्सा है। यह दलित का काम है कि ब्राह्मण के द्वारा दंगल में लंगर घुमाते ही वह उस से कुश्ती का हाथ मिलाए और बाज की तरह जा भिड़े। यह कुश्ती के बाद ही तय होता है कि भिड़तू में कौन सर्वश्रेष्ठ पहलवान है। दलित की दिक्कत यह है कि वह बिना कुश्ती लड़े ही गाँव में शिकायत करता फिर रहा है कि ब्राह्मण ने दंगल में लंगर घुमा कर अशोभनीय कार्य किया है। उलटे, उसे यह सोचना चाहिए कि ब्राह्मण की मिली चुनौती से उसे अपने दो हाथ दिखाने का अवसर मिलेगा। दलित इस चुनौती को रंगमंच से ले कर अखाड़े की सहजता में लेना सीखे। वह बौद्ध धर्म में या अन्य किसी धर्म में कितना भी बचता फिरे लेकिन एक दिन उसे यह लड़ाई अपनी रीढ़ पर सीधे खड़े हो कर अन्तिम रूप से खुद लड़नी है। असल में, इस द्वन्द्व में उस ने अपने हिस्से का आधा काम छोड़ रखा है। एक बार वह अपनी रीढ़ तो सीधी करे—एक अँगड़ाई तो ले। गुणात्मक परिवर्तन की संभावनाएँ इतनी अधिक हैं कि यहाँ चिड़िया बाज बनी है। इस संसार में आश्चर्य है कि यहाँ अन्धों को सब कुछ दीखा है, लंगड़ों ने पहाड़ लांघे हैं, बहरों ने सुना है और गूँगों ने दोबारा बोलना शुरू किया है। परमात्मा से सही प्रार्थना करे तो दुनिया में एक केवल दलित ही उस की अपार दया से वंचित क्यों रह जाएगा?

VI

साहित्य के क्षेत्र की बड़ी बहस यह है कि दलित लेखक अपनी कला के बारे में क्या सोचते हैं। दलित लेखक का यह पूरा-पूरा हक है कि वह साहित्यिक भाषा और साहित्यिक मूल्यों पर अपने स्पष्ट और अलग विचार रखे। लेकिन उस तरफ कम ध्यान दे कर वह भाषा और मूल्यों को नकारने की क्षमता और स्थिति में नहीं है। दलित साहित्य का कलापक्ष अलग हो सकता है लेकिन दलित साहित्यकार साहित्य में कलापक्ष के ही विरुद्ध खड़ा नहीं हो सकता। ऐसे विचार से दलित साहित्य को बचने की आवश्यकता है। यह बिलकुल धर्म और ईश्वर की तरह की बात है। धर्म, ईश्वर और कला पशु के पास नहीं हैं—क्या दलित चिन्तक ऐसे पशु जीवन को पसन्द करना चाहेगा? इसलिए कहा जा रहा है कि कोई दलित साहित्यकार अपने साहित्यिक कर्म में अभ्यास और साधना को भूलने की भूल नहीं कर सकता। इस दृष्टि से सोचने पर

कभी-कभी लगता है कि शायद हिन्दी का दलित साहित्यकार अपनी रचना लिखते समय द्विज समीक्षक से डरा हुआ है। विरोधाभास यह है कि वह उसी से मान्यता चाहता है जिस के भाषागत और साहित्यिक मूल्यों के खिलाफ उस ने दलित साहित्य का बिगुल बजा रखा है।

यह बात दलित साहित्य के लिए शुभ रहेगी कि दलित साहित्यकार का अपनी भाषा पर पूर्ण अधिकार है। दलित साहित्य के लिए यह स्थिति भी गर्व की होगी कि उसे अपनी भाषा के व्याकरण का ज्ञान है। वह द्विज रसों, द्विज छंदों और द्विज अलंकारों को नकार सकता है लेकिन धर्म और ईश्वर की तरह उसे अपने दलित रसों, दलित छंदों और दलित अलंकारों की खोज कर के उन का प्रयोग करना चाहिए। उसे नए भाषाई और साहित्यिक मूल्य खड़े करने हैं और उन नए मूल्यों में बंधना भी अवश्य है। वह बेकाबू या अनपढ़ा होने में ज्यादा देर तक रसमग्न हो कर आनन्द नहीं ले सकता। जहाँ उसे कमजोरी में अपने दलित पाठकों के सामने विनीत होना चाहिए वहाँ वह द्विज समीक्षकों का हौवा खड़ा कर के बड़बोला नहीं बन सकता। कोई काम नहीं आता है तो सीख लेना चाहिए क्योंकि उस के पास बुढ़ापे तक का पर्याप्त समय है। वह अपने काम न सीखने की कमजोरी को बहाना नहीं बना सकता। उस पर किसी की जबर्दस्ती नहीं है—तब उस काम को कोई दूसरा व्यक्ति अच्छी तरह से कर लेगा। कहने का मतलब यह है कि उस से साहित्यिक गलतियाँ हो सकती हैं लेकिन गलतियाँ करते रहना उस का अधिकार नहीं है। कम से कम ऐसी स्थिति में उसे बड़बोलापन छोड़ कर विनीत अवश्य होना पड़ेगा। जिम्मेदारी की वजह से उसे मूढ़ी होने की भी जरूरत नहीं है।

दलित साहित्य की यह मान्यता होनी चाहिए कि भावपक्ष जितना गहरा होगा, अपनी अभिव्यक्ति में वह कलापक्ष में उतना अधिक सँवरेगा। कलापक्ष भावपक्ष को नष्ट करने के लिए नहीं बल्कि उस की प्रभावी और सशक्त अभिव्यक्ति और प्रस्तुति के लिए है। अच्छे कपड़े अच्छे मनुष्य का हमेशा शृंगार हैं। बढ़ई मात्र मेज बना रहा है लेकिन अच्छी बात तब होगी जब वह अच्छी मेज बनाए। मेज मजबूत भी हो और सुन्दर भी हो—एक साथ इन दोनों मांगों में कोई बुराई नहीं है। कोई लेखक अपने प्रिय पाठकों पर अपनी वैसी पुस्तक थोंपना नहीं चाहेगा जो साहित्यिकता से रहित हो। किसी भी साहित्य में साहित्यिकता का होना अनिवार्य है। यह बात दलित साहित्यकार के पक्ष की है कि वह अभ्यास और साधना में बहुत बढ़ा-चढ़ा है। उसे लिख कर भागना नहीं है बल्कि यहीं जमना है। उसे मात्र पुस्तक लिखने की फर्ज अदाई नहीं निभानी है बल्कि विश्व स्तर का बेहतरीन और सर्वश्रेष्ठ साहित्य लिखने की जिम्मेदारी पूरी करनी है। यदि ऐसा नहीं है तो द्विज निन्दक की बात एक तरफ, क्योंकि उस से उसे कुछ लेना-देना नहीं है, खुद उस का अपना दलित पाठक उसे माफ करने वाला नहीं है। इसलिए इस साहित्यिक कर्म में कोई भूल करने का या लापरवाही बरतने का तनिक भी जोखिम खतरे से खाली नहीं है।

एक तरफ, दलित रोने भी कुछ ज्यादा रोते हैं और दूसरी तरफ, मतलब के रोने इन्हें रोने नहीं आए। इन्होंने आधुनिक काल में संसार को कोई ऐसा रुदन काव्य नहीं दिया जिसे सुन कर कसाई भी रो उठे। इस की पूरी-पूरी गुंजाइश है, बल्कि इस की जगह खाली है कि साहित्य में दलित की तरफ से ऐसा महान कार्य हो। लेकिन लिखित रूप में अभी तक न ही दलित की हूक और न ही दलित की कराह संसार के सामने आई है। आत्मकथा के रूप में जो सामने आएगा वह घरों का फजीता ज्यादा होगा। इस क्षेत्र में भी यह अच्छा रहेगा कि यदि फजीता होना ही है तो दो-चार जिम्मेदार किताबें लिख कर एक बार यह फजीता पूरा कर लिया जाए। लेकिन तब उस में चिन्तन होना चाहिए, दिशा होनी चाहिए, सन्देश और प्रेरणा होनी चाहिए। अभी दलित लेखकों द्वारा आत्मकथाएँ लिखने की साहित्यिक सीमाएँ हैं। पहली सीमा यही है कि अभी लेखकों के जीवन लम्बे होने हैं और उन्हें जीवन की समग्रता देखनी है। वे केवल अपने बाल्यकाल को आत्मकथा का विषय बना रहे हैं। दूसरी सीमा यह है कि अभी दलित लेखक को जीवन और समाज पर हावी होना है। उन्हें समाज से बड़ी छेड़छाड़ करनी है। उन्हें सामाजिक और धार्मिक आन्दोलनों में सक्रिय होना है। अन्य क्षेत्रों को छोड़ दिया जाए तो साहित्य के क्षेत्र में भी उन्हें अभी बहुत दूर जाना है। लेकिन सब से अच्छी बात यह है कि वे रुक नहीं रहे हैं, उन्होंने बड़े रास्ते पर चलना शुरू कर दिया है, बचपन की ही बात सही, लेकिन इस से दलित साहित्य की श्रीवृद्धि हो रही है। उन के इस साहित्य का प्रभात की फेरी के समान स्वागत होना चाहिए।

VII

अब पहली बार समय आया है कि दलित चिन्तन का इतिहास लिखा जाए। ऐसी कोशिश पहले कभी नहीं हुई है। इस कोशिश से दलित समाज एक सही राह पर पहुँच सकेगा। इस इतिहास से पता चल सकेगा कि न तो दलित को अपने पुराने चिन्तकों को कोसने की जरूरत है और न नए चिन्तन को आगे बढ़ने से रोकने की जरूरत है। असल में, बिना इतिहास के ज्ञान के दलित चिन्तक कई खेमों और भूगोलों में बँटा परेशान खड़ा है कि वह क्या करे। यदि केवल आज के उत्तर भारत की बात ली जाए तो या तो वह रैदास और कबीर की जोड़ी को सब कुछ मानता है या डा. अम्बेडकर को सब कुछ मानता है। वह उन सब का एक क्रमिक मूल्यांकन नहीं कर पा रहा है। डा. अम्बेडकर के मानने में उसे रैदास और कबीर की अवहेलना करनी पड़ रही है और रैदास या कबीर को मानने में उसे डा. अम्बेडकर के योगदान को भुलाना पड़ रहा है। यूँ, उसे कोई रास्ता नहीं मिल रहा है। लेकिन इतिहास को क्रमिक रूप में लिखने से उसे दलित चिन्तन के विकास का पता चल सकेगा।

बताया जा सकता है कि अब तक दलित चिन्तन कई वैचारिक स्थितियों से हो कर गुजर चुका है। हर स्थिति में उस ने अपना साहित्य लिखने की कोशिश की है। उस का साहित्य वैसा ही बना है जिस स्थिति या प्रभाव में वह रहा है। दलित चिन्तन की वे स्थितियाँ इस प्रकार क्रमबद्ध की जा सकती हैं :

1. दलित और द्विज के बीच एक भारी भेद है जो अस्पृश्यता के रूप में प्रकट होता है। यह अस्पृश्यता की खाई एक सी नहीं है बल्कि समयानुसार और संकटानुसार इस की तीव्रता घटती और बढ़ती रहती है लेकिन बीज नाश की तरह कभी खत्म नहीं होती।
2. दलित अस्पृश्यता के खिलाफ संघर्ष करता है। वह हर युग में द्विजों को चुनौती देता हुआ खड़ा हो जाता है।
3. इस रणनीति में द्विज बड़ी चतुराई से खुद को कट्टरपंथ और उदारवाद के दो रूपों में विभाजित कर लेता है जिस में फिर चुनौती का सामना करने के लिए कट्टरपंथ कभी सामने नहीं आता। इस काम के लिए वह अपने जुड़वा भाई उदारवाद को भेजता है।
4. उदारवाद को दलित से बात करने में सहजता रहती है। पूरा द्विज समाज कथनी और करनी के दो हिस्सों में बँट जाता है। उदारवाद की कथनी और कट्टरपंथ की करनी एक साथ मिल कर चलती हैं। ये साँप की दो जीभें हैं जो पीछे से एक जुड़ी हैं।
5. कट्टरपंथ अपने पेट में से उदारवाद के स्वामी दयानन्द, स्वामी विवेकानन्द और गाँधी जी जैसे आदमी पैदा करता है। ये पैदा लोग दलित चिन्तन को बहकाने का काम करते हैं। इन का काम दलित को बेमतलब कायल कर के चुप करने के सिवा दूसरा नहीं है।
6. आर्य समाज, प्रार्थना समाज, ब्राह्म समाज, राम कृष्ण मिशन, पाण्डिचेरी आश्रम, साबरमती आश्रम और पवणार आश्रम जैसी संस्थाएँ हिन्दू धर्म के एक खास संकट काल के दौर की कुकुरमुत्ते वाली उपज होती हैं। द्विज समाज के सिर पर से आपत्ति टल जाने पर ये संस्थाएँ और ये व्यक्ति इतिहास के गर्भ में पुनः विलीन हो जाते हैं। इन की भूमिका पूरी हो जाती है। फिर ये अगले काफी समय तक जन्म नहीं लेते हैं जब तक कि द्विज समाज पर कोई नया संकट न खड़ा हो।
7. दलित चिन्तन को उदारवाद से सब से बड़ा खतरा तब पैदा होता है जब गाँधी जी जैसे लोग दलितों का प्रतिनिधित्व करने का दुस्साहसी दावा पेश कर जाते हैं। यह दलितों का नेतृत्व छीनने की बात है। इस से बड़ी वैचारिक डकैती दूसरी नहीं हो सकती।

8. दलित चिन्तन के सामने द्विजों ने एक बाधा-दौड़ खड़ी कर रखी है। यह बाधा-दौड़ इतनी लम्बी है कि बिना पिछले इतिहास के ज्ञान के कोई एक अकेला व्यक्ति इसे सौ वर्ष की आयु में भी पार नहीं कर सकता।
9. पहली बाधा-दौड़ में व्यक्तिगत रूप से अच्छा हो कर कोई द्विज व्यक्ति दलित चिन्तक पर व्यक्तिगत उपकार कर सकता है। तब दलित चिन्तक उस की व्यक्तिगत अच्छाइयों के बोझ के तले दबा पड़ा रह सकता है। लेकिन इस का व्यवस्था में परिवर्तन से कोई सरोकार नहीं है।
10. दूसरी बाधा-दौड़ में दलित चिन्तक को उदारवादियों के मंच सुलभ हो सकते हैं। उसे आर्य समाज द्वारा 'महाशय' और गाँधीवाद द्वारा 'हरिजन' बनाया जा सकता है।
11. तीसरी बाधा-दौड़ में उदारवाद जन्मना वर्ण और कर्मणा वर्ण के धोखे खड़े करता है। असल में, वह डा. अम्बेडकर द्वारा खोजी गई रिडल खड़ी करने लगता है। वह शब्दजाल रचता है। दलित लेखक इस शब्दजाल के चक्कर में आ जाते हैं।
12. चौथी बाधा-दौड़ में उदारवाद जाति को मिटाने का सपना दिखाया करता है। दलित लेखक इस गहरी खन्दक में गिर सकता है। यह लुभावनी भाषा है। अब दलित चिन्तक कसम खा ले कि आगे भूल कर भी उस के मुँह से जाति को मिटाने की बात नहीं निकलेगी। वह केवल अपनी जाति को शक्तिशाली बनाए।
13. पाँचवी बाधा-दौड़ में द्विज चालाक बन कर वेदान्त के अद्वैत की बात सामने ला सकता है। दलित चिन्तक इस भुलावे में एक दम आ सकता है। लेकिन यह छलावा है और जहर की गोली है। इस में पारमार्थिक सत्ता और व्यावहारिक सत्ता के बीच अनिर्वचनीयता का हलाहल भरा पड़ा है।
14. छठी बाधा-दौड़ में वह यह बहस फेंक सकता है कि शूद्र को वेद पढ़ने का अधिकार है। लेकिन दलित चिन्तक को इस बहस में कभी नहीं पड़ना चाहिए। उसे मान कर चलना चाहिए कि वेद उस के माँ-बाप और उस के पूर्वजों ने नहीं लिखे हैं, इसलिए उसे वे ग्रन्थ प्रिय नहीं हैं। यदि कोई ब्राह्मण उसे जबरन वेद पढ़ाने आए तो उसे उस से कह देना चाहिए—"संस्कृत मेरी मातृभाषा नहीं है और वेद मेरे धर्मग्रन्थ नहीं हैं।"
15. सातवी बाधा-दौड़ में आधुनिक विज्ञान और अन्तरिक्ष की खोज का दुरुपयोग हो सकता है। द्विजों द्वारा अध्यात्म, विज्ञान और पर्यावरण की ऐसी भावभीनी और लुभावनी बातें की जा सकती हैं कि मानो धरती पर दलित के दुख जैसी कोई समस्या नहीं है या उस का कोई महत्व नहीं है।

16. आठवी बाधा-दौड़ में आज द्विजों के हाथ में आया हुआ मार्क्सवाद का झुंझुना है। इस समय मार्क्सवाद द्विजों के उदारवाद का पूरा-पूरा काम कर रहा है। दिखाने के लिए वह वेद को गाली दे सकता है। कई दलित लेखक इस जगह ठहरे हुए हो सकते हैं।
17. नौवी बाधा-दौड़ में द्विज दलित से बात करने के लिए उस के घर आ सकता है। वह उस के घर का पानी पी सकता है। लेकिन इस पूरी लम्बी बाधा-दौड़ से, एक बार में ही पार होने का, सब से सरल रास्ता है कि दलित चिन्तक द्विजों से किसी संवाद और बहस में न पड़े। वह द्विज से संवादहीन बन कर रहा है क्योंकि संस्कृत उस की मातृभाषा या पितृभाषा नहीं रही है। आगे भी उसे इस जाल से यह संवादहीनता ही बचाएगी—जो मर्ज है वही दवा बनेगा।
18. दसवी बाधा-दौड़ दलित खुद खोजता है। इस बाधा-दौड़ में दलित के लिए इस्लाम, ईसाइयत, सिक्ख और बौद्ध धर्म में धर्मान्तरण के रास्ते पड़ते हैं। इन धर्मान्तरणों से वह इन सुरंगों में पहुँच कर गायब हो जाता है।
19. इस समय का दलित चिन्तन यहीं रुका खड़ा है कि उसे धर्मान्तरणों से भी आगे जाना है। यह तभी सम्भव है जब उसे अपने पुरखों के चिन्तन का ज्ञान हो। तभी उस की आगे की कार्यवाही रेखांकित हो सकती है।
20. इतिहास के ज्ञान का लाभ यह है कि अब दलित उन रास्तों पर पुनः नहीं चलेगा जो रास्ते उस के पूर्वज तय कर चुके हैं। वह वहाँ से आगे अपने काम को शुरू करेगा जहाँ से उस के पूर्वजों ने उस काम को छोड़ा है। उदाहरण के रूप में, अब किसी अगले दलित चिन्तक को डा. अम्बेडकर वाले महाड़ सत्याग्रह और कालाराम मंदिर प्रवेश के लिए आन्दोलन चलाने की जरूरत नहीं है। उसे मान कर चलना चाहिए कि इन मामलों में बाबा साहेब जो अनुभव कर चुके हैं वह सही, पर्याप्त और पूरा है। वास्तव में, यदि डा. अम्बेडकर को पता होता कि ऐसे अनुभव रैदास और कबीर पहले कर चुके हैं तो पुनः वही बात न दोहराने से उन का समय बच जाता। तब वे अपनी पैंसठ साल की उम्र में दसवी बाधा-दौड़ के बौद्ध धर्म के लुभावने धर्मान्तरण से भी पार हो चुके होते।
21. अब भावी दलित चिन्तक को हिन्दू धर्म के ग्रन्थ पढ़ने और उन की आलोचना करने की कोई जरूरत नहीं है। वह मान ले कि उस कार्य को बाबा साहेब डा. अम्बेडकर बहुत अच्छी तरह से कर चुके हैं और वह पर्याप्त है। तभी उस के विचार में से विचार निकलेगा अन्यथा सदा की तरह एक पायथागोरस की प्रमेय निकालते रहने से उस का अमूल्य समय नष्ट होता रहेगा।

22. अगले दलित चिन्तक को गुरु रैदास, सन्त कबीर, स्वामी अछूतानन्द, गुरु बख्शी दास, सन्त चोखा मेला, ज्योतिबा फुले, श्री नारायण गुरु, अयंकाली, नन्दयाल, पेरियार स्वामी और बाबा साहेब अम्बेडकर आदि अपने सभी महापुरुषों के चिन्तन को सम्मान की दृष्टि से देखना है और इतिहास में उन का क्रम और योगदान निर्धारित करना है। मूल्यांकन यही किया जाना है कि इन दलित महापुरुषों को द्विजों ने अपनी खड़ी की हुई लम्बी बाधा-दौड़ में कितनी दूर तक और कितनी देर तक उलझाया है और ये चक्रव्यूह का कौन सा द्वार तक तोड़ पाए थे।

23. जब भावी दलित चिन्तन की बात की जा रही है तो इस पहलू को नहीं भुलाया जा सकता कि व्यक्तियों की अभिरुचियाँ भिन्न-भिन्न हो सकती हैं। दलित व्यक्ति मूलतः एक मनुष्य पैदा होता है, इसलिए उस हद तक उस के लिए मानववाद को स्थान देना पड़ेगा। इस का अर्थ यह है कि एक बंधे-बंधाए समाज दर्शन में इतना लचीलापन होना चाहिए कि उस के व्यक्ति को मानसिक और वैचारिक स्वतंत्रता का अहसास होता रहे। दलित व्यक्ति दलित समाज का सम्मानित सदस्य है और उस की अगली मानवीय संभावनाओं पर रोक नहीं लगाई जा सकती लेकिन व्यक्ति के लिए भी यह लाजिम होगा कि वह अपने समाज का नुकसान करने के लिए अपनी स्वतन्त्रता का दुरुपयोग नहीं करेगा। समाज के थोड़े बंधनों से व्यक्ति सजता है तथा थोड़ी सी स्वतंत्रता से व्यक्ति अपने समाज को हृदय से भर देता है। किसी की व्यक्तिगत मित्रता में समाज आड़े न आए और व्यक्तिगत मित्रता के कारण कोई व्यक्ति अपने समाज को गिरवी न रख दे—ये दो बातें एक साथ चलनी चाहिए।

सन्दर्भ

1. सम्पूर्ण गाँधी वाङ्मय, खण्ड-48, प्रकाशन विभाग, सूचना और प्रसारण मंत्रालय, भारत सरकार, नई दिल्ली, 1971, पृ.-286
2. Dr. Babasaheb Ambedkar : Writings and Speeches, Volume 2, Compiled by Vasant Moon, Education Department, Goverment of Moharashtra, Bombay-400 032, Edition 1982, p.- 660
3. कौटिल्य का अर्थशास्त्र, व्याख्याकार वाचस्पति गैरोला, चौखम्बा विद्या भवन, चौक, पो. बा. नम्बर 69, वाराणसी-221001, तृतीय संस्करण 1984, पृ.-367-68
4. "माता-पिता से गंगा और विशेष रूप से गउएँ बड़ा तीर्थ हैं, परन्तु ब्राह्मण से बढ़ कर बड़ा तीर्थ न हुआ है और न होगा।"
   अष्टादश स्मृति (भाषा टीका सहित), लेखक मिहर चन्द, संशोधक तथा परिवर्धक, नाम शरण सिंह, नाग प्रकाशन, 11 ए/यू. ए. जवाहर नगर, दिल्ली-110 007, संस्करण 1990, पृ.-44

अध्याय-7

क्या शूद्र भी हिन्दू हैं?[क]

हिंदू होने का एक मतलब यह निकलता है कि वह व्यक्ति मुसलमान, ईसाई, यहूदी या पारसी में से कोई नहीं है। पर क्या हिंदू होने का मतलब यह भी निकलता है कि वह व्यक्ति बौद्ध, जैन या सिख में से भी कोई नहीं है? आज की हिंदू विधि को ध्यान में रखते हुए इस प्रश्न का उत्तर 'हाँ' में नहीं दिया जा सकता।

फिर, क्या हिंदू होने का मतलब गर्व की स्थिति भी है? यदि यह गर्व की स्थिति है, तो यह हिंदुओं में से किसके लिए गर्व की स्थिति है? कोई ब्राह्मण अपने जन्म पर ढोल बजा कर इतरा सकता है, पर क्या यह शूद्र के लिए भी गर्व की स्थिति है? ब्राह्मण के पास धर्म और सम्मान हैं, क्षत्रिय के पास राजसत्ता और ऐश्वर्य हैं तथा वैश्य के पास धन और सेवक हैं। ये तीनों वर्ण खुद को गर्व से हिंदू कह सकते हैं, बल्कि उन्हें ऐसा कहना भी चाहिए। लेकिन दलितों के पास, जिनमें पुरानी परिभाषा के शूद्र, अन्त्यज और आटविक तथा संविधान की नयी परिभाषा की पिछड़ी जातियाँ, अनुसूचित जातियाँ तथा अनुसूचित जनजातियाँ सम्मिलित हैं, इनमें से क्या है? वे लोग अपने आपको किस बात के लिए हिंदू होने का गर्व कर सकते हैं? क्या वे इस बात के लिए गर्व करें कि उन की बेटियों की इज्जत उन के गाँव में सुरक्षित नहीं है? क्या वे इस बात के लिए गर्व कर सकते हैं कि जन्म के दिन से ही उनके पेट भूखे रहते आए हैं? क्या उन्हें दूसरों के सामने खुद को ज्ञानी के स्थान पर मूर्ख कहलवाने में खुशी का अनुभव होना चाहिए?

हिंदू चिन्तकों द्वारा 'हिंदू क्या है' का उत्तर नहीं दिया जाता, बल्कि 'हिंदू कौन है?' का यह कृत्रिम प्रश्न बना कर उसका उत्तर दिया जाया करता है। अधिवक्ता चंद्रनाथ झा ने अपनी पुस्तक 'हिंदू विधि' में हिंदू विधि का परिचय देते हुए 'माधव दिग्विजय' नाम की संस्कृत की पुस्तक का यह श्लोक उद्धृत किया है :

> ''ओंकार मूलमन्त्राढ्यः पुनर्जन्मदृढाशयः।
> गोभक्तो भारतगुरुर्हिंदुर्हिंसनदूषकः।।

क. क्या शूद्र भी हिन्दू हैं?, धर्मवीर, पुस्तक 'आज के प्रश्न-3 : हिन्दू होने का मतलब' में संकलित, सम्पादक राज किशोर, वाणी प्रकाशन, 21-ए, दरियागंज, नई दिल्ली-110 002, प्रथम संस्करण, 1994, पृ.91-7

—अर्थात (1) ओंकार को मूल मन्त्र माननेवाला व्यक्ति, (2) पुनर्जन्म में विश्वास करनेवाला व्यक्ति, (3) गाय पर भक्ति रखनेवाला, (4) भारत में जिसका प्रारंभ हुआ हो और (5) जो हिंसा को निंदनीय मानता हो, वह हिंदू है।"[1]

लेकिन व्यवहार में देखा जा सकता है कि शूद्र को इनमें से कई दृष्टियों से हिंदू नहीं कहा जा सकता। भारत के पुराने चार्वाक नास्तिक रहे हैं और शूद्रों का कोई जिम्मेदार चिन्तक पुनर्जन्म के सिद्धान्त में कभी विश्वास नहीं कर सकता। इस से आगे यदि गोवध से पाबंदी हट जाए, तो अधिकांश पुरानी अस्पृश्य जातियाँ गोमांस खाने से परहेज नहीं करेंगी। भारत में जन्म लेने की दृष्टि से मिशन के रूप में हिंदू धर्म ही छोटा पड़ता है, क्योंकि यह गैर-हिंदू को हिंदू बनने का आकर्षण नहीं देता। लेकिन शूद्रों की बहेलिया और मछेरी जातियों को क्या इस परिभाषा की अहिंसक जातियाँ कहा जा सकता है? कसाई के पेशे वाले लोग तो हिंदू धर्म की इस परिभाषा से बाहर हो ही जाते हैं।

'कल्याण' के 'हिंदू संस्कृति अंक' में दी गई आधुनिक हिंदू आचार्य विनोबा भावे की परिभाषा इस प्रकार है :

यो वर्णाश्रमनिष्ठावान, गोभक्तः श्रुतिमातृकः।
मूर्ति च नावजानाति, सर्वधर्मसमादारः।।
उत्प्रेक्षते पुनर्जन्मऽतस्मान्मोक्षणमीहते।
भूतानुकूल्यं भजते, स वै हिन्दुरिति स्मृतः।।
हिंसया दूयते चित्तं, तत्सः हिंदुरितीरितः।।

अर्थात 'जो वर्णों और आश्रमों की व्यवस्था में निष्ठा रखनेवाला, गो सेवक, श्रुतियों को माता की भाँति पूज्य माननेवाला तथा सब धर्मों का आदर करनेवाला है, देवमूर्ति की जो अवज्ञा नहीं करता, पुनर्जन्म को मानता और उससे मुक्त होने की चेष्टा करता है तथा जो सदा सब जीवों के अनुकूल बरताव को अपनाता है, वही 'हिंदू' माना गया है। हिंसा से उसका चित्त दुःखी होता है, इसलिए उसे 'हिंदू' कहा गया है।'[2]

आखिर आचार्य विनोबा भावे को हिंदू की यह परिभाषा देने से पहले यह भी देख लेना चाहिए था कि शास्त्रों में शूद्र के लिए गृहस्थाश्रम के सिवाय किसी दूसरी, तीसरी या चौथी आश्रम व्यवस्था का विधान नहीं है। हिंदुस्तान का चांडाल श्रुतियों को माता की तरह तो जब पूजे जब उसे उन्हें देखने का और पढ़ने का अवसर सुलभ हो। देवमूर्ति की पूजा-अर्चना का अधिकार मिले तो शूद्र से उसमें चूक और अवज्ञा भी हो सकती है, लेकिन यहाँ यह प्रश्न ही नहीं बनता। फिर, जब शूद्र के लिए संन्यास धारण करने का अधिकार नहीं है, तो वह मोक्ष की प्राप्ति की भी कैसे सोच सकता है?

हिन्दू होने का मतलब कई दृष्टियों से निकल सकता है। इनमें से प्रमुख दृष्टियाँ इस प्रकार हैं :

1. सामाजिक संस्कारों की दृष्टि से कोई क्या है?
2. पेशे की दृष्टि से कोई क्या है?
3. भाषा की दृष्टि से कोई क्या है?
4. पूजा-पद्धति की दृष्टि से कोई क्या है?

सामाजिक संस्कारों की दृष्टि से 23 सौ वर्ष पुराने भारत के ग्रीक यात्री मेगस्थनीज ने अपनी गवाही दी है कि 'इस देश की रीति के अनुसार अंतर्जातीय विवाह निषिद्ध है। उदाहरणार्थ कृषक शिल्पी जाति की किसी स्त्री से विवाह नहीं कर सकता।' बाद में सातवीं शताब्दी ईस्वी के चीनी यात्री ह्वेनसांग का कथन है कि इस देश में 'विभिन्न जातियों में विवाह नहीं होता।' इन्हीं सामाजिक संस्कारों की भिन्नता के लिए डॉ. पी. वी. काणे ने अपनी पुस्तक 'धर्मशास्त्र का इतिहास' के प्रथम भाग में लिखा है–"विवाह-विच्छेद की बात धर्मशास्त्रों एवं हिंदू समाज में लगभग दो सहस्र वर्षों से अनसुनी-सी रही है। हाँ, परंपरा के अनुसार यह बात नीची जातियों में प्रचलित रही है। कहा जा सकता है कि द्विजों में और गैर-द्विजों में यह अंतर आज तक बरकरार है।"[3]

हिंदू समाज के लोग आपस में कितने घुले-मिले और एकजुट रहे हैं, इस बारे में मेगस्थनीज ने लिखा है, 'वे (भारतीय) सदा ही अकेले आहार करते हैं। सहभोज के लिए कोई निर्दिष्ट समय नहीं **है।**' ऐसी स्थिति में सोचा जा सकता है कि हिंदुओं में कभी सामाजिक समरसता का भाव पैदा नहीं हो सकता। एक तरह से कहा जा सकता है कि हिंदुओं में शूद्र को ले कर भाईचारे की भावना जन्म नहीं लेती। ऐसा लगता है कि सारे द्विजजन शूद्र समाज से बहुत गहरी खार खाए बैठे हैं।

पेशों की दृष्टि से मेगस्थनीज ने गवाही दी है, 'प्रथानुसार किसी मनुष्य को दो प्रकार की वृत्तियाँ करना मना है। कोई एक जाति दूसरी जाति में प्रवेश नहीं कर सकती। यथा यदि कोई पशुपालक है तो कृषक नहीं बन सकता।' इसी प्रसंग में ह्वेनसांग ने लिखा है, 'चारों वर्णों में जाति की शुद्धता अथवा अशुद्धता से अपना-अपना स्थान निश्चित होता है।'

हिंदू से इतर समाजों की बात ली जा सकती है। कोई भी समाज बिना सामाजिक पेशों के नहीं रह सकता। कम से कम जूते बनाने वाले पेशे के लोग हर समाज में रहे हैं। कहा जा सकता है कि प्रत्येक धार्मिक समाज को अपने-अपने चर्मयुगों से गुजरना पड़ा है। चर्म उद्योग के बिना आदिम समाज आज आगे ही नहीं बढ़ सकते थे। चमड़े के पहले पशु का मांस खाया गया है जो आर्थिक दृष्टि से एक लाभ की चीज रही है। चमड़े से जूतियाँ बनी हैं, जिसने मनुष्य के पैरों को गर्मी-सर्दी से बचा कर उसे ज्यादा सुरक्षा और गति प्रदान की है। चमड़े के बोके बना कर कृषि भूमि के लिए पानी उलीचा

गया है और चमड़े से कुएँ में डाले जाने वाले डोल बनाए गए हैं। युद्ध में काम आने वाली चमड़े की ढाल और वस्त्र भी बने हैं। चमड़े की ताँत से छाज (सूप) बनाए गए हैं। यहाँ तक हुआ है कि सभ्यता के एक दौर में चमड़े के सिक्के भी चले हैं। लेकिन यह केवल हिंदू समाज व्यवस्था की ही बदसलूकी रही है कि चमड़े का काम करने वाला व्यक्ति सदा चमड़े का ही काम करेगा। चाहे समाज में अलाभकारी हो जाने पर या कालांतर में आवश्यक न रहने के कारण चर्म उद्योग नष्ट हो जाए, लेकिन किसी व्यक्ति के पूर्वज उस उद्योग से जुड़े रहे हैं, तो वह हिंदू समाज में आज भी चमार ही कहलाएगा। किसी नये शिल्प के अस्तित्व की आवश्यकता महसूस होने पर भी वह व्यक्ति उसे पकड़ कर चमारपन से हटा हुआ नहीं माना जाता। फिर, अगला सवाल यह बनता है कि द्विज समाज ने चर्म उद्योग के काम से सामाजिक हीनता का भाव क्यों जोड़ रखा है।

द्विज और शूद्र में भाषा की दृष्टि से कितना अलगाव है, यह गौतम स्मृति (12/1) से देखा जा सकता है। उसमें लिखा है :

वेदमुपश्रण्वतस्त्रपुजतुभ्यां श्रोत्रप्रति–
पूरणमुच्चारणे जिह्वाछेदो धारणे शरीरभेदः

अर्थात 'वेद को सुनने वाले शूद्र के लिए उसके कानों को रांग और लाख से भरना, उच्चारण करने पर जिह्वाछेदन और धारण करने पर शरीर भेदन दण्ड है।' सोचा जा सकता है कि स्मृतियों के ऐसे कठोर आदेशों के रहते क्या ब्राह्मण और शूद्र की भाषा कभी एक रह सकी होगी। इसी कारण संस्कृत जानने वाले द्विजों ने भारत की लोक भाषाओं को हमेशा हेय दृष्टि से देखा है। ब्राह्मणों ने शूद्रों की भाषाओं को कभी राजभाषा नहीं बनने दिया था।

जहाँ तक पूजा-पद्धति के अंतर की बात है, आज भी 'श्री वर्णाश्रम स्वराज्य संघ' नाम की द्विजों की संस्था द्वारा प्रेषित लेख 'अन्त्यजों के लिए मंदिर प्रवेश निषेध क्यों' में शास्त्र का हवाला दे कर लिखा गया है, 'वेद बतलाते हैं कि हमारा जन्म पूर्वजन्मों के कर्मों से निश्चित होता है। जो अच्छे कर्म करते हैं, वे ब्राह्मण-क्षत्रियादि वर्णों में उत्पन्न होते हैं और जो बुरे कर्म करते हैं, वे चाण्डालादि योनियों को प्राप्त होते हैं। कोई मनुष्य जब पाप करता है तब उससे उसका शरीर अशुचि हो जाता है और अशुचिता दूसरे जन्म में भी उसके साथ चलती है। इसीलिए ऐसे पुरुष का मंदिर में प्रवेश निषिद्ध है।' ऐसी दशा में धार्मिक दृष्टि से एक अन्त्यज के हिंदू होने का मतलब ही क्या रह जाता है?

हिंदू एक धर्म भी है और एक समाज भी है। असल में, यह भी सच नहीं कि हिंदू एक धर्म है। सच यह है कि हिंदू धर्म कई धर्मों का इकट्ठा नाम है जो एक-दूसरे के लिए कभी जमा और कभी घटा बन जाते हैं। ऐसे ही, हिंदू एक समाज नहीं है, बल्कि जातियों के रूप में कई समाजों से कभी गुणा और कभी एक-दूसरे की काट करता हुआ भाग बन जाता है। सच बात है कि हिंदू समाज में वर्ण संकरता और कर्म संकरता को हमेशा जबरन रोका गया है।

लेकिन हिंदू धर्म में शूद्रों की स्थिति पर जिम्मेदारी से बोलने का अधिकारी कौन हो सकता है? एक बात सच है कि जो इस प्रक्रिया से जुड़े नहीं हैं, उन्हें इस बारे में एक भी शब्द नहीं बोलना चाहिए। इस विषय में या तो उन्हें ही बोलने का अधिकार है जिन्होंने शूद्र बनाए हैं या उन्हें बोलना चाहिए जो भुक्तभोगी बन कर खुद शूद्र हैं। इन दोनों के बीच में उदारवादी और समाज सुधारक पड़ते हैं जो न इधर के हैं और न उधर के।

बहस की दृष्टि से डॉ. अम्बेडकर में और कट्टरपंथी सनातनियों में कोई अंतर नहीं है। ये दोनों हिंदू शास्त्रों को सही-सही पढ़ते हैं और उनकी ठीक-ठीक व्याख्या करते हैं। ये शास्त्रों के किसी अंश को न प्रक्षिप्त कहते हैं और न उसकी तोड़-मरोड़ कर गलत व्याख्या करते हैं। लेकिन मन्तव्य अलग-अलग हैं और व्याख्याएँ एक हैं। इन दोनों में से किसी को भी झूठ बोलने की या कुछ छिपाने की आवश्यकता नहीं है। डॉ. अम्बेडकर कहते हैं कि हिंदू शास्त्रों में जातिभेद और छुआछूत का विधान है और जन्म-जात है। सिद्धांत में डॉ. अम्बेडकर की लड़ाई उदारवादियों से है और व्यवहार में कट्टरपंथियों से। जब डॉ. अम्बेडकर कट्टरपंथियों से लड़ते हैं तो व्यवहार में उदारवादी डॉ. अम्बेडकर के साथ होना जताते हैं। यह दूसरी बात है कि ऐसे समय डॉ. अम्बेडकर के सामने उदारवादियों की कथनी और करनी के अंतर की बड़ी खाई का झांसा उठ खड़ा होता है। लेकिन जब डॉ. अम्बेडकर सिद्धांत में उदारवादियों से लड़ते हैं, तो कट्टरपंथी लोग डॉ. अम्बेडकर का साथ देते हैं और पक्का साथ देते हैं। कट्टरपंथी लोग जाति को जन्मना सिद्ध करने के लिए और अस्पृश्यता के बचाव में इस संविधान के युग में भी बाकायदा खुले लेख और किताबें लिखते हैं, लेकिन उदारवादी लोग जाति को कर्मणा सिद्ध करने और शास्त्रों में अस्पृश्यता को असिद्ध करने के झूठ में लगे रहते हैं। वास्तव में, हिंदू शास्त्रों को पढ़ने और उनकी व्याख्या करने में कट्टरपंथी नाम को भी झूठे नहीं हैं, लेकिन उदारवादी कथनी और करनी के अंतर को जन्म देते हुए सामने आते हैं। उदारवादियों के इस पाखंड का सीधा अर्थ यह होता है कि शूद्रों से उनकी लड़ाई का नेतृत्व भी छीन लिया जाता है।

सीधी-सी बात है कि हिंदू धर्म में व्यक्ति की इच्छानुसार उसका वर्ण-परिवर्तन संभव नहीं है। पौराणिक काल में एक विश्वामित्र को ब्रह्मर्षि का पद प्राप्त करने के लिए जीवन भर संघर्ष करने के बाद भी सफलता नहीं मिल सकी थी। यदि किसी को वर्ण परिवर्तन की चाह है, तो उसे इस जन्म में तो मरना ही पड़ेगा। केवल अगले जन्म की भूलभूलैया में ही नये वर्ण की संभावना बनती है, चाहे वह विश्वामित्र हो या कोई शम्बूक हो या कोई एकलव्य। वस्तुतः, इसी जन्म में वर्ण परिवर्तन संभव होता तो इसके लिए हिंदू धर्म में वर्ण परिवर्तन प्रमाणपत्र जारी करने वाली कोई संस्था होनी चाहिए थी। लेकिन ऐसे प्रमाणपत्र बाँटने वाली किसी संस्था का इतिहास में कहीं पता नहीं चलता। हिंदू समाज में ब्राह्मण वर्ण को सर्वोपरि माना गया है। धार्मिक अधिकार की दृष्टि से वही

यह निर्णय कर सकता था कि किस व्यक्ति का क्या वर्ण है। लेकिन क्या उसने कभी भी वर्ण-परिवर्तन के प्रमाणपत्र वितरित किए हैं? यदि ऐसा कोई फॉर्म था, तो उसके कॉलम क्या-क्या थे?

असल में, हिंदू शास्त्रों ने शूद्र के विरोध की कोई सीमा नहीं छोड़ रखी है। यदि कोई सीमा बची भी थी, तो हिंदू समाज के व्यवहार ने उसे भी तोड़ दिया है। इस कथन के समर्थन में इस छापे के युग में पुस्तकों के 'दलित उत्पीड़न विशेषांक' निकल रहे हैं और संसद में रखे गए सरकारी जाँचों के वार्षिक प्रतिवेदन अवलोकन के लिए उपलब्ध हैं। द्विज समाज गैर-द्विजों के साथ कैसी-कैसी क्रूरताएँ बरतता है, इसका वर्णन समाचार पत्रों में आए दिन आता रहता है। इस क्रूरता की परंपरा पुरानी और गहरी है।। शहरों की झुग्गी-झोंपड़ियों और गाँवों की धानों की कतारों में हर वर्ष लगाई जाने वाली नियमित आग को पुराने इंद्र द्वारा सौ पुरियों को जलाने की परंपरा और आवृत्ति कहा जा सकता है। शक्तिशाली वर्गों के लिए यह होली और दीवाली मनाने जैसा त्यौहार होता है। गरीबों के खेत-खलिहान फूँकने की यह रस्म वे पूरी करते ही हैं। इसे कुछ भी नाम दिया जाए, पर वास्तव में अग्निदेव के निमित्त खड़ी फसल को स्वाहा करता हुआ यह एक लम्बा वैदिक यज्ञ चल रहा है। डॉ. अम्बेडकर और कट्टरपंथियों में अंतर इसी बात को ले कर बनता है कि डॉ. अम्बेडकर यह कहते हैं कि अग्निदेव की संतुष्टि के लिए दलितों की दी जाने वाली यह आहुति रुकनी चाहिए, लेकिन कट्टरपंथी इसके लिए तैयार नहीं हैं। उनके सिद्धांत 'वैदिकी हिंसा हिंसा न भवति' के अनुसार इसमें कुछ भी बुराई नहीं है और उदारवादी—वे तो आँखें मींच कर एक समय में यह भी कह सकते हैं कि इस देश में ऐसा कोई यज्ञ नहीं चल रहा है या हम जिम्मेदारी लेते हैं कि ऐसा यज्ञ चलाने वालों को हम जबानी मना कर देंगे। दुख की बात यह है कि जब शूद्रों को उनकी गरीबी के कारण कुछ मिलने की बात आगे आती है, तो द्विज समाज का यह उदारवादी वर्ग शूद्रों को गरीबी की परिभाषा में भी नहीं आने देता। तब यह उदारवादी वर्ग खुद संसार का सबसे बड़ा गरीब बन जाता है और आर्थिक आधार पर अपने लिए आरक्षण की माँग कर बैठता है।

यह बात सच्ची है कि वर्तमान समय में इस देश में शूद्र को ले कर कई अच्छे परिवर्तन हुए हैं। लेकिन संविधान के मौलिक अधिकार वाले अध्याय के अनुच्छेद 17 में यह लिखा जाना हिंदुओं के शास्त्रों के लिए सम्मान का द्योतक नहीं है कि 'अस्पृश्यता का अन्त किया जाता है और उसका किसी भी रूप में आचरण निषिद्ध किया जाता है।' 1955 के वर्ष में संसद द्वारा 'सिविल अधिकार संरक्षण अधिनियम, 1955' का पारित होना भी हिंदुओं के लिए गर्व की चीज नहीं थी। 1989 में 'अनुसूचित जाति एवं अनुसूचित जनजाति (अत्याचार निवारण) अधिनियम 1989' को पारित करने में भी देश की संसद पर कम जोर नहीं पड़ा है। फिर, अनुसूचित जातियों और अनुसूचित जनजातियों के लिए केन्द्रीय संसद और प्रान्तीय विधान मंडलों में राजनैतिक आरक्षण

दिए जाने में हिंदुओं के धर्मशास्त्र महान सिद्ध नहीं हो गए हैं। इन्हीं जातियों के लिए लोक सेवाओं में आरक्षण लागू न करने में हिंदुओं की लोक सेवा का मस्तक गर्व से ऊँचा नहीं हो सकता। और भी, मंडल आयोग की कुछ सिफारिशों के लागू होने पर देश में मची लम्बी हाय-हू से द्विजों के प्रति पिछड़ी जातियों के विश्वास में बढ़ोत्तरी नहीं हो गई है।

सवाल यह है कि इन सब सुधारों और परिवर्तनों का श्रेय किसे जाता है। इन परिवर्तनों की वजह से किसी भी हिंदू धर्मशास्त्र में कोई बदलाव नहीं आया है। मनुस्मृति ज्यों की त्यों है और ऋग्वेद में से 'पुरुष सूक्त' हट नहीं गया है। ये परिवर्तन केवल राजनैतिक और प्रशासनिक स्तर के हैं, जिनके लिए मजबूरी में 'वर्णाश्रम स्वराज्य संघ' ने भी लिखा है कि 'सनातनियों को इसमें कोई आपत्ति नहीं है।' इस 'अन-आपत्ति' शब्द के प्रयोग से ही पता चल जाता है कि यह उनकी चाहत की चीज नहीं है। यह परिवर्तन हिंदू धर्मग्रन्थों के गर्भ से निकल कर नहीं आया है। इन ग्रन्थों ने एक आपद्धर्म के अलावा कोई ऐसा गर्भ धारण नहीं कर रखा था, जिसके लिए वे सत्ता प्राप्त कर लेने के बाद वैदिक रीति से प्रायश्चित कर लेंगे। इसलिए इसका श्रेय भारत की पूरी संसद को जाता है, जिसमें मुसलमान और ईसाई भी सम्मिलित हैं। केवल द्विजों की बनाई गई कोई धर्म संसद ऐसे कानून पास नहीं कर सकती थी। किसी भी हालत में 15 प्रतिशत द्विज हिंदू के रूप में यह श्रेय लेने के अधिकारी कतई नहीं हैं। संसद भारत का सामूहिक मन है, जिसे यह श्रेय जाता है। लेकिन हिंदू स्वामी करपात्री जी अपनी पुस्तक 'मार्क्सवाद और रामराज्य' में इस संसद की मजाक उड़ाते हुए लिखते हैं कि 'आज के लोकतंत्र-शासन का आधार मुंड-गणना है।' वे आगे लोकसभा और विधान सभाओं को निरर्थक बताते हुए लिखते हैं कि 'आजकल एक सबसे बड़ा विभाग व्यवस्थापन अर्थात कानून बनाने का है, जिसके लिए धारासभाओं का निर्वाचन होता है। परन्तु अपने यहाँ तो इसकी आवश्यकता ही नहीं। केवल विशिष्ट विद्वानों की एक निर्णेत्री परिषद होनी चाहिए जो मनु, याज्ञवल्क्य, बृहस्पति, नारद, अंगिरा, पराशर आदि के मतानुसार ठीक-ठीक व्यवस्था दे सके।'

असल सवाल 'हिन्दू होने का मतलब' का नहीं, बल्कि हिन्दुओं में 'शूद्र होने का मतलब' या 'अछूत होने का मतलब' का है। कोई हिंदू हो सकता है, लेकिन वह हिंदुओं में शूद्र या अछूत नहीं होना चाहेगा। अछूत होना भयावह है—और यह कितना भयावह है, इसे एक अछूत ही समझ सकता है। शूद्र होने का मतलब मनुष्य की गरदन पर सिर न होना है और अछूत होने का मतलब मनुष्य के शरीर में साँस का न होना है। अन्त्यज पैदा हो कर भगवान के मनुष्य हिंदू समाज में शमशान के रूप में वीरान लगते हैं।

दरअसल, शूद्र के बारे में कुछ कहने से पहले खुद शूद्र से ही पूछा जाना चाहिए कि इस मामले में उसकी मंशा क्या है। शूद्र को अधिकार मिलना चाहिए कि वह अपनी बात खुद कहे। वह अपने खिलाफ हिंदुओं के धर्मग्रन्थों में लिखे गए संस्कृत के श्लोकों को क्यों बार-बार उद्धृत करता रहे? उसे हिंदुओं की समाज व्यवस्था का चौथा वर्ण कहने

से पहले उससे पूछा जाना चाहिए कि वह शूद्र रहना चाहता भी है या नहीं। उसे यहाँ तक विकल्प दिया जाना चाहिए कि यह उसकी चाह पर निर्भर रहे कि वह हिंदू रहे या न रहे। आखिर, उसे यह पूछने का मौका दिया जाना चाहिए कि इस हिंदू धर्म ने उसे मुसलमान बनने या ईसाई होने की तुलना में क्या खास दिया है। यह हिंदू धर्म खुद उसका अपमान करता है और अन्य धर्मियों से उसके सम्मान की कोई रक्षा नहीं करता। ऐसी स्थिति में कोई शूद्र हिंदू क्यों रहना चाहेगा? किसी भी सम्मान से जीने वाले व्यक्ति का अपने धर्म और समाज से यही प्रश्न होगा। डा. अम्बेडकर की यही समस्या थी। वे अपने आपको हिंदू नहीं कहते थे। उन्होंने बौद्ध धर्म स्वीकार कर यह सिद्ध भी कर दिया था कि वे हिंदू नहीं थे।

यह बात पक्की है कि डॉ. अम्बेडकर खुद को जलालत की हालत में नहीं रख सकते थे। लेकिन उनका बौद्ध धर्म ग्रहण करना उनकी रणनीति का एक हिस्सा था। फिर, यह भी नहीं माना जा सकता कि डॉ. अम्बेडकर का महान चिन्तन 1956 में बौद्धधर्म ग्रहण करने के साथ शान्त हो गया है। यह डॉ. अम्बेडकर द्वारा शुरू किए गए दलितों के चिन्तन का एक पड़ाव भर था कि उन्होंने अच्छा समझ कर बौद्ध धर्म अखत्यार कर खुद को अहिंदू के खेमे में कर लिया था। वास्तव में, दलितों में डॉ. अम्बेडकर का यह चिन्तन अभी जारी है। डॉ. अम्बेडकर के भावी बालक अपने इस महान पूर्वज के लिए नया घर बना सकते हैं। इस बात की पूरी-पूरी संभावना है कि जब डॉ. अम्बेडकर के बालक अपना नया घर बना लेंगे तब वे डॉ. अम्बेडकर को बौद्धों के विहार से आदरपूर्वक वापस बुला लाएंगे। तब वे डॉ. अम्बेडकर को न हिंदुओं की जलालत में रहने देंगे और न वर्तमान समय के अहिंदुओं की लापरवाही में। ऐसी स्थिति में, डॉ. अम्बेडकर अपने ही घर में प्रतिष्ठित हो जाएंगे।

वास्तव में, शूद्र का हिंदू धर्म की बुराइयों से छुटकारा तभी हो सकता है जब शूद्र कहेगा कि उसका हिंदू धर्म से कोई वास्ता नहीं है। जिस दिन वह अपने चिन्तन में हिंदू धर्म की बुराई करना छोड़ देगा और हिंदू समाज को कोसना छोड़ देगा, उसी दिन वह इनके जंजालों से मुक्त हो जाएगा। इस समाधान में शूद्र का हिंदू धर्म से कोई सरोकार नहीं रह जाना चाहिए, जैसे उसका इस्लाम से या ईसाइयत से कोई सरोकार नहीं है। शूद्र लोकतांत्रिक राज्य व्यवस्था में हिंदुओं की राजनीति से तालमेल रख सकता है, वह आर्थिक क्षेत्र में हिंदुओं के साथ सहयोग कर सकता है और सामाजिक संस्कारों में विवाह के अवसर पर सप्तपदी चलने की नकल कर सकता है, लेकिन धर्म की दृष्टि से वह हिंदू शास्त्रों का हिस्सा नहीं है। यदि वह हिंदू धर्म का कोई हिस्सा है, तो इसी रूप में हो सकता है जिस रूप में बलि का बकरा और खेत का बैल हिंदू धर्म के अंग हैं। उसका धर्म बिलकुल अलग धर्म है, जिसे दलित सन्तों ने 'न्यारा' धर्म कह कर गाया है। मध्यकाल में कबीर ने कहा भी था–'हिंदू कहूँ तो हूँ नहीं, मुसलमान भी गारी।' किसी भी स्थिति में उसके लिए हिंदू होने का मतलब शूद्र, चाण्डाल, अन्त्यज और अछूत होना

नहीं हो सकता। अन्त में, सार की बात यही है कि जब तक शूद्रजन द्विजों के हिंदू धर्म से जुड़े रहेंगे, उनका अपमान करते हुए आगे करपात्री भी अपनी किताबों में घमण्डी बन कर लिखते ही रहेंगे, 'कर्मों के अनुसार जैसे हिरणी से हरिण उत्पन्न होते हैं, वैसे ही ब्राह्मण-ब्राह्मणी से ब्राह्मण उत्पन्न होता है।' ऐसी हालत में आगे का कोई भी करपात्री अपनी किताबों में यह लिखे बिना नहीं मानेगा कि 'नाई, धोबी आदि अपना काम करें, जिसके बदले में उन्हें अन्न मिले...और जिसका जो परंपरागत व्यवसाय है, उसे वही करना चाहिए।'

सन्दर्भ

1. हिन्दू विधि, चन्द्र नाथ झा, सुविधा ला हाउस, भोपाल, संस्करण 1991
2. कल्याण, हिन्दू संस्कृति अंक, गीताप्रेस गोरखपुर, उत्तर प्रदेश
3. धर्मशास्त्र का इतिहास : प्राचीन एवं मध्यकालीन धर्म तथा लोक-विधियाँ, प्रथम भाग, डा. पी. वी. काणे, अनुवादक अर्जुन चौबे काश्यप, उत्तर प्रदेश हिन्दी संस्थान, महात्मा गांधी मार्ग, लखनऊ, तृतीय संस्करण, 1980

अध्याय-8

अस्पृश्य किस देश के नागरिक हैं?[क]

एक

संयुक्त राष्ट्र संघ की महासभा ने 'मानव अधिकारों की सार्वभौम घोषणा' करते हुए उसकी उद्देशिका लिखने के बाद उसके अनुच्छेद-4 में लिखा था—"किसी भी व्यक्ति को दास या गुलाम नहीं रखा जाएगा, सभी प्रकार की दासता और दास-व्यापार प्रतिषिद्ध होगा।"[1] महासभा ने ऐसा उद्घोषित कर मानव जाति में पुराने जमाने से चली आ रही एक बड़ी बुराई के खिलाफ जिहाद छेड़ा है। वास्तव में, दास प्रथा में मनुष्य का मनुष्य द्वारा उत्पीड़न होता है तथा दास व्यापार में मनुष्य का मनुष्य पर अत्याचार होता है। महासभा ने इसके रक्षा-उपाय में यह चेतावनी भी दी थी कि यदि मनुष्य के इन अधिकारों की कानून द्वारा प्राप्ति नहीं कराई गई, तो इसके भयंकर परिणाम निकल सकते हैं। उसने इन 'मानव अधिकारों की सार्वभौम घोषणा' की उद्देशिका में लिखा था—"यदि मनुष्य को अत्याचार और उत्पीड़न के विरुद्ध अन्तिम अस्त्र के रूप में विद्रोह का अवलम्ब लेने के लिए विवश नहीं किया जाना है, तो यह आवश्यक है कि मानव अधिकारों का संरक्षण विधि सम्मत शासन द्वारा किया जाना चाहिए।"[2] साथ ही, महासभा ने मानव अधिकार अन्तर्राष्ट्रीय प्रसंविदा में अपने संकल्प को अंगीकृत करते हुए तथा उसमें आर्थिक, सामाजिक और सांस्कृतिक पहलुओं का उपबन्ध जोड़ते हुए, उसकी उद्देशिका में इसका तर्क बताया था कि 'इस प्रसंविदा के पक्षकार राज्य यह मान कर कि ये अधिकार मानव देह की अन्तर्निहित गरिमा से व्युत्पन्न है'[3], इन अनुच्छेदों का करार करते हैं। देखा जा सकता है कि 'मानव अधिकारों की सार्वभौम घोषणा' के अनुच्छेद-4 के नजदीक भारत के संविधान में भी मूल अधिकार वाले अध्याय के

क. अस्पृश्य किस देश के नागरिक हैं?, धर्मवीर, राज किशोर द्वारा सम्पादित पुस्तक 'आज के प्रश्न-10 : मानव अधिकारों का संघर्ष' में संकलित, प्रकाशक, वाणी प्रकाशन, 21-ए, दरियागंज, नई दिल्ली-110 002, संस्करण 2004, पृ.-76-90

अनुच्छेद-23(1) में इस प्रकार प्रावधान रखा गया है–"मानव का दुर्व्यापार और बेगार तथा इसी प्रकार का अन्य बलात श्रम प्रतिषिद्ध किया जाता है और इस उपबन्ध का कोई भी उल्लंघन अपराध होगा जो विधि के अनुसार दंडनीय होगा।"[4]

हुआ यों था कि तब तक दास प्रथा और दास व्यापार विश्व की समस्या बन चुके थे। विश्व की कई नस्लें और राष्ट्र दास प्रथा के विरोध में लड़ रहे थे। अमेरिका में इस प्रथा को समाप्त करने के लिए गृहयुद्ध भी लड़ा जा चुका था। इस पृष्ठभूमि और उसकी जानकारी के कारण मानव समाज का यह एक खास मुद्दा था। लेकिन भारतीय समाज में एक इससे भी ज्यादा घिनौनी प्रथा कायम थी, परन्तु उसकी अन्तर्राष्ट्रीय स्तर पर पहचान नहीं हो सकी थी। यहाँ जो स्वतंत्रता के लिए आन्दोलन चल रहा था, वह अंग्रेजों से राजनीतिक स्वतंत्रता हासिल करने के लिए था। उस समय तक विश्व समुदाय को यही पता था कि भारत ब्रिटेन से अपनी राजनीतिक आजादी की लड़ाई लड़ रहा है। उस समय के मानव चिन्तकों को यह पता नहीं था कि भारत में ब्रिटेन की गुलामी से स्वतंत्र होने के बाद भी एक और सामाजिक गुलामी बची रह सकती है, जो दास व्यापार से भी अधिक खतरनाक है।

भारत में यह कौन-सी बुराई है, जो दास प्रथा से भी अधिक खतरनाक और घिनौनी है? एक शब्द में बताया जाए कि यह अस्पृश्यता है। असल में, भारत के तत्कालीन हिन्दू राजनीतिक योद्धा और वेदान्त के दार्शनिक विद्वान विदेशी मंचों पर अपनी इस बुराई को छिपाया करते थे। वे विदेशों में अपनी स्वतंत्रता की लड़ाई पर क्रान्तिकारी और गंभीर भाषण दिया करते थे, लेकिन मन में इस बात से डरे रहते थे कि कोई उनसे हिन्दुओं में फैली हुई अस्पृश्यता के बारे में सवाल न पूछ बैठे। इस सवाल के पूछे जाने पर उन्हें बेहद बेचैनी होती थी, क्योंकि इसका उनके पास कोई जवाब नहीं था। एक केवल बाबा साहेब डॉ. अम्बेडकर थे, जिन्होंने अवसर मिलने पर इस समस्या को अन्तर्राष्ट्रीय मंच पर उठाया था। संयोग से, उन्हें 1942 में 'इन्स्टीट्यूट ऑफ पैसिफिक रिलेशन्स' के चेयरमैन की तरफ से भारत के अछूतों की समस्या पर कनाडा के क्यूबेक के मान्ट ट्रमबलेन्ट में होने वाली कान्फ्रेंस में एक पेपर पढ़ने के लिए आमंत्रित किया गया था। बाद में उन्होंने अपना यह पेपर 'मिस्टर गांधी एण्ड दि एमेन्सिपेशन ऑफ दि अनटचेबल्स' शीर्षक से पुस्तिका के रूप में अलग से छपवाया था। इसमें बाबा साहेब ने विश्व समुदाय को बताया था कि भारत में अछूतों की मुसीबतें विश्व में अन्यत्र नीग्रो और यहूदियों की मुसीबतों से कम कठिन नहीं हैं। उन्होंने चाहा था कि साम्राज्यवाद और नस्लवाद से लड़ते समय विश्व के चिन्तक अस्पृश्यता से लड़ना न भूल जाएं।[5] इधर बाबा साहेब ने भारत में भी अस्पृश्यता की इस समस्या को पूरे राजनीतिक स्तर पर उठा दिया था। उन्होंने एक तरह से अछूतों की माँ बन कर शोर मचा दिया था कि मेरे बेटे खा लिए गए हैं। उनकी आवाज को दबाने के लिए उस समय के कट्टरपंथी और उदारवादी हिन्दुओं के दोनों वर्गों ने पूरी कोशिश की थी, लेकिन बाबा साहेब अपने

काम में सफल हो कर रहे। उनके इसी दबाव के कारण भारत के संविधान के अनुच्छेद-17 में 'मानव अधिकारों की सार्वभौम घोषणा' से अधिक और अलग तथा उनमें एक नया आयाम जोड़ते हुए लिखा गया, जो इस प्रकार है—" 'अस्पृश्यता' का अन्त किया जाता है और उसका किसी भी रूप में आचरण निषिद्ध किया जाता है। 'अस्पृश्यता' से उपजी किसी निर्योग्यता को लागू करना अपराध होगा, जो विधि के अनुसार दंडनीय होगा।"[6]

यहाँ बताया जा सकता है कि अस्पृश्यता का नाश मानव अधिकारों से जुड़ा हुआ है। इसे भारत के संविधान के 'मूल अधिकार' वाले अध्याय में रखा गया है। साथ ही अस्पृश्यता का भुक्तभोगी हमेशा व्यक्ति होता है, लेकिन उसके साथ ऐसा बरताव उसकी व्यक्तिगत बुराइयों के कारण नहीं, बल्कि उसके अछूत समुदाय का सदस्य होने के नाते किया जाता है। और चूँकि किसी व्यक्ति का अपने जन्म पर अधिकार नहीं है, इसलिए एक अछूत का द्विज हिन्दुओं की कुदृष्टि से बचना संभव नहीं है। साथ ही, हर दृष्टि से अस्पृश्यता मनुष्य की अन्तर्निहित गरिमा के खिलाफ पड़ती है। जो लोग भगवान को मानते हैं, अब वे इसे भगवान का अपमान मानने पर मजबूर हुए हैं; जो खुद को धार्मिक कहते हैं, वे इसे अब पाप कहने लगे हैं; और जिन्हें अछूतों की बजाय हिन्दू धर्म को बचाने की ज्यादा चिन्ता रहती है, वे लोग इसे हिन्दू धर्म पर कलंक कहने के लिए विवश हुए हैं। लेकिन द्विजों में कई लोग ऐसे हैं, जो अस्पृश्यता के व्यवहार को आज भी जायज मानते हैं और पुस्तकों में लिख कर इसकी खुली वकालत करते हैं। एक तरह से, उनके लिए इसके प्रचार पर कोई रोक नहीं है।

दो

समस्या को सही-सही समझने के लिए अस्पृश्यता की परिभाषा पर आया जाए। अस्पृश्यता की यह परिभाषा बाबा साहेब डॉ. अम्बेडकर के समय में तय की गई थी। मुश्किल यह रही थी कि उस समय के दिग्गज द्विज चिन्तकों द्वारा इसकी एक स्पष्ट और निश्चित परिभाषा भी नहीं बनने दी जा रही थी। सच्चाई यह थी कि अस्पृश्यता के बारे में डॉ. अम्बेडकर के लिए कुछ भी नया और अजाना नहीं था और जो अछूतों के प्रति छुआछूत बरतते थे, उनके लिए भी इसमें कोई नई बात नहीं थी। हिन्दू समाज के मन-मस्तिष्क और व्यवहार में अस्पृश्यता की पहचान बड़ी सीधी-सादी थी। लेकिन डॉ. अम्बेडकर को एक राजनेता के रूप में अस्पृश्यता की परिभाषा निश्चित करवाने में अपने विरोधियों के कड़े विरोधों और चेतावनियों का सामना करना पड़ा। जब डॉ. अम्बेडकर ने अछूतों के प्रतिनिधित्व की बात राजनीति और प्रशासन के स्तर पर हिन्दुस्तान और विश्व भर में उठाई, तो उनके विरोधी राजनेताओं ने अस्पृश्यता की एक सर्वमान्य परिभाषा खड़ी करने में अनेक रुकावटें खड़ी कर दीं। विरोधियों का तर्क था कि वही

व्यक्ति पूर्ण रूप से अस्पृश्य माना जाए, जो छुआ न जा सके, देखा न जा सके और जिसके नजदीक तक पहुँचा न जा सके। अस्पृश्यता की ऐसी कठिन परिभाषा बना कर उनके विरोधी अछूतों की जनसंख्या कम करना चाहते थे, ताकि कम जनसंख्या के कारण प्रतिनिधित्व का प्रतिशत भी कम रह जाए। लेकिन डॉ. अम्बेडकर ने साउथबोरो समिति के सामने अपना लिखित साक्ष्य प्रस्तुत करते समय 1919 में ही अस्पृश्यता की परिभाषा देते हुए लिखा था–"निर्वाचन के उद्देश्य के लिए 'अछूत' की यह परिभाषा कि यह वह व्यक्ति है, जिसके छूने से धर्म भ्रष्ट हो जाता है, पर्याप्त रूप से एक संतोषजनक परिभाषा है।"[7] इसकी अधिक विस्तृत परिभाषा के लिए उन्होंने 1901 की जनगणना में उत्तर प्रदेश की जनगणना रिपोर्ट को भी आधार माना था। उन्होंने इस रिपोर्ट के निम्न वाक्य अपने पक्ष में उद्धृत किए थे–"अस्पृश्य जातियों के साथ जुड़ी सामाजिक अशुचिता का अर्थ यह निकलता है कि उच्च जाति का आदमी किसी अस्पृश्य से भोजन या पानी नहीं लेगा और यदि वह ऐसे व्यक्ति से छू जाता है या उसके निकट सम्पर्क में आ जाता है, तो उसे भोजन लेने से पहले उच्च जातियों के अन्य लोगों से मिलने से पहले अपने हाथ अवश्य धोने चाहिए।"[8]

डॉ. अम्बेडकर के अनुसार अस्पृश्यता का मनु के धर्म से गहरा संबंध है। वे बताते हैं कि मनु ने अपनी सामाजिक व्यवस्था में केवल चार वर्ण ही माने हैं। ये ब्राह्मण, क्षत्रिय, वैश्य और शूद्र हैं। इनमें मनु ने पाँचवें किसी भी वर्ण के होने की मनाही की है। डॉ. अम्बेडकर मनु के बारे में लिखते हैं–"मनु अस्पृश्यों को हिन्दू सामाजिक व्यवस्था से बाहर रखना चाहते हैं। यह इसी बात से सिद्ध हो जाता है कि उन्होंने अस्पृश्यों को किस नाम से पुकारा है। उन्होंने अस्पृश्यों को 'वर्ण-बाह्य' कहा है।"[9] यह केवल डॉक्टर अम्बेडकर थे, जो हिन्दुओं के प्राचीन धार्मिक साहित्य में से पहली बार यह खोज कर सामने लाए कि उसमें अस्पृश्यता का जन्म किस जगह है। इसके लिए उन्होंने मनुस्मृति में से 8 और विष्णु स्मृति में से 2 श्लोक विशेष रूप से उद्धृत किए हैं। ये 10 श्लोक वर्ण व्यवस्था से बाहर अस्पृश्यों के जन्म और उनके पेशों के बारे में बताते हैं। ये इस प्रकार हैं[10] :

1. ब्राह्मण, क्षत्रिय, वैश्य और शूद्र–इन चार वर्णों से बाहर जितने लोग हैं, वे चाहे म्लेच्छ भाषा बोलते हों या आर्य भाषा बोलते हों, वे सब दस्यु कहलाते हैं।[11]
2. ये गाँव की सीमा पार के वृक्ष समूहों के नीचे, श्मशानों में, पर्वतों और वनों में अपने अलग-अलग पेशों के अनुसार जीवन निर्वाह करते हैं।[12]
3. लेकिन चाण्डाल और श्वपच, ये दोनों गाँव के बाहर बसें। ये बरतन आदि से वंचित हैं और इनका धन कुत्ते और गधे हैं।[13]
4. उनके कपड़े मुर्दों के हों, वे टूटे-फूटे बरतनों में भोजन करें, उनके आभूषण लोहे के हों और वे सदा घुमक्कड़ जीवन व्यतीत करें।[14]

5. धर्मात्मा पुरुष इन लोगों के सम्मुख न पड़ें। इनका विवाह इन्हीं के परस्पर होता है और ये आपस में ही संबंध रखें।[15]
6. इनका भोजन दूसरों के अधीन है। इन्हें फूटे बरतन में अन्न दिया जाना चाहिए और ये लोग रात के समय गाँवों और शहरों में घूमने न आयें।[16]
7. ये लोग राजा की आज्ञा से अपनी जाति के चिह्न के सहित दिन में अपने कार्य के लिए जाएं और जिस मृतक का कोई संबंधी न हो उस शव को ले जाएं, यह शास्त्र का नियम है।[17]
8. ये लोग राजा की आज्ञा से शास्त्र विधि के अनुसार वध योग्य पुरुषों का वध करें और उन्हीं...पुरुषों के वस्त्र, शय्या और आभूषण ग्रहण करें।[18]
9. जो निम्न जाति की स्त्री के साथ संबंध रखता है, वह वध्य है।[19]
10. यदि कोई अस्पृश्य जानबूझ कर किसी सवर्ण को छूता है, तो ऐसा अस्पृश्य वध्य है।[20]

इस प्रकार के धार्मिक अध्ययन के बाद डॉ. अम्बेडकर अस्पृश्यता की और बारीक परिभाषा में चले जाते हैं। अब वे अस्पृश्यता की बाहरी परिभाषा भर नहीं देते जो उन्होंने 1919 में दी थी। अपनी बाद की पुस्तकों में उन्होंने अस्पृश्यता की भीतरी परिभाषा इस प्रकार दी है—"अस्पृश्यता आन्तरिक तिरस्कार की बाहरी अभिव्यक्ति है जो एक हिन्दू किसी निश्चित व्यक्ति के बारे में महसूस करता है।"[21] इस परिभाषा से हिन्दू का व्यवहार नहीं, बल्कि उसकी मानसिकता पकड़ी जाती है। व्यवहार में चालाकी भी खेली जा सकती है, लेकिन मानसिकता में छल-कपट के लिए ज्यादा स्थान नहीं रह जाता। मानसिकता में कोई व्यक्ति उसके छल-कपट समेत पकड़ा जाता है।

डॉ. अम्बेडकर ने अस्पृश्यता को अच्छी तरह से समझने के लिए इसकी अन्य समाजों में फैली इस तरह की प्रथाओं से तुलना भी की है। विश्व समाज में इस प्रकार के दो अन्य वर्ग गुलाम और यहूदी के हैं। परन्तु डॉ. अम्बेडकर ने स्पष्टता के लिए अपनी तुलना में इन दोनों वर्गों से अस्पृश्य के अन्तर बताए हैं। उन्होंने अस्पृश्य की गुलाम से तीन प्रकार से तुलना कर सिद्ध किया है कि अस्पृश्यता गुलामी से ज्यादा बुरी चीज है :

1. गुलामी कभी भी बाध्यकारी नहीं रही। लेकिन अस्पृश्यता हमेशा बाध्यकारी रही है। दासता में एक व्यक्ति दूसरे व्यक्ति को गुलाम बना कर रखने के लिए अनुमत रहता है। यदि वह ऐसा न करना चाहे, तो उस पर कोई पाबन्दी नहीं है। लेकिन एक अस्पृश्य के पास कोई अन्य विकल्प नहीं है।

2. गुलामी के कानून ने गुलाम को उसकी मुक्ति की स्वीकृति दी है। ऐसा नियम नहीं था कि कोई व्यक्ति यदि एक बार गुलाम हो गया, तो सदा गुलाम ही बना रहेगा। लेकिन अस्पृश्यता में इससे कोई बचाव नहीं है। मनुष्य एक बार अछूत पैदा हुआ, तो सदा के लिए अछूत हो जाता है।
3. अस्पृश्यता अप्रत्यक्ष है, इसलिए यह गुलामी का सबसे निकृष्ट रूप है। किसी मनुष्य की आजादी का खुला और प्रत्यक्ष हनन गुलामी का चिह्न है। इसमें गुलाम को अपनी गुलामी की याद रहती है और गुलामी के प्रति जागरूक रहना आजादी की लड़ाई में सबसे पहला और महत्वपूर्ण कदम है। लेकिन यदि एक व्यक्ति की स्वतंत्रता का हनन अप्रत्यक्ष रूप से किया जाता है, तो वह अपनी गुलामी के बारे में जानकार तक नहीं रहता। एक अछूत से यह कहना–'तुम स्वतंत्र हो, तुम एक नागरिक हो, तुम्हारे पास एक नागरिक के सारे अधिकार हैं' और उसके बन्धन इस प्रकार कसना कि वह इनमें से किसी एक की भी प्राप्ति न कर सके, एक खतरनाक और क्रूर धोखा है। यह अछूत को बिना उसकी गुलामी के प्रति जागरूक बना कर उसकी गुलामी है। यह गुलामी है, यद्यपि यह अस्पृश्यता है। यह वास्तविक है, लेकिन अप्रत्यक्ष है। यह सतत है और सह्य है, क्योंकि यह अचेत है।[22]

यहूदी से तुलना करने पर डॉ. अम्बेडकर ने बताया कि यहूदी समाज के दुःख अपने द्वारा पैदा किए हुए दुःख हैं, लेकिन अछूत समाज के सामाजिक दुःख ऐसे नहीं हैं।[23] वे लिखते हैं–"यहूदियों ने जन समुदाय के सदस्य बनने के बजाय अजनबी रहना पसन्द किया था।"[24] वे मानते हैं कि यहूदियों के समान अछूत भी हिन्दुओं से अलग हैं, लेकिन उनका यह अलगाव उनकी अपनी चाह नहीं है। डॉ. अम्बेडकर लिखते हैं–"अछूतों की यह पृथकता और अलगाव उनकी अपनी चाहत का परिणाम नहीं है। वे इसलिए दण्डित नहीं किए जाते कि वे मिलना नहीं चाहते। उलटे वे इसलिए दण्डित किए जाते हैं, क्योंकि वे हिन्दुओं के साथ एक रहना चाहते हैं।"[25] पहले देखा जा चुका है कि मनु के धर्म में इस बात के प्रत्यक्ष प्रमाण उपलब्ध हैं कि अछूतों को कोशिश कर हिन्दुओं से अलग रखा गया है। धर्मशास्त्रों के इन स्पष्ट आदेशों के सामने किसी प्रकार के सुधार की कोई गुंजाइश नहीं रह जाती। अछूतों को हिन्दुओं से पृथक रखने की सख्त धार्मिक हिदायतें दी गई हैं। डॉ. अम्बेडकर लिखते हैं–"अछूत हिन्दू समाज के अंग नहीं हैं। यदि वे अंग भी हैं, तो एक अलग ही अंग हैं और किसी पूर्ण का कोई हिस्सा नहीं है।"[26]

तीन

दलितों की तरफ से अस्पृश्यता के नाश के लिए यह बात बहुत महत्वपूर्ण है कि अस्पृश्य कहे जाने वाले एक कौम के रूप में वे कौन हैं। उनकी नस्ल क्या है और उनका धर्म क्या है? स्वयं बाबा साहेब डॉ. अम्बेडकर को इस प्रश्न ने बहुत परेशान किया था। उन्होंने साइमन कमीशन के सामने अपने साक्ष्य में यह बात तोल कर कही थी कि 'हमें हिन्दू समुदाय का अंग नहीं समझा जाना चाहिए।'[27] एक जगह वे लिखते हैं–"अछूतों के लिए हिन्दू इस प्रकार के विदेशी लोग हैं जैसे उनके लिए यूरोप के लोग विदेशी हैं।"[28] उन्होंने इसी विचारधारा में आगे लिखा है–"ब्राह्मण हिन्दू समाज में एक विदेशी तत्व है। ब्राह्मण शूद्र और अछूत के सामने इस प्रकार विदेशी है, जैसे जर्मन फ्रांसीसियों के लिए, यहूदी गैर-यहूदियों के लिए और श्वेत लोग नीग्रो के लिए हैं। उसके तथा शूद्रों और अछूतों के दरम्यान एक वास्तविक गहरी खाई है।"[29] उन्होंने अपने विचारों को सार रूप देते हुए लिखा था–"हिन्दुओं ने आज तक अछूतों का तिरस्कार और अनादर किया है और उन्हें कभी अपना नहीं बनाया और यदि वे भिन्न नस्ल के नहीं हैं तो कम से कम भिन्न समाज के और घृणित तबके के लोग जरूर हैं।"[30] बाबा सोहब ने गोल मेज सभा में अपने समुदाय के साथ होने वाले हिन्दुओं के दुर्व्यवहार की भर्त्सना करते हुए कहा था–"हमारे साथ हिन्दुओं ने जो सलूक किया है, वह ऐसा सलूक है जो उन्होंने अन्य अहिन्दुओं के साथ भी नहीं किया है।"[31]

डॉ. अम्बेडकर द्विजों और दलितों के इस अन्तर के बारे में बताना जारी रखते हुए कहते हैं–"दलित वर्गों का अपना एक अलग समूह है, जो मुसलमानों से भिन्न और पृथक है और यद्यपि वे हिन्दुओं में शामिल किए जाते हैं, परन्तु वे हिन्दुओं में उस समुदाय के अभिन्न अंग नहीं हैं।"[32] उन्होंने अपनी मांग इन जोरदार शब्दों में रखी थी–"हमारी मांग है कि हमें हिन्दू समुदाय से अलग और स्वतंत्र अल्पसंख्यक माना जाना चाहिए। हिन्दू समुदाय में सम्मिलित करने के कारण अब तक हमारा अल्पसंख्यक वाला चरित्र छिपाया गया है, लेकिन सच्चाई यह है कि दलित वर्गों और हिन्दू समाज में कोई संबंध नहीं है।"[33]

इसी कारण उन्होंने विश्व समुदाय के सामने अपनी आवाज इन सशक्त शब्दों में उठाई थी–"अछूत हिन्दुओं से अपने संबंध खत्म करने के लिए कृतसंकल्प हैं। वे हिन्दुओं से अपने किसी भी संबंध को तोड़ना चाहते हैं तथा हिन्दुओं से अपना पूर्ण विच्छेद चाहते हैं।"[34] इसे उन्होंने 'कम्प्लीट पार्टीशन' कहा था।

यहाँ कोई कह सकता है कि बाबा साहेब डॉ. अम्बेडकर ने शूद्रों की उत्पत्ति के बारे में लिखा है कि 'शूद्र आर्य समुदायों के सूर्य वंश में से एक थे'[35] तथा उन्होंने अछूतों की खोज करते हुए लिखा है कि 'हिन्दुओं और अछूतों में नस्लगत कोई भेद नहीं है।'[36] लेकिन उनकी इस बात को काटने की नहीं, बल्कि इसकी सम्यक व्याख्या करने की

जरूरत है। बाबा साहेब ने जो ये दो ऐतिहासिक खोजें की हैं, उन्हें तथ्य मानते हुए उनकी एक और नई व्याख्या की जा सकती है। उस खोज में बाबा साहेब डॉ. अम्बेडकर की पुस्तक 'हू वर दि शूद्राज? हाउ दे केम टू बी दि फोर्थ वर्णा इन दि इन्डो-आर्यन सोसायटी' में आर्यों के जारपन की तथा उनकी दूसरी पुस्तक 'दि अनटचेबल्स : हू वर दे एण्ड व्हाइ दे बिकेम अनटचेबल्स?' में आर्यों के बलात्कार की कहानियाँ हैं। इस जारपन और बलात्कार में यह और भी दुखदायी वास्तविकता है कि आर्यों ने अपनी वर्णसंकर और नाजायज सन्तानों को आज तक नहीं अपनाया है। उनके शास्त्रों और स्मृतियों में बाकायदा अनुलोम और प्रतिलोम सन्तानों के नाम दिए गए हैं, लेकिन उन्हें प्यार और सम्मान नहीं दिया गया है। सच्चाई यह है कि शूद्रों में से कोई आर्य नहीं है और अछूतों में से कोई बौद्ध नहीं है, बल्कि ये दोनों ऐतिहासिक मुसीबतों के मारे हुए लोग हैं। इन्होंने आर्यों की नाजायज संतानें अपने घरों में अपनी कह कर पाली हैं। ये समुदाय आर्यों के जारपन और बलात्कार के जुल्म के सताए हुए हैं। इसी कारण नस्लों की मिलावट हो गई है, जो अब बाबा साहेब को या किसी अन्य विद्वान को खोपड़ियों की या दाढ़ी-मूँछों की नृवंशशास्त्रीय तुलना करने से अलग-अलग नहीं दीखती तथा इनके 'ए' और 'बी' के रक्त-समूह आपस में मिल गए हैं।

अगला प्रश्न यह है कि अस्पृश्यता के नाश को एक बार संविधान के अनुच्छेद-17 में लिख कर आगे क्या किया जा सकता है—अर्थात इसके लिए संघर्ष कैसे किया जाए? उपाय में दलितों और द्विजों के दो रास्ते हैं और दोनों अलग-अलग रास्ते हैं। असल में, द्विजों के भी दो भाग हैं और वे दोनों अलग-अलग हैं। उनमें एक कट्टरपंथी है और दूसरा उदारवादी है। कट्टरपंथी इस बात को मानता ही नहीं है कि अस्पृश्यता कोई बुरी चीज है। कट्टरपथी चोर नहीं है, बल्कि खुले में कहता है कि अस्पृश्यता का बरताव उसके धर्मग्रन्थों में अनुमत है, इसलिए जरूरी है। लेकिन उदारवादी हिन्दू अस्पृश्यता को बुरी चीज कहता है और दलितों को आश्वासन देता है कि वह इसे समाप्त करवा देगा। ऐसी हालत में दलित व्यक्ति उदारवादी द्विज से कह सकता है कि पहले आप अपने कट्टरपंथी भाई को समझा लो, उसके बाद मुझसे कोई बात करना। यहाँ बताया जा सकता है कि गांधी जी स्वामी करपात्री को अस्पृश्यता के विरोध वाली अपनी बात समझा नहीं पाए थे तथा स्वामी करपात्री द्वारा पत्रों के माध्यम से बहस को जारी रखने के आग्रह के बाद भी वे बीच में मैदान छोड़ कर भाग गए थे।

यहाँ थोड़ा जाना जा सकता है कि हुआ क्या था। गांधी जी ने 24 जुलाई, 1947 को स्वामी करपात्री को सम्बोधित अपने पत्र में लिखा था—'सनातन धर्म में अस्पृश्यता को कुछ भी स्थान नहीं है। अगर वह रही, तो मैं धर्म का नाश देखता हूँ।'[37] इसके उत्तर में स्वामी करपात्री ने दिनांक 25 जुलाई, 1947 को गांधी जी को लिखे अपने पत्र में जवाब देते हुए लिखा था—"अनादि वेदशास्त्र सम्मत वर्ण व्यवस्था, विवाह संस्था, मंदिर मर्यादा और स्पर्शास्पर्श विवेक को कलंक कह कर कानून से नष्ट करना आवश्यक

समझना कितने आश्चर्य की बात है?"[38] स्वामी करपात्री ने अपने इस पत्र में यह बात बहुत साफ कही थी कि 'पूर्वोक्त सिद्धान्तानुसार आप यह सब न मानें, तो भी जो मानें, उन्हें अपने विश्वासानुसार स्वतंत्रता होनी चाहिए।'[39] लेकिन गांधी जी ने स्वामी करपात्री के इस पत्र का कोई उत्तर नहीं दिया था। तब उन्हें स्वामी करपात्री की ओर से चन्द्रशेखर शास्त्री के द्वारा पुनः याद दिलाया गया, तो गांधी जी ने 29 जुलाई, 1947 को यह लिख कर अपना पीछा छुड़ाया था—"श्री गोस्वामी जी महाराज, आपके अगले खत का जवाब नहीं दिया, क्योंकि उसमें बोध ही था। मुझे ज्यादा कहने जैसा न था।"[40]

जहाँ तक संवैधानिक उपायों का रास्ता है, उसमें बाबा साहेब डॉ. अम्बेडकर ने अस्पृश्यों की हालत को अल्पसंख्यकों की हालत से भी बदतर माना था। उन्होंने मात्र नागरिकों को मिलने वाले मूल अधिकारों को अछूतों की समस्या का हल निकालने के लिए अपर्याप्त माना था। उन्होंने अल्पसंख्यकों को मिलने वाले विशेष अधिकारों को भी अछूतों के लिए काफी नहीं माना था। उन्होंने अछूतों के लिए विशेष कानूनी सुरक्षा-उपायों की मांग की थी, जो नागरिकों और अल्पसंख्यकों के अधिकारों से आगे और अलग होने चाहिए। उन्होंने अपनी पुस्तक 'स्टेट्स ऐण्ड माइनॉरिटिज' की प्रस्तावना में लिखा था—"अनुसूचित जातियों की सामाजिक, आर्थिक और शैक्षिक स्थिति अन्य नागरिकों और अल्पसंख्यकों की तुलना में इतनी खराब है कि उन्हें उस संरक्षण के अलावा, जिसे वे नागरिकों तथा अल्पसंख्यकों के नाते प्राप्त करेंगे, बहुसंख्यकों के अत्याचार और भेदभाव के विरुद्ध विशेष सुरक्षा उपायों की जरूरत होगी।"[41] उन्होंने इस प्रस्तावना में आगे लिखा था—"अनुसूचित जातियों के लिए मेरी यह मांग औचित्यपूर्ण है कि इन्हें नागरिकों के मूल अधिकारों की समस्त सुविधाएँ, अल्पसंख्यकों के रक्षण संबंधी समस्त सुविधाएँ दी जाएँ और साथ ही इनके लिए विशेष सुरक्षा उपाय किए जाएँ।'[42]

यह अच्छा रहा कि अब अस्पृश्यता को द्विज हिन्दुओं द्वारा मात्र हिन्दू धर्म पर कलंक न मान कर इसे संविधान में स्थान दे कर कानूनन अपराध माना गया है। अब अस्पृश्यता का व्यवहार करने वाले द्विज हिन्दू को समझाया नहीं जाएगा और न ही उसके हृदय परिवर्तन की इन्तजार के भरोसे बैठा जाएगा, बल्कि उसे जेल में रखा जाएगा। लेकिन डॉ. अम्बेडकर की मांग इससे भी गहरी है कि दलितों को सामाजिक अल्पसंख्यकों का दरजा दिया जाए, जो अभी तक नहीं दिया गया है। अल्पसंख्यक माने जाने पर वे भारत के संविधान के अनुच्छेद-29 के दायरे में आ कर अपनी विशेष 'दलित संस्कृति' को बचाए और बनाए रखने का अधिकार प्राप्त कर लेंगे। वास्तव में, उनकी पहचान ही उनकी समस्या है। न उनकी पहचान मिटती है और न उनकी पहचान बनती है। जब हिन्दू धर्म पर कोई आफत नहीं है, तो वे अछूत हैं, और जब हिन्दू धर्म पर कोई आफत आती है, तो वे हिन्दुओं के अभिन्न अंग हो जाते हैं। वे अपने विरोधियों की इसी कथनी और करनी के अन्तर तथा उनकी इस 'हिप्पोक्रेसी' से जूझ रहे हैं। मुश्किल यह है कि उनका विरोधी बहुत ही चालाक है, जो उन्हें बहकाने में भी सफल हो जाता है।

यहाँ सुकरात और ईसा के बजाय बुद्ध पैदा हो जाते हैं, जो बात दलितों के हित में कभी नहीं रही। बुद्ध को पैदा हुए ढाई हजार वर्ष गुजर गए, लेकिन इस देश में अस्पृश्यता ज्यों की त्यों बनी रही है। इसके लिए मानना पड़ता है कि चिन्तन में या रणनीति में कहीं न कहीं कमी रही है। विरोधियों का यह तर्क सत्य सिद्ध हो कर रह जाता है कि बुद्ध लोगों को भ्रमित करने आए थे, जिससे सामाजिक संघर्ष की धार कभी तेज नहीं हो सकी।

अब अस्पृश्यता को मिटाने के लिए बाबा साहेब का पुनः बौद्ध धर्म ग्रहण करना दलित चिन्तन का सफर के बीच केवल एक रिटायरिंग रूम है। इस सुस्ताने के बाद दलित चिन्तन को अपनी यात्रा आगे जारी रखनी है। यह केवल पड़ाव भर है, जहाँ उसे ठहर कर बैठ जाना या सो जाना नहीं है। इस रूप में बौद्ध धर्म को इतिहास में पहले भी आजमा कर देख लिया गया है। लेकिन दूसरी तरफ उदारवादी द्विज हिन्दुओं को भी अस्पृश्यता को मिटाने की जिम्मेदारी नहीं सौंपी जा सकती। कारण यही है कि जब तक अस्पृश्यता को मिटाने की जिम्मेदारी द्विज हिन्दू लेते रहेंगे, तब तक अस्पृश्यता पिछले तीन हजार वर्षों की तरह आगे भी समाप्त नहीं हो सकती। द्विजों के हाथ में इसका चिन्तन और नेतृत्व रहने के कारण इस कार्य के प्रति उनके द्वारा पूरी ईमानदारी नहीं बरती जा सकती। ज्यादा गहराई से देखा जाए तो जो उदारवादी द्विज हिन्दू इसे मिटाने के लिए सच में कमर कसे हुए हैं, वे खुद इतिहास के गर्त में धोखे खा रहे हैं। आखिर, पिछले तीन हजार वर्षों से इसे मिटाने का नेतृत्व उन्हीं के हाथों में रहा है, पर उन्होंने इसे मिटाया क्यों नहीं? उलटे हुआ यह है कि इतिहास में उनकी पहचान मिटी है और वे खुद कई बार कट्टरपंथी बन गए हैं। आखिर, आर्य समाज और रामकृष्ण मिशन जैसे सुधारकों के जन्म उस खास समय में क्यों होते हैं, जब हिन्दू धर्म खतरे में पड़ता है? जब हिन्दू धर्म पर कोई बाहरी खतरा नहीं रहता, उस समय ये सुधारक सनातनियों और कट्टरपंथियों में क्यों खप और गुम हो जाते हैं? क्या उस समय अस्पृश्यता मिट गई होती है या और अधिक बढ़ गई होती है?

चार

कहा जा सकता है कि अस्पृश्यता की जड़ में ब्राह्मणों की मानसिक ग्रंथि है। वर्ग-विशेष में हीनता की ग्रंथि समाप्त होनी चाहिए, लेकिन ब्राह्मण समुदाय का काम हो गया है कि वह दूसरों से तुलना करके खुद को सर्वोपरि घोषित अवश्य करेगा। मेरठ के ब्राह्मण समाज का एक ताजा उदाहरण दिया जा सकता है, जिसमें 3 मई, 95 के 'दैनिक जागरण' के मेरठ संस्करण में एक खबर छपी है। इसमें 2 मई, 1995 को मेरठ के लालकुर्ती के बड़े बाजार में स्थित श्रीराम संकीर्तन मंदिर में परशुराम जयन्ती के अवसर पर माछरा डिग्री कॉलेज के अंग्रेजी के प्रोफेसर पंडित रविदत्त शर्मा ने अपने भाषण में कहा है—"ब्राह्मणों में जन्मजात बुद्धि होती है। लेकिन दूसरी जातियों को बुद्धि का विकास करना पड़ता है।"[43]

ब्राह्मणों के ऐसे चिन्तन के विरोध में बीसवीं शताब्दी के मानववादी चिन्तक एम. एन. राय ने अपने तर्क बड़े अच्छे ढंग से रखे थे। उन्होंने लिखा था—"जटिल मानव प्राणी जैविक पदार्थ के विकास का सबसे उत्कृष्ट रूप है, जो स्वयं निर्जीव पदार्थ में एक विशेष शारीरिक-रासायनिक प्रक्रिया का परिणाम है। बुद्धि शरीर-विज्ञान की क्रिया है : मस्तिष्क विचार का यन्त्र है तथा विचार मस्तिष्क का कृत्य है।"[44] उन्होंने एक अन्य स्थान पर लिखा था—"नियम-शासित भौतिक जगत की पृष्ठभूमि से उद्भूत होने के कारण तथा विवेक के एक जैविक गुण होने के कारण मानव प्राणी आवश्यक रूप से बौद्धिक है।"[45] एम. एन. राय ने इसे मानववादी दर्शन की व्याख्या करते हुए सामान्य मनुष्य और एक महापुरुष के बीच अन्तर करते हुए लिखा था—"एक सामान्य मनुष्य और एक महापुरुष में जो अन्तर है वह मात्र डिग्रियों का अन्तर है। यह अन्तर इस कारण भी खड़ा हो सकता है कि महापुरुष के पास सामान्य मनुष्य के मुकाबले में अपनी सम्भावनाओं को विकसित करने के लिए ज्यादा अवसर प्राप्त होते हैं।"[46] यहाँ जन्मवादी ब्राह्मणों को मानव अधिकारों की सार्वभौम घोषणा के अनुच्छेद-1 को पढ़वाया जा सकता है, जिसमें लिखा गया है—"सभी मनुष्य जन्म से ही गरिमा और अधिकारों की दृष्टि से स्वतंत्र और समान हैं। उन्हें बुद्धि और अंतश्चेतना प्रदान की गई है। उन्हें परस्पर भ्रातृत्व की भावना से कार्य करना चाहिए।"[47]

बताया जा सकता है कि इस अनुच्छेद-1 की बात मानते हुए ऐसे ब्राह्मणों को गैर-ब्राह्मणों के साथ भाईचारे की भावना से रहने की कला सीखनी चाहिए। जहाँ तक बुद्धि के जन्मजात होने और अर्जित करने के अन्तर की बात है, तो उसमें यही कहा जा सकता है कि कई हजार साल से लगातार हिन्दू समाज में राज करते रहने के कारण ब्राह्मण के बच्चे को जन्म से ही धर्मग्रन्थ, मंदिर, सम्मान, आवास और रोटी के रूप में बने-बनाए मंच मिलते हैं, जिसमें उसकी उलटे-सीधे हाथ-पाँव हिलाने की बेहूदगी को भी महान नृत्य घोषित कर दिया जाता है, जबकि बिना इन सुविधाओं वाले मंच के कारण एक दलित समुदाय के नटराज को भी घृणा और हास्य का पात्र बनना पड़ता है।

एक बात हिन्दुओं के उदारवाद के बारे में पुनः कही जा सकती है, जो एक ताजी घटना को ले कर है। यह खबर 8 अगस्त, 1995 के 'नवभारत टाइम्स', नई दिल्ली, के संस्करण में 'दलित छात्रा की आँख फोड़े जाने की लोकसभा में निन्दा' शीर्षक से छपी है। पूरी खबर इस प्रकार है :

> "लोक सभा में आज एक स्वर से तमिलनाडु के सलेम जिले के कानीचनपट्टी गाँव में पानी खुद पीने के कारण पाँच साल की एक दलित लड़की की स्कूल के शिक्षक द्वारा आँख फोड़ दिए जाने की घटना की तीव्र भर्त्सना की गई। शून्य काल के दौरान यह मामला जनता दल के श्री रामविलास पासवान ने अन्ना द्रमुक सदस्यों की टोकाटोकी के बीच

उठाया। श्री पासवान द्वारा उठाये गए मामले का समर्थन सदन के सभी पक्षों के सदस्यों ने किया और माँग की कि इस घटना के लिए जिम्मेदार शिक्षक के विरुद्ध कड़ी से कड़ी कार्रवाई की जाए।

''भारतीय जनता पार्टी के श्री अटलबिहारी वाजपेयी ने कहा कि यह सवाल सिर्फ एक प्रदेश का नहीं है। कई प्रदेशों के सचिवालयों, पंचायतों आदि में भी दलितों के लिए पीने का पानी अलग रखा जाता है। मार्क्सवादी कम्युनिस्ट पार्टी के श्री सैफुद्दीन चौधरी ने कहा कि इस घटना की रिपोर्ट राज्य सरकार से हासिल करके सदन में रखी जाए। कांग्रेस के श्री सोनकर शास्त्री ने घटना की जाँच के बाद सरकार से सदन में विस्तृत वक्तव्य देने की माँग की। अन्ना द्रमुक के श्री अशोक राज ने कहा कि तमिलनाडु सरकार ने जिलाधीश से घटना की जाँच करने को कहा है। प्रभावित बालिका को 25 हजार रुपये भी दिए गए हैं तथा उसका इलाज भी अस्पताल में किया जा रहा है। संसदीय कार्य मंत्री श्री विद्याचरण शुक्ल ने कहा है कि निश्चय ही यह निन्दनीय कार्य है। वे तमिलनाडु सरकार से सम्पर्क कर विस्तृत रिपोर्ट सदन में रखेंगे।''[48]

पूछा जा सकता है कि यहाँ एक उदारवादी क्या सलाह देगा? क्या वह अभी भी शिक्षक के हृदय परिवर्तन का इन्तजार करता रहेगा? इसके उत्तर में वह ठाली बैठ कर कुछ भी कहता रहे, लेकिन सुना गया है कि कठोर कानून ने अपने पहले चरण के कार्य में उस शिक्षक को निलम्बित कर दिया है। हाँ, सुधारवादी इतना भी नहीं कर सकते कि अस्पृश्यता बरतने वाले अपने ऐसे जाति-भाई-शिक्षक के परिवार से समूह के रूप में अपना रोटी-बेटी का रिश्ता तोड़ लें। लेकिन नहीं, वहाँ बिना सुधारवाद और कट्टरपंथ के भेदभाव के उस शिक्षक परिवार की बेटियाँ सुधारवादी घरों के लड़कों के साथ पूर्ववत मांगलिक बन्धनों में बँधती रहेंगी।

सन्दर्भ

1. मानव अधिकारों की सार्वभौम घोषणा, भारत सरकार, विधि और न्याय मंत्रालय, राजभाषा खंड, विधायी विभाग, प्रकाशन-नियंत्रक, सिविल लाइन्स, दिल्ली-110 054, 1988, पृ.-3
2. वही, पृ.-1
3. वही, पृ.-10-11
4. भारत का संविधान, 1 सितम्बर 1991 को यथाविद्यमान, भारत सरकार, विधि, न्याय और कम्पनी कार्य मंत्रालय, विधायी विभाग, राजभाषा खण्ड, तीसरा संस्करण, 1991, पृ.-8
5. Dr. Babasaheb Ambedkar : Writings and Speeches, Volume 9, Compiled by Vasant Moon, Education Department, Government of Maharashtra, Bombay-400 032, Ist Edition, 1991, pp.-397-98
6. भारत का संविधान, 1 सितम्बर, 1991 को यथा विद्यमान, भारत सरकार, विधि, न्याय और कम्पनी कार्य मन्त्रालय, विधायी विभाग, राजभाषा खण्ड, तीसरा संस्करण, 1991, पृ.-6

7. Dr. Babasaheb Ambedkar : Writings and Speeches, Volume 9, Compiled by Vasant Moon, Education Department, Government of Maharashtra, Bombay-400 032, Ist Edition, 1982, p.-275
8. ibid., p.-496
9. Dr. Babasaheb Ambedkar : Writings and Speeches, Volume 5, Compiled by Vasant Moon, Education Department, Government of Maharashtra, Bombay-400 032, Ist Edition, 1989, pp.-169
10. ibid., p.-74
11. मुखबाहूरुज्जानां या लोको जातयो बहिः। म्लेच्छवाचश्चार्यवचः सर्वे दस्यवः स्मृता।। (मनुस्मृति, 10-45)
12. चैत्यद्रुमश्मशानेषु शैलेषु पवनेषु च। वसेयुरेते विज्ञातो वर्तयन्तः स्वकर्मभि।। (वही, 10-50)
13. चाण्डालश्वपचानां तु बहिर्ग्रामात्प्रतिश्रयः। अपपात्राश्च कर्तव्या धनमेषां श्वगर्दभम्।। (वही, 10-51)
14. वामांसि मृतचैलानि भिन्नभाण्डेषु भाजनम्। कार्ष्णायमलंकारः परिवृज्जा च नित्यशः।। (वही, 10-52)
15. न तेः तमयमन्विद्देत्पुरुषो धर्ममाचरन्। व्यवहारो मिथ्स्तेषां विवाहः सदृशैः सह।। (वही, 10-53)
16. अन्नमेषां पराधीनं देवं स्यादूभिन्न भाजने। रात्रो न विचरेयुस्ते ग्रामेषु नगरेषु च।। (वही, 10-54)
17. दिवा चरेयुः कार्यार्थ चिह्निता राजशासने। अबान्धवं शवं चैव निर्हरेयुरिति स्थितिः।। (वही, 10-55)
18. बध्यांश्च हन्यु सततं यथाशास्त्रं नृपाज्ञया। वध्यवासांसि गृहणीयुः शय्याश्चाभरणानि चे।। (वही, 10-56)
19. अन्त्यागमने बध्यः (विष्णु स्मृति, 5-43)
20. अस्पृश्यः कामकारेण स्पृशन् स्पृश्यं त्रैवार्णिकं बध्यः (वही, 5-104)
21. Dr. Babasaheb Ambedkar : Writings and Speeches, Volume 5, Compiled by Vasant Moon, Education Department, Government of Maharashtra, Bombay-400 032, Ist Edition, 1989, pp.-169
22. ibid., p.-15
23. Mr. Gandhi and The Emancipation of the Untouchables, B.R. Ambedkar, Thacker & Company Limited, Bombay, 1943, p.-12
24. Dr. Babasaheb Ambedkar : Writings and Speeches, Volume 5, Compiled by Vasant Moon, Education Department, Government of Maharashtra, Bombay-400 032, Ist Edition, 1989, pp.-5
25. ibid., p.-5
26. ibid., 169
27. Dr. Babasaheb Ambedkar : Writings and Speeches, Volume 2, Compiled by Vasant Moon, Education Department, Government of Maharashtra, Bombay-400 032, Ist Edition, 1982, pp.-465
28. Mr. Gandhi and The Emancipation of the Untouchables, B.R. Ambedkar, Thacker & Company Limited, Bombay, 1943, p.-56
29. Dr. Babasaheb Ambedkar : Writings and Speeches, Volume 9, Compiled by Vasant Moon, Education Department, Government of Maharashtra, Bombay-400 032, Ist Edition, 1991, pp.-216
30. Mr. Gandhi and The Emancipation of the Untouchables, B.R. Ambedkar, Thacker & Company Limited, Bombay, 1943, p.-57
31. Dr. Babasaheb Ambedkar : Writings and Speeches, Volume 9, Compiled by Vasant Moon, Education Department, Government of Maharashtra, Bombay-400 032, Ist Edition, 1982, pp.-533

32. ibid., p.-503
33. ibid., p.-465
34. Mr. Gandhi and The Emancipation of the Untouchables, B.R. Ambedkar, Thacker & Company Limited, Bombay, 1943, p.-50
35. Dr. Babasaheb Ambedkar : Writings and Speeches, Volume 7, Compiled by Vasant Moon, Education Department, Government of Maharashtra, Bombay-400 032, Ist Edition, 1990, p.-11
36. ibid., p.-242
37. स्वामी करपात्री जी और उनका राजनीतिक दर्शन, डॉ. रामजी मिश्र, आचार्य प्रकाशन, 190 बी/10, राजरूपपुर, इलाहाबाद, प्रथम संस्करण, 1992, पृ.-169
38. वही, पृ.-170
39. वही, पृ.-170
40. वही, पृ.-171
41. बाबा साहब डॉ. अम्बेडकर : सम्पूर्ण वाङ्मय, खण्ड 2, डॉ. अम्बेडकर प्रतिष्ठान, 25, अशोक रोड, नयी दिल्ली-110 001, संस्करण 1993, पृ.-169
42. वही, पृ.-170
43. दैनिक जागरण, मेरठ संस्करण, 3 मई, 1995
44. Science and Philosophy, M. N. Roy, Renaissance Publishers, Calcutta, October 1947, p.p.-130-31
45. Principles of Radical Democracy, IVth Thesis, M.N. Roy
46. Politics, Power and Parties, M.N. Roy, Ranaissance Publishers, Calcutta, April,1960, p.-138
47. मानव अधिकारों की सार्वभौम घोषणा, राजभाषा खंड, विधायी विभाग, विधि और न्याय मंत्रालय, भारत सरकार, सिविल लाइन्स, दिल्ली-110 054, संस्करण 1988, पृ.-2
48. दलित छात्रा की आँख फोड़े जाने की लोकसभा में निन्दा, नवभारत टाइम्स, नयी दिल्ली, 8 अगस्त, 1995

अध्याय-9

हिन्दुत्व : परिभाषित और अपरिभाषित[क]

एक

जैसा 'हिन्दू' शब्द है, इसे इसी रूप में पकड़ा जाना चाहिए। यदि यह परिभाषित शब्द है तो इसे इसके परिभाषित रूप में पकड़ा जाना चाहिए और यदि यह कोई अपरिभाषित शब्द है तो इसे इसके उस रूप में भी पकड़ा जाना चाहिए। वास्तव में, भारत के इतिहास में अब तक यह शब्द इतना धुन लिया गया है कि विद्वानों की पकड़ से बाहर नहीं जा सकता।

मध्य काल में हिन्दू चरित्र को कबीर ने पकड़ा था। उन्होंने इसके लिए अपनी साखियों में एक विशेष नाम 'कथनी करनी को अंग' दिया था। उन्होंने 'हिन्दू' शब्द की लगाम के रूप में एक कसौटी रखी थी कि जो कहा जाए वही किया जाए। उन्होंने हिन्दू को इसी रूप में पकड़ा था, लेकिन पाश्चात्य विद्वानों ने इस 'हिन्दू' शब्द को 'हिप्पोक्रेसी' के नाम से पकड़ा था। इस बीसवीं शताब्दी में डॉ. अम्बेडकर ने हिन्दुओं के इस चरित्र को अंग्रेजी में 'रिडल' के रूप में पकड़ा था। यहाँ 'रिडल' का मतलब पहेली से ही है।

पूछा जा सकता है कि हिन्दू का ऐसा चरित्र क्यों बना है। इसे लोग कथनी और करनी में अन्तर करने वाला, हिप्पोक्रेट या पहेली भरा क्यों कहते हैं? बताया जाता है कि फारसी भाषा में भी इस शब्द का ऐसा ही मिलता-जुलता अर्थ किया गया है।

ऐसा नहीं है कि खुद हिन्दुओं के दर्शन में इस बात की ऊहापोह न की गई हो। बाकायदा शंकराचार्य ने इस समस्या पर अपने वेदान्त दर्शन में विशद चर्चा की है और इसे 'अनिर्वचनीय' नाम दिया है। उन्होंने अपने दर्शन में 'ब्रह्म और 'माया' का अन्तर खड़ा किया है, लेकिन उन दोनों के संबंध को अनिर्वचनीय कहा है। इसके लिए उन्होंने पारमार्थिक और व्यावहारिक सत्ता के भेद की नई शब्दावली खड़ी की है। उनके अनुसार,

क. हिन्दुत्व : परिभाषित और अपरिभाषित, धर्मवीर, राजकिशोर द्वारा सम्पादित पुस्तक 'हिन्दुत्व की राजनीति' में संकलित, प्रकाशक, वाणी प्रकाशन, 21-ए, दरियागंज, नई दिल्ली-110 002, प्रथम संस्करण, **1996**, पृ.-155-77

पारमार्थिक सत्ता में छूत और अछूत में अभेद है, लेकिन व्यावहारिक सत्ता में छूत अलग है और अछूत अलग है। यदि पूछा जाए कि पारमार्थिक सत्ता और व्यावहारिक सत्ता में पारस्परिक संबंध कैसा है, तो उत्तर वही 'अनिर्वचनीयता' का है।

प्रश्न उठता है कि हिन्दू जो कहता है, वह वही करता क्यों नहीं है। इसे हिप्पोक्रेट, पहेलीनुमा, झूठा और अनिर्वचनीय के रूप में गूँगा बनने की जरूरत क्यों पड़ती है? इसका पहला उत्तर प्राचीन बौद्धों से इसकी लड़ाई में खोजा जा सकता है। बौद्धों ने मानव चिन्तन का सैद्धान्तिक स्तर इतना ऊँचा उठा दिया था कि अब ब्राह्मण यह नहीं कह सकता था कि सारे मनुष्य आपस में समान नहीं हैं। अपनी चलती में पहले ब्राह्मण यही कहता था कि ब्राह्मण अलग है और चांडाल अलग है। लेकिन समाज में बौद्ध चिन्तन के प्रभाव के कारण और उसे पराभूत करने की रणनीति में ब्राह्मण ने वेदान्त का नया दर्शन खड़ा किया था। वास्तव में, इस रूप में उसने धर्म और दर्शन के क्षेत्र में डिप्लोमेसी खेली थी। समय के बदलाव के कारण अब वह इतना कमजोर हो गया था कि जो कर रहा था वही वह कह नहीं सकता था। इसलिए, उसे अपने पुराने खूँखार शब्दों को छोड़ कर कूटनीति के शब्दों–'मुँह में राम, बगल में छुरी'–की कहावत को चरितार्थ करना पड़ गया। बौद्धों से पहले अछूतों के लिए उसके मुँह में भी आग थी और हाथ में भी नंगी छुरी थी।

दो

जब किसी शब्द के मनमाने अर्थ देने हों, तो उसका सबसे सरल उपाय यह है कि पहली बार में उसका कोई अर्थ न माना जाए। यदि कोई शब्द ज्यादा तंग कर रहा हो तो विद्वानों के उस झुंड में खड़ा हो लिया जाए जहाँ शब्द की परिभाषा बनने नहीं दी जाती है। हिन्दू विद्वानों और न्यायाधीशों की ओर से ऐसा काम शब्द 'हिन्दुत्व' को ले कर किया गया है। इस शब्द से हिन्दुओं को जितने लाभ मिलते होते हैं, वे सब हिन्दुओं द्वारा हथिया लिए जाते हैं। यह हिन्दुओं के जीवन का व्यावहारिक पक्ष है। लेकिन जब इस शब्द की वजह से उन्हें नुकसान होने की सम्भावना बनती है, तो इसके मनमाने अर्थ करने के लिए इसे अपरिभाषित छोड़ दिया जाता है। तब यह शब्द जंगल का भेड़िया बन जाता है। इसमें भारत की माननीय सुप्रीम कोर्ट के 11 दिसम्बर, 1995 को दिए गए **डॉ. आर. वाई. प्रभु बनाम श्री पी. के. कुन्डेवाले** निर्णय को देखा जा सकता है। तीन न्यायाधीशों की खंडपीठ का यह निर्णय माननीय न्यायमूर्ति जे. एस. वर्मा महोदय ने लिखा है। इसमें उन्होंने लिखा है–"संविधान पीठ के ये विनिश्चय, एक विस्तृत चर्चा के बाद, यह बत ो हैं कि 'हिन्दू', 'हिन्दुत्व' और हिन्दुइज्म' को निश्चित अर्थ नहीं दिए जा सकते; तथा न ही भारतीय संस्कृति और परंपरा के सन्दर्भ को अपवर्जित करते हुए, अकेले धर्म की संकुचित सीमाओं में इसे कोई अमूर्त अर्थ दिया जा सकता है। इससे यह

भी पता चलता है कि पद 'हिन्दुत्व' का अर्थ इस उपमहाद्वीप के लोगों की जीवन शैली से ज्यादा संबंधित है।"[1]

देखा जा सकता है कि इस उद्धरण में सुप्रीम कोर्ट ने दो बातें स्पष्ट रूप से कही हैं :

1. शब्द 'हिन्दू', 'हिन्दुत्व' और 'हिन्दुइज्म' को कोई निश्चित अर्थ नहीं दिया जा सकता।
2. 'हिन्दुत्व' का अर्थ भारत के लोगों की जीवन-शैली का है।

सुप्रीम कोर्ट ने ऊपर कही गई अपनी दूसरी बात के लिए कोई सन्देह नहीं रहने दिया है जब उसने और भी स्पष्ट शब्दों में लिखा है—"आमतौर से हिन्दुत्व का मतलब एक जीवन शैली और एक मानसिक स्थिति से है तथा उसे धार्मिक हिन्दू रूढ़िवाद से समीकृत नहीं किया जाना है और न ही ऐसा समझा जाना है।"[2] लेकिन सुप्रीम कोर्ट के इस निर्णय में एक अन्य बात भी लिखी गई है जो इस प्रकार है—"हिन्दू धर्म अद्भुत रूप से उदार और लचीला है। इसकी धर्मविद्या ग्रहणशीलता तथा सहिष्णुता की है।"[3] इसमें स्पष्ट शब्दों में घोषित किया गया है—"हिन्दू एक सहिष्णु धर्म है।"[4] देखा जा सकता है कि इस निर्णय में अगली तीसरी बात यह कही गई है कि,

3. हिन्दू धर्म एक उदार और सहिष्णु धर्म है।

आगे इन तीनों मुद्दों की तथा इनके अनुषंगी पहलुओं की एक साथ जाँच की जा सकती है।

पहली बात यह है कि सुप्रीम कोर्ट के इस निर्णय में संविधान से बाहर चिन्तन और दर्शन को आधार बनाया गया है। संविधान से बाहर के ये लेखक और पुस्तकें इस प्रकार हैं :

1. 'हिन्दुइज्म', लेखक : मोनियर विलियम्स।
2. 'रिलिजियस थॉट एंड लाइफ इन इंडिया', लेखक : मोनियर विलियम्स।
3. 'द प्रेजेन्ट डे एक्सपेरिमेन्ट इन वेस्टर्न सिविलाइजेशन', लेखक : टायनबी।
4. 'द एनसाइक्लोपेडिया ब्रिटेनिका' (15वाँ संस्करण)।
5. 'गीता रहस्य', लेखक : बी. जी. तिलक।
6. 'द हिन्दू व्यू ऑफ लाइफ, लेखक : डॉ. राधाकृष्णन।
7. 'इंडियन फिलासफी', वोल्यूम-I, लेखक : डॉ. राधाकृष्णन।
8. 'इंडियन मुस्लिम्स—द नीड फॉर ए पॉजिटिव आउटलुक', लेखक : मौलाना वहीदुद्दीन खाँ (1994)।

इन लेखकों के बारे में कहा जा सकता है कि मोनियर विलियम्स, टायनबी और 'एनसाइक्लोपेडिया ब्रिटेनिका' के लेखक विदेशी हैं। वे इस देश में विदेश के विद्यार्थी हैं, जो इस देश के धर्मों को, दर्शनों को और समाजों को समझना चाह रहे हैं। आधुनिक युग के ये लेखक ऐसे ही हैं, जैसे पुराने जमाने में मेगस्थनीज, फाहियान या अलबेरूनी थे। इन लेखकों और विदेशी यात्रियों का महत्व इस दृष्टि से है कि जबकि इनके समकालीन भारतीय लेखक अपनी समाज व्यवस्था की क्रूरताओं को छुपाते हैं, ये उनके बारे में कुछ जानकारियाँ दे देते हैं। इसका मतलब यह नहीं है कि ये विदेशी लेखक भारतीयों के बारे में आधिकारिक रूप से सब कुछ जान गए हैं। वास्तव में, भारत के हिन्दुओं के बारे में सब कुछ जानने वाले लोग और ही हैं, जो इसी देश के हैं। उनके नाम इस लेख में आगे बताए जाएंगे।

इस निर्णय में संविधान से बाहर के दो हिन्दू लेखक डॉ. एस. राधाकृष्णन तथा बाल गंगाधर तिलक भी उद्धृत किए गए हैं। सीधी-सी बात है कि इन हिन्दू विद्वानों की ईमानदारी पर विश्वास नहीं किया जा सकता। मूल समस्या उनकी मानसिकता और परम्परा की है। एक न्यायाधीश के सामने ये दोनों हिन्दू लेखक हिन्दू धर्म के बचाव पक्ष के हैं और इससे ज्यादा कुछ नहीं। न्यायाधीश को यह भी देखना चाहिए कि यह बचाव पक्ष कमजोर भी हो सकता है।

सुप्रीम कोर्ट ने डॉ. एस. राधाकृष्णन को हिन्दू धर्म पर बोलने के लिए एक आधिकारिक विद्वान मान लिया है। माननीय सुप्रीम कोर्ट ने अपने निर्णय में लिखा है—"...हम अपने को मुख्यतः डॉ. राधाकृष्णन द्वारा उनकी अपनी पुस्तक भारतीय दर्शन में की गई समस्या की व्याख्या तक आधारित रखेंगे।"[5] इसमें डॉ. राधाकृष्णन की इस पुस्तक से ये शब्द भी उद्धृत किए गए हैं—"अन्य देशों से भिन्न, भारत दावा कर सकता है कि प्राचीन भारत में दर्शनशास्त्र किसी अन्य विज्ञान या कला का लग्गू-भग्गू नहीं था, बल्कि उसने हमेशा अपना एक स्वतंत्र स्थान बनाए रखा है।"[6]

यहाँ डॉ. एस. राधाकृष्णन के बारे में महापंडित राहुल सांकृत्यायन के विचार उद्धृत किए जा सकते हैं। उन्होंने अपनी पुस्तक 'दर्शन-दिग्दर्शन' में इन सर राधाकृष्णन को 'पुराने ढर्रे के धर्मप्रचारक'[7] कहा है। इसमें इन्हीं शब्दों को ले कर राहुल सांकृत्यायन ने डॉ. राधाकृष्णन की आलोचना करते हुए लिखा है—"भारतीय दर्शन, साइन्स या कला का लग्गू-भग्गू न रहा हो, किन्तु धर्म का लग्गू-भग्गू तो वह सदा से चला आता है, और धर्म की गुलामी से बदतर गुलामी और क्या हो सकती है?"[8] राधाकृष्णन ने अपनी इसी पुस्तक 'इंडियन फिलासफी' में जातिभेद की प्रशंसा में लिखा है—"गीता जाति विभाजन को मानती है...यह जानना बड़ा मुश्किल है कि कौन क्या गुण रखता है। (इसीलिए) इसकी एक मात्र कसौटी जन्म है।... हमें यह बात ईमानदारी से मान लेनी चाहिए कि इस (जाति विभाजन) ने पारस्परिक सौहार्द तथा सहयोग के आधार पर एक समाज बनाना चाहा था तथा एक प्रतिस्पर्द्धा वाले समाज के खतरों से बचाया था...और मूल्यों का इसका निर्णय सही है।"[9]

माननीय न्यायमूर्ति महोदय ने इस निर्णय में बाल गंगाधर तिलक को उनकी पुस्तक 'गीता रहस्य' से उद्धृत किया है, लेकिन इन न्यायमूर्ति महोदय ने इस बात पर ध्यान नहीं दिया कि इसी 'गीता रहस्य' की व्याख्या में बाल गंगाधर तिलक स्त्री और शूद्र को पापयोनि मानते हैं। उन्होंने गीता में कृष्ण की कही हुई यह बात लिखी है कि स्त्री और शूद्र परम गति को प्राप्त कर सकते हैं, लेकिन उनके लिए यह तरीका श्रुति और ज्ञान का न हो कर भक्ति और समर्पण का है। बाल गंगाधर तिलक लिखते हैं–"क्योंकि स्त्रियों, शूद्रों द्वारा श्रुतियों का श्रवण नहीं हो सकता...।"[10]

पता नहीं चलता कि यह बाल गंगाधर तिलक की कौन-सी उदारता या सहिष्णुता है कि वे भी गीता की अपनी व्याख्या में स्त्रियों और शूद्रों के लिए वेदों का श्रवण अनुमत नहीं करते हैं? फिर भी, बाल गंगाधर तिलक अपनी व्याख्या में ईमानदार हैं, क्योंकि वे स्त्रियों और शूद्रों को वेदों के श्रवण की अनुमति नहीं दे रहे हैं और इस मामले में पूरे कठोर, कट्टर और क्रूर सिद्ध होते हैं, लेकिन बात सुप्रीम कोर्ट के माननीय न्यायमूर्ति की है कि वे तब भी तिलक की व्याख्या को एक उदारचेता मन की व्याख्या बता रहे हैं।

पहले ही बताया गया है कि इस निर्णय में मौलाना वहीदुद्दीन ख़ाँ को भी उद्धृत किया गया है। लेकिन उनके उद्धरण के साथ यह बात भी पक्की है कि सुप्रीम कोर्ट के जज महोदय इस चिन्तन में इन मौलाना साहब की अगली बात मानने वाले नहीं हैं। मौलाना साहब ने अपने एक लेख 'मुस्लिम प्रधानमंत्री के पक्ष में'[11] में स्वामी विवेकानन्द की भविष्यवाणी का हवाला देते हुए लिखा है–"स्पष्ट शब्दों में, इसका आशय है हमारी लोकतान्त्रिक प्रणाली के लिए एक हिन्दू राष्ट्रपति और मुसलमान प्रधानमंत्री होना।"[12] उन्होंने इस लेख में आगे लिखा है–"यदि कोई उच्च कोटि का धर्मनिरपेक्ष, यथार्थवादी, देशभक्त मुसलमान भारत के राजनीतिक पटल पर प्रकट हो जाए और उसका चरित्र सारी संकीर्णताओं से ऊपर हो, तो इसमें शक नहीं कि वह भारत का प्रधानमंत्री पद सँभालने के लिए उत्तम साबित होगा।"[13] लेकिन मौलाना वहीदुद्दीन ख़ाँ के इस लेख के बारे में दिनांक 22 दिसम्बर, 1995 के इसी 'नवभारत टाइम्स' के 'चिट्ठियाँ' स्तंभ में 'पहले बदलने की जरूरत' शीर्षक से एक पाठक कीर्ति झा ने पूछा है–"अगर सिर्फ मुस्लिम प्रधानमंत्री में ही तमाम जटिल समस्याओं का निराकरण लेखक के अनुसार अन्तर्निहित है, तो फिर क्यों पाकिस्तान, अफगानिस्तान, मिस्र, अल्जीरिया और सूडान सरीखे मुस्लिम नेतृत्व वाले देशों में भी दहशतगर्दी और अराजकता की स्थिति है?"[14] एक अन्य पाठक उमेश मित्तल ने 18 जनवरी, 1996 के इसी 'नवभारत टाइम्स' में मौलाना वहीदुद्दीन ख़ाँ के इस लेख के बारे में अपनी प्रतिक्रिया इस प्रकार जाहिर की है–"लेकिन क्या किसी मुस्लिम देश में सम्भव है कि कोई हिन्दू अपनी योग्यता और राष्ट्रीयता के आधार पर सर्वोच्च पद हासिल कर सकता है?"[15] मुद्दा यही है कि उमेश मित्तल के इस प्रतिप्रश्न में भी भारत को हिन्दू देश माना जा रहा है, जबकि संविधान ऐसा कहीं नहीं कह रहा है। संविधान के अनुच्छेद-1 में साफ शब्दों में लिखा गया

है–"**संघ का नाम और राज्य क्षेत्र**–(1) भारत, अर्थात इंडिया, राज्यों का संघ होगा।"[16] इसके अनुच्छेद-5 में संविधान के प्रारम्भ पर नागरिकता के बारे में लिखा गया है–"इस संविधान के प्रारम्भ पर प्रत्येक व्यक्ति जिसका भारत के राज्यक्षेत्र में अधिवास है और–(क) जो भारत के राज्यक्षेत्र में जन्मा था, या (ख) जिसके माता या पिता में से कोई भारत के राज्यक्षेत्र में जन्मा था, या (ग) जो ऐसे प्रारम्भ से ठीक पहले कम से कम पाँच वर्ष तक भारत के राज्यक्षेत्र में मामूली तौर से निवासी रहा है, भारत का नागरिक होगा।"[17] इसलिए यह भारत देश इसके नागरिकों का है, जिनमें हिन्दू भी हैं, मुसलमान भी हैं और अन्य धर्मावलम्बी भी हैं।

तीन

यह बात विशेष बल दे कर कही जा सकती है कि 'हिन्दुत्व' के बारे में सुप्रीम कोर्ट के इस निर्णय में भारत के ही हिन्दू विरोधी विचारधारा के लेखकों को जान बूझ कर छोड़ा गया है। ऐसे दो नाम डॉ. बी. आर. अम्बेडकर और स्वामी धर्मतीर्थ के गिनाए जा सकते हैं। इनकी पुस्तकें इस प्रकार हैं :

1. रिडल्स इन हिन्दुइज्म–डॉ. बी. आर. अम्बेडकर।
2. फिलासफी ऑफ हिन्दुइज्म–डॉ. बी. आर. अम्बेडकर।
3. हिस्ट्री ऑफ हिन्दू इम्पीरियलिज्म–स्वामी धर्मतीर्थ।

वास्तव में, हिन्दुत्व पर निर्णय देने से पहले सुप्रीम कोर्ट के मान्य न्यायाधीशों को हिन्दुत्व-विरोधी विचारधारा के इन दो लेखकों की बातों को अपने ध्यान में जरूर लाना चाहिए था। निश्चित रूप से तब कोर्ट का निर्णय वह नहीं हो सकता था जो वह दे बैठी है, क्योंकि तब वह इन दो लेखकों के तर्कों को काट नहीं सकती थी। डॉ. अम्बेडकर ने हिन्दुत्व को सहिष्णुता और भ्रातृत्व विरोधी सिद्ध कर अपनी पुस्तक 'फिलासफी ऑफ हिन्दुइज्म' में लिखा है–"ओ हिन्दू धर्म, तेरा नाम असमानता है!"[18]

स्वामी धर्मतीर्थ ने अपनी पुस्तक 'हिस्ट्री ऑफ हिन्दू इम्पीरियलिज्म' में सर पी. सी. रे के शब्द उद्धृत करते हुए लिखा है–"ये मात्र कोरे शब्द हैं कि हिन्दुत्व एक सहिष्णु तथा उदार दृष्टि वाला है। वास्तविक जीवन में यह कठोर, क्रूर तथा इन्कार की दृष्टि वाला है।"[19] स्वामी धर्मतीर्थ ने डॉ. राधाकृष्णन को अपनी इसी पुस्तक में 'ब्राह्मिन सोफीस्ट'[20] कहा है। उन्होंने लिखा है कि सर राधाकृष्णन ने एक दार्शनिक बन कर जाति के आदर्श को सामने रखते हुए इसकी प्रशंसा की है कि यह नस्लों के तथा संस्कृतियों के सहयोग में विश्वास रखते हुए हिन्दू मस्तिष्क के व्यापक समन्वयात्मक गुणों की भावना का पता देती है। लेकिन सरदार के. एम. पणिक्कर की पुस्तक 'हिन्दुइज्म इन माडर्न वर्ल्ड' के सन्दर्भ से स्वामी धर्मतीर्थ ने डॉ. राधाकृणन के जवाब में तत्काल लिखा

है कि 'एक बार जाति प्रथा के अस्तित्व में आ जाने के बाद भारतीय इतिहास के सभी ज्ञात कालों में यह असहिष्णुता तथा उत्पीड़न का हथियार बनी है।'[21]

जहाँ तक हिन्दू धर्म को प्रचलित अर्थों में धर्म न मान कर इसकी भूरि-भूरि प्रशंसा की जाती है, स्वामी धर्मतीर्थ ने भी इसे धर्म नहीं माना है। लेकिन यह बात उन्होंने दुख के साथ कही है कि 'ब्राह्मणवाद भी किसी धर्म सिद्धान्त या धार्मिक विश्वास के लिए आगे नहीं आया।'[22] हिन्दू धर्म के बारे में यही बात डॉ. अम्बेडकर ने कही है कि यह कोई धर्म नहीं है। डॉ. अम्बेडकर पूछते हैं कि धर्म के रहते हुए हिन्दू समाज में इतनी बड़ी संख्या में मनुष्य अछूत कैसे रह गए हैं। इस धर्म में यह शक्ति क्यों नहीं है कि अछूतों को पवित्र करके सछूत बना दे? उन्होंने स्वयं इन प्रश्नों का उत्तर दिया है कि इन प्रश्नों का 'एकमात्र उत्तर यह है कि हिन्दुत्व अपवित्र होने के भय से भयभीत है। इसके पास पवित्र करने की शक्ति नहीं है। इसके मन में सेवाभाव नहीं है और ऐसा इसलिए है, क्योंकि यह स्वभावतः अमानवीय और अनैतिक है। इसे धर्म कहना अनर्थ हो जाएगा। इसका दर्शन उस बात के एकदम विपरीत पड़ता है जिसके लिए धर्म खड़ा हुआ करता है।'[23] वास्तव में, जब हिन्दू धर्म धर्म की वास्तविक परिभाषा का सच्चा धर्म ही नहीं है, तो इसके अनुयायियों से ऐसी आशा कैसे रखी जा सकती है कि वे अस्पृश्यों को स्पृश्य बनाने का कोई बीड़ा उठाते? इसलिए धर्म की परिभाषा का धर्म न रहने के कारण ही इसके पास अछूतों की इतनी बड़ी जनसंख्या बची रही है। हिन्दू धर्म के धर्म न रहने का सबसे ज्यादा नुकसान इस अछूत वर्ग का ही हुआ है। एक अच्छे धर्म का मतलब होता है कि वह नीचे गिरे हुए लोगों को ऊपर उठाएगा, वह पतितों को पावन करेगा, वह राह से भटके हुए लोगों को राह पर लाएगा, वह कमजोर लोगों का मनोबल बढ़ाएगा, वह निराश जनों को सान्त्वना तथा विकलांगों को सहानुभूति देगा, वह भगवान से बिछड़े हुए लोगों को भगवान से मिलाएगा, वह मन्दिर की तरफ न जाने वाले नास्तिकों को मन्दिर की ओर आकर्षित करेगा। लेकिन हिन्दू धर्म में इस सबके विपरीत काम हुआ है। इसने अच्छे-भले लोगों को कमजोर, हीन और अछूत कहा है। इसने श्रद्धालुओं को मन्दिर से दूर किया है। धर्म की दुनिया में यह एक अपराध और कुकृत्य है। धर्म का काम है कि वह कोढ़ियों की सेवा करता है, लेकिन हिन्दू धर्म ने धर्म न रह कर और कानून बन कर विकलांगों से उनके उत्तराधिकार के मानवीय अधिकार छीने हैं। कौटिल्य के अर्थशास्त्र में अन्धों और कोढ़ियों को जड़ और उन्मत्तों की श्रेणी में रखा गया है। उसमें लिखा गया है–"मूर्ख, उन्मत्त, अंधा और कोढ़ी आदि भी दाय भाग के अधिकारी नहीं होते।"[24] वास्तव में, धर्म की बजाय यह समाज में क्रूरता स्थापित हो गई है। संसार में सबसे ज्यादा मानवीय सहानुभूति की जरूरत विकलांगों को होती है, लेकिन विकलांगता को मनुष्य के पूर्व जन्म के बुरे कर्मों का फल कह कर यह धर्म लौकिक रूप में एकदम निर्दयी हो कर रह गया है। यह पुनर्जन्म का सिद्धांत मनुष्य के जीवन के दुखों की घृणित और निकृष्टतम व्याख्या है। इसकी जितनी चाहे भर्त्सना की जानी चाहिए।

हिन्दुओं की सहिष्णुता पर थोड़ा और विचार कर लिया जाए कि वह कितनी सच्ची और झूठी है। वास्तव में, भारत का संविधान और उसके दो विशेष केन्द्रीय अधिनियम 'हिन्दुत्व' की सहिष्णुतावाली परिभाषा को पूरी तरह से झूठी साबित कर देते हैं। संविधान के अनुच्छेद-17 में अस्पृश्यता के आचरण को निषिद्ध किया गया है। इससे आगे उस अनुच्छेद में इसे निषिद्ध ही नहीं किया गया है, बल्कि इसका किसी भी रूप में आचरण अपराध की कोटि में ला कर दंडनीय घोषित किया गया है। विशेष रूप से बताया जा सकता है कि 'सिविल अधिकार संरक्षण अधिनियम, 1955' तथा 'अनुसूचित जाति और अनुसूचित जनजाति (अत्याचार निवारण) अधिनियम, 1989' हिन्दुत्व की सहिष्णुता वाली परिभाषा को पूर्णतः खंडित कर देते हैं। आखिर, हिन्दू धर्म का यह हिन्दुत्व इतना असहिष्णु है कि द्वारिका के मंदिर के मुख्य द्वार पर देवनागरी लिपि और हिन्दी भाषा में स्पष्ट शब्दों में लिखा हुआ है कि उसमें अहिन्दू का प्रवेश वर्जित है। हिन्दू धर्म के हिन्दुत्व की जीवन शैली ऐसी कट्टरपंथ की है कि त्रिवेन्द्रम के पद्मनाभ मंदिर में जापान के विदेशी बौद्ध शिष्टजनों को वहाँ का जिला प्रशासन एड़ी से चोटी तक की अनेक दिमागी कसरतें करने के बाद भी अन्दर नहीं ले जा सका था। फिर, माननीय सुप्रीम कोर्ट ने हिन्दुत्व की सहिष्णुता और उदारमना होने की ऐसी व्याख्या तब की है, जब अभी तीन वर्ष पहले उसके स्पष्ट आदेश के उल्लंघन में हिन्दुओं ने फैजाबाद में ऐतिहासिक बाबरी मस्जिद का ध्वंस किया है।

ऊपर सहिष्णुता को खंडित करने के लिए आधुनिक उदाहरण दिए गए हैं। प्राचीन भारत में 'हिन्दुत्व' की सहिष्णुता के विरोध में एक ही उदाहरण देना पर्याप्त होगा। पंडित रघुनन्दन शर्मा ने अपनी पुस्तक 'वैदिक सम्पत्ति' में लिखा है—''माधवाचार्य कृत 'शंकर दिग्विजय' में लिखा है कि उस समय राजाओं का हुक्म था कि हिमालय से ले कर समुद्रपर्यन्त बसे हुए आबालवृद्ध बौद्धों को जो न मारे, वह मृत्युदंड के योग्य है।''[25] 'शंकर दिग्विजय' में यह संस्कृत श्लोक इस प्रकार है :

आसेतुरातुषाद्रि बौद्धानां वृद्धबालकम्।
न हन्ति यः स हन्तव्यो भृत्य इत्येवसंनृपाः।।

चार

न्यायपालिका की मर्यादा के लिए बताया जा सकता है कि उसका केवल उस 'हिन्दुत्व' से संबंध होना चाहिए जो संविधान और अन्यान्य कानूनों में वर्णित है। उसके लिए विधि के दायरे के बाहर जाने का कोई कारण नहीं बनता। मनुष्य जीवन का बहुत कुछ हो सकता है जो संविधान और कानून के दायरे से बाहर हो, लेकिन माननीय कोर्ट को मनुष्य जीवन के उन कोनों में झाँकने की स्पष्ट मनाही है। वह दूसरी संस्थाओं का काम हो सकता है। हर काम हर संस्था को नहीं सौंपा जा सकता और न ही हर संस्था हर

काम के लिए योग्य होती है। कोर्ट समाज के एक निश्चित कार्य के लिए खड़ी की गई है। जो कानून में परिभाषित कर दिया गया है, कोर्ट का कार्यक्षेत्र वहीं तक सीमित हो जाता है। इसलिए कोर्ट अपनी तरफ से कोई कानून नहीं बना सकती। किसी भी हालत में वह राज्य की कानून-निर्मात्री संस्था नहीं है। लेकिन माननीय सुप्रीम कोर्ट ने अपने इस **डॉ. आर. वाई प्रभु बनाम श्री पी. के. कुन्डेवाले** मामले में 'हिन्दुत्व' पर निर्णय देने से पहले हिन्दू कानूनों का जिक्र तक नहीं किया है। उसने केवल संविधान के अनुच्छेद-25 (2) का सरसरी तौर पर नाम लिया है, लेकिन उस अनुच्छेद की गहराई छोड़ दी है। उसने अपने निर्णय में लिखा है–"संविधान निर्माता हिन्दू धर्म के इस विस्तृत और व्यापक चरित्र के बारे में पूरे जानकार थे; और इसलिए, धर्म की स्वतंत्रता के मूल अधिकार की गारंटी देते हुए अनुच्छेद-25 के स्पष्टीकरण-II ने यह स्पष्ट कर दिया है कि खंड (2) के उपखंड (ख) में हिन्दुओं से सन्दर्भ ऐसा सन्दर्भ माना जाएगा कि उसमें सिख, जैन और बौद्ध धर्म भी सम्मिलित हैं तथा हिन्दू धार्मिक संस्थाओं का भी वैसा ही अर्थ लगाया जाएगा।"[26]

यह सच है कि भारत के संविधान में ऐसा ही लिखा गया है जैसा न्यायमूर्ति महोदय ने बताया है, लेकिन वे इसका सही सन्दर्भ देने में चूक कर गए हैं। जब वे अपने पक्ष में किसी अनुच्छेद का लाभ उठाना चाहते हैं तो उन्हें उसका सही सन्दर्भ भी देना चाहिए था। यह सन्दर्भ भारत के 'सभी व्यक्तियों को अन्तःकरण की स्वतंत्रता का और धर्म के अबाध रूप में मानने, आचरण करने और प्रचार करने' के समान हक का है। ऐसा अनुच्छेद 25 (1) में लिखा गया है। लेकिन सभी जानते हैं कि हिन्दू धर्म में गिने जा कर भी अछूतों को यह स्वतंत्रता प्राप्त नहीं थी। इसलिए, अछूतों के लिए इस संवैधानिक सुरक्षा का एक खास मतलब ठहरता है। संविधान के अनुच्छेद-25 (2) (ख) में इस स्वतंत्रता का खुलासा किया गया है। उसमें लिखा गया है–"इस अनुच्छेद की कोई बात किसी ऐसी विद्यमान विधि के प्रवर्तन पर प्रभाव नहीं डालेगी या राज्य को कोई ऐसी विधि बनाने से निवारित नहीं करेगी जो....(ख) सामाजिक कल्याण और सुधार के लिए या सार्वजनिक प्रकार की हिन्दुओं की धार्मिक संस्थाओं को हिन्दुओं के सभी वर्गों और अनुभागों के लिए खोलने का उपबन्ध करती है।"[27] इसी के लिए स्पष्टकीरण 2 में लिखा गया है कि 'खंड (2) के उपखंड (ख) में हिन्दुओं के प्रति निर्देश का यह अर्थ लगाया जाएगा कि उसके अन्तर्गत सिख, जैन या बौद्ध धर्म के मानने वाले व्यक्तियों के प्रति निर्देश है और हिन्दुओं की धार्मिक संस्थाओं के प्रति निर्देश का अर्थ तदनुसार लगाया जाएगा।'[28] लेकिन पता नहीं माननीय सुप्रीम कोर्ट के न्यायमूर्ति महोदय ने इस अनुच्छेद की गौरवमयी व्याख्या कैसे कर दी है, जबकि इसमें हिन्दू धर्म को ले कर शर्म से सिर झुका जाता है कि हिन्दुओं के मंदिर अछूतों के लिए खुलवाने के लिए राज्य को दखल देनी पड़ रही है। उलटे, उस अनुच्छेद से हिन्दू धर्म असहिष्णु और अनुदार सिद्ध हो कर रह जाता है। फिर, हिन्दू धर्म का सिख धर्म, जैन धर्म और बौद्ध धर्म से तथा

उनकी संस्थाओं से संबंध इसलिए जुड़ जाता है, क्योंकि यह अस्पृश्यता का कलंक उन सब तक फैला हुआ है। वास्तव में, हिन्दू धर्म के लिए यह एक रोने की जगह है और खुश होने की जगह बिलकुल नहीं है। यहाँ बताया जा सकता है कि दूसरे धर्मों के लिए संविधान के इस अनुच्छेद का कोई अर्थ नहीं है। आखिर, संविधान को यह क्यों नहीं लिखना पड़ा है कि सारे मुसलमानों के लिए सारी मस्जिदें खुली रहेंगी तथा सारे ईसाइयों के लिए सारे गिरजे खुले रहेंगे? उत्तर यह है कि उन धर्मों में ऐसी कोई समस्या नहीं है। मुसलमानों के लिए उनकी मस्जिदें तथा ईसाइयों के लिए उनके चर्च पहले से ही खुले हुए हैं। इसके अलावा, सुप्रीम कोर्ट के इस निर्णय में संविधान का अनुच्छेद 15(2) भी उद्धृत नहीं किया गया है जो भारत के सभी व्यक्तियों को सामाजिक समता का अधिकार देता है। उसमें लिखा गया है–"कोई नागरिक केवल धर्म, मूलवंश, जाति, लिंग, जन्मस्थान या इनमें से किसी के आधार पर–(क) दुकानों, सार्वजनिक भोजनालयों, होटलों और सार्वजनिक मनोरंजन के स्थानों में प्रवेश, या (ख) पूर्णतः या अंशतः राज्य विधि से घोषित या साधारण जनता के प्रयोग के लिए कुओं, तालाबों, स्नानघाटों, सड़कों और सार्वजनिक समागम के स्थानों के उपयोग के संबंध में किसी भी निर्योग्यता, दायित्व, निर्बंधन या शर्त के अधीन नहीं होगा।"[29] देखा जा सकता है कि यह अनुच्छेद भी हिन्दू धर्म में व्याप्त अस्पृश्यता की बुराई को देख कर लिखा गया है। हिन्दू समाज में अछूतों को ऐसी सामाजिक समता का अधिकार प्राप्त नहीं था जो बात हिन्दू धर्म या हिन्दुत्व की असहिष्णुता और अनुदारता में शुमार होती है।

यह बात पुनः कही जा सकती है कि जबकि संसद ने हिंदुओं के बारे में एक पूरी और पृथक विधि बना कर दे रखी है, माननीय सुप्रीम कोर्ट के निर्णय में उसकी ओर कोई संकेत तक नहीं है। सही बात यह है कि माननीय सुप्रीम कोर्ट ने जिस 'हिन्दुत्व' की बात की है, उस में हिप्पोक्रेसी, कथनी और करनी का अन्तर, रिडल और अनिर्वचनीयता आ जाती हैं। इसलिए ऐसी स्थिति में यही कहा जा सकता है कि उन सब पहलुओं पर विचार कर धर्मनिरपेक्ष भारत के लौकिक राज्य ने जो मान्य किया था, वह यह है जो आज कानून में उल्लिखित मिलता है और उसमें 'हिन्दू', 'हिन्दुत्व' और 'हिन्दुइज्म' तीनों शब्द पकड़े जाते हैं। वास्तव में, संविधान के अनुच्छेद 25 (2) (ख) में भी 'हिंदू' शब्द का अर्थ हिन्दू ही है, सिख, जैन या बौद्ध नहीं। संविधान ने ऐसा नहीं किया है कि सिख, जैन या बौद्ध को हिन्दू कह दिया है। संविधान के लिए भी हिन्दू अलग हैं, सिख अलग हैं, जैन अलग हैं और बौद्ध अलग हैं। ये चारों धर्म अलग-अलग हैं। लेकिन अस्पृश्यता की बुराई को समाप्त करने के उद्देश्य से इस अनुच्छेद के प्रावधान इन चारों धर्मों को मानने वालों पर लागू किए गए हैं। एक ही निर्देश चारों के लिए है, यही इसका सही अर्थ है। इससे इस अनुच्छेद का अर्थ यह नहीं निकाला जा सकता कि हिन्दू धर्म सहिष्णु और उदारमना है।

इस बात को एक बार पुनः कहा जाए कि हिन्दुओं की सार्वजनिक प्रकार की धार्मिक संस्थाएँ खुद हिन्दू कहे जाने वाले सभी लोगों के लिए खुली हुई नहीं हैं। उन्हें सारे हिन्दुओं के लिए खोलने के प्रयोजन से राज्य कुछ विधियाँ बना चुका है तथा आगे कुछ और नई विधियाँ बना सकता है। ध्यान रहे कि इस अनुच्छेद में या संविधान में अन्यत्र कहीं भी ऐसा नहीं लिखा गया है कि राज्य ऐसी विधि मुसलमानों के लिए, ईसाइयों के लिए, पारसियों के लिए या यहूदियों के लिए भी बनाएगा। वास्तविकता यह है कि उन धर्मों में ऐसी कोई समस्या नहीं है। असहिष्णुता की ऐसी भेदबुद्धि केवल हिन्दुओं की धार्मिक संस्थाओं में ही विद्यमान है। दूसरी बात हिन्दुओं के प्रति निर्देश की है कि वह निर्देश सिख, जैन या बौद्ध धर्म मानने वाले व्यक्तियों के लिए भी है। इसका मतलब यह नहीं है कि सिख, जैन या बौद्ध धर्म हिन्दू धर्म में तब्दील हो गए हैं या उसमें खप गए हैं। इसका मतलब केवल इस अनुच्छेद के चल रहे सन्दर्भ में ही है और उससे बाहर नहीं। इसका मतलब है कि ऐसी समस्या सिक्खों, जैनियों और बौद्धों में भी विद्यमान है। वास्तव में, ये चार धर्म अलग-अलग धर्म हैं और इन चारों के अपने अलग-अलग पवित्र धर्मग्रन्थ हैं। बात केवल इतनी है कि राज्य इनकी उन धार्मिक समस्याओं को दूर करने में लगा हुआ है जो लौकिक प्रभाव की और अस्पृश्यता की हैं। राज्य को यह दखल इसलिए करनी पड़ रही है क्योंकि अन्यथा अस्पृश्यता आदि की अमानवीय समस्याएँ समाप्त होने वाली नहीं हैं।

पाँच

संविधान के बाद 'हिन्दू विवाह अधिनियम, 1955', 'हिन्दू उत्तराधिकार अधिनियम, 1956', 'हिन्दू अवयस्कता और संरक्षकता अधिनियम, 1956' तथा 'हिन्दू दत्तक ग्रहण तथा भरण- पोषण अधिनियम, 1956' के चारों हिन्दू अधिनियमों में हिन्दू की परिभाषा दी गई है। चारों अधिनियमों में यह परिभाषा एक ही है। ऐसा नहीं है कि किसी अधिनियम में एक परिभाषा दी गई हो और दूसरे अधिनियमों में दूसरी परिभाषा दी गई हो या पहले अधिनियम की परिभाषा में कुछ जोड़ा या घटाया गया हो।

'हिन्दू' शब्द की यह परिभाषा चारों अधिनियमों की धारा संख्या 2 में दी गई है। किसी भी अधिनियम में से पढ़ा जाए, उस की धारा 2 में लिखा मिलता है :

"2 अधिनियम का लागू होना—(1) यह अधिनियम—

(क) वीरशैव, लिंगायत या ब्राह्म, प्रार्थना या आर्य समाज के अनुयायी के सहित ऐसे किसी व्यक्ति को लागू है जो कि हिन्दू धर्म के रूपों या विकासों में से किसी के नाते धर्म से हिन्दू है।

(ख) ऐसे किसी व्यक्ति को लागू है जो कि धर्म से बौद्ध, जैन या सिक्ख है।

(ग) जब तक कि ऐसे किसी अन्य व्यक्ति के बारे में जो कि धर्म से मुसलमान, ईसाई, पारसी या यहूदी नहीं है, यह सिद्ध नहीं कर दिया जाता कि यदि यह अधिनियम पारित न किया गया होता तो वह ऐसी किसी बात के बारे में, जिसके लिए कि इसमें व्यवस्था की गई है, हिन्दू विधि द्वारा उस विधि के भाग रूप किसी रूढ़ि या प्रथा द्वारा शासित न होता, ऐसे अन्य व्यक्ति को भी लागू है।"[30]

इन चारों हिन्दू विधियों की धारा 2 (2) इस प्रकार है–"(2) उपधारा (1) में अन्तर्विष्ट किसी बात के होते हुए भी इस अधिनियम में अन्तर्विष्ट कोई बात संविधान के अनुच्छेद 366 के खंड (25) के अर्थों के अन्दर वाली किसी अनुसूचित आदिम जाति के सदस्यों को तब तक लागू न होगी जब तक कि केन्द्रीय सरकार राजकीय गजट में अधिसूचना द्वारा अन्यथा निर्दिष्ट न करे।"[31] आगे धारा 2 (3) में लिखा गया है–"इस अधिनियम के किसी भी प्रभाग में 'हिन्दू' पद का ऐसा अर्थ लगाया जाएगा कि मानो इसके अन्तर्गत ऐसा भी व्यक्ति है जो कि यद्यपि धर्म से हिन्दू नहीं है, तथापि ऐसा व्यक्ति है जिसे कि यह अधिनियम इस धारा में अन्तर्विष्ट उपबन्धों के बल से लागू होता है।"[32]

यह हिन्दुओं की स्वीय विधि की दशा है। इन अधिनियमों को हिन्दुओं, सिक्खों, जैनियों और बौद्धों पर समान रूप से लागू किया गया है।

इसमें कुछ भी गलत नहीं है कि कोई एक विधि बनाई जाए और कहा जाए कि यह अमुक-अमुक धर्मों को मानने वाले लोगों पर लागू होगी। लेकिन असल सवाल उस विधि के नामकरण का है। तब इसे 'हिन्दू विधि' क्यों कहा जाए? जब उसे सिक्ख विधि, जैन विधि या बौद्ध विधि नहीं कहा जा रहा है, तो उसे हिन्दू विधि भी क्यों कहा जा रहा है? इसमें मात्र 'हिन्दू विवाह अधिनियम, 1955' कहने से तथा इस अधिनियम को सिक्खों, जैनियों और बौद्धों पर लागू करने से सिक्खों, जैनियों और बौद्धों की अलग पहचान मिटती है। वास्तव में, यह दूसरे धर्मों की विशिष्ट पहचान मिटाने का काम है। बात यह नहीं है कि इन चारों धर्मावलम्बियों के लिए समान सिविल संहिता तैयार की जानी चाहिए थी। यदि ऐसा करना था, तो उसके लिए कोई मनाही नहीं थी। सवाल यह है कि उस विधि का नाम 'हिन्दू' के नाम पर क्यों रखा जाए? उसे मात्र 'विवाह अधिनियम, 1955' कहा जाता और चारों पर लागू किया जाता। एक दूसरा तरीका यह था कि चार नामों से अधिनियम बनाए जाते। वे नाम 'हिन्दू विवाह अधिनयम, 1955', 'सिक्ख विवाह अधिनियम, 1955', 'जैन विवाह अधिनियम, 1955' और 'बौद्ध विवाह अधिनियम, 1955' हो सकते थे। यह बात सच में पेचीदगी पैदा करती है कि नाम 'हिन्दू विवाह अधिनियम, 1955' होगा और वह सिक्खों, जैनियों और बौद्धों पर भी लागू होगा।

उपर्युक्त चारों हिन्दू विधियों की धारा 2 (1) (क) में यह भी कहा गया है कि यह विधि वीरशैव, लिंगायत, ब्राह्म समाज, प्रार्थना समाज और आर्य समाज के अनुयायियों पर भी लागू होगी। यह अच्छा हुआ कि इसमें इन समाजों के नाम खोल दिए गए हैं। यह गनीमत है कि इन समाजों की पहचान बन गई है, लेकिन आगे उन व्यक्तियों की पहचान मिटा दी गई है जो हिन्दू धर्म के किसी रूप या विकास को मानते हैं, पर धर्म से हिन्दू हैं। साथ ही, यह हिन्दू विधि धारा 2 (2) के अनुसार केन्द्र सरकार द्वारा अनुसूचित जनजातियों पर भी लागू की जा सकती है, लेकिन धारा 2 (3) में क्या हुआ है? यहाँ यह विधि उन सब पर लागू कर दी गई है जो धर्म से हिन्दू नहीं हैं तथा मुसलमान, ईसाई, पारसी या यहूदी में से कोई नहीं हैं। इस प्रकार, हिन्दू विधि भारत के उन सब लोगों पर लागू होती है, जो अनुसूचित जनजाति, मुसलमान, ईसाई, पारसी या यहूदी में से कोई नहीं हैं।

विनायक विष्णु देशपांडे अपनी पुस्तक 'हिन्दू विधि के सिद्धान्त' में लिखते हैं—''आधुनिक न्यायालय किसी व्यक्ति को हिन्दू सिद्ध करने के लिए सर्वप्रथम उसे 'अहिन्दू' सिद्ध करते हैं। और जब यह सिद्ध हो जाता है कि वह व्यक्ति 'अहिन्दू' नहीं है तो उसे 'हिन्दू' मान लेते हैं, भले ही उनमें शाश्वत अथवा सनातन हिन्दू के कोई भी लक्षण न हों।''[33] ऐसा इसलिए है क्योंकि हिन्दुओं में दलित-पिछड़ी जातियों को बिना तरकीब के ले लिया गया है। इसलिए, जो हिन्दू नहीं हैं, उन्हें हिन्दू कहने में यह कानूनी परेशानी जरूर आनी है। तभी 'हिन्दू' की कोई सकारात्मक परिभाषा नहीं बन सकी है। यदि हिन्दुओं में से दलित और पिछड़ी जातियों को निकाल दिया जाए, तो शेष द्विज हिन्दुओं की सकारात्मक परिभाषा बनने में कोई कठिनाई पेश नहीं आ सकेगी।

हिन्दू चिन्तक भारतीय चिन्तन को समझना नहीं चाहते। वे हिन्दू चिन्तन को भारतीय चिन्तन कहना चाहते हैं। विधि के क्षेत्र में भी उनका यही दृष्टिकोण है। उनके लिए हिन्दू धर्म के सिवाय कोई धर्म नहीं है, हिन्दू धर्मशास्त्रों और मीमांसा ग्रंथों के सिवाय कोई ग्रंथ नहीं है और संस्कृत भाषा के सिवाय कोई भाषा नहीं है। हिन्दू धर्म, हिन्दू शास्त्र और संस्कृत भाषा—उनके पास यही प्रमाण और आधार हैं। इसी विचार को प्रो. विनायक विष्णु देशपांडे अपनी पुस्तक 'हिन्दू विधि के सिद्धान्त' में लिखते हैं—''हिन्दू विधि सिद्धान्त विगत अनेक शताब्दियों में धर्मशास्त्रों एवं मीमांसा-ग्रन्थों में विकसित हुए विधिक सिद्धान्तों के अतिरिक्त अन्य कुछ नहीं है।''[34] इससे पहले ये प्रोफेसर यह भी लिख चुके हैं कि 'न तो कभी बौद्ध, जैन या सिख जैसे धर्मों के दार्शनिकों ने और न वर्णाश्रम व्यवस्था का खंडन करने वाले किसी संप्रदाय के किसी नेता ने ही किसी पृथक विधि सिद्धान्त के निर्माण का प्रयत्न किया।'[35] वास्तव में, ऐसा लिख कर इन लेखक महोदय ने भारत में प्राचीन अस्पृश्य जातियों के पृथक विधि सिद्धान्त की पूर्ण उपेक्षा कर दी है। इन्होंने इस तथ्य को कतई अनदेखा कर दिया है कि द्विज जातियों में तलाक न

होने के मुकाबले में गैर-द्विजों में तलाक की लम्बी परम्परा रही है। जब परिणाम में इतना अन्तर है तो विधि के सिद्धान्तों में भी अन्तर होने को अच्छी तरह समझा जा सकता है। असल में, बौद्धों में भी दो प्रकार की जातियाँ रही थीं—द्विज और गैर-द्विज। बौद्धों का नाम लेने से गैर-द्विज बौद्धों के बारे में कुछ खास पता नहीं चलता, जैसे हिन्दू कहने से अस्पृश्यों का अलग से पता नहीं चलता।

यह जान लिया जाए कि आधुनिक हिन्दू विधि की समस्या क्या है। इस विधि की समस्या यह है कि यह दो विपरीत ध्रुवों को एक साथ ले कर चल रही है। ये दो भिन्न धाराएँ हैं, जो आपस में गड्ड्मड्ड कर दी गई हैं। हाँ, जैसे हिन्दुओं का अध्यात्म दो फाड़ है, वैसे ही इनकी स्वीय विधि भी दो अलग-अलग धड़ों की है। स्वयं डॉ. राममनोहर लोहिया ने अपना एक लेख 'हिन्दू बनाम हिन्दू' शीर्षक से लिखा है।

कहना यही है कि हिन्दू समाज में दो बड़े सामाजिक वर्ग हैं। इनमें से एक द्विज समाज है और दूसरा गैर-द्विज समाज है। इन दोनों की हर बात एक-दूसरे के विरोध में जाता है। यदि इनमें समानताएँ हैं, तो वे केवल प्राकृतिक और जैविक समानताएँ हैं, पशु के स्तर पर जा कर ही ये दोनों वर्ग एक हैं, अन्यथा मानव निर्मित शास्त्र और विधि के स्तर पर इनमें असमानताएँ ही असमानताएँ हैं। इनमें पशु के स्तर की समानताएँ ये हैं कि इन दोनों वर्गों के लोग आहार लेते हैं, समान रूप से रात को सोते हैं, आग, पानी और मृत्यु से दोनों को बराबर भय व्यापता है और दोनों वर्ग मैथुन के द्वारा सन्तान पैदा करते हैं। इनमें असमानता यह है कि शास्त्र के पढ़ने में, जनेऊ धारण करने में तथा विधि और दंड के मामले में ये दोनों वर्ग अलग-अलग हैं।

छह

इससे आगे यह और देखा जा सकता है कि 'हिन्दू विवाह अधिनियम, 1955' में कोई व्यक्ति कितना हिन्दू है और हिन्दू धर्म से अन्य धर्मों में धर्मान्तरण की खास समस्या क्या है। इसके लिए 'हिन्दू विवाह अधिनियम, 1955' की धारा-17 को उद्धृत किया जा सकता है, जिसमें लिखा गया है—"यदि इस अधिनियम के प्रारम्भ के पश्चात दो हिन्दुओं के बीच अनुष्ठापित किसी विवाह की तारीख पर ऐसे विवाह के किसी पक्षकार का पति या पत्नी जीवित था या थी तो ऐसा विवाह शून्य होगा और भारतीय दंड संहिता की धारा 494 और 495 के उपबन्ध उसे तदनुसार लागू होंगे।"[36] देखा जा सकता है कि इसमें पहली कानूनी शर्त यह है कि ऐसा विवाह केवल दो हिन्दुओं के बीच हुआ होना चाहिए। यदि उनमें से एक भी हिन्दू नहीं है तो वह विवाह ही नहीं माना जाएगा।

हिन्दू कौन है—इसकी परिभाषा इस अधिनियम की धारा 2 में दी गई है, लेकिन यहाँ उसके प्रभाव को देखा जा सकता है। चन्द्रनाथ झा ने हिन्दू विवाह के बारे में लिखा है—"हिन्दू विवाह अन्तर्जातीय हो सकता है, किसी भी जाति का हिन्दू किसी भी जाति

के हिन्दू से विवाह कर सकता हो, किन्तु अन्य धर्मावलम्बी से हिन्दू का विवाह हिन्दू विवाह नहीं है। विवाह के लिए एक ही जाति का होना आवश्यक नहीं है, परन्तु वर-वधू दोनों का हिन्दू होना आवश्यक है। वर-वधू में से एक सिख, जैन, बौद्ध और दूसरा सनातनी ब्राह्मण हो सकता है या कोई क्षत्रिय या दूसरा शूद्र या वैश्य हो सकता है। इस प्रकार जाति का कोई बन्धन नही है, केवल हिन्दू होना आवश्यक है और हिन्दू में जैन, सिख और बौद्ध शामिल हैं।''[37] दूसरी बात, आज के 'हिन्दू विवाह अधिनियम, 1955' में भी हिन्दू विवाह एक अनुष्ठापित विवाह है। यदि विवाह अनुष्ठापित नहीं हुआ है, तो वह हिन्दू विवाह नहीं हुआ है। अनुष्ठापन में संस्कार किए जाते हैं जो धार्मिक और पवित्र हैं। इस में अनेक निर्णयों के उदाहरण दिए जा सकते हैं जिनके अनुसार यदि हिन्दू विवाह अनुष्ठापित नहीं हुआ है तो वह हिन्दू विवाह नहीं हुआ है। इसके लिए धार्मिक कर्मकांड पूरे होने बहुत जरूरी हैं। इस अधिनियम की धारा 7 में लिखा गया है कि '7. हिन्दू विवाह के लिए कर्मकांड—(1) हिन्दू विवाह उसके पक्षकारों में से किसी की भी रूढ़िगत रीतियों और कर्मकांड के अनुसार अनुष्ठापित किया जा सकेगा। (2) जहाँ कि ऐसी रीतियों और कर्मकांड के अन्तर्गत सप्तपदी (अर्थात अग्नि के समक्ष वर और वधू द्वारा संयुक्ततः सात पद चलना) आती हो, वहाँ विवाह पूर्ण और आबद्धकर तब होता है जब सातवाँ पद चल लिया जाता है।'[38] 'हिन्दू विवाह अधिनियम, 1955' की धारा 11 में भी लिखा गया है कि 'इस अधिनियम के प्रारम्भ के पश्चात अनुष्ठापित कोई भी विवाह यदि वह धारा 5 के खंड (1) का उल्लंघन करता हो तो अकृत और शून्य होगा।'[39] लेकिन उस विवाह के अकृत और शून्य होने का प्रश्न तब उठता है जब ऐसा दूसरा विवाह अनुष्ठापित किया गया हो, जिसमें धार्मिक संस्कार शामिल और अनिवार्य हैं। इस प्रकार, यदि किसी व्यक्ति को इस्लाम धर्म में धर्मान्तरित हुआ माना जाता है, तो हिन्दू विवाह की दृष्टि से उसके मुस्लिम विवाह को विवाह ही नहीं माना जा सकता, क्योंकि उसमें कोई भी हिन्दू कर्मकांड नहीं किया गया है। ऐसी अवस्था में 'हिन्दू विवाह अधिनियम, 1955' की धारा-17 का जिक्र ही नहीं हो रहा है। लेकिन माननीय सुप्रीम कोर्ट ने **श्रीमती सरला मुद्गल** वाले केस में एक मुस्लिम बने व्यक्ति के विवाह को भी पूरी तरह से विवाह माना है।

फिर क्या धर्म परिवर्तन हिन्दुओं के लिए कोई साधारण चीज है? खुद 'हिन्दू विवाह अधिनियम, 1955' ने इसे गम्भीर माना है। इसकी धारा 13 (1) (2) में लिखा गया है कि 'कोई भी विवाह...पति अथवा पत्नी द्वारा उपस्थापित अर्जी पर विवाह विच्छेद की डिक्री द्वारा इस आधार पर विघटित किया जा सकेगा कि....(2) दूसरा पक्षकार अन्य धर्म में संपरिवर्तित हो जाने के कारण हिन्दू नहीं रह गया है।'[40] धर्म परिवर्तन को इस अधिनियम की धारा 23 (2) के परन्तुक द्वारा और अधिक गम्भीर बना दिया गया है, जब उसमें लिखा गया है कि 'कोई भी अनुतोष अनुदत्त करने से पहले न्यायालय का यह कर्तव्य होगा कि वह पक्षकारों के बीच मेल-मिलाप करने का पूर्ण प्रयास करे, लेकिन यदि

मामला धर्म परिवर्तन का है, तो न्यायालय ऐसा प्रयास नहीं करेगा।'[41] देखा जा सकता है कि जब तलाक जारकर्म, क्रूरता और अभित्यजन के आधार पर चाहा गया है, तो उस स्थिति में मेल-मिलाप का प्रयत्न न्यायालय के कर्तव्य में गिनाया गया है। इसका मतलब यही है कि एक हिन्दू के लिए धर्म परिवर्तन जार कर्म से ज्यादा गम्भीर मसला है।

'हिन्दू दत्तक तथा भरण-पोषण अधिनियम, 1956' की धारा 18(2)(च) के अनुसार हिन्दू पत्नी भरण-पोषण के दावे को बरकरार रखते हुए अपने पति से पृथक रहने की उस दशा में भी हकदार होगी '(च) यदि उसका पति कोई अन्य धर्म में संपरिवर्तन होने के कारण हिन्दू नहीं रह गया है।'[42] साथ ही, इस अधिनियम की धारा 18 (3) के तहत 'यदि कोई हिन्दू पत्नी...किसी अन्य धर्म में संपरिवर्तित होने के कारण हिन्दू नहीं रह गई है, तो वह अपने पति से पृथक निवास करने और भरण-पोषण प्राप्त करने की हकदार नहीं होगी।'[43]

सात

अब 'हिन्दू' शब्द को ले कर इस लम्बी कानूनी यात्रा के बाद बताया जा सकता है कि माननीय सुप्रीम कोर्ट ने इस निर्णय में 'हिन्दुत्व' को ऐसी बात से जोड़ा है जिसका कोई एक निश्चित अर्थ नहीं निकलता। लेकिन विधि का काम शब्दों को विशिष्ट अर्थ देना होता है। विधि शब्द की केवल अभिधा शक्ति को जानती है और उसकी लक्षणा और व्यंजना शक्तियों को नहीं जानती। लेकिन माननीय सुप्रीम कोर्ट ने शब्द 'हिन्दू' के विशेष अभिधा वाले अर्थ को त्याग कर इसे अमूर्त अर्थ वाला शब्द बना दिया है। वास्तव में, विधि में जो प्रतिबन्धित है, वह प्रतिबन्धित ही रहना चाहिए। ऐसे शब्दों के प्रयोग की अनुमति नहीं मिलनी चाहिए। लेकिन माननीय सुप्रीम कोर्ट के इस निर्णय में 'हिन्दुत्व' को ऐसा अर्थ दिया गया है कि इसे पकड़ा न जा सके। ऐसा इस देश के हिन्दुओं की कथनी और करनी के अन्तर वाले धार्मिक तथा सामाजिक इतिहास की पृष्ठभूमि के कारण किया गया है। हिन्दू मस्तिष्क इस काम में विशेष रूप से दक्ष है। खुद डॉ. अम्बेडकर ने अपनी पुस्तक 'रिडल्स इन हिन्दुइज्म' में गिन कर ऐसी 33 पहेलियाँ ढूँढ़ी हैं जहाँ शब्दों की और अर्थों की गड़बड़ हुई है। आखिर, हिन्दुओं के पास शब्दों का ऐसा कौन-सा अकाल पड़ गया है कि वे 'हिन्दू' और 'हिन्दुत्व' में अन्तर करने चल पड़े हैं? उन्हें इन शब्दों को ऐसे ही रहने देना चाहिए जैसे कि ये शब्द हैं। वे इस बारे में किसी को यह कह कर बहकाने की कोशिश न करें कि 'हिन्दू' से 'हिन्दुत्व' नहीं बनता है।

यह बात पुनः कही जाए कि विधि जिस बात के लिए लड़ती है, उसका खंडन खुद करने बैठ जाएगी तो यह उसकी स्वस्थ परंपरा नहीं है। विधिशास्त्र में किसी शब्द का एक ही अर्थ होता है और वह निश्चित अर्थ होता है। यदि एक शब्द के दो या दो से

अधिक अर्थ निकलने लगेंगे, तो विधिशास्त्र का पूरा महल ही ढह जाएगा। फिर चोर और जार कभी नहीं पकड़े जाएंगे। फिर, अपराधशास्त्र समाप्त हो जाता है और उसकी कोई जरूरत नहीं रह जाती। तब सब कुछ न्यायाधीश के लिए व्यक्तिपरक चीज हो जाती है। लेकिन विधि और विज्ञान का संबंध 'वस्तुपरक' बातों से होता है और ऐसा ही होना चाहिए। आखिर, कोई व्यक्ति जज के रूप में भी यही चाहता है कि उसे दुनिया के सारे अधिकार प्राप्त हो जाएं। लेकिन एक जज के अधिकार इस रूप में सीमित हो जाते हैं कि वे कानून के तहत वस्तुपरक होते हैं। जज बार-बार व्यक्तिपरक होने का अधिकार लेना चाहते हैं, उन्हें निर्णय देने में विवेकाधिकार का इस्तेमाल पसन्द है, लेकिन संसदीय लोकतंत्र में उनसे अलग और स्वतंत्र संसद का मतलब ही यह है कि उन्हें केवल वस्तुपरक निर्णय देने हैं। यह बात दोहराई जा सकती है कि भारत की न्यायपालिका बार-बार चाहेगी कि एक-एक शब्द के दस-दस अर्थ हों, क्योंकि ऐसा होने से उसके व्यक्तिपरक अधिकार बढ़ते हैं। लेकिन एक शब्द के एक से अधिक अर्थ करने का मतलब है कि न्यायपालिका विधायिका बनने जा रही है और नये-नये कानून बना रही है। आगे यह बताया जा रहा है कि ऐसा कब होता है।

माननीय सुप्रीम कोर्ट ने इसी मामले के एक अन्य अनुषंगी केस **मनोहर जोशी बनाम एन. बी. पाटिल (सुप्रीम कोर्ट : 1995 (7) स्केल : वोल्यूम 1, संख्या 1, पृ.-59)** में निर्णय देते हुए लिखा है—"हमारी राय में, मात्र यह कथन कि पहला हिन्दू राज्य महाराष्ट्र में कायम किया जाएगा, अपने आप में उसके धर्म के आधार पर वोट की अपील नहीं है, बल्कि अधिक से अधिक ऐसी आशा की अभिव्यक्ति है। फिर, ऐसा कथन कितना भी तिरस्करणीय हो, लेकिन इसे उसके धर्म के आधार पर की गई वोट की अपील नहीं माना जा सकता। यह मानते हुए कि उस सभा में अपीलकर्ता के भाषण में ऐसा किया गया कथन सिद्ध हो गया है, हम यह अभिनिर्धारित नहीं कर सकते कि इससे धारा 123 की उपधारा (3) या उपधारा (3 क) के अधीन भ्रष्ट आचरण हुआ है, यद्यपि हम देश के किसी भी स्तर के राजनीतिक नेता के ऐसे विचार या ऐसी स्थिति के विरुद्ध अपनी घृणा प्रदर्शित करते हैं। प्रश्न है कि क्या जैसा कि अधिनियम में परिभाषित किया गया है, निर्वाचक अधिमत के निषेध को अनुज्ञात करने वाला भ्रष्ट आचरण हुआ है। इसके लिए हमारा उत्तर स्पष्ट रूप से नकारात्मक है।"[44]

न्याय की दृष्टि से यह निर्णय न्यायिक भाषा का न हो कर, बल्कि एक पहेली है। इससे डॉ. अम्बेडकर की पुस्तक 'रिडल्स इन हिन्दुइज्म' में एक और 34वीं पहेली जुड़ जाती है। आखिर, माननीय सुप्रीम कोर्ट को अपनी बात बहुत साफ शब्दों में कहनी चाहिए थी। इस भाषा के प्रयोग से पता चल रहा है कि इसमें मन का कोई भेद भी बोल रहा है। यह निर्णय जरूर भेद-बुद्धि से ग्रसित है। इसमें न्याय का मन साफ नहीं है। इसमें माननीय सुप्रीम कोर्ट कथनी और करनी के अन्तर से जूझ रही है। उसे हिन्दू राज्य की भाषा बुरी लग रही है, लेकिन उसे निर्णय इस रूप में देना पड़ रहा है कि इस भाषा

का प्रयोग निरापद है। यहाँ व्यावहारिक सत्ता और पारमार्थिक सत्ता के वेदान्त दर्शन का अन्तर खड़ा हो गया है। मुश्किल यह है कि माननीय सुप्रीम कोर्ट के पास आत्मरक्षा में 'अनिर्वचनीयता' का शब्द नहीं है जो हिन्दू दार्शनिकों के पास हुआ करता है। उसे अपना निर्णय लिख कर देना पड़ता है। वह भाषा के मामले में गूँगी और मौन नहीं हो सकती। इसलिए समाधान में माननीय सुप्रीम कोर्ट के न्यायाधीशों ने यह तर्क निकाला है कि वे स्वीकार एक बात करते हैं, लेकिन महसूस कुछ दूसरी बात करते हैं।[45] इसमें लिखा जा रहा है कि हम स्वीकार करते हैं कि यद्यपि अपीलार्थी के शब्द तिरस्करणीय तथा घृणित थे, लेकिन हम महसूस करते हैं कि वे गलत नहीं थे। क्या इस मामले में माननीय सुप्रीम कोर्ट यह चाह रही थी कि भाषण देने वाले दिन ही 'हिन्दू राज्य' कायम हो जाता, तो केवल तभी वह इस मामले में प्रतिकूल निर्णय दे सकती थी? इसलिए कहना यही है कि यदि यह निर्णय 'स्पष्ट रूप से नकारात्मक' में ही देना था, तो इस निर्णय की भाषा में 'तिरस्करणीय' तथा 'घृणित' जैसे शब्दों का प्रयोग नहीं किया जाना चाहिए था।

फिर, भारत में संविधान का दर्शन घोषित रूप से मानववाद का है। यह इसके अनुच्छेद 51 क (ज) में घोषित किया गया है। इसका दृष्टिकोण वैज्ञानिकता का है, इसकी भूख-प्यास ज्ञानार्जन की है और यह सुधार की भावना को ले कर आगे बढ़ रहा है। इसमें 'हिन्दू' से भिन्न 'हिन्दुत्व' जैसी बात के लिए कोई स्थान नहीं है। संविधान के तहत खड़े किए गए राज्य को 'हिन्दू राज्य' नहीं, बल्कि 'मानववादी राज्य' कहा जाएगा। संविधान की उद्देशिका में इसका स्पष्ट नाम 'समाजवादी पंथ-निरपेक्ष लोकतंत्रात्मक गणराज्य' है। यही राज्य के लिए संवैधानिक भाषा है और 'हिन्दुत्व' की भाषा नहीं। उलटे, अस्पृश्यता और ऊँच-नीच को मिटाने के लिए भारत का संविधान 'हिंदुत्व' के विरोध में मानववाद का पक्ष लेता है। साथ ही, हिन्दुओं को भारत में रहने के लिए सहिष्णुता की जरूरत नहीं है, बल्कि संविधान की उद्देशिका में उन्हें सबके साथ 'बंधुता' की भावना से रहने के लिए कहा गया है। सहिष्णुता पुनः संविधान से बाहर का शब्द है। इसे संविधान-सम्मत शब्द नहीं कहा जा सकता, क्योंकि सहिष्णुता में लगता है कि यह मन पर भारी बोझ-सा है। यह पूर्णतया नकारात्मक अर्थ वाला शब्द है। संविधान ने इसके बजाय एक सकारात्मक शब्द 'बंधुता' का दिया है। यह समाज में भाईचारा है। सहिष्णुता मन पर जोर डालने वाली चीज है, लेकिन बंधुता में दूसरे से गले मिलने के लिए प्रेम का उबाल है। बंधुता में सहिष्णुता वाली औपचारिकता के लिए कोई स्थान नहीं है। बंधुता में हर ब्राह्मण को मुसलमान, ईसाई और दलित के घर का पानी पीना चाहिए। उसे इनसे गले मिलने में प्रेम से लोट-पोट हो जाना चाहिए। इसके बिना केवल सहिष्णुता से संविधान की उद्देशिका में बताई गई बंधुता के इस उच्च्य आदर्श की प्राप्ति नहीं हो सकती। सहिष्णुता में मन की भीतरी जलन बची रह सकती है। सहिष्णुता हिन्दुओं का पुराना आपद्धर्म है, जिसका गंगा जल के सौ कलश डाल कर प्रायश्चित हो

जाता है। सहिष्णुता में कपट भावना और कथनी और करनी के अन्तर बचे रह सकते हैं, इसलिए बंधुता में सामाजिक हिप्पोक्रेसी को समाप्त कर दिया जाता है। बंधुता में कोई प्रायश्चित करने की जरूरत शेष या आवश्यक नहीं रह जाती।

बताया जा सकता है कि हिन्दू मस्तिष्क द्विज होने के नाते हर बात में दोहरी नीति अपना कर चलता है। जब हिन्दुओं से कहा जाता है कि हिन्दू धर्म कोई धर्म नहीं है, तो जवाब दिया जाता है कि यह संसार का सबसे श्रेष्ठ धर्म है, लेकिन जब इसे धर्म कह कर जिम्मेदार ठहराने की कोशिश की जाती है तो उत्तर में कहा जाता है कि यह परिभाषा का धर्म नहीं है। इस प्रकार, इस मामले में एक हिन्दू केवल अपनी चलाता है। जब उसे अपने फायदे के लिए धर्म की जरूरत पड़ती है तो वह इसे धर्म कह देता है और जब उस पर कोई मानवीय या सामाजिक जिम्मेदारी की बात आती है, तो इसे धर्म की परिभाषा से बाहर खड़ा कर देता है। वह ऐसी 'रिडल' जानबूझ कर खड़ी करता है।

यह बात सच है कि हिन्दू अपनी संस्कृत भाषा को कमजोर भाषा नहीं मानते। जब ऐसा है तो वे 'हिन्दू' से बने 'हिन्दुत्व' के इतने मोहताज हो कर क्यों रह गए हैं? भारत की हिन्दी समेत तमाम गैर-संस्कृत भाषाओं में 'हिन्दुत्व' का यही अर्थ है कि यह शब्द 'हिन्दू' से बना है। यदि 'हिन्दुत्व' को 'हिन्दू' से अलग पहचान का कोई अर्थ देना है तो इसके लिए संस्कृत वाले अपना कोई नया शब्द रच लें। उन्होंने विदेशी शब्द 'कम्प्यूटर' के लिए संस्कृत में 'संगणक' शब्द घड़ लिया है, मानो संसार में सर्वप्रथम कम्प्यूटर मशीन की खोज उन्होंने की हो जिससे वे बाद में यह सिद्ध करते फिरेंगे कि विदेशियों ने कम्प्यूटर बनाना उनसे सीखा है, तो वे 'हिन्दुत्व' के लिए अपना कोई शब्द क्यों नहीं बना लेते हैं? कुछ भी हो, वे भारत की भाषाओं के 'हिन्दुत्व' शब्द के साथ कथनी और करनी के अन्तर वाली छेड़छाड़ न करें। भारत की जनभाषाओं में परिभाषित है तो, और अपरिभाषित है तो,—दोनों प्रकार का यह 'हिन्दुत्व' केवल 'हिन्दू' से बना है। फिर, शब्द 'हिन्दुत्व' संस्कृत का शब्द भी नहीं है, जिससे संस्कृत वाले इसके अर्थ पर अपना अधिकार जताएं। खुद माननीय सुप्रीम कोर्ट ने अपने इस **डॉ. आर. वाई. प्रभु बनाम श्री. पी. के. कुन्डेवाले** मामले में इसे विदेशियों द्वारा दिया गया शब्द माना है। ऐसी स्थिति में इसका अर्थ वही रहने दिया जाए जो अर्थ इसे वे लोग आज तक देते आ रहे हैं। अब वे लोग ईसा की सातवीं शताब्दी में रह कर सिन्धु नदी के उस पार नहीं बैठे हैं, बल्कि सप्त सिन्धुओं के बाद गंगा, यमुना, नर्मदा, महानदी, ब्रह्मपुत्र, कृष्णा, गोदावरी, कावेरी और पेरियार तक पार कर गए हैं। अब वे अच्छी तरह जानते हैं कि इन नदियों के इस पार केवल हिन्दू धर्म के लोग नहीं रह रहे हैं, बल्कि यहाँ बौद्ध, जैन और सिख धर्म के लोग भी रह रहे हैं।

यह बात जोर दे कर कही जा सकती है कि न्यापालिका का धर्म के लिए दुरुपयोग करना उचित नहीं है। किसी जज को अपना इस रूप में इस्तेमाल नहीं करना चाहिए कि वह लौकिक राज्य में धर्मों की व्याख्या करता फिरेगा। न्याय-व्यवस्था को इस चक्कर में नहीं पड़ना चाहिए कि कथनी और करनी के अन्तर वाला हिन्दुत्व क्या है। भारत का

संविधान दर्शनशास्त्र के क्षेत्र में कोई कमजोर और भिखारी संविधान नहीं है। उसे दर्शनशास्त्र धर्मों से उधार लेने नहीं पड़ रहे हैं। उसके पास अपना पृथक मानववाद का दर्शनशास्त्र है। न्यायपालिका का कर्तव्य है कि वह अपनी शब्दावली में केवल इसी शब्द का प्रयोग करे। आखिर, निर्णय देते समय इस बात का विशेष ध्यान रखा जाना चाहिए कि इस देश का संविधान 'हिन्दू' से भिन्न किसी 'हिन्दुत्व' को नहीं जानता। साथ ही, वह 'हिन्दू देश' की जगह 'भारत देश', 'हिन्दुत्व' की जगह 'मानववाद', 'सहिष्णुता' की जगह 'बंधुता' तथा 'जीवन शैली' की जगह 'वैज्ञानिक दृष्टिकोण' के शब्द और अर्थ देता है। जहाँ तक 'हिन्दू राज्य' की बात है, संविधान की उद्देशिका में स्पष्ट रूप से लिखा गया है कि यह राज्य 'हिन्दू राज्य' न हो कर 'समाजवादी पंथ-निरपेक्ष लोकतन्त्रात्मक गणराज्य'[46] है।

आठ

अन्त में, निष्कर्ष में यह कहा जा सकता है :

1. 'हिन्दू' शब्द को कथनी और करनी के अन्तर, हिप्पोक्रेसी, पहेली और अनिर्वचनीयता के रूप में ही जाना जा सकता है। इसलिए, इसकी कसौटी व्यवहार ही हो सकती है। इसे सपाटबयानी में सहिष्णु या उदारमना नहीं कहा जा सकता।
2. जब तक हिन्दुओं के व्यवहार में अस्पृश्यता का चलन है और जब तक संविधान के तहत अस्पृश्यता को मिटाने वाले कानून मौजूद हैं, तब तक इस पर न्यायालय को कोई संविधानेतर बहस नहीं करनी चाहिए।
3. यदि हिन्दू धर्म कोई जीवन शैली है, तो भारत का संविधान स्पष्ट रूप से बता रहा है कि वह एक गलत जीवन शैली है, जिसकी धार्मिक और सामाजिक संस्थाएँ सारे हिन्दुओं के लिए नहीं खोली जा सकी हैं और जिन्हें खुलवाने के लिए राज्य को दखल देनी पड़ रही है। चूँकि हिन्दुओं की अस्पृश्यता बरतने वाली यह जीवन शैली दूसरे धर्मों तक में चली गई है, इसलिए इसे मिटाने के लिए 'हिन्दू' में उन धर्मों के लोगों को भी सम्मिलित कर लिया गया है। इसमें यह भी बताया जा सकता है कि डॉ. अम्बेडकर ने हिन्दुओं के आधुनिक जीवन को 'लाइफ ऑफ कन्ट्राडिक्शन्स'[47] कहा है।
4. न्यायालय को भारत के संविधान तक सीमित रहना चाहिए। 25 जनवरी, 1996 की सन्ध्या को राष्ट्र के नाम अपने प्रसारण में भारत के महामहिम राष्ट्रपति महोदय ने कहा है कि सारतत्व के रूप में

हमारा संविधान हमारे राष्ट्र का दर्शन है। इस संविधान के अनुच्छेद-51 (क) (ज) में भारत के संविधान का दर्शन स्पष्ट रूप से मानववाद घोषित किया गया है और जीवन में वैज्ञानिक दृष्टिकोण की बात कही गई है। वहाँ किसी 'हिन्दुत्व' की या किसी अन्य जीवन शैली की बात नहीं की गई है। उसमें लिखा गया है कि 'भारत के प्रत्येक नागरिक का यह कर्तव्य होगा कि वह (ज) वैज्ञानिक दृष्टिकोण, मानववाद और ज्ञानार्जन तथा सुधार की भावना का विकास करे।'[48]

5. माननीय सुप्रीम कोर्ट ने अपने **डॉ. आर. वाई. प्रभु बनाम श्री पी. के कुन्डेवाले** मामले में 'सहिष्णुता' और 'उदारमना' के जो शब्द दिए हैं, वे संविधान की भाषा में ठीक नहीं बैठते हैं। 'सहिष्णुता' में लगता है कि कुछ सहा जा रहा है और गलत सहा जा रहा है और जबरन सहा जा रहा है। लेकिन संविधान की उद्देशिका में अपना प्रिय शब्द 'बंधुता' है और वह सहिष्णुता से ज्यादा वजनदार शब्द है। 'उदारमना' में ऐसा लगता है मानो किसी पर कोई दया दिखाई जा रही है, लेकिन संविधान की उद्देशिका में अपने प्रिय शब्द 'न्याय', 'स्वतंत्रता' और 'समता' के हैं, जो दयालुता के नहीं, बल्कि मानव सम्मान और व्यक्ति की गरिमा के हैं।
6. संविधान के अनुच्छेद में हिन्दू धर्म अलग है, सिख धर्म अलग है, जैन धर्म अलग है और बौद्ध धर्म अलग है। किसी भी कानून में 'हिन्दुत्व' और 'भारतीयता' एक और समरूप नहीं हैं। भारतीयता बड़ी चीज है, जिसमें 'अहिन्दू' और 'अहिन्दुत्व' भी शामिल हैं। संविधान के अनुच्छेद 51 क (च) और अनुच्छेद 35 में इस संस्कृति को 'सामासिक संस्कृति'[49] कहा गया है।
7. हिन्दुओं की स्वीय विधि पूरी तरह एक कट्टर कौम की विधि है। वह अन्य धर्मों में धर्म परिवर्तन को एक वास्तविक और कट्टर अर्थ देती है। उसमें धार्मिक सहिष्णुता नाम के लिए भी नहीं है।

सन्दर्भ

1. Dr. R. Y. Prabhu vs Sh. P.K. Kundewale : SUPREME COURT : 1995 (7) SCALE, Volume I, Number 1, p.-22
2. Dr. R. Y. Prabhu vs Sh. P.K. Kundewale : Copy of the Original Judgement, p.-43
3. Dr. R. Y. Prabhu vs Sh. P.K. Kundewale : SUPREME COURT : 1995 (7) SCALE, Volume 1, Number 1 : p.-21
4. ibid.
5. ibid., p.-19

6. ibid., p.-19
7. दर्शन-दिग्दर्शन, राहुल सांकृत्यायन, किताब महल, इलाहाबाद, प्रथम संस्करण, 1944, भूमिका, पृ. -5
8. वही, पृ.-5
9. Indian Philosophy, Volume I, S. Radhakrishnan, George Allen & Unwin Limited, London, Eight Impression, 1966, pp.-570-71
10. Shrimadbhagvadgita Rahasya Or Karmayoga, Bal Gangadhar Tilak, First Edition, 1935, p.-614
11. मुस्लिम प्रधानमंत्री के पक्ष में, मौलाना वहीदुद्दीन खाँ, नवभारत टाइम्स, नई दिल्ली संस्करण, 11 दिसम्बर, 1995
12. वही
13. वही
14. पहले बदलने की जरूरत, कीर्ति झा, नवभारत टाइम्स, नई दिल्ली संस्करण, 22 दिसम्बर, 1995
15. उमेश मित्तल, नवभारत टाइम्स, नई दिल्ली, संस्करण, 18 जनवरी, 1996
16. भारत का संविधान, 11 सितम्बर, 1991 को यथा विद्यमान, भारत सरकार, विधि, न्याय और कम्पनी मन्त्रालय, विधायी विभाग, राजभाषा खण्ड, तीसरा संस्करण, 1991
17. वही, पृ.-3
18. Dr. Babasaheb Ambedkar : Writings and Speeches, Volume 3, Compiled by Vasant Moon, Education Department, Government of Maharashtra, Bombay-400032, First Edition, 1987, p.-87
19. History of Hindu Imperialism, Swami Dharmteertha, Fifth Edition, 1992, p.-275
20. ibid, p.-275
21. ibid, p.-276
22. ibid, p.-108
23. Dr. Babasaheb Ambedkar : Writings and Speeches, Volume 3, Compiled by Vasant Moon, Education Department, Government of Maharashtra, Bombay-400032, Ist Edition, 1987, p.-92
24. कौटिल्य का अर्थशास्त्र, व्याख्याकार, वाचस्पति गैरोला, चौखम्बा विद्याभवन, चौक (बनारस स्टेट बैंक भवन के पीछे), पो. बा. नं. 69, वाराणसी-221001, तृतीय संस्करण, 1984, पृ.-277
25. वैदिक सम्पत्ति, पण्डित रघुनंदन शर्मा, सार्वदेशिक आर्य प्रतिनिधि सभा, महर्षि दयानंद भवन, रामलीला मैदान, नई दिल्ली-110 002, पृ.-386
26. Dr. R. Y. Prabhu vs Sh. P.K. Kundewale : Copy of the Original Judgement, p.-40
27. भारत का संविधान, 1 सितम्बर, 1991 को यथाविद्यमान, भारत सरकार, विधि, न्याय और कम्पनी मन्त्रालय, विधायी विभाग, राजभाषा खण्ड, तीसरा संस्करण, 1991, पृ.-8
28. वही, पृ.-9
29. वही, पृ.-5
30. हिन्दू विधि, सेन्ट्रल लॉ पब्लिकेशन्स, इलाहाबाद, पृ.-3
31. वही, पृ.-3
32. वही, पृ.-3
33. हिन्दू विधि के सिद्धान्त, लेखक, प्रो. (स्वर्गीय) विनायक विष्णु देशपाण्डे, सम्पादक, डॉ. अच्छे लाल, विधि साहित्य प्रकाशन, विधि और न्याय मन्त्रालय, विधायी विभाग, भारत सरकार, भगवान दास मार्ग, नई दिल्ली-110 001, संस्करण 1987, पृ.-149
34. वही, पृ.-1
35. वही, पृ.-3

36. हिन्दू विधि, चन्द्रनाथ झा, सुविधा लाल हाउस, भोपाल, संस्करण 1991, पृ.-113
37. वही, पृ.-9
38. वही, पृ.-14
39. वही, पृ.-47
40. हिन्दू विवाह अधिनियम, इन्द्रजीत मल्होत्रा, ईस्टर्न बुक कम्पनी, 34, लाल बाग, लखनऊ-226001, द्वितीय संस्करण, 1991, पृ.-99
41. वही, पृ.-211-12
42. हिन्दू विधि, सेन्ट्रल लॉ पब्लिकेशन्स, इलाहाबाद, पृ.-211
43. वही, पृ.-211
44. Manohar Joshi vs N. B. Patil SUPREME COURT : 1995 (7) SCALE : Volume 1, Number 1, p.-59
45. इन्दिरा साहनी और अन्य बनाम भारत संघ और अन्य : (1993) 1 उच्चतम न्यायालय निर्णय पत्रिका, पृ.-425
46. भारत का संविधान, 1 सितम्बर, 1991 को यथाविद्यमान, भारत सरकार, विधि, न्याय और कम्पनी मन्त्रालय, विधायी विभाग, राजभाषा खण्ड, तीसरा संस्करण, 1991, उद्देशिका
47. Supreme Court on Reservation, Dr. Matadin Madholia, Kamlesh Publications, A/23-B, (MIG) Ashok Vihar-III, Delhi-110 052, Edition 1988, p.-228
48. भारत का संविधान, 1 सितम्बर 1991 को यथा विद्यमान, भारत सरकार, विधि, न्याय और कम्पनी मन्त्रालय, विधायी विभाग, राजभाषा खण्ड, तीसरा संस्करण, 1991, पृ.-15
49. वही, पृ.-15, 98

अध्याय-10

दलितों का दर्शन क्या हो?[क]

समस्या के अनुरूप ही कोई समाधान निकला करता है। समस्या को जाने बिना समाधान देना एकदम गलत हो सकता है। समस्या को सही तरह से न जानने पर गलत समाधान प्रस्तुत कर दिए जाते हैं। फिर, समस्या को सतही तौर पर जानने से कई तरह की भूलें हो सकती हैं। इसलिए किसी समस्या को पूरी गंभीरता में जाना जाना चाहिए।

दलितों की समस्या क्या है? इस समस्या को तरह-तरह के नाम दिए जा सकते हैं, पर कुल मिला कर यह मानव के अपमान और उसके अस्तित्व के नकार की समस्या है। यह अपमान, घुटन और दासता के रास्ते मनुष्य की मृत्यु है। जब कोई व्यक्ति अस्पृश्य कहा जाता है, तब वास्तव में उसे मानव नहीं माना जाता। अस्पृश्यता की दृष्टि मानव विरोधी दृष्टि है। मानव की इस गरिमा की रक्षा का व्यावहारिक पहलू देखा जाए कि दलित के पास क्या नहीं है। उत्तर में कहा जा सकता है कि कुछ चीजें हैं, जो उसके पास नहीं हैं। उसके पास लिखित ज्ञान और धर्मशास्त्र नहीं हैं। उसके पास शस्त्र और सत्ता नहीं हैं। उसके पास धन और धन की साख नहीं हैं। उससे लड़ने वालों ने उसे निहत्था कर दिया है। उसके विरोधियों ने उसकी ये सारी चीजें आपस में समझौता कर बांट ली हैं। वह शास्त्रविहीन, शस्त्रविहीन और धनविहीन हो गया है। ऐसे वर्ग के गुलाम बनने में कोई कमी नहीं रह जाती। वास्तव में, दलित वर्ग हिन्दू धर्म का गुलाम वर्ग है।

दलित वर्ग को हिन्दू धर्म की इस गुलामी से मुक्ति पानी है। यही समस्या है और इसी का समाधान खोजा जाना है। दलितों का दर्शन वही होना चाहिए, जो उन्हें इस दासता से पक्की तरह मुक्त कर दे। कुछ छुटपुट समाधान भी हो सकते हैं, पर दलित वर्ग को आर-पार ही देखना है। उसका हित पूर्ण प्राप्ति में है। यथार्थ जीवन से कट कर वह तर्क के हेत्वाभासों में जीना नहीं चाहेगा।

दलितों की समस्या यह है कि हिंदुओं ने इन्हें अलग कर रखा है, लेकिन समय पड़ने पर वे इन्हें अलग होने देना नहीं चाहते। सवाल इनकी पहचान खोने का है। हिंदू

क. दलितों का दर्शन क्या हो?, धर्मवीर, पुस्तक 'आज के प्रश्न-6 : हरिजन से दलित' में संकलित, वाणी प्रकाशन, 21-ए, दरिया गंज, नई दिल्ली-110 002, प्रथम संस्करण, 1994, पृ.-143-155

इन्हें अपने शास्त्र नहीं पढ़ने देते। न वे इन्हें अपने मंदिरों में चढ़ने देते हैं और न ही वे इनके साथ रोटी-बेटी का व्यवहार रखते हैं। उन्होंने आर्थिक दृष्टि से इन्हें तोड़ कर रख रखा है और शैक्षिक दृष्टि से निरा पंगु बना रखा है। हिंदू ग्रंथों के अनुसार दलितों का लोक में कोई हिस्सा नहीं है और शासन में इनकी कोई दखल नहीं है। ये केवल सेवक के रूप में हैं, जिन्हें दास कहा जाना चाहिए।

ऐसी हालत में दलितों की समस्या दोहरी हो जाती है। पहले विकल्प में ये चाहते हैं कि हिंदू उन्हें सम्मान से स्वीकार करें। हर दलित चिन्तक अपने चिन्तन के आरंभिक काल में यही चाहता है। ज्ञातव्य है कि आरम्भ में स्वयं बाबा साहेब डा. अम्बेडकर ने भी हिंदुओं के राम मंदिर में प्रवेश पाने के लिए लंबा संघर्ष किया था। लेकिन यह संभव नहीं हुआ है। इस अनुभव के बाद दूसरे विकल्प में ये चाहते हैं कि इन्हें हिन्दुओं से पृथक वर्ग मान लिया जाए। लेकिन हिंदू इस दूसरे विकल्प को भी सम्भव नहीं होने देते। हिंदू मस्तिष्क की यही धौंस होती है कि दलितों को न साथ रहने दिया जाएगा और न इन्हें अलग होने दिया जाएगा। दलित को गुलाम बनाने की असली परिभाषा यही है कि दलित वर्ग हिंदू समाज का स्वतंत्र वर्ग नहीं है। यह अपने निर्णय आप नहीं ले सकता। इसे अपने हित में सोचने की मनाही है। वास्तव में, दलित लोग ,हिंदू संस्कृति के बँधुआ मजदूर बन कर रहे हैं। आखिर, गाँधी जी की इस घोषणा का कुछ अर्थ है जब वे कहते हैं–"मैं हिंदुओं से अस्पृश्यों को पृथक किए जाने के विरुद्ध हूँ।"[1] गाँधी जी ने कहा था–'मुझे परेशानी नहीं होगी यदि अस्पृश्य लोग इस्लाम या ईसाई धर्म में धर्मांतरित हो जाते हैं। मैं उसे सहन कर लूँगा। लेकिन मैं यह सहन नहीं कर पाऊँगा कि हिंदू धर्म को खतरा बनाते हुए देहातों में हिंदुओं के दो भाग बन जाएँ।'[2]

गाँधी जी की बात रोक कर, क्योंकि गाँधी जी एक सवर्ण हिंदू थे, दलितों की दृष्टि से देखा जाए कि दलित हिंदुओं से किन रूपों में भिन्न हैं। क्या ये उनसे नस्ल में भिन्न हैं, या ये उनसे धर्म में भिन्न हैं? नस्ल में ये हिंदुओं से भिन्न इसलिए नहीं कहे जा सकते, क्योंकि दासों की कोई शुद्ध नस्ल नहीं हुआ करती। हर विजेता जाति विजितों की औरतों से अवैध बच्चे पैदा करती है। उस संतान को एंग्लो-इंडियन के रूप में स्वीकार किया जाए या न किया जाए, लेकिन हिंदुओं का पुराना साहित्य वर्ण संकर की समस्या से ग्रस्त है। वे वर्ण संकर वे हैं, जो जायज हैं, जिन्हें मान्यता मिलती है, जो अनुलोम और प्रतिलोम कहे गए हैं। लेकिन बड़ी संख्या में ऐसी संतानें नाजायज भी रही हैं। इस दृष्टि से आज के दलितों में भारत में आने वाली संसार की सभी जातियों का रक्त होना चाहिए। वास्तव में, दलित हिंदुओं से धर्म के रूप में ही भिन्न हैं। धर्म की भिन्नता में ही समाज की भिन्नता भी समाहित हो जाती है। दलितों का धर्म क्या है और दलितों का दर्शन क्या है? इन प्रश्नों के उत्तर से यह बात समझ में आ सकेगी कि दलितों का अगला रास्ता क्या होगा।

भारतीय समाज के संदर्भ में यह कोई जवाब नहीं है कि दलितों का धर्म हिंदू धर्म है। इससे हिंदू धर्म की परिभाषा को कोई लाभ नहीं है। दलित हिंदू धर्म के किसी भी धर्मग्रंथ को अपना धर्मग्रथ नहीं मानते। वेद को या गीता को दलितों का धर्मग्रंथ बताने में दलितों का धार्मिक अपमान होता है। स्मृतियों और पुराणों से उन्हें संतुष्ट करना उनकी मजाक करने के बराबर है। ऐसे ही, उपनिषद उनके हितैषियों की रचनाएँ नहीं हैं। सही शब्दों में इनमें से कोई भी ग्रंथ उनका अपना नहीं है। फिर सिख धर्म में और बौद्ध धर्म में दलित वर्ग का अस्तित्व स्वीकार कर लिया गया है। पिछड़े वर्ग के रूप में दलितों की पहचान मुसलमानों और ईसाइयों तक में कर ली गई है। ऐसे, जनजातियों को धर्म के किसी एक बाड़े में नहीं रोका गया है। वास्तव में, भारत का दलित वर्ग धर्मों के अजायबघर में खड़ा है, जहाँ उसका अपना कुछ नहीं है।

दलितों को हिंदू कहने से काम यों भी नहीं चलता, क्योंकि 'हिंदू' एक नया शब्द है। यह एक विशेष कालखंड में शब्दकोश में आया हुआ शब्द है। दलितों का धार्मिक इतिहास इस शब्द के बहुत पहले का है। जब इस देश में यह शब्द नहीं था, तब भी दलित लोग अधार्मिक नहीं थे। दलितों को हिंदू धर्म ने धार्मिक नहीं बनाया है। उलटे, विरोधियों ने उनसे उनका धर्म छीनने की कोशिश की है।

दलितों का अपना धर्म अलग ही है। यह उनकी अपनी परम्परा का धर्म है। वे धर्म के रूप में बहुत कुछ और बहुत दूर से मानते आ रहे हैं। उनके धर्म का आदि रूप भी था और वह विकसित भी हुआ है। कभी-कभी वह संघर्षों में दूसरों से प्रभावित हो कर चला है तो कभी उसकी अपनी धारा बहुत पवित्र हुई है। संसार के सभी अन्य धर्मावलम्बियों की तरह वह एक समय जादू-टोने में विश्वास करता रहा है, पर विकसित रूप में उसके धर्म की निर्मल काव्यधारा दलित संतों के निर्गुण गायक बनने में प्रवाहित हुई है। उत्तर भारत में इकतारे पर गदगद करती हुई बरसी रैदास की पवित्रता और कबीर की शक्ति उसके धार्मिक हृदय को हमेशा मोहे रहती है।

दलितों का दर्शन क्या हो? कोशिश यही बताने की की जाती है कि जैसे इनका अपना कोई दर्शन न हो। वास्तव में, इनका दर्शन लोकायत का था, पर वह सरस्वती की जलधारा की तरह इतिहास के मरुस्थल में सुखा दिया गया है। उसे क्रमिक रूप में विकसित नहीं होने दिया गया। विरोधियों द्वारा उसके आदि रूप को ही बुरा-भला कह दिया जाता है। खुद विरोधी लोग वेदों के देवतावाद से वेदान्त के एकेश्वरवाद तक पहुँच गए। परन्तु दलितों को उनके लोकायत में ईश्वर को समाहित नहीं करने दिया गया। हिंदुओं ने अपने षडदर्शन खड़े कर लिए, लेकिन लोकायत को अनीश्वरवाद और ईश्वरवाद की दो धाराओं में भी नहीं बहने दिया। उसे अनीश्वरवाद तक सीमित कर दिया और उस अनीश्वरवाद को भी आगे नहीं बढ़ने दिया। दलित से लिपि ज्ञान छीन लिया गया। वह लिख-पढ़ नहीं सकता था। उसे गूँगा-बहरा बना दिया गया। वह पंगु की मानिन्द जी रहा था। अपने दार्शनिक विकास में आज वह कहाँ का कहाँ पहुँच जाता, लेकिन

वह मौखिक रूप में भी अपने ज्ञान को अपने शिष्यों को न दे दे, इसके लिए उसकी जबान काट ली गई।

दलितों ने दर्शन के क्षेत्र में बहुत ही साफ-सुथरा रास्ता पकड़ा था। यह विज्ञान का और परीक्षण का रास्ता था। इससे आँखों पर पड़ी धुंध हटती जा रही थी। उस युग में इस दृष्टि ने औषधि विज्ञान में अचरज खड़े कर दिए थे। यह दर्शन दुनिया को दुनिया कह रहा था। इसने अपना नाम 'वेद' के विरुद्ध 'लोक' रखा था। यह 'वेदपाठ' के खिलाफ 'लोकवाद' था। संकट में यह इंद्र, वरुण, मरुत आदि देवताओं की स्तुति नहीं करता था, बल्कि प्राकृतिक शक्तियों की वैज्ञानिक खोज कर उन्हें अपने वश में करना चाह रहा था।

यह जान कर खुशी होती है कि भारत के दलित समाज ने डॉ. अम्बेडकर के रूप में विश्व को बीसवीं शताब्दी का अपना महान पुरुष दिया है। इस शताब्दी में यदि कोई धर्मग्रन्थ रचा गया है, तो वह बाबा साहेब द्वारा ही रचा गया है। इसका नाम 'द बुद्धा एंड हिज धम्मा' है। इस ग्रंथ की लेखन शैली उन्होंने स्वयं खोजी थी। ब्रिटेन के प्रोफेसर आर. जी. कोलिंगवुड द्वारा लिखित 'द न्यू लेविथियेन' भी विशिष्ट शैली में लिखा गया ग्रंथ है। लेकिन उनका विस्तार और अर्थ समाज-दर्शन तक सीमित रहा था, जबकि बाबा साहेब ने अपने ग्रंथ को धर्म-दर्शन की कसौटी पर कसा था।

दो राय नहीं कि बाबा साहेब द्वारा दलितों के साथ बरती गई ईमानदारी में संदेह करना भी अन्याय हो जाएगा। बौद्ध धर्म का चयन करने में और इस पुस्तक को लिखने में भी उनकी ईमानदारी पर उँगली नहीं उठाई जा सकती। वे दलितों के हितैषियों के बादशाह थे। उनके कोट की जेबों में दलितों के लिए बहुत कुछ रहता था। वे क्रिसमस के दिन आने वाले उस बूढ़े बाबा की तरह हैं, जो अपने बच्चों को झोली में से भेंट के रूप में मीठे-मीठे प्रसाद बाँटते हैं। औरों से लड़-लड़ कर वे अपनी दलित संतान के लिए इज्जत लाए थे। उन्होंने दलितों को सम्मान से रहना सिखाया था। इसके लिए वे अपने समय के दिग्गजों से भिड़ पड़े थे। उन्होंने गाँधी जी और नेहरू को दलितों की समस्या का समाधान देने के योग्य ही नहीं माना था।

यह बाबा साहेब ने अच्छा किया कि दलितों की समस्या का मूल मर्म पकड़ लिया था। उन्होंने दलितों की समस्या को ठीक ही धार्मिक माना था। इसी के समाधान में वे विश्व की धार्मिक यात्रा पर निकल पड़े थे। इस यात्रा में उन्होंने अपने व्यस्त जीवन का 21 वर्ष का लंबा समय लगाया। उन्होंने विभिन्न धर्मग्रंथ पढ़े और धार्मिक लोगों के अनुभव प्राप्त किए। यह उन्होंने फिर अच्छा किया कि संसार के सारे धर्मों में से एक बौद्ध धर्म को ग्रहण किया। इस का मतलब यह है कि अब उन की दलित सन्तान को केवल बौद्ध धर्म पर अपना ध्यान केंद्रित करना है। अन्य धर्मों के अध्ययन में उन्हें समय नहीं देना है, बल्कि बौद्ध धर्म के बारे में मनन-विश्लेषण करना है।

पर क्या बाबा साहेब ने बौद्ध धर्म ग्रहण कर दलितों के धार्मिक चिंतन पर रोक

लगा दी है? ऐसा बिलकुल नहीं है। बल्कि 'भगवान बुद्ध और उनका धर्म' नाम की पुस्तक लिख कर उन्होंने अपनी दलित संतान के धार्मिक चिंतन की शुरूआत की है। उनकी यह पुस्तक दलितों के सामने एक बानगी है। वे बता रहे हैं कि आगे इस तरह बढ़ा जा सकेगा। इस चयन में उन्होंने दलितों के लिए बाकी धर्मों की अनुपयोगिता सिद्ध की है, पर वे बौद्ध धर्म को स्वीकार करने में भी काफी हिचकिचाए हैं। उनकी समस्या यही थी कि वे इल्हामी ज्ञान में विश्वास नहीं करते थे। इसी कारण वे बुद्ध के शिष्य बन गए। पर क्या उनकी दलित संतान भी अपने महापुरुष को बुद्ध के सामने छोटा देखना चाहेगी? बाबा साहेब ने ऐसा अपनी उदारता दिखाते हुए कह दिया, तो क्या उनकी संतान सच में ही उन्हें बुद्ध से छोटा मानने लगेगी? सच्चाई यह है कि बुद्ध की बाबा साहेब से कोई तुलना नहीं होनी चाहिए। बाबा साहेब ने खुद कोई नया धर्म खड़ा नहीं किया, तो क्या इसका अर्थ यह ले लेना चाहिए कि वे नया धर्म खड़ा करने के योग्य नहीं थे? क्या भारत का दलित समुदाय अपना नया धर्म खड़ा नहीं कर सकता?

मूल प्रश्न यही है कि दलितों की समस्या धार्मिक है, पर यह वर्ग कब तक धर्मांतरणों के फेर में पड़ा रहेगा? इसके पास लोकवाद का धारदार दर्शन है और दलित संतों के हृदय की निर्मल वाणी है—फिर इतनी समृद्ध परंपरा को ले कर भी यह अपना चिंतन संसार को क्यों नहीं दे सकता? अपनी महानता में इसके पास किस चीज की कमी है? इस महानता में सबसे बड़ा और आखरी योगदान स्वयं बाबा साहेब के चिंतन का है। दलितों की समस्या को ले कर बाबा साहेब संसार के किसी महापुरुष से छोटे नहीं पड़ते। वास्तव में, यदि बाबा साहब के पास उस समय भारत के तमाम दलित संतों का साहित्य उपलब्ध होता, तो वे बुद्ध की शरण जाने के बजाय अपने संतों के ढिग बैठते। तब वे त्रिपिटक में माथापच्ची कर सिर खपाने के बजाय निर्गुण शब्द वाणी की गंगोत्री में आनंद स्नान करते। उन्हें मजबूरी में ही इतनी दूर जाना पड़ा था, अन्यथा वे अपना ही महत्व बनाते। यहाँ बौद्ध धर्म की आलोचना करने का अवसर नहीं है। लेकिन लगता है कि धार्मिक युद्ध के इस हौदे में बाबा साहेब ठीक से बैठ नहीं पाए हैं। बौद्ध धर्म से कुछ लेने के बजाय उन्हें उसे देना ज्यादा पड़ गया है। बौद्ध धर्म दलितों को क्या दे सकता था? उलटे दलितों का काम यह हो गया है कि वे बौद्ध धर्म पर लगाए गए ऐतिहासिक लांछनों को अपने सिर पर ढोएँ। सही बात यह है कि बाबा साहेब ने बौद्ध धर्म अख्तियार कर दलितों की जो समस्याएँ उभार कर बताई हैं, उन्हें छोड़ा या भुलाया नहीं जा सकता। पर उनका समाधान अंतिम रूप से हमारा दलित संत है। बौद्ध दर्शन में हिंदुओं के मोक्ष से छुटकारा मिलता है, पर निर्वाण के सिद्धांत का नया झमेला खड़ा होता है। जरूरी यह है कि मोक्ष, कैवल्य और निर्वाण की पूरी शब्दावली को ही छोड़ा जाए। बौद्ध धर्म में जा कर भी पुनर्जन्म और परलोक के सिद्धांतों का ठीक से खंडन नहीं हो पाता, जिसकी दलितों को बहुत आवश्यकता पड़ती है। बौद्ध धर्म से वर्ण व्यवस्था, जाति प्रथा और अस्पृश्यता का भी गृहस्थ जीवन में खंडन नहीं हो पाता—वह इनका खंडन केवल भिक्षु वर्ग में कर पाता है। यहाँ कबीर का चिंतन ही कमल की तरह खिलता

है कि 'बहुरि हम काहे आवेंगे?' तथा 'जो तू बाभन ब्राह्मणी जाया, आन बाट काहे नहिं आया?'

फिर अगली बात पर आया जाए, जो समाज की है। आज दलितों को एक अलग सामाजिक वर्ग के रूप में मान्यता मिल चुकी है। शासन के क्षेत्र में इनके अस्तित्व को ब्रिटिश भारत में ही स्वीकार कर लिया गया था। अब हर कोई मानता है कि इन दोनों क्षेत्रों में दलित वर्ग की एक अलग पहचान है। अच्छी बात यह है कि इन दोनों क्षेत्रों में दलित वर्ग के अपने संघर्ष रहे हैं। अपनी पहचान इन्होंने खुद प्राप्त की है। अब ये अपने चिंतन में नगण्य और अस्पृश्य नहीं रह गए हैं। ये दबने को तैयार नहीं हैं।

सामाजिक वर्ग के रूप में अभी ये लोग अस्पृश्यता को मिटाने तक गए हैं। इस क्षेत्र में अस्पृश्यता को मिटाने के सिवाय ये अधिक कुछ नहीं कर पाए हैं। ये स्वयं इस बात से संतुष्ट नहीं हैं कि इन्होंने कोई तीर मार दिया है। शासन के क्षेत्र में इनका अस्तित्व वोट डालने तक का है। वोट डालने का कानूनी अधिकार मिल जाने के बाद अब मतपेटी में वोट डालने के वास्तविक अधिकार के लिए संघर्ष चल रहा है। कई बार ये अपने बलबूते पर वोट नहीं डाल पाते। विरोधी वर्ग को वोट देना कोई खास बात नहीं है, वह बिना डाले भी पड़ सकता है, लेकिन उन वर्गों के खिलाफ वोट देने के लिए अन्य शक्तिशाली वर्गों का सहारा लेना पड़ता है।

दलित वर्ग को इन क्षेत्रों में अभी बहुत कुछ करना है। यह यात्रा का शुरूआती दौर है। इन्हें आगे बहुत दूर जाना है। इतिहास अपना समय लेता है, पर कुछ परिवर्तन गुणात्मक भी हो सकते हैं, जो लंबी यात्रा को जल्द तय कर लेते हैं।

बात सामाजिक सामंजस्य और सामाजिक समरसता की उभर कर आती है। यह एक अच्छी मांग है कि समाज में समरसता रहनी ही चाहिए। समाज के सभी लोग आपस में सदा झगड़ा करते हुए नहीं रह सकते। आर्थिक व्यापार इतना लंबा-चौड़ा हो और शासन में मत के आधार पर बहुमत द्वारा सभी कुछ तय होता हो, तो कोई भी एक वर्ग बाकी समाज से अलग-थलग बँटा हुआ नहीं रह सकता। यदि दलितों के हाथ में गेहूँ उगाने का पेशा आता है तो इसका मतलब है कि आर्थिक रूप में वे हर गेहूँ खाने वाले कीड़े तक से जुड़ गए हैं। यदि जूते-चप्पल बनाने का काम उन्हें सौंपा जाता है, तो हर व्यक्ति जूते-चप्पल पहनता है। जुलाहे के बिना सारा समाज दिगम्बर होने के लिए मजबूर हो जाएगा। दर्जी के बिना सैनिक सीमाओं पर युद्ध भी नहीं लड़ सकेंगे। इस प्रकार, सामाजिक सामंजस्य के बिना कोई समाज जीवित नहीं रह सकता। पर इस सामाजिक सामंजस्य का मतलब यह नहीं हो सकता कि दो वर्गों में एक दास और दूसरा मालिक बना रहे। मजदूर अपनी मजदूरी का हक माँगना छोड़ दे, तो क्या इससे समाज में शांति स्थापित हो जाती है? क्या ऐसी व्यवस्था में न्याय का गला नहीं घुट जाता?

आवश्यकता मात्र इतनी नहीं है कि दलित वर्ग हिंदू समाज से सामंजस्य रखे। बड़ी आवश्यकता यह है कि दलित वर्ग पूरे भारतीय समाज से सामंजस्य रखे। पूरे भारतीय

समाज में बहुत कुछ आ जाता है। इसमें हिंदू, मुसलमान, सिख, ईसाई, जैन, पारसी, बौद्ध और यहूदी भी हैं। एक हिंदू के साथ ही क्यों, बल्कि दलित वर्ग को बाकी सबके साथ भी सामाजिक समरसता में रहना है। हिंदुओं की यह अपेक्षा उचित नहीं है कि दलित लोग केवल उनके बन कर रहें। इसके विपरीत, दलित लोग वृहत्तर भारतीय समाज के साथ घुल-मिल कर रहना चाहते हैं। इस बात को एक उदाहरण से समझा जा सकता है। इस देश में हिंदू और मुसलमान रहते हैं। उनके घरों की छतें आपस में जुड़ी हुई हैं। उन्हें हमेशा संतों ने और सूफियों ने यही सलाह दी है कि वे आपस में मिल-जुल कर रहा करें। इस मिलने-जुलने का मतलब यह कदापि नहीं है कि हिंदू और मुसलमान अपने-अपने धर्मों और समाजों को छोड़ दें। हिन्दू हिन्दू रहते हुए और मुसलमान मुसलमान रहते हुए सामाजिक सामंजस्य की आवश्यकता महसूस करते हैं। दलित और हिन्दू को ठीक इस तुलना में देखा जा सकता है। दलित के लिए हिंदुओं से सामाजिक समरसमता दिखाने के लिए यह आवश्यक नहीं है कि वह उनके धर्मग्रंथों में खुद को दास कहलवाने में गौरवान्वित महसूस करे। इसके विपरीत, सच यह है कि दलित हिंदुओं के धर्मग्रंथों से अपने आपको सदा पृथक बनाए रखेगा। यदि हिंदुओं को अपने वर्ण धर्म की खानापूरी के लिए चौथे शूद्र वर्ण की निहायत आवश्यकता है और वे इस चौथे वर्ण के बिना नहीं रह सकते, तो 'गुण-कर्म विभागशः' के अनुसार वे अपनी संतानों में से उसे पुनः सृजित कर सकते हैं। उनके समाज दर्शन के अनुसार उन्हें अपनी अयोग्य संतान को सफाई कर्मचारी का काम देने में कोई दिक्कत और हिचक पेश नहीं आनी चाहिए। आखिर, दलितों की हिंदुओं से बालक की अपने माँ-बाप से शिकायत नहीं है--उलटे यह उनका अपनी दासता को समाप्त करने के लिए संघर्ष है। वे अपनी सत्ता खो कर हिंदुओं के साथ बौद्धिक सामंजस्य नहीं बरत सकते, वे किसी के दास रह कर भावात्मक समरसता के लिए कुरबान नहीं हो सकते। सामंजस्य और समरसता रखने के लिए पहले उनका स्वतंत्र और बराबरी का अस्तित्व स्वीकार होना चाहिए।

आज देश में लोकतंत्र चल रहा है। केंद्र सरकार, प्रान्तीय सरकारों और स्थानीय सरकारों के तीनों स्तर पर वोट का राज्य है। राजनीतिक पदों पर सभी लोग प्रत्यक्ष या अप्रत्यक्ष रूप से चुनाव लड़ कर ही आते हैं। दलितों को लोकतंत्र में सभी के समान समान मत का अधिकार प्राप्त है। ये अपने मत का उपयोग भी कर रहे हैं, हालांकि इन्हें इसके लिए कभी-कभी लाठी और बंदूक का सामना करना पड़ता है। लेकिन दलितों को इससे अधिक के लिए तैयार रहना है। अब मत देने के लिए लाठी-बंदूक का प्रहार सहना पड़ता है। परंतु यदि मत के बिना सीधे लाठी-बंदूक का प्रहार होने लगे, तब क्या किया जाएगा? दलितों को खुद को उस बुरे समय के लिए तैयार रखना पड़ेगा, जब सभी कुछ पुनः लाठी-बंदूक से तय होने लग सकता है। विरोधी वर्ग वोट के अधिकार को तभी तक माना करता है, जब तक वह इस माध्यम से चुना जाता रहता है। जब उसे लगने लगेगा कि वह इस माध्यम से चुना नहीं जा रहा है, तो वह लोकतंत्र के रास्ते को त्याग कर राज्य

प्राप्ति के अन्य तरीके अपनाना चाहेगा। तब वह जनता के सामने शासन प्रणाली के नए-नए प्रस्ताव रखेगा। उसकी बात नहीं मनेगी, तो वह कपट से सत्ता को हथियाना चाहेगा। ऐसे में वह वर्ग कुछ भी गलत-सलत कर सकता है। इतिहास इस बात का साक्षी है कि इन्हीं कारणों से इस देश में विदेशी लोग आते रहे हैं।

वैसे आज भी जब दलितों की शहरों में झुग्गियों में और गाँवों में झोपड़ियों में आग लगती है, तो उनका सामना किसी भी रूप में लोकतांत्रिक प्रणाली से नहीं होता। उन्हें खालिस गुंडेतंत्र से जूझना पड़ता है। वे हत्या, लूट, आगजनी और बहन-बेटियों के बलात्कार के शिकार होते हैं। दलितों को इन बुराइयों के प्रतिकार में सामूहिक रूप में संगठित होने की जरूरत रहेगी।

और यह खतरा बना रहेगा, टलेगा नहीं। इस खतरे के मिट जाने के कोई आसार नहीं हैं। हिंदुओं को भी अपने धर्मग्रंथ प्यारे हैं और उनके धर्मग्रन्थों में दलित विरोध भरा पड़ा है। उलटे, शास्त्र के रूप में हिंदू धर्म को 'शूद्र-विरोध' का नाम दिया जा सकता है। इसलिए, हिंदुओं के लिए उनके धर्मशास्त्र पूज्य रहने पर उनके मनों से शूद्र विरोध की फाँस निकल नहीं सकेगी। दलितों को इस बात से शिकायत भी नहीं रहनी चाहिए। हिंदुओं के धर्मग्रंथ बदलने का उन्हें कोई अधिकार नहीं है। हिंदू स्वयं ही अपने धर्मग्रंथों में संशोधन कर सकते हैं या उनमें प्रक्षिप्त अंश ढूँढ़ सकते हैं। लेकिन दलितों को इस बारे में कुछ भी कहने-सुनने की आवश्यकता नहीं है। उनका काम ऐसे शास्त्रीय आक्रमण को नाकारा करने का है। उन्हें इस काम में कभी नहीं उलझना चाहिए कि हिंदू शास्त्रों में ऐसा क्यों लिखा है। यह बात उन्हें अच्छी तरह समझ लेनी है कि ये शास्त्र उनके नहीं हैं। हिंदुओं के धर्मशास्त्र के खंडन में उनका एक पल भी नहीं लगना चाहिए। यह इन शास्त्रों की चाल है कि चेतने पर दलितों की सारी ऊर्जा इन शास्त्रों का विरोध करने में बीत जाती है। वे जीवन में नकारात्मक होने के लिए अभिशप्त कर दिए गए हैं। अपने लाभ के लिए उन्हें हिंदू शास्त्रों का विरोध करते रहने के पचड़े से निकल कर जीवन और जगत के प्रति स्वस्थ और सकारात्मक दृष्टिकोण अपनाना चाहिए। यह माना जा सकता है कि जब तक दलित लोग हिंदू शास्त्रों के खण्डन में लगे रहेंगे, तब तक वे बीमार हैं। यह उन के पास कुत्ते के मुँह में दी गई आलोचना की हड्डी है, जिसमें से खुद उनके मुँह से खून निकलता है। इसमें उनके समय, धन और मन की बरबादी होती है। उन्हें इस बरबादी से जरूर बचना चाहिए। कोई दूसरा अपने धर्मग्रन्थ में कुछ भी लिखे, इससे उन्हें क्या मतलब है? उन्हें दूसरों की निंदा न कर केवल अपनी बात सामने रखनी चाहिए।

शिक्षा के क्षेत्र में भी दलितों का अपना एक दर्शन ठहरता है। इस क्षेत्र में दलितों का हित अपने आप नहीं हो जाएगा। इसके लिए एक सुविचारित दृष्टि की आवश्यकता है।

सबसे पहली बात यही है कि दलितों को लौकिक शिक्षा चाहिए। इनके विषय कला, विज्ञान और समाज विज्ञान हैं। ये लोग श्रमिक होते हैं, इसलिए इन्हें भाग्यवादी फलित ज्योतिष का ज्ञान रखने की कोई जरूरत नहीं है। इन्हें वेद-वेदांग पढ़ने से कुछ मिलने वाला नहीं है। देवताओं की स्तुति से इनका कोई सुफल नहीं सधता। इन्हें मैडिकल और इंजीनियरिंग शिक्षा पर जोर देना है। इनकी विश्व दृष्टि वेद के पुरुषसूक्त को कंठस्थ करने से नहीं, बल्कि गणित, भौतिकशास्त्र, रसायनशास्त्र, जीव विज्ञान और वनस्पति विज्ञान के आधार पर निर्मित होगी। ये भूगोल और खगोल के मालिक बनना चाहते हैं।

अपनी लौकिक दृष्टि में दलित लोग जन्म और मृत्यु के ठीक-ठीक अर्थ समझना चाहते हैं। इस क्षेत्र में ये बैठे ठाले पुनर्जन्म के सिद्धान्त की खोज नहीं करते। ये स्वर्ग-नरक की कल्पनाओं को कविता के क्षेत्र तक सीमित रखना चाहते हैं। ये दूसरे धर्मों के पाप-पुण्य के भेद को नहीं मानते, लेकिन अपनी नैतिक चेतना के आधार पर अच्छे और बुरे आदमी का भेद करना चाहते हैं।

माध्यम के रूप में दलित लोग ज्ञान को जन भाषाओं से जोड़ना चाहते हैं। ये शिक्षा को दुरूह बनाना नहीं चाहते। ये अपने देश में विदेशी भाषाओं के प्रचलन को अच्छा नहीं समझते। इन्होंने संस्कृत को जनभाषाओं की दुश्मन भाषा माना है। ये अपनी देशी भाषाओं को विकसित करना चाहते हैं। इनकी भाषाओं के देशी बोल संस्कृत, फारसी और अंग्रेजी के शब्दों से भिन्न 'देशज' हैं। लेकिन दूसरे लोग शिक्षा को अनावश्यक रूप से महँगी कर उसे दलितों के लिए अनुपलब्ध रखना चाहते हैं। वे अपनी अयोग्य संतान को विदेशी भाषाओं की ए. बी. सी. डी. पढ़ा कर उन्हें दलितों के बच्चों के मुकाबले में फर्जी रूप से योग्य सिद्ध करने पर तुले रहते हैं। दलित शिक्षा सिद्धांत मानता है कि अपनी भाषाओं की उपेक्षा कर विदेशी भाषाएँ पढ़ने पर ऐसे पढ़े-लिखे बच्चे विदेशी हो जाते हैं, परंतु गुणवान और योग्य नहीं। दलित शिक्षा का दर्शन विदेशी भाषा के आधार पर खड़ी की गई 'मेरिट' के विरुद्ध लड़ता है।

दलितों का अर्थ दर्शन भी सबसे अलग है। अब तक ये बाकी समाज के दास बने रहे हैं। हिंदुओं के धर्मशास्त्रों में इनका अधिकार दूसरों की सेवा करने के सिवाय कुछ नहीं माना गया है। इनके बाजार नहीं हो सकते और ये बाजार में कोई दुकान नहीं खोल सकते। बाजार में इनके हाथ से कोई चीज नहीं खरीदेगा। इनके हाथ का पानी पीना भी मना था। ये व्यापार नहीं कर सकते और इनके कारोबार इनसे जब चाहे छीन लिए जाने का विधान था। इनको निजी सम्पत्ति रखने का कोई अधिकार नहीं था।

अब सरकारी सेवाओं में आरक्षण मिलने के बाद इन लोगों ने कुछ मुद्रा देखी है। अब कहीं-कहीं ये साग-सब्जी बेचने की दुकान भी कर लेते हैं। भूमि सुधार के बाद थोड़ी कृषि भूमि भी इनके कब्जे में आई है। लेकिन एक शक्तिशाली सामाजिक वर्ग के रूप में विकसित होने के लिए यह थोड़ी-सी मुद्रा पर्याप्त नहीं है। एक जाति के रूप में इन्हें

आर्थिक क्षेत्र में स्वावलंबी बनना चाहिए। ऐसा हो कि यदि कभी आगे खराब वक्त आनेपर दोबारा कोई इनका सामाजिक बहिष्कार करने की कोशिश करे, तो बचाव में ये लोग अपनी आर्थिक दुनिया आप हों। उस हालत में इन्हें रोटी के लाले न पड़ जाएँ। इनके हाथ में यदि आर्थिक जगत के प्रत्येक क्षेत्र में समुचित और प्रभावशाली हिस्सा नहीं आता, तो कम से कम उसके कुछ क्षेत्र पूर्ण रूप से इनके हाथों में आ जाएँ, ताकि ये आक्रमण होने पर पूरी अर्थव्यवस्था को प्रभावित कर सकें। इन्हें दूसरे की मोहताजी नहीं देखनी है। वैसे, सरकार ने इस विषय में और भी सूझबूझ से काम लिया है। सरकार दलित वर्ग को आर्थिक जगत के किसी एक या दो क्षेत्रों में सीमित रहने देना नहीं चाहती। केंद्र सरकार राज्य सरकारों का बजट आबंटन इस प्रकार करती है कि हर आर्थिक गतिविधि में इन वर्गों का उस प्रदेश में इनकी जनसंख्या के अनुपात में हिस्सा हो। उद्देश्य यही है कि इससे इन वर्गों का सर्वांगीण विकास होगा।

दलितों को अपने परिवारों के बारे में भी बहुत सोचना है, क्योंकि विजेता जातियों के परिवारों की दशा विजित जातियों के परिवारों की दशा से भिन्न होती है।

मूल समस्या नारी को ले कर है। इसके लिए सभी धर्मों ने अपने-अपने समाधान दिए हैं, जब कि देश और जाति को थामने की जिम्मेदारी पुरुष ने अपनी ज्यादा मानी है। वही एक धर्म को दूसरे देशों तक ले गया है तथा उसी ने अपने धर्म की स्वदेश में बाहरी आक्रमणों से रक्षा की है। वही अपनी बहू-बेटियों को पराये मर्दों की कुदृष्टि से बचाता है, तो इस प्रक्रिया में उसने नारी पर नियंत्रण भी रखा है। मन चंचल हो सकता है। सुंदरता को देख कर कोई अपनी नीयत बिगाड़ सकता है। इसलिए, इस्लाम ने नारी को नख से शिख तक बुर्के से ढक दिया था। हिंदुओं के द्विज समाज ने अपनी औरतों को विधवा विवाह और पुनर्विवाह की मनाही कर उन्हें सती होने तक के लिए विवश कर दिया था। खुद यूरोप की हालत देखी जा सकती है कि वहाँ नारी को पुरुष से स्वतंत्र होने के लिए कितना संघर्ष करना पड़ रहा है। लेकिन नारियों को ले कर भारत के दलितों की कहानी दूसरी है। डॉ. पी. वी. काणे अपनी पुस्तक 'धर्मशास्त्र का इतिहास' के पहले भाग में बोधायन धर्म सूत्र (1/11/14-16) के हवाले से बताते हैं कि 'वैश्य एवं शूद्र अपनी स्त्रियों को नियंत्रण में नहीं रख पाते और स्वयं खेती-बारी एवं सेवा के कार्य में लगे रहते हैं।'[3] वैश्यों ने अपने आपको जैसे भी सँभाला हो या न सँभाला हो, लेकिन कई क्षेत्रों में शूद्रों की हालत अभी तक ज्यों की त्यों चल रही है। ये अभी तक अपनी स्त्रियों पर नियंत्रण नहीं रख पाए हैं।

दलितों को दूसरी कौमों से संघर्ष में पहले अपने घरों को जरूर देखना है। आखिर, दलित जातियाँ दूसरी जातियों से मुक्ति किस-किस रूप में प्राप्त करना चाहती हैं? दूसरी जातियों के पुरुषों से अपनी बहू-बेटियों की रक्षा की बात बहुत जरूरी है। पर तब क्या किया जाए, जब इनकी बहू-बेटियाँ खुद दूसरी जातियों के पुरुषों के साथ भागना चाहती हों? इसी दूसरी बात के लिए दलित स्त्रियों पर नियंत्रण रखना जरूरी है। दलित एक

जाति के रूप में अब तक इस काम में चूकते रहे हैं। इसी से इनकी औरतें स्वतंत्र होने के बजाय उच्छृंखल हो जाती हैं। वे परपुरुषों के साथ व्यभिचार कर बैठती हैं। वैसे भी, गुलाम लोगों की बहू-बेटियों की इज्जत कभी सुरक्षित नहीं समझी जा सकती।

दलितों का एक परिवार दर्शन होना चाहिए। विवाह और तलाक, बच्चे और भरण पोषण, सम्पत्ति और गोद के बारे में इनकी अपनी अलग समाज संहिता होनी चाहिए। भिन्न परंपराओं के कारण इनका तलाक वैसा नहीं हो सकता, जैसा द्विज समाज का होता है। द्विज समाज में कानून आ जाने के बाद भी तलाक असंभव है, जबकि दलित समाज की औरतें कानून उपलब्ध न होने पर भी भागती फिरती हैं। जब तक इस गैर-जिम्मेदारी पर रोक नहीं लगेगी, दलित परिवार शिक्षा आदि के क्षेत्र में आगे नहीं बढ़ पाएँगे। कई दलित स्त्रियाँ अपने बच्चों की शिक्षा पर कहर बन कर बैठ जाती हैं। कहने का तात्पर्य यह है कि गृहस्थ जीवन में दलित की समस्या के लिए गैर-दलितों का समाधान नहीं चल सकता। तलाक और भरण-पोषण के मामले में इन्होंने अपनी समस्याओं का समाधान अपने ढंग से निकाल रखा था। इनमें हत्या और आत्महत्या से पहले तलाक हो जाता था। बच्चे माँ के साथ भी पल जाते थे और बाप के साथ भी। माँ के साथ आया पीछे का बच्चा अगले घर भी इज्जतदार इन्सान होता था। अपनी काबिलियत के आधार पर वह नए बाप के गाँव में चौधरी तक बन जाता था। यह ठीक नहीं है कि गृहस्थ जीवन में इनकी समस्याएँ ज्यों की त्यों बनी रहें और इनसे इनके ऐतिहासिक समाधान छीन लिये जाएँ। इससे समाज में नंगापन ही बढ़ता है।

अंत में भावी दलित दर्शन का एक छोटा-सा खाका खींचा जा सकता है कि परंपरा के रूप में या मौखिक वाणी के रूप में जो उनका निजी बचा है, उसे ही सुरक्षित रखना है। यह धर्मांतरण के द्वारा ओढ़ा हुआ या थोपा हुआ जीवन-दर्शन नहीं होना चाहिए। इनका जो अब तक श्रेष्ठ बचा है, वह लोकायती परंपरा, दलित संत वाणी, तलाक की मान्यता और देशी भाषाएँ हैं। इनकी ये संपत्तियाँ कम नहीं हैं और इनमें बिना मीन-मेख निकाले इन चारों को एक साथ स्वीकार किया जाना है।

कहा जा सकता है कि लोकायत और निर्गुण संतों का मिलन ठीक से नहीं बैठता है, लेकिन यह सच नहीं है। लोकायत कोई जड़ परंपरा नहीं थी। इसे विकसित होना था। वेद भी वेदांत तक विकसित हुआ है। इसी प्रकार लोकायत भी संत मत तक विकसित हुआ है। वैदिक षड्दर्शन में कई दर्शन ईश्वर को नहीं मानते। यही कहानी लोकायत से संत मत तक की है। लोकायत और निर्गुण संतमत दो भिन्न परम्पराएँ नहीं हैं, बल्कि यह एक ही महानदी है, जो भारत में प्रवाहित हुई है। जहाँ यह धारा सूखती हुई दीखती है, वहाँ यह दलितों के हृदयों में सरस्वती की तरह भीतर-भीतर बही है। लोकायत के निर्गुण संत मत बनने में कुछ भी अजूबा नहीं है। इस देश में सबसे बड़ा दार्शनिक अजूबा शंकराचार्य के उस वेदान्त में था, जिसमें एक गाल से अद्वैतवाद की प्रतिष्ठा की जा रही थी और दूसरे गाल से अस्पृश्यता का व्यवहार किया जा रहा था। दलित संतों के निर्गुण धर्म को 'स-ईश्वर लोकायत' कहा जा सकता है। खुद लोकायत

दर्शन को 'निरीश्वर निर्गुण धर्म' का नाम दिया जा सकता है।

'दलित' शब्द की व्याख्या की बात शेष रह जाती है। इस शब्द को ले कर कई लोगों को खासी परेशानी हो जाती है। आज 'दलित वर्ग' अंग्रेजी के 'डेप्रेस्ड क्लासेज' का अनुवाद है। इसका अर्थ समाज के उस वर्ग से है, जो सताया गया है। लेकिन कालान्तर में यह वर्ग सताया हुआ रहने वाला नहीं है। यह हिंदुओं से पृथक पहचान के लिए सदैव दलित कहलवाता रहने के लिए तैयार नहीं है। यह विरोधी शक्तियों से इसीलिए संघर्ष कर रहा है, ताकि यह आज का दलित न रह सके। पर जब यह वर्ग आज के अर्थ का दलित नहीं रह जाएगा, तब इस शब्द के साथ क्या होगा? एक उत्तर यह है कि तब दलित समुदाय को संबोधित करने के लिए कोई नया शब्द ले लिया जाएगा, जिसमें कुछ भी बुराई नहीं होगी। इसका दूसरा उत्तर यह है कि तब 'दलित' शब्द का अर्थ सताया हुआ ही नहीं रह जाएगा। आखिर 'दलित' शब्द 'दल' से बना है, जिसमें 'दलवीर' और 'दलेल' जैसे वीरता के सूचक शब्द बनते हैं। केरल के एक महान क्रान्तिकारी का नाम कुछ और नहीं, बल्कि 'वेलुत्तम्पि दलवा' था। यह उपनाम 'दलवा' अपनी सार्थकता दर्शाता है। तब 'दलित' का अर्थ यह हो जाएगा कि वे लोग जो समाज में दल के—अर्थात समूह के—रूप में संगठित रहते हैं। यह दलित के गैर-दलित होने तक की यात्रा होगी।

सन्दर्भ

1. युगपुरुष बाबा साहब डॉ. भीम राव अम्बेडकर : संघर्ष गाथा, हिमांशु राय, समता प्रकाशन, 30/64, गली नं. 8, विश्वास नगर, शाहदरा, दिल्ली-110 032, प्रथम संस्करण, दिसम्बर 1990, पृ.-56
2. Dr. Babasaheb Ambedkar : Writings and Speeches, Volume, 9, Compiled by Vasant Moon, Education Department, Government of Maharashtra, Bombay-400 032, Edition 1991, p.-69
3. धर्मशास्त्र का इतिहास : प्राचीन एवं मध्यकालीन धर्म तथा लोक-विधियाँ, प्रथम भाग, डॉ. पी. वी. काणे, अनुवादक, अर्जुन चौबे काश्यप, उत्तर प्रदेश हिन्दी संस्थान, महात्मा गांधी मार्ग, लखनऊ, तृतीय संस्करण, 1980

अध्याय-11

जातिविहीन समाज का सपना[क]

न्यायाधीशों की एक सीमा होती है कि उन्हें संविधान और कानूनों के तहत रहना होता है। लेकिन भारत के कई द्विज मानसिकता के न्यायाधीश इस बात को बार-बार भूल रहे हैं। आखिर यह राज्य महात्मा गांधी और पंडित जवाहरलाल नेहरू के व्यक्तिगत विचारों के आधार पर नहीं चल रहा है। लेकिन द्विज न्यायाधीश उनकी व्यक्तिगत बातों को संविधान की तरह उद्धृत करते हैं। द्विजों के महापुरुष हिप्पोक्रेसी खड़ी करने में बड़ी चतुराई बरतते हैं। गांधी और नेहरू संविधान में कहीं भी यह नहीं लिखवा सके कि जाति को समाप्त करना है, लेकिन सुप्रीम कोर्ट के न्यायाधीश न्यायमूर्ति देसाई बसंत कुमार वाले मामले में निर्णय देते हैं–''मैं संविधान में यथा-अनुध्यात भारतीय समाज के भावी चित्र पर विचार करना चाहता हूँ।''[1] उन्होंने जो विचार किया है, वह उनके शब्दों में इस प्रकार है–''किसी को भी इस संबंध में कोई संदेह नहीं है कि भावी भारतीय समाज जाति-विहीन और वर्ग-विहीन होगा।''[2] अच्छा होता, यदि न्यायमूर्ति देसाई अपने इस कथन के पक्ष में संविधान के किसी अनुच्छेद या उसके किसी उपखंड को उद्धृत करते। लेकिन उन्होंने ऐसा नहीं किया है, क्योंकि संविधान में कहीं ऐसा नहीं लिखा गया है–यानी न्यायमूर्ति देसाई ने संविधान से बाहर जा कर द्विज महापुरुषों में गांधी और नेहरू के विचार रखे हैं। न्यायमूर्ति देसाई ने पंडित जवाहरलाल नेहरू को उनकी पुस्तक 'डिस्कवरी ऑफ इंडिया' से उद्धृत करते हुए लिखा है–''भारत के प्रथम प्रधानमंत्री पंडित जवाहर लाल नेहरू ने यह कहा था कि महात्मा गांधी ने जाति की बुनियाद ही हिला दी है और जनता पर इसका बहुत ही जोरदार ढंग से प्रभाव पड़ा है।''[3] इसी निर्णय में इन्होंने मुद्दे को पुनः बरगलाया है कि प्रतिकारात्मक विभेद या स्वीकारात्मक कार्रवाई के लिए आर्थिक सिद्धांत स्वीकार कर लेने से 'जाति के ढाँचे के विनाश की दिशा में महत्वपूर्ण कदम होगा'[4] तथा 'जाति-विहीन समाज स्थापित करने के लिए दृढ़ कदम

क. जातिविहीन समाज का सपना, धर्मवीर, पुस्तक 'आज के प्रश्न-13 : जाति का जहर' में संकलित, सम्पादक, राज किशोर, वाणी प्रकाशन, 21-ए, दरियागंज, नई दिल्ली-110 002, प्रथम संस्करण, 1998, पृ.-72-81

उठाए जा सकेंगे।'[5] लेकिन न्यायमूर्ति कृष्ण अय्यर ने **अखिल भारतीय शोषित कर्मचारी संघ** वाले मामले में सटीक टिप्पणी की है कि ऐसे स्वप्न में 'जाति-विहीन जाति के चिह्न मौजूद हैं।'[6] यही दूसरे न्यायाधीशों की इस मामले को ले कर रिडल बनाने की कोशिश है। आखिर इस बात को वे द्विज न्यायाधीश कह रहे हैं जो जाति-विहीन समाज की स्थापना के लिए पहले अपना जाति-सूचक उपनाम तक नहीं हटा सके हैं।

गलत स्वप्न पालने की गलती करके न्यायमूर्ति देसाई ने अगली कानूनी गलती भी की है। उन्होंने पुनः संविधान से बाहर जा कर जाति-आधारित आरक्षण के विरोध में लिखा है कि उससे 'दुर्भाग्यवश जाति के ढाँचे को नया जीवन-दान मिल जाता है।'[7] वे बार-बार संविधान से बाहर के गांधी को उद्धृत करने की गलती करते हैं। वे लिखते हैं—"राष्ट्रपिता महात्मा गांधी ने यह कहा था, "जैसा कि हम जानते हैं, जाति-पद्धति एक अव्यवस्था है।" यदि हिंदू धर्म और भारत, दोनों को साथ-साथ रहना है और दिन-प्रतिदिन विकास करना है, तो उसे समाप्त करना ही होगा।"[8] लेकिन कहना यही है कि महात्मा गांधी अपनी इस बात को अस्पृश्यता की समाप्ति की तरह संविधान में क्यों नहीं लिखवा सके। ऐसे तो उन्होंने अपने लंबे जीवन में अदल-बदल कर जाने क्या-क्या कहा है। इसलिए द्विज न्यायाधीशों के लिए महात्मा गांधी और पंडित नेहरू कानूनी बचाव की शरणस्थली नहीं बन सकते। वास्तव में, यह संविधान से बाहर का झगड़ा है जिसमें डॉ. अम्बेडकर महात्मा गांधी के विरोध में कहते हैं कि यदि जाति मिटानी है तो हिंदू धर्म को ही मिटाना पड़ेगा। उनके मत में गांधी के मत के समान यह नहीं हो सकता कि जाति मिट जाए और हिंदू धर्म बच जाए। लेकिन संविधान में ऐसा न लिखे जाने पर भी न्यायमूर्ति **रे जयश्री** वाले मामले में जाति-पद्धति को सदोष मानते हुए लिख रहे हैं कि 'यदि नागरिकों के पिछड़े हुए वर्गों का कोई वर्गीकरण नागरिक को केवल जाति पर आधारित है तो इससे जाति-संबंधी पद्धति का दोष और भी बढ़ जाएगा।'[9]

इस देश में द्विज चिंतन की विशेषता है कि उसने बहस के लिए तर्क का एक अलग अखाड़ा खड़ा कर रखा है। दार्शनिक स्तर की जो कुश्तियाँ होंगी, वे केवल उसी कुरुक्षेत्र में होंगी। वे कुश्तियाँ इनके घर तक नहीं लड़ी जाती हैं। जब यह बात चल पड़ी है कि जाति को मिटाना है, तो द्विज जन भी इस बहस में शामिल हो गए हैं। यदि कोई बहस किसी वक्त की जरूरत है तो ये उसे फैशन मान कर ओढ़-पहन लेते हैं। इस फैशन में जो न्यायाधीश जाति को मिटाने की वकालत कर रहे हैं, उन्हें इस बात तक का ध्यान नहीं है कि एक न्यायाधीश के रूप में भी उनके नाम के पीछे उनका जाति-सूचक उपनाम जुड़ा हुआ है। आखिर, न्यायमूर्ति देसाई के नाम में यह 'देसाई' शब्द क्या है? क्या इस उपनाम को कोई अनुसूचित जाति का व्यक्ति अपने नाम के पीछे लगा सकता है? दलित चिंतन का कहना यह है कि द्विजों में यह कथनी और करनी का अंतर दीया तले अँधेरा तक का है। दूसरे की जाति को मिटा रहे हैं और अपनी जाति को सामने रख रहे हैं।

कमाल यह है कि बिना मन में कोई परेशानी लाए यह उनका एक साँस का काम होता है। यदि जाति को मिटाने का यह तर्क खेलकूद के नियम की कोई प्रतियोगिता होती तो इसमें एम्पायर महोदय न्यायमूर्ति देसाई को पहले ही शब्द पर खेल से बाहर कर देते कि खुद जाति को मिटाने की बात कह रहे हैं और खुद जाति का उपयोग कर रहे हैं। तब क्या इस तर्क को इस रूप में आगे बढ़ाया जा सकता है कि जब न्यायाधीश अपने नामों में जाति-सूचक उपनामों का प्रयोग करते हैं, तो क्या उनके निर्णयों की और दृष्टिकोण की जातिपरक व्याख्या नहीं की जा सकती? इस जगह दलित चिंतन का यह मानना है कि यदि ऐसा करना संभव है, तो यह जरूर किया जाए।

माननीय सुप्रीम कोर्ट के न्यायमूर्ति कुलदीप सिंह महोदय ने **इंदिरा साहनी बनाम भारत संघ** के निर्णय में लिखा है–"संविधान ने जाति-व्यवस्था को पूर्ण रूप में समाप्त कर दिया और इसने विधि के समक्ष समता का आश्वासन दिया। अनुच्छेद 15 (2) और 16(2) के अधीन जाति के प्रति निर्देश केवल इसे समाप्त करने के लिए है।"[10] इसी निर्णय में आगे लिखा गया है–"अब जाति व्यवस्था, जिसे संविधान के रचयिताओं ने समाप्त कर दिया है, विभिन्न रूपों में अपना घृणित सिर उठाने का प्रयत्न कर रही है।"[11]

बताया जा सकता है कि भारत के संविधान ने जाति व्यवस्था को समाप्त नहीं किया है। संविधान ने जिसे समाप्त किया है, वह 'अस्पृश्यता' है, न कि 'जाति व्यवस्था'। संविधान के अनुच्छेद 15 (2) ने जाति को धर्म, मूलवंश, लिंग और जन्म स्थान के साथ रखा है। स्पष्ट है, संविधान ने न धर्म को समाप्त किया है, न मूलवंश को, न लिंग को और न जन्म-स्थान को। लिखा यह गया है कि 'कोई नागरिक केवल धर्म, मूलवंश, जाति, लिंग, जन्म-स्थान या इनमें से किसी के आधार पर–(क) दुकानों, सार्वजनिक भोजनालयों, होटलों और सार्वजनिक मनोरंजन के स्थानों में प्रवेश या (ख) पूर्णतः या भागतः राज्य-निधि से पोषित या साधारण जनता के प्रयोग के लिए समर्पित कुओं, तालाबों, स्नानघाटों, सड़कों और सार्वजनिक समागम के स्थानों के उपयोग के संबंध में किसी भी निर्योग्यता, दायित्व, निर्बंधन या शर्त के अधीन नहीं होगा।'[12] लेकिन माननीय सुप्रीम कोर्ट के न्यायाधीश लिख रहे हैं कि इस अनुच्छेद ने जाति को समाप्त कर दिया है। संविधान के अनुच्छेद 16 (2) में लिखा गया है कि 'राज्य के अधीन किसी नियोजन या पद के संबंध में केवल धर्म, मूलवंश, जाति, लिंग, उद्भव, जन्मस्थान, निवास या इनमें से किसी के आधार पर न तो कोई नागरिक अपात्र होगा और न उससे विभेद किया जाएगा।'[13] इसमें संविधान ने जाति या धर्म को समाप्त करने की कोई बात नहीं कही है। लेकिन न्यायमूर्ति महोदय ने केवल जाति के आधार पर विभेद न करने को जाति को समाप्त करना बता दिया है, जो संविधान का न्यायिक निर्वचन नहीं है और एक न्यायिक अफवाह के बराबर है। यहाँ जाति के बारे में बाबा साहेब डॉ. अम्बेडकर के शब्द उद्धृत किए जा सकते हैं जो उन्होंने 24 फरवरी, 1949 को कांस्टिटूएंट असेंबली ऑफ इंडिया (लेजिस्लेटिव) डिबेट में शामिल हो कर हिंदू कोड बिल

पर बोलते हुए कहे थे—"मैं विवाद के पहले बिंदु को ले रहा हूँ—अर्थात जाति बंधन की समाप्ति को। जहाँ तक इस विधेयक का संबंध है, यह केवल पुराने और नए में एक समझौते पर पहुँचता है। विधेयक कहता है कि यदि हिंदू समुदाय का कोई सदस्य रूढ़िवादी पद्धति का अनुकरण करना चाहता है जिसका मतलब है कि कोई विवाह तब तक वैध नहीं होगा, जब तक दुल्हन और दूल्हा एक ही वर्ण, एक ही जाति या एक ही उपजाति के नहीं होंगे तो इस संहिता में ऐसा कुछ नहीं है जो उसे उसकी इच्छानुसार या जिसे वह अपना धर्म मानता है, के अनुसार चलने से रोक सके। इसी तरह, यदि हिंदू जो सुधारवादी है और जो वर्ण, जाति या उपजाति में विश्वास नहीं करता है, यदि अपने वर्ण से बाहर, अपनी जाति से बाहर, अपनी उपजाति से बाहर की लड़की से विवाह करना चाहता है तो कानून उसके विवाह को भी वैध मानता है। इसीलिए जहाँ तक विवाह कानून का संबंध है, किसी प्रकार का कोई थोपना नहीं है। विधिक और रूढ़िवादी लोग स्वतंत्र छोड़ दिए गए हैं कि वे वह करें, जिसे वे अपने धर्म के अनुसार उचित समझते हैं। सुधारवादी भी, जो धर्म का अनुसरण नहीं करते, बल्कि विवेक का और अन्तःकरण का अनुसरण करते हैं, अपने विवेक और अन्तःकरण का अनुसरण करने के लिए स्वतंत्र छोड़ दिए गए हैं।'[14]

जाति-विहीन समाज की बात दो तरह के लोग करते हैं। एक वे हैं जो सच में जाति को समाप्त करना चाहते हैं और दूसरे वे हैं जो इसका शब्द-जाल रच कर जाति को अक्षुण्ण बना कर बचा ले जाना चाहते हैं। स्वतंत्रता आंदोलन के लिए डॉ. अंबेडकर का एक महत्वपूर्ण नारा था—"जाति-विहीन समाज की स्थापना के बिना स्वराज्य-प्राप्ति का कोई महत्व नहीं।"[15] उनका यह वाक्य कैलेंडेरों में छप कर बिका है। मंडल कमीशन पर सुप्रीम कोर्ट का निर्णय आने पर डॉ. मस्तराम कपूर का एक लेख 'जातिमुक्त समाज की ओर'[16] शीर्षक से प्रकाशित हुआ था। इसमें भी आरक्षण के रास्ते को 'जातिमुक्त समाज की ओर' का रास्ता माना गया था। लेकिन एक दूसरे पक्ष के लोग हैं जो आरक्षण को 'जातिमुक्त' समाज की स्थापना में अवरोध मानते हैं। खुद इंदिरा साहनी वाले मामले में सुप्रीम कोर्ट के सामने ऐसी दलीलें दी गई थीं। सुप्रीम कोर्ट के बहुमत वाले निर्णय के शब्दों में, 'एक प्रकार के तर्कों को श्री एन. ए. पालकीवाला ने दिया है। (दूसरे अनेक काउंसिलों द्वारा समर्थित) उनकी दलीलें संक्षेप में निम्न शब्दों में हैं : पंथ-निरपेक्ष, एकीकृत और जाति-विहीन समाज संविधान की एक मूलभूत विशेषता है। संविधान के अधीन जाति के आधार पर भेद वर्जित है। भारतीय समाज से इसे पूर्ण रूप से हटा दिया जाना चाहिए। अनुच्छेद 16(4) में निर्दिष्ट पिछड़े वर्गों के निर्धारण के लिए जाति कभी भी आधार नहीं बन सकती।'[17] बहुमत ने अपने हिसाब से इन दलीलों का सही जवाब दिया था कि जाति, उपजीविका और गरीबी के अंतर्संबंध के बारे में भ्रम नहीं रहना चाहिए। उन्होंने लिखा है—"हमारे सभी विरोधों और विद्वेषों तथा इस साक्षात विषय को समाप्त करने के सभी प्रयास के होते हुए भी यह एक कटु सत्यता है। हम यह नहीं कह

रहे हैं कि इसे बढ़ावा दिया जाना चाहिए। ऐसा नहीं किया जाना चाहिए। इसका उन्मूलन होना चाहिए। यह एक आदर्श है– एक उद्देश्य, किंतु समाज के इन अनुभागों-वर्गों के सुधार के लिए किसी कार्यक्रम और बुराई के उन्मूलन के लिए बनाए गए कार्यक्रम में इस सत्यता को स्वीकार किया जाना चाहिए और उस कार्यक्रम को तदनुसार उसके साथ मेल बिठा कर लागू करना चाहिए। शुतुरमुर्ग की तरह मात्र अपने सिरों को रेत में गाड़ने में कुछ नहीं होगा। कोई भी अपने शत्रु से तब तक नहीं लड़ सकता, जब तक वह उसे न जानता हो।''[18] न्यायालय ने विदेश का उदाहरण देते हुए अपने तर्क को मजबूत किया था–''संयुक्त राज्य अमेरिका के सुप्रीम कोर्ट (उच्चतम न्यायालय) ने बार-बार कहा है कि यदि भूत और भविष्य में मूल वंश विभेद का आधार होना चाहिए तो मूल वंश को भी ऐसे निवारणकारी कार्यक्रमों का आधार बनाया जाना चाहिए, हालाँकि हमारी सांविधानिक स्कीम में इतनी दूरी तक जाने की आवश्यकता नहीं है।''[19]

देवेन्द्र स्वरूप के जाति-विहीन समाज के सपने को ले कर कई लेख प्रकाशित हुए हैं। इनके शीर्षक इस प्रकार हैं–'जाति-विहीन समाज का सपना'[20], 'ब्रिटिश इतिहासकार की भविष्यवाणी'[21], 'ईसाई मिशनरी और जाति संस्था'[22], 'उन्नीसवां सदी की मिशनरी बहस'[23], '1857 में क्रान्ति बनी चिनगारी'[24], 'ब्राह्मण ही सब मुसीबत की जड़ है'[25], 'जाति के बारे में अंग्रेजों की त्रिसूत्री नीति'[26]। 'ब्रिटिश जनगणना नीति का सच'[27] और '1871 की जनगणना में उठे सवाल'[28]। ये लेख एक धारावाहिक की तरह छपे हैं और कट्टर हिंदू की तरह लिखे गए हैं। उन्होंने पहले लेख में पूछा है–''कहीं ऐसा तो नहीं कि जाति संस्था को सही रूप में न देख पाने के कारण हमने उसे मिटाने का रास्ता ही गलत चुना हो? आखिर हमने ऐसा क्यों मान लिया कि जाति संस्था मात्र सामाजिक विकृति है और राष्ट्रीय एकता एवं प्रगति के मार्ग में सबसे बड़ी बाधा है? यह दृष्टि हमें कहाँ से मिली? कहीं अपनी अधिकांश धारणाओं और मान्यताओं के समान इस दृष्टि को भी हम ब्रिटिश साम्राज्यवादियों की विरासत के रूप में तो नहीं ढो रहे हैं?''[29] पत्रकार देवेन्द्र स्वरूप के इन प्रश्नों में ही उनके उत्तर सम्मिलित हैं। उन्होंने अपने 'जाति के बारे में अंग्रेजों की त्रिसूत्री नीति' वाले लेख में 'जाति विहीन समाज के सपने' के बारे में ब्रिटिश शासकों की दूसरी नीति यह कहते हुए बताई है कि वह 'अंग्रेजी शिक्षित भारतीयों के मन में जाति व्यवस्था के प्रति घृणा और विरोध का भाव पैदा करके उन्हें जाति-विहीन समाज के निर्माण का सपना देना'[30] था। इस प्रकार, देवेन्द्र स्वरूप का निष्कर्ष है कि भारतीय लोगों को जाति-विहीन समाज का सपना शासकों ने दिया है, मानो कबीर और रैदास को वे एकदम भूल ही गए हैं।

सन 1871 में जातिवार जनगणना की शुरूआत करने के लिए देवेन्द्र स्वरूप ने ब्रिटिश शासकों को जिम्मेदार माना है, लेकिन द्विज चिंतन इस बहस में किसी भी कुतर्क तक जा सकता है। जब भारत सरकार ने 1990 में मंडल कमीशन की सिफारिशों के आधार पर पिछड़े वर्गों के लिए 27 प्रतिशत आरक्षण दिया था, उस समय उसके विरोध

में 'इंडियन एक्सप्रेस' में जाति और ब्राह्मणवाद के बारे में पत्रकार मीनाक्षी जैन के लेख छप रहे थे। इनके चार शीर्षक इस प्रकार हैं—'प्री-ब्रिटिश इंडिया : द मिथ ऑफ कास्ट टायरनी'[31], 'ए मिथ द ब्रिटिश क्रीएटिड'[32], 'ब्राह्मिंस एंड संस्कृतटाइजेशन'[33], और 'द मिथ ऑफ ब्राह्मिनिकल मोडल्स'[34] उन्होंने अपने लेख 'द मिथ ऑफ कास्ट टायरनी' में लिखा है—"इस बात का सामान्यतया पता नहीं है कि कठोर सामाजिक स्तरण और श्रेणीकृत स्तर का भारत ज्यादातर ब्रिटिशों की देन है।"[35] उनके कहने का मतलब है कि अंग्रेजों से पहले जाति को ले कर इस देश में सब ठीक चल रहा था। उन्होंने अपने लेखों में यही सिद्ध किया है कि प्राचीन भारत में ब्राह्मणों ने किसी जाति के साथ ज्यादती नहीं की थी। इनके लिए भी मानो जाति के विरोध में बुद्ध के उपदेश अकारण और निरर्थक थे।

कम-से-कम किसी विधि विशेषज्ञ को खुल्लमखुल्ला यह नहीं कहना चाहिए कि भारत के संविधान ने या अन्य कानूनों ने जाति प्रथा को तोड़ने की घोषणा कर रखी है। ज्यादा से ज्यादा यही कहा जा सकता है कि यह संविधान धर्म के मामले में धर्म-निरपेक्ष की तरह और जाति के मामले में जाति-निरपेक्ष हो कर चलना चाहता है। यह बात इसलिए कही जा रही है, क्योंकि यदि जाति प्रथा का नाश करना है तो सही मायने में हिंदू धर्म के धर्म-ग्रंथों का नाश करना हो जाएगा जो अंत में हिंदू धर्म को ही नष्ट करना हो जाएगा। ऐसा कदम दलित उठा सकते हैं, द्विज नहीं। इस दृष्टिकोण को ले कर डॉ. अम्बेडकर ने एक महत्वपूर्ण पुस्तक 'एन्निहिलेशन ऑफ कास्ट' लिखी थी, लेकिन सुप्रीम कोर्ट ने जाति प्रथा को सदोष करार किया है। ऐसा मानने में उसने यह विचार नहीं किया कि उसे केवल संविधान और विधि की भाषा में बोलने की अनुमति है। जाति-प्रथा को सदोष बताने से पहले उसे यह बताना चाहिए था कि इसे संविधान या किसी अन्य विधि में किस जगह सदोष कहा गया है। अपने पूरे चिंतन और लेखन में उसने ऐसा एक भी प्रमाण नहीं दिया है, जहाँ जाति प्रथा को सदोष ठहराया गया है।

न्यायपालिका इस मामले में एक अफवाह की तरह विश्वास कर रही है। यदि जाति प्रथा कानूनी रूप से सदोष है तो नाम के पीछे उपनाम के रूप में इसके प्रयोग पर पाबंदी लगा दी जानी चाहिए थी। हाँ, न्यायपालिका अफवाहों की तरह काम कर रही है। उसका यह व्यवहार द्विज हिंदू मीडिया की तरह का व्यवहार है। वह अपनी विधि-सम्मत सोच के अनुसार काम नहीं लेती है। सुप्रीम कोर्ट ने जयश्री वाले मामले में बिना किसी संवैधानिक आधार के यह अपने मन से लिख दिया है—"यदि नागरिकों के पिछड़े हुए वर्गों का कोई वर्गीकरण नागरिक की केवल जाति पर आधारित है तो इससे जाति-संबंधी पद्धति का दोष और भी बढ़ जाएगा।"[36] यह विचित्र निर्णय है कि जाति के आधार पर तीन हजार वर्षों से नुकसान उठाने वाले लोगों को यदि आज जाति के आधार पर लाभ मिल जाएगा तो इससे जाति प्रथा का दोष बढ़ जाता है। यदि दोष ऐसे बढ़ता है, तो यह दोष घटेगा कैसे? क्या जाति प्रथा का दोष इस तरह से नष्ट हो जाएगा कि अस्पृश्यों को जाति के आधार पर लाभ न लेने दिए जाएँ?

डॉ. मातादीन मधौलिया ने अपनी पुस्तक 'सुप्रीम कोर्ट ओन रिजर्वेशन' में सुप्रीम कोर्ट को उद्धृत किया है कि यदि नागरिकों के पिछड़े वर्गों का कोई वर्गीकरण एकमात्र जाति के आधार पर किया जाता है तो इससे जाति प्रथा की बुराई शाश्वत हो जाएगी।[37] इसमें जज महोदय ने यह मान्यता बना ली है कि जाति व्यवस्था एक बुराई है। इस संविधान के रहते किसी की यह मान्यता ही गलत है। जब मान्यता गलत है तो उसे आधार बना कर दिए गए निर्णय भी गलत होंगे। न्यायालयों के निर्णयों में यही हुआ है। पता नहीं, इस संविधान में इन न्यायाधीशों ने यह बात कहाँ से पढ़ ली है कि जाति प्रथा एक बुराई है? संविधान में जिसे बुराई से भी ज्यादा अपराध माना गया है, वह अस्पृश्यता है, जाति नहीं। संविधान में शब्द 'जाति' धर्म के साथ-साथ रहने के कारण बहुत ही सम्मानसूचक शब्द है। संविधान में अस्पृश्यता का अंत किया गया है, जाति का नहीं, लेकिन इस तथ्य को सुप्रीम कोर्ट के न्यायाधीश बिलकुल भूल जाते हैं।

इस बात को न्यायाधीशों ने ढाल की तरह इस्तेमाल किया है कि 'अनुच्छेद 15 के खंड (1) में राज्य को किसी नागरिक के विरुद्ध केवल धर्म, मूलवंश, जाति, लिंग, जन्म-स्थान या इनमें से किसी के आधार पर विभेद करने में प्रतिषिद्ध किया गया है।'[38] लेकिन ऐसा तर्क रखते समय न्यायाधीशों ने इस बात पर ध्यान नहीं दिया कि इससे भी एक कदम आगे रख कर अनुच्छेद-17 ने अस्पृश्यता को दंडनीय घोषित करके भी अनुसूचित जातियों को अस्पृश्यता के आधार पर सृजित किया है। साथ ही, जाति की समाप्ति की बात महात्मा गांधी और पंडित जवाहरलाल नेहरू ने की है।[39] लेकिन वे इसे संविधान में समाप्त नहीं करवा पाए हैं। द्विज समाज के सामने ये दोनों द्विज महापुरुष बुरी तरह हारे हैं। इसलिए, इनका विश्वास नहीं किया जाना चाहिए। इन्होंने संविधान से बाहर अपनी स्वतंत्र पुस्तकों में कुछ भी लिखा हो, लेकिन संविधान के रचे जाने में जातिवाद के सामने घुटने टेके हैं।

उच्चतम न्यायालय के द्विज मानसिकता के न्यायाधीशों के बजाय डॉ. अनिरुद्ध प्रसाद ने भी जाति की सवैधानिक और कानूनी व्यवस्था को समझना चाहा है। उन्होंने अपनी पुस्तक 'आरक्षण : सामाजिक न्याय एवं राजनैतिक संतुलन' में लिखा है—"वर्तमान भारत में 'जाति सत्यम् कर्म मिथ्या' वाली बात चरितार्थ हो रही है। संविधान निर्माता (ओं) (ने) जाति पर आधारित विभेदीकरण को प्रतिषिद्ध किया, परंतु यह संदिग्ध है कि उन्होंने वर्ण व्यवस्था समाप्त करने का कोई प्रयास किया। जाति-विहीन समाज की स्थापना संविधान की अंतरात्मा नहीं बन पाई। अस्पृश्यता समाप्त कर दी गई, परंतु जाति व्यवस्था स्वयं बनी रही। अनुच्छेद-17 का अम्बेडकर द्वारा किया गया प्रारूप यह था कि रैंक, जन्म, व्यक्ति, परिवार, धर्म या धार्मिक रूढ़ि और रीति-रिवाज से उत्पन्न किसी विशेषाधिकार या निर्योग्यता को समाप्त किया जाता है। परंतु इसे न तो प्रारूप समिति ने स्वीकार किया और न ही संविधान सभा ने स्वीकार किया। बिना चतुवर्ण या जाति का नाम लिये अम्बेडकर ने इन पर आधारित विशेषाधिकारों या निर्योग्यताओं को

समाप्त करने का प्रयास किया था और यदि उसे स्वीकार किया गया होता तो वह सामाजिक समता तथा सामाजिक न्याय की अवधारणा के ज्यादा समीप होता। वर्तमान अनुच्छेद-17 डॉ. के. एम. मुंशी के प्रारूप पर आधारित है। इसके पूर्व 1930 के दशक में मंदिर प्रवेश के लिए हरिजनों को प्रदान की जाने वाली व्यवस्था पर प्रतिक्रिया व्यक्त करते हुए अम्बेडकर ने स्पष्ट किया था कि 'यदि हिंदू धर्म उनका धर्म होना है तो उसे सामाजिक एकता का धर्म होना होगा। मात्र हिंदू संहिता का संशोधन कर मंदिरों में प्रवेश दिलाना पर्याप्त नहीं है। आवश्यकता है कि जाति व्यवस्था तथा अस्पृश्यता के जनक चतुवर्ण के सिद्धांत को समाप्त किया जाए।' डॉ. आर. सी. मजुमदार ने अपनी पुस्तक 'स्ट्रगल फॉर फ्रीडम' में स्पष्ट किया है कि इसका मात्र संतोषजनक उत्तर यह हो सकता था कि तीन हजार वर्षों से पुरानी व्यवस्था एक दिन में समाप्त नहीं होगी और इसके लिए धीरे-धीरे प्रयास जारी रहेगा। परंतु गांधी सहित किसी हिंदू नेता ने यह स्पष्ट रूप से जाति व्यवस्था के विरुद्ध विचार व्यक्त नहीं किया। संवैधानिक परिप्रेक्ष्य में यह संभावना व्यक्त की गई है कि स्वतंत्र भारत में जाति धार्मिक संप्रदाय की तरह शाश्वतता प्राप्त करेगी। चिन्नम्मा बनाम डी. पी. आई. (ए. आई. आर. 1964, आंध्र प्रदेश 277) में गौड़ सारस्वत ब्राह्मण समुदाय के संप्रदाय अधिकार को मान्यता दी गई। डॉ. घुर्ये ने स्पष्ट किया है कि जाति की भावना राष्ट्रीय एकता की भावना के प्रतिकूल है। न्यायमूर्ति एस. बी. वाड ने अपनी पुस्तक 'कास्ट एंड लॉ' में इंगित किया है कि जाति-विहीन समाज की स्थापना संविधान में सकारात्मक रूप में घोषित उद्देश्य में नहीं रखा गया है। उन्होंने विचार व्यक्त किया है कि जिस प्रकार अनु. 17 में अस्पृश्यता का उन्मूलन किया गया है और 44वें संशोधन अधिनियम द्वारा संपत्ति के मूल अधिकार को समाप्त किया गया है, उसी प्रकार जाति व्यवस्था को भी उन्मूलित कर दिया जाना चाहिए था। परंतु ऐसा नहीं किया गया। यदि ऐसा किया गया होता, तो अनुच्छेद 32 जाति व्यवस्था उन्मूलन-संबंधी अधिकार के विरुद्ध प्राप्त होता। यद्यपि संविधान जाति व्यवस्था को निर्मूल नहीं करता, फिर भी जाति भावना पर आधारित विभेदीकरण को समाप्त कर समाज के पिछड़े वर्गों के उन्नयन के लिए प्रावधान की अपेक्षा करता है। यथासंभव संविधान में जाति और वर्ग में अंतर रखने का प्रयास किया गया है।''[40]

सन्दर्भ

1. के. सी. वसन्त कुमार और एक अन्य बनाम कर्नाटक राज्य : (1985) 4 उम. नि. प. 670 (702)
2. वही, पृ.-702
3. वही, पृ.-702
4. वही, पृ.-703
5. वही, पृ.-708
6. अखिल भारतीय शोषित कर्मचारी संघ (रेल) बनाम भारत संघ और अन्य (1981) 4 उम. नि. प. 638 (726)
7. के. सी. वसन्त कुमार और एक अन्य बनाम कर्नाटक राज्य : (1985) 4 उम. नि. प. 670 (726)
8. वही, पृ.-702

9. के. एस. जयश्री और एक बनाम केरल राज्य और एक अन्य : (1977) 3 उम. नि. प. 360 (371)
10. इंदिरा साहनी और अन्य बनाम भारत संघ और अन्य : (1993) 1 उम. नि. प. (164)
11. वही, पृ.-165
12. भारत का संविधान, 1 सितम्बर, 1991 को यथाविद्यमान, भारत सरकार, विधि, न्याय और कम्पनी मंत्रालय, विधायी विभाग, राजभाषा खण्ड, तीसरा संस्करण, 1991, पृ.-5
13. वही, पृ.-5
14. Dr. Babasaheb Ambedkar, Writings and Speeches, Vol. 14, Editor Vasant Moon, Education Department, Government of Maharashtra, Bombay-400 032, Edition 1995, pp. 267-68
15. कैलेन्डरों पर छपा वाक्य
16. नवभारत टाइम्स, नई दिल्ली, 7 दिसंबर, 1992
17. इंदिरा साहनी और अन्य बनाम भारत संघ और अन्य : (1993) 1 उम. नि. प. 1 (396)
18. वही, पृ.-415
19. वही, पृ.-415
20. नवभारत टाइम्स, नई दिल्ली, 7 सितंबर, 1995
21. वही, 14 सितंबर, 1995
22. वही, 26 अक्तूबर, 1995
23. वही, 2 नवंबर, 1995
24. वही, 9 नवंबर, 1995
25. वही, 23 नवंबर, 1995
26. वही, 21 दिसंबर, 1995
27. वही, 28 दिसंबर, 1995
28. वही, 11 जनवरी, 1996
29. वही, 7 सितंबर, 1995
30. वही, 21 दिसंबर, 1995
31. The Indian Express, Kochi, 26 September, 1990
32. ibid., 5 October, 1990
33. ibid.; 17 October, 1990
34. ibid., 24 Novmber, 1990
35. ibid., 26 September, 1990
36. के. एस. जयश्री और एक अन्य बनाम केरल राज्य और एक अन्य : (1977) 3 उम. नि. प. 360 (371)
37. "If any classification of backward classes of citizens is based solely on the caste of the citizens, it will perpetuate the vice of caste system." Supreme Court on Reservation, Dr. Matadin Madholia, Kamlesh Publications, A/23-B, (MIG) Ashok Vihar-III, Delhi-110052, Edition 1988, p.-185
39. के. सी. बसंत कुमार और एक अन्य बनाम कर्नाटक राज्य : (1985) 4 : उम. निम. प. 670 (805)
40. Supreme Court on Reservation, Dr. Matadin Madholia, Kamlesh Publications, A/23-B, (MIG) Ashok Vihar-III, Delhi-110 052, Edition 1988, p.-123
41. आरक्षण : सामाजिक न्याय एवं राजनैतिक संतुलन, डॉ. अनिरुद्ध प्रसाद, रावत पब्लिकेशन्स, 3-न-20, जवाहर नगर, जयपुर-302 004, संस्करण 1991, पृ.-6-7

अध्याय-12

संपूर्ण क्रांति के लिए वर्ग एवं वर्ण उन्मूलन की भूमिका[क]

हमारे पास पहले ही एक जटिलतम शब्द 'भारतीय-संस्कृति' का था जो पिछली शताब्दी में पश्चिमीकरण से डर कर रचा गया था, दूसरा 'भारतीय-राष्ट्र' भी किसी दृष्टि से कम जटिल नहीं था जो इस शताब्दी के पूर्वार्द्ध में अंग्रेजों की उपेक्षा से खोजा गया था। लेकिन इनका समाधान खोजे बिना ही अब स्वतंत्रता की प्राप्ति के पश्चात शोषण और अभाव से भय खा कर भारतीय समाज को नाम और रूप देने के प्रयत्न में हम इसी क्रम में एक और नई जटिलता की सृष्टि करने जा रहे हैं। अगली खोज भारतीय धर्म की होगी। और यह संभव है, क्योंकि इनमें से एक ऐसे सही कठिन कार्य, भारतीय संविधान की रचना हम कर चुके हैं, हो न हो, भारतीयता का हल ऐसे ही निकलना बदा है। स्यात, भारतीयता इसीलिए जटिल बनी हुई हो कि यह कहीं से तो हमारी पकड़ में आती है और कहीं से नहीं। कोई बात अपनी सम्रगता में ही जानी जा सकती है। उसी के अभाव में हम इनमें से किसी भी शब्द की सार्थकता सिद्ध नहीं कर पा रहे हैं।

और, यह बात विद्वानों के मस्तिष्कों की उपज की है। यह बात अच्छी भी है। कुछ अंधविश्वास साधारण जनों के हैं जैसे भूत-प्रेत और स्वर्ग-नरक, कुछ विश्वास प्रबुद्धजनों के भी होने ही चाहिए जैसे भारतीय संस्कृति और भारतीय समाज। अंततः, प्रबुद्धजन भी किसी न किसी रूप में मनुष्य हैं और इनके भी कतिपय अधिकार हैं। अधिकतर यह नहीं माना जाता कि कहीं साधारणजन भी प्रबुद्धजनों के अधिकार छीनते होंगे। लेकिन, घर से बाहर निकल कर, अपने जीवन में इसके सहस्रों प्रमाण कोई स्वयं जुटाए, मैं एक-दो बड़े नाम ले देता हूं जैसे ईसा और गांधी। हां, इनके परिणाम ऐसे ही होते हैं। पर, ऊंचाई पर जा कर इन्हें दुःखद भी तो नहीं कहा जा सकता, अपने अंतरमन में जा कर ये बेचारे भी तो नहीं हैं।

क. सम्पूर्ण क्रान्ति के लिए वर्ग एवं वर्ण उन्मूलन की भूमिका, डा. धर्मवीर, पुस्तक 'जाति : एक विमर्श' में संकलित, अनुवाद और सम्पादन, डा. जय प्रकाश कर्दम, नवभारत प्रकाशन, डी-626, गली नं. 1, अशोक नगर (निकट ललिता मन्दिर), शाहदरा, दिल्ली-110 093, दुवितीय संस्करण, 2004, पृ.-25-31

जो अस्तित्व में नहीं होता, उसको अस्तित्व देना मानव का मानसिक स्वभाव है। लेकिन वह सर्जन मानव मात्र के लिए शुभकारी भी हो, यह केवल महान पुरुषों के ही वश की बात है। इसीलिए इन अस्तित्वहीन सामान्यों की रचना को मैं विद्वतजनों के मन की निर्बलता न कह कर, संस्कृति के विकास की साहसिक अनिवार्यता कहना चाहता हूं। यह इसलिए क्योंकि जितने भी सामान्य आज तक रचे गए हैं, ये सब मनुष्य के हृदय और विवेक से संबंध रखने के कारण सभ्यता से भिन्न, जैसी कि हमारी आधुनिकतम मान्यता है, संस्कृति के अंतर्गत आते हैं। मनुष्य ने विवेक के आधार पर अपने समाज की रचना की, अथवा अनजाने में हृदय की पहल के कारण उससे समाज की रचना हो गई, जिसे उसने बाद में अपने बौद्धिक विकास के चरमोत्कर्ष पर समानांतर या समायोजित कर लिया, इन दोनों ही प्रकार की मान्यताओं से इन अनेक सामान्यों के सर्जनों की संस्कृति के अंतर्गत रखने की अवधारणा की और अधिक पुष्टि होती है।

यह बात अपने आप में सिद्ध है कि तथ्यों के रूप में हमें भारतीय समाज कभी ढूंढ़ने से भी नहीं मिलता। हिन्दू समाज, मुस्लिम समाज, खीस्त समाज, जैन, बौद्ध और सिक्ख समाज तथा फैला हुआ आदिवासी समाज ही हमें टुकड़ों-टुकड़ों में विभक्त मिलता है। दूसरे, इन सबमें बसे हुए किसी रूप में भारतीय समाज को ढूंढ़ने में राज्य भी हमारी कोई सहायता नहीं करता। राज्य का जो आजकल आदर्श रूप संविधान है, उसने भी इन सब समाजों की पृथक-पृथक् सत्ताएं मान कर अपना कामचलाऊ काम निकाल रखा है। किंतु नहीं, हम राज्य और संविधान की समस्याओं से बच-बच कर चलने वाले बचने की अपेक्षा सर्वप्रथम अपने मंतव्य को ही स्पष्ट कर लें कि भारतीय समाज से हमारा क्या तात्पर्य है। लेकिन इसके लिए पहले हमें अपनी समस्या का प्रकार और विस्तार जानना पड़ेगा।

हमारी समस्या संपूर्ण क्रांति की है। परंतु अन्य पूर्व कथित सामान्यों के समान ही यह भी एक और अस्पष्ट शब्द है। यूं, हमारा हल नहीं होता। इसलिए इसको मानसिक तिमिर के गहरे धुंधलकों में से बाहर निकाल कर एक बार समुचित रूप से परिभाषित करना चाहिए जिससे कि हम किसी व्यावहारिक निर्णय की ओर बढ़ सकें। हम इसके उद्गम को जानें।

लोग यही जानते हैं कि संपूर्ण क्रांति का नाम लेने वाले श्री जयप्रकाश नारायण जी हैं। लेकिन अभी कुछ दिन पहले बाबू जगजीवनराम जी ने किसी के द्वारा पूछे गए इसी प्रश्न के उत्तर में कहा था कि अभी तक श्री जयप्रकाश जी ने अपनी इस बहुचर्चित संपूर्ण क्रांति की कोई निश्चित परिभाषा नहीं दी है। पर क्या सच में ही श्री जयप्रकाश जी ने इसे लिपिबद्ध नहीं किया है? मुझे कुछ और भी दीखता है। संपूर्ण क्रांति की रूपरेखा के अभाव में पले हुए मौन का कारण पिछली सरकार के द्वारा चलाए गए बीस और पांचसूत्री कार्यक्रम से श्री जयप्रकाश जी के आर्थिक शोषण, सामाजिक अन्याय और प्रशासनिक भ्रष्टाचार के उन्मूलन का आंदोलन छीन कर उन्हें निरस्त्र कर देने में है। कोई

चाहे तो इसे वैचारिक तस्करी भी कह सकता है, और चाहे तो बौद्धिक शोषण, लेकिन यह हुआ अवश्य है। यदि श्री जयप्रकाश जी को चारों ओर से अनुनय-विनय से घेर कर इस विषय पर कुछ कहने की प्रार्थना के रूप में विवश किया जाए तो उनके अधर पूंजीवाद को सैद्धांतिक रूप में समाप्त करने का गलत परामर्श न दे कर इन्हीं सूत्रों को फड़फड़ाएंगे। उनके प्रत्येक संकेत का अर्थ स्यात यही निकले।

श्री जयप्रकाश जी एक बात बलपूर्वक और भी कहते हैं। वह भारत से अछूतपन के कलंक को समूल नष्ट करने की है। इसे उन्होंने सामंतवाद के लंबे ऐतिहासिक संदर्भ में समझ लिया है। लेकिन इतने भर से मनुष्य की दार्शनिक पिपासा शांत नहीं हो जाती। इसलिए हमें किसी दार्शनिक के पास जाना पड़ेगा। पर क्या ऐसा कोई दार्शनिक भारत में हुआ है जिसने संपूर्ण क्रांति की समस्या को विस्तारपूर्वक विचारा हो? हताश होने की आवश्यकता नहीं, इस क्षेत्र में हमें विश्व-स्तर के महान मानववादी दार्शनिक एम. एन. राय मिलते हैं। मैं नहीं जानता कि श्री जयप्रकाश जी उनके कितने ऋणी हैं। मैं तो अपनी मूल समस्या की ओर आता हूं।

एम. एन. राय के प्रकाश में संपूर्ण क्रांति को समझने के लिए हमें संपूर्ण क्रांति को बुराई से संबंधित करके देखना पड़ेगा। अब हम अपनी तरह से चलें। यह बुराई भी दो प्रकार की ठहरती है—एक व्यक्तिगत और दूसरी संस्थागत।

प्रायः यह कहा जाता है कि व्यक्ति के सुधरने पर समाज सुधर जाता है। पर यह बात भी मुझे ठीक नहीं जंचती, क्योंकि अभी तक यही ज्ञात नहीं हो सकेगा कि समाज से निरपेक्ष हो कर व्यक्ति अपने आप में क्या है। मनुष्य नैतिक है, इस बात का परिचय भी इसी आधार पर मिलता है कि वह सामाजिक है। हां, जिस समय मनुष्य शीलवान है, वह आधार मनुष्य का शुद्ध आध्यात्मिक स्वभाव है। शीलदर्शन में किसी पर हाथ उठाने की मनाही का आधार स्वयं मनुष्य है, कोई सामाजिक आवश्यकता नहीं। क्या मनुष्य अपने आप में भला रह सकता है, इस प्रश्न का सकारात्मक उत्तर शीलदर्शन ही दे सकता है, अन्य किसी विशेषण से युक्त दर्शन नहीं। शीलदर्शन जन्मजात भी हो सकता है। यह किसी मनुष्य का अपना सहज स्वभाव है। सामाजिक चतुराइयों को शील दार्शनिक न जानता हो, ऐसा सदा ही नहीं है, बल्कि वह उन्हें जानबूझ कर छोड़ देता है। वह अज्ञानी बिल्कुल नहीं होता और जिस अवस्था में वह अज्ञानी होता है उस समय अज्ञान का कोई अर्थ भी नहीं होता क्योंकि ज्ञान प्राप्त करने के पश्चात् भी तो किसी पश्चाताप में नहीं डूबता। दूसरे, वह किसी से डर कर भला बनता हो, ऐसा भी नहीं है। समय आने पर वह शीलों की रक्षा के लिए अपने मूल्यवान जीवन का उत्सर्ग भी बड़ी तत्परता से कर जाता है। उसमें साहस की कमी नहीं होती, उत्साहों का एकमात्र स्रोत वह है। वह सचमुच कोई देवदूत होता है। लोक-लाज के लिए वह कुछ नहीं करता, उल्टे लोक-कल्याण के कार्य भी वह अपने आपसे विवश होकर करता है। सुकरात इस चिंतन के व्यावहारिक आदर्श हैं। बुद्ध के दर्शन में इस धारा का ज्ञानात्मक यथार्थ है। कोई

मनुष्य शीलवान किसी कारण से नहीं होता। वह स्वयं शीलों का कारण स्रोत होता है। शीलवान होने की किसी को बताने की आवश्यकता नहीं पड़ती, और क्या शील है, वह भी वह अपने आप निश्चित कर लेता है। वह अपनी संतुष्टि आप करता है। जब कभी यह बताने की आवश्यकता पड़ती है कि अमुक समाज में अमुक कार्य शीलयुक्त है, तब वहां शीलदर्शन नहीं रह जाता। शीलदर्शन सार्वभौमिक है और बिना बताए है। सबको क्षमा करना तथा स्वयं दंड का भागी बनना, इसके प्रधान लक्षण हैं। ''वैर से वैर शांत नहीं होता, प्रेम से ही वैर शांत होता है'' तथा ''यदि कोई तुम्हारे एक गाल पर थप्पड़ मारे तो तुम अपना दूसरा गाल भी उसकी ओर कर दो''—ऐसे ही अनेक उदाहरण इस सामाजिक रहस्यवाद की सृष्टि करते हैं। ऐसे लोगों के हम पथ जोहते रहते हैं और इसके सिवा कुछ नहीं कर सकते। लेकिन इसके साथ ही साथ शीलवान का विरोधी भी कोई जन्मजात ही होता है। इसलिए, संपूर्ण क्रांति का हल समाज के विभिन्न विभागों के आर्थिक, राजनैतिक, सामाजिक, धार्मिक, शैक्षणिक आदि बंटवारों के नाम गिनाने भर से नहीं हो जाता। ये सब बुराइयां तो किसी मूलभूत बुराई के विस्तार भर हैं। कोई रोग का कीड़ा है जो इन समस्त बुराइयों को अपने साथ सभी स्थानों पर लिए फिरता है। हमें उसी रोग के कीड़े की खोज करनी है। यह कीड़ा स्वयं मनुष्य है जो संस्थाओं के रूप में अपने विष को उगला करता है।

इसलिए, संसार में वह व्याप्त मानवीय बुराई दोहरी है। मानव के भीतर यह घृणा तथा शोषण के रूप में है तथा बाहरी समाज में यह वर्गों तथा वर्णों के रूप में साकार होती है। संपूर्ण क्रांति की परिभाषा भी सहस्रों वर्षों से चले आ रहे इसी निरे भोगवाद को समाप्त करने में सार्थक हो सकती है, अन्यथा नहीं। वस्तुतः, वर्ग व्यवस्था भारतीय समाज पर धनिकों का खुला व्यंग्य है तो वर्ण-व्यवस्था हिन्दू समाज का सामाजिक जड़वाद। यह तो हमारे हाथों एक अच्छी शृंखला पड़ गई है। अब हम कुछ महत्वपूर्ण निर्णयों की ओर पहुंच रहे हैं। समाज दर्शन में समाज में बने हुए यूरोपीय ढंग के निर्धनों और धनवानों तथा भारतीय प्रकार के ऊंचे और नीचे के रूप में मनुष्यों के पारस्परिक व्यवहार का क्षेत्र आता है, तथा नैतिक दर्शन में वर्गों एवं वर्णों में विभक्त उस समाज के सिद्धांतों को विधि और निषेधों के कठोर नियमों में परिपाटी के रूप में सुव्यवस्थित किया जाता रहता है।

इस प्रकार, यदि हम संपूर्ण क्रांति को भारतीय समाज में वर्गों एवं वर्णों के उन्मूलन के रूप में घटित होना देखना चाहते हैं तो वर्गों एवं वर्णों के सदृश ही भारतीय समाज तथा संपूर्ण क्रांति को भी मूल्यवान अर्थ मिल जाते हैं। इसके अतिरिक्त, यदि हम वर्गों एवं वर्णों से निरपेक्ष रख कर भारतीय समाज का अस्तित्व देखना चाहते हैं तो वह आशा एक मृगमरीचिका ही सिद्ध होगी। इस नए भारतीय समाज को अपने अस्तित्व के लिए भिन्न-भिन्न धार्मिक समाजों के विभिन्न विश्लेषणों से स्पर्धा न रखते हुए एक सामान्य स्थिति के अनुरूप ढलना पड़ेगा। यह कोई विशेष समाज बनने नहीं जा रहा है बल्कि

एक निश्चित रूप धारण करने के प्रयोजन से इसे अपने आपको वर्गों एवं वर्णों की सीमाओं तक ही सीमित रखना पड़ेगा। यह एक खुला भारतीय समाज हो, जनमानस में एक नया संस्कार भी हो, लेकिन इस नए भारतीय समाज का कोई लिखित-अलिखित शास्त्र न हो जाए, इसकी कोई परिपाटी न बन जाए, इसके कोई धर्मगुरु न आ जाएं, इन्हीं कुछ महत्वपूर्ण बातों की इसमें सतर्कता बरतनी पड़ेगी। अन्य समाजों के संस्कारों की अनगिनत जटिलताओं से इसका दूर का भी संबंध न हो, उनमें से किसी एक का भी यह पक्षधर न बने, उनमें से किसी एक की भी यह निंदा न करे। इसका नाम हमारे राज्य के ही अनुकरण पर सर्वधर्म समभावी भारतीय समाज हो। यह पहले जातियों के पुरानें प्रकार के वर्ण बनाए तथा पेशों में विभक्त नए प्रकार के वर्ग खोजे। तत्पश्चात् वर्गों एवं वर्णों में समाज के पूरे संकुचन को समूलोच्छेद करने के अपने कार्य के प्रति निष्ठावान रहे। धार्मिक समाजों से अकारण ही उलझ कर अपने मार्ग में सौ-सौ व्यवधान एक ही दिन में न खड़े होने दे।

'सांस्कृतिक क्रांति' एक शब्द है। लगता है कि जैसे यह संपूर्ण क्रांति का एक अनिवार्य घटक हो। पर क्या वास्तव में ऐसा है? क्रांति करते समय हम सब कुछ उलट-पलट कर देना चाहते हैं। अधिकांश लोगों की दृष्टि इसी तोड़-फोड़ पर जमी रहती है। लेकिन विनाश तो सच्ची क्रांति का आदर्श नहीं है। हम अच्छे के लिए लड़ें और बुरा कर बैठें, यह कोई प्राप्ति नहीं है। क्रांति का अर्थ समाज को बदल देने से निकलता है, न कि समाज को मेट देने से। समाज को एक संस्था के रूप में मिटाने का लक्ष्य किसी क्रांति का नहीं हो सकता। वास्तव में, देखा जाए तो समाज को बचाने के लिए ही किसी क्रांति का आह्वान किया जाता है। प्रत्येक आदर्श क्रांतिकारी एक आदर्श माता के समान है और जो समाज को ही नष्ट कर देना चाहते हैं वे बर्बर जातियों के घने झुंड हैं। ठीक यही बात संस्कृति के विषय में भी खरी उतरती है। क्रांति का लक्ष्य संस्कृति के विरोध में खड़े होने से पूरा नहीं होता, वरन् वह जाता रह्ता है। संस्कृति का तो उलटे विकास करना है। संपूर्ण क्रांति के हामियों को प्रतिक्रियावादियों से कहना चाहिए कि 'आप समाज तथा संस्कृति को जड़वस्तु बना कर विश्व मानवता का अहित कर रहे हैं, इसलिए हटो, हम इन्हें गति देंगे।' संस्कृति कोई छोटी-मोटी संपत्ति नहीं है। इसमें समाज, भाषा साहित्य, कला आदि अनेक निधियां निहित है। इन्हें हम किसी तर्क-दोष के कारण छोड़ें न। संघर्ष केवल रोटी-पानी का न हो कर इससे भी अधिक है। संपूर्ण क्रांति ताजमहल बनाने को मना न करे बल्कि कहे कि यह अपूर्ण है। यह सब कुछ को भक्षण करके समाप्त न करे, यह अपने छोटे से छोटे आदर्श में भी भीगी न हो। इसे अवसर मिले तो यह और भी भूखी रह कर सैकड़ों ताजमहल खड़े कर देने चाहे। एक आलसी मूर्तिकार से हथौड़ी और छैनी को छीन कर यह मूर्ति को और भी शीघ्र गढ़ना चाहे, एक अकुशल चित्रकार से कूंची और रंगों को ले कर यह चित्र को और भी सुंदर रचे। पेट से पट्टी बांध कर भी यह अपनी अंतरात्मा का सुंदर बिंब उसमें देखना चाहे। धनी मनुष्यों का

अतिरिक्त व्यय ऐश्वर्य और युद्धों में होता है, निर्धन मनुष्यों का अतिरिक्त व्यय कारुणिक कार्यों में हो। शेष सब संस्कृति की धरोहर बन जाए। फिर, भले ही हम भूखे रह जाएं, पर यह हमारी स्वेच्छा से हो।

यहां एक शंका उपजती है। विरोधी लोग संस्कृति को वर्ण सापेक्ष अथवा वर्ग सापेक्ष घोषित करना चाहेंगे जिससे कि हमारा आंदोलन अपमानित हो जाए। लेकिन हमें तो नीर-क्षीर विवेक वाले हंस सिद्ध होना है। वर्ण संस्कृति तथा वर्ग संस्कृति जैसी कोई वस्तु नहीं होती। वर्ण धर्म के अपमान में सद्धर्म अपमानित नहीं होता। इसी प्रकार, वर्गों के विनाश में मानवता का विनाश नहीं हो जाता। वर्ण मिटने पर धर्म बचा रह सकता है तथा एक भी मनुष्य के न मरते हुए वर्ग मिट सकते हैं। वर्ग एवं वर्ण कृत्रिम हो कर वास्तविकता पर निहित स्वार्थियों के द्वारा चढ़ाए गए आवरण भर हैं। इसलिए सांस्कृतिक क्रांति की तुलना में वैचारिक क्रांति की आवश्यकता है जो इन विक्षेपों के भी पार सत्य को शुद्ध देख सके।

एक बात और, कई हजार वर्षों से भारत में वर्णों के विरोध में महानों के स्वर गूंज रहे हैं लेकिन सभी जानते हैं कि ये मिट नहीं सके हैं। यहां मैं यह कहना चाहता हूं कि इन्हें मिटाने के अब तक अपनाए गए उपाय भी गलत थे। क्रांतिकारियों की कमी यह रही कि जिस किसी ने भी वर्णों का विरोध किया, चाहते हुए ही, उसने धर्म तथा दर्शन का भी विरोध किया। बचाव-पक्ष वालों की कमी यह रही कि जिस किसी ने भी धर्म तथा दर्शन का पक्ष लिया, अनचाहते हुए भी उसने वर्णों का भी खुल कर पक्ष लिया। बुराई समाज की थी जबकि वेद और ईश्वर के विरोध में व्यय हुई। यही कारण है कि जिस किसी ने भी वर्णों का विरोध किया उसे ही अपना अलग धर्म अथवा पंथ चलाना पड़ा।

और वर्णों की मार्क्सवादी व्याख्या ही अधिक स्पष्ट है, और जो हमारे भारत में आज के राजनीतिक लोग कुछ भी कह जाते हैं वह तो पता नहीं क्या है। लेकिन जिसका क्रांति से सबसे अधिक संबंध है वह मध्यवर्ग है। मध्यवर्ग को क्रांति में जितनी महत्ता मिलनी चाहिए, मार्क्सवाद की यह कमी है कि यह उसको उतनी महत्ता नहीं देता। इसलिए मार्क्सवाद से भी हमारा पूर्ण कार्य नहीं चलता। सर्वहारा तथा बुर्जुआ लोग वर्ग सापेक्ष समाज व्यवस्था के दो आधार हैं, लेकिन आदर्शोन्मुख क्रांति का कार्यवाहक पंखी मध्यवर्ग है। वर्ग मिटाने पर मध्यवर्ग में ही लोगों का प्रसार होना है।

पूछा जा सकता है कि वर्गों एवं वर्णों में ऐसी क्या बुराई है? अपने लाहौर वाले भाषण में डॉ. अम्बेडकर भी इसके उत्तर में सकुचा गए थे। वहां वे कर्मना वर्ण-व्यवस्था को इसके आ र्श रूप में अकाट्य कह गए थे। लेकिन 'भगवान बुद्ध और उनका धर्म' में वे इसका समाधान सफलतापूर्वक खोज सके हैं। इन बीस वर्षों की लंबी मानसिक यात्रा के उपरांत उन्होंने पाया कि क्या यह असमानता का नियम जीवन का नियम बन जाना चाहिए। इसके उत्तर में प्रश्नकर्त्ताओं के ऊपर वैचारिक हथौड़े बरसने लगते हैं।

बुराई को आदर्श मानना गलत है। बुराई को धार्मिक पुस्तकों का वाचन बनाना धार्मिक पुरुषों की कारुणिक भावना को गहरी ठेस पहुंचाना है। फिर तो कोई धार्मिक भी न रहना चाहेगा। फिर तो कोई कह उठेगा—"अपनी सभ्यता को ले कर आप स्वयं नाचो। मुझे इस पाप का भागीदार मत बनाओ। मैं तुम्हारे प्रकार की परिभाषा का असभ्य रह कर ही खा-कमा लूंगा।" इसलिए, वर्ग एवं वर्ण जहां अपने सबसे सुंदर परिधान में सजे हुए हों, वहीं उन्हें झीर-झीर करना है, फिर भले ही वह काल किसी परंपरा में स्वर्णयुग भी क्यों न कहा जाता हो। विकृत रूपों में न उलझ कर इनके आदर्श रूपों को ही चोट देनी चाहिए। मनुष्य मनुष्य के बीच घृणा जन्म के रूप में—यह त्याज्य है। शोषण चाहे जीवन संघर्ष के आधार को ले कर आगे बढ़ता हो या श्रेष्ठतम और योग्यतम के विभाजन के नाते, यह निकृष्टतम विचारधारा है।

अंत में मैं कहूं कि संभवतः आज भारतीय समाज की बात बहुतों को निस्सार दीखे, कई लोग हमारी हंसी उड़ाएं, यह भी हो सकता है। लेकिन संसार के सभी महानों की भांति हमें इससे भयभीत नहीं होना है। साथ ही, हम संपूर्ण क्रांति के प्रत्यय से भी न डरें। यह विध्वंस नहीं है, यह सृजन है। "संपूर्ण क्रांति का लक्ष्य स्वतंत्रता है और स्वतंत्रता सदैव व्यक्तिगत होती है"—इतना कहते ही मैं अपने आपको पूर्णरूपेण अभिव्यक्त हुआ देखता हूँ। इससे मुझे आत्मिक संतुष्टि मिलती है। इसका स्पष्टीकरण स्वयं क्रांति के विकास की कहानी है। न ही यह आगामी क्रांति में पूरा होने जा रहा है। मनुष्य का विकास असीम है। संभव और असंभव की घाटियों में यह चले जा रहा है। यह बीसवीं शताब्दी की बुद्धि से बंध कर नहीं रह सकता।

अध्याय-13

आरक्षण पर सार्थक बहस[क]

'मंडल रिपोर्ट : वर्ण व्यवस्था से समाजवादी व्यवस्था की ओर' डॉ. मस्तराम कपूर की एक महत्वपूर्ण पुस्तक है। लेखक का मानना है कि अगर मंडल आयोग की 'यह रिपोर्ट ठीक प्रकार से लागू हो गई तो सदियों से चली आ रही वर्ण व्यवस्था और जाति व्यवस्था का टूटना तय है।'[1] यह विचार इस पुस्तक की विषय-वस्तु का मुख्य केन्द्र बिन्दु है। इस पुस्तक में मंडल आयोग की रिपोर्ट के माध्यम से 'जातिविहीन समाज की ओर,[2] जाने का मार्ग प्रशस्त माना गया है।

लेखक ने गांधी जी के बारे में अपने दो विचार एक साथ रखे हैं। जब उन्होंने लिखा है कि 'महात्मा गांधी स्वतंत्रता के मूल्य के संभवतः सबसे अच्छे प्रवक्ता थे'[3] तो उन्होंने उनका मूल्यांकन करते हुए साथ में यह भी लिखा है, 'किन्तु महात्मा गांधी में समता की कल्पना स्पष्ट नहीं थी।'[4] उन्होंने विश्लेषण और भेद करते हुए लिखा है कि 'संभवतः इसका कारण यह था कि सवर्ण जाति में पैदा होने के कारण उन्होंने कभी जातीय असमता की यातना नहीं भोगी थी।'[5] इससे आगे डा. अम्बेडकर के चिन्तन को समझते हुए और उसे पूर्ण सम्मान देते हुए उन्होंने लिखा है—"यातना भोगी डा. आम्बेडकर ने.... ।"[6]

इस पुस्तक में कई अन्य पक्षों के अलावा गोल मेज सम्मेलन में डॉ. अम्बेडकर और गांधी जी के बीच हुए विचार को उचित स्थान मिला है। विशेषता यह है कि डॉ. कपूर उस ऐतिहासिक विचार को, जिसने सन् 1932 में हिन्दू समाज को समुद्र मन्थन की तरह झकझोर दिया था, बाद के समय में डॉ. राममनोहर लोहिया के चिन्तन तक खींच लाए हैं। उन्होंने इन तीनों समाज-दार्शनिकों की विचार यात्रा को विश्लेषित करते हुए मार्क्स की द्वन्द्वात्मक भाषा में इस प्रकार लिखा है—"गांधी ने थीसिस दिया, आम्बेडकर ने एंटीथीसिस दिया और लोहिया ने उसका सिंथीसिस दिया।"[7] उन्होंने

क. आरक्षण पर सार्थक बहस, धर्मवीर, दूसरा शनिवार, सम्पादक राज किशोर, सी 53, एक्सप्रेस अपार्टमेन्टस, दिल्ली-110 096, फरवरी, 1998, पृ.-43-4

अपनी बात को स्पष्ट करते हुए लिखा है—"इसमें कोई संदेह नहीं कि गांधी और आम्बेडकर में वैचारिक मतभेद बहुत था। वर्ण व्यवस्था को ले कर उनके मतभेद प्रसिद्ध हैं।"[8] लेकिन डॉ. कपूर के मतानुसार 'डा. लोहिया ने गांधी और आम्बेडकर दोनों के विचारों का संश्लेषण किया और विशेष अवसर के विचार को दर्शन का रूप दे कर समता की स्थापना के लिए एक ऐसी योजना तैयार की, जो मंडल रिपोर्ट के रूप में साकार हुई।'[9] डा. कपूर ने अपने इस विचार को अधिक स्पष्टता देते हुए लिखा है—"डॉ. आम्बेडकर ने समता की उस रूप में व्याख्या की, जिस रूप में गांधी ने स्वतंत्रता (की) की थी।"[10] लेकिन 'डॉ. लोहिया ने स्वतंत्रता और समता के साथ बंधुता को भी जोड़ा और तीनों की संयुक्त कल्पना रखी।'[11] इस पुस्तक के तीसरे अध्याय में उन्होंने अपने तर्क को दो भागों में फैलाया है। पहले भाग का शीर्षक है—'डॉ. आम्बेडकर का समता संघर्ष'[12] तथा दूसरे भाग का शीर्षक है—'गांधी और आम्बेडकर की कड़ी थे डॉ. लोहिया।'[13]

यहां कहा जा सकता है कि डॉ. मस्तराम कपूर ने अम्बेडकर, गांधी और लोहिया के इस समन्वयात्मक पक्ष को रखा जरूर है, लेकिन उनका यह तर्क ज्यादा खोज और परिश्रम की मांग करता है। यदि इस तर्क में कोई सच्चाई और वजन है, तो उसकी पुष्टि के लिए उन्हें या किसी अन्य विद्वान को अधिक काम करने की आवश्यकता है। इस तर्क की सीमा यह है कि कम से कम आज का कोई दलित चिन्तक इस बात को स्वीकार नहीं करेगा कि गांधी जी डॉ. अम्बेडकर के सामने दलितों के दुश्मन नम्बर एक नहीं थे। फलतः, दलित चिन्तक डॉ. अम्बेडकर के शब्दों में 'मिस्टर गांधी' का वैसा सम्मान कभी नहीं कर सकते जैसा कुछ हिन्दू विद्वान चाहते हैं। दलितों के लिए अम्बेडकर और गांधी का सम्बन्ध शम्बूक और राम का सम्बन्ध बन कर आता है। कितनी भी कोशिश की जाए, ऐसा नहीं लगता है कि इन दोनों में कभी बन सकेगी। ऐसी स्थिति में, डॉ. लोहिया भी दलितों के लिए बहुत दूर के और पराये चिन्तक हो जाते हैं।

डॉ. कपूर 'सामाजिक न्याय पर बहस'[14] करने के लिए पूरी तरह तैयार हैं। वे बहस से बचते नहीं हैं, बल्कि आरक्षण के विरोधियों को ललकारते हुए इसे आगे बढ़ाते हैं। वे चुनौती देते हुए चलते हैं और आरक्षण-विरोध को बीमार समाज का लक्षण सिद्ध करते हैं।[15] उन्होंने आरक्षण विरोधियों की दलीलों को लचर माना है।[16] उन्होंने जाति और वर्ग की परिभाषाओं में समाजशास्त्रियों की उस बात को रखा है कि जातियों के शिथिल होने से वर्ग बनते हैं और वर्गों के कड़ा होने से जातियां बनती हैं।[17] उन्होंने सामाजिक न्याय पद को पहेलीनुमा नहीं रहने दिया है। न्यायमूर्ति वी. आर. कृष्ण अय्यर ने लिखा है कि भाषाशास्त्र में अर्थविज्ञान की दृष्टि से सामाजिक न्याय का पद धुँधले अर्थ वाला है।[18] लेकिन डॉ. कपूर ने इस पद को सुस्पष्ट करते हुए लिखा है—"नागरिक अधिकार और राजनैतिक अधिकार वैयक्तिक होते हैं और प्रत्येक नागरिक को व्यक्तिगत

प्राप्त होते हैं, लेकिन सामाजिक अधिकार व्यक्तियों को नहीं, समाज के समूहों को मिलते हैं इसलिए उन्हें सामाजिक अधिकार कहा जाता है और इनसे जुड़ी न्याय कल्पना को सामाजिक न्याय कहा जाता है।''[19] डॉ. कपूर के सामाजिक न्याय के इस तर्क का महत्वपूर्ण पक्ष यह है कि तब किसी पिछड़े वर्ग में 'क्रीमी लेयर' नहीं निकाली जा सकती। उन्होंने लिखा भी है–''आरक्षणों का विरोध करने वाले पिछड़ी और अनुसूचित जातियों के गरीब लोगों के हित की आड़ ले कर भी तीर चला रहे हैं। उनका कहना है कि आरक्षणों का लाभ कुछ समृद्ध परिवारों को मिलेगा और गरीबों को लाभ नहीं मिलेगा। दरअसल उनकी नीयत है कि समृद्ध परिवारों को कोटे से बाहर करके कोटे का और ज्यादा हिस्सा 'डिरिजर्व' करा कर अपने लिए हथिया लें, क्योंकि यह स्पष्ट है कि जब पढ़े-लिखे और समृद्ध परिवारों के कोटे में शामिल रहते हुए कोटा एक चौथाई भरता है, तो उसे निकाल देने से तो एक प्रतिशत कोटा भी नहीं भरेगा। यही वे चाहते हैं।''[20] उन्होंने सुप्रीम कोर्ट के निर्णय का जिक्र करते हुए लिखा है–''उच्चतम न्यायालय का चिकनी परत सम्बन्धी फैसला भी आरक्षण व्यवस्था को विफल बनाने वाला ही सिद्ध हो रहा है।....खुद न्याय पीठ के दो जजों (न्यायपूर्ति सावंत और न्यायमूर्ति पांडियन) ने इस पर अपनी असहमति दर्ज की थी। इस आदेश का कमजोर पक्ष यह है कि इसमें परोक्ष रूप से आर्थिक कसौटी को लाया गया है, जिसे न्यायालय स्वयं गलत मानता है। दूसरे, न्यायालय ने स्वयं माना है कि सामाजिक न्याय के अधिकार सामूहिक अधिकार होते हैं और ये मूल समूहों के आधार पर वितरित होते हैं और न्यायालय ने जाति या पेशा समूह को मूल समूह माना है। यदि यह सही है तो आरक्षण की परिधि से निष्कासन भी जाति या पेशा समूह का होना चाहिए, कुछ व्यक्तियों या परिवारों का नहीं।''[21]

डॉ. कपूर की 'क्रीमी लेयर' के पक्ष में यह दलील एकदम सही है, लेकिन प्रस्तुति में केवल एक सुधार की आवश्यकता है। सुधार यह है कि इन्दिरा साहिनी वाले मामले में न्यायपूर्ति पांडियन ने चिकनी परत के सिद्धान्त पर अपनी असहमति दर्ज की थी, लेकिन न्यायपूर्ति सावन्त ने उस पर अपनी सहमति दर्ज की थी। उनकी उस सहमति के शब्द इस प्रकार हैं–''पिछड़े वर्गो में अगड़ों के अगड़ेपन का निर्धारण करने के लिए सही मापदण्ड उनके वर्ग में अन्यों की क्षमता के अनुसार नहीं, बल्कि अगड़े वर्गों के सदस्यों की क्षमता के अनुसार उनकी क्षमता का निर्धारण करना है....। यदि वे पिछड़ेपन की सीमा को पार कर लेते हैं, तो उन्हें पिछड़े वर्गों से अलग कर दिया जाना चाहिए और उन्हें उन वर्गों के लिए अभिप्रेत उपबन्धों के लिए हकदार नहीं माना जाना चाहिए।''[22]

डॉ. मस्तराम कपूर ने इस पुस्तक के माध्यम से अरुण शौरी और डॉ. लक्ष्मीमल्ल सिंघवी के आरक्षण विरोधी तर्कों को भी काटा है। अरुण शौरी के विचार को उन्होंने अरुण शौरी की 'जातिवादी सड़ाँध' का एकदम उपयुक्त शीर्षक दिया है। उन्होंने यहाँ तक सूचना दी है कि एक अन्य मामले में प्रेस परिषद के अनुसार 'अरुण शौरी पत्रकारिता के नैतिक मूल्यों का उल्लंघन करने के दोषी पाए'[23] गए थे। आगे डा. कपूर

ने लिखा है कि 'सामाजिक न्याय हमारे संविधान का पहला शब्द है।'[24] इसके साथ उन्होंने यह भी लिखा है कि डॉ. लक्ष्मीमल्ल सिंघवी जैसे 'संविधान के सर्वश्रेष्ठ विद्वान को संविधान के विषय में बताना धृष्टता तो है, लेकिन गहरे विषाद का विषय भी है कि इस देश में संविधान के पहले ही शब्द के खिलाफ पढ़े-लिखे तबकों में बगावत फूटी है।'[25]

डॉ. कपूर ने 'मेरिट' के सिद्धान्त को भी सही परिप्रेक्ष्य में जाँचा-परखा है। उन्होंने इस पुस्तक में 'दिल्ली विश्वविद्यालय शिक्षक संघ' के पूर्व अध्यक्ष मुरली मनोहर प्रसाद सिंह के शब्द उद्धृत किए हैं कि 'मेरिट का नारा भाई-भतीजावाद की रक्षा में बजाया जाने वाला संगीत है।'[26] डॉ. कपूर ने वोटों के दबाव को एक महत्वपूर्ण शक्ति मानते हुए उसके प्रति रुझान प्रकट किया है। उन्होंने उन विद्वानों और न्यायाधीशों को करारा उत्तर देते हुए लिखा है जो वयस्क मताधिकार को घृणा और हेय दृष्टि से देखते हैं। उन्होंने लिखा है—''सामाजिक बदलाव के महत्वपूर्ण निर्णय हमेशा किसी न किसी दबाव में हुए हैं और लोकतंत्र में वोटों का दबाव अनैतिक नहीं होता, बशर्ते निर्णय समाज को आगे ले जाने वाला हो।''[27] वैसे, यहां डॉ. कपूर को 'बशर्ते निर्णय समाज को आगे ले जाने वाला हो' के शब्दों को प्रयोग करने की आवश्यकता नहीं थी, क्योंकि उनकी बात पहले ही पूरी हो चुकी है। सामाजिक परिवर्तन का विरोध करने वाले लोग ऐसे शब्दों का दुरुपयोग ही करते हैं। इसलिए पूरी नेकनीयती से लिखे गए ऐसे शब्द उनके हाथ में नहीं दिए जाने चाहिए। जहां तक न्यायालय का सम्बन्ध है, उसे केवल यह देखना होता है कि यह निर्णय संविधान सम्मत है या संविधान सम्मत नहीं है। हां, समाजशास्त्रियों को उससे भी अधिक देखना होता है। लेकिन डॉ. कपूर के भली भावना से लिखे गए इन शब्दों का अर्थ बुरी भावना के लोग कुछ अन्यथा न निकाल पाएँ, यही निवेदन और चेतावनी है।

सन्दर्भ

1. मंडल रिपोर्ट : वर्ण व्यवस्था से समाजवादी व्यवस्था की ओर, मस्त राम कपूर, सारांश प्रकाशन प्रा. लि., 13, दरियागंज, नई दिल्ली-110 002, दूसरा संशोधित-परिवर्धित संस्करण, 1996, पृ.-6
2. वही, पृ.-16
3. वही, पृ.-10
4. वही, पृ.-10
5. वही, पृ.-10
6. वही, पृ.-10
7. वही, पृ.-79
8. वही, पृ.-79
9. वही, पृ.-79
10. वही, पृ.-80
11. वही, पृ.-80
12. वही, पृ.-69
13. वही, पृ.-78
14. वही, पृ.-26
15. वही, पृ.-23
16. वही, पृ.-28
17. वही, पृ.-29

18. "social justice, vague and vagarious in its semantics..."
Ambedkar Centenary : Social Justice and the Undone Vast, by Justice V.R. Krishna Iyer, B.R. Publishing Co-operation, 22/9, Nangia Park, Shakti Nagar, Delhi-110 007, Edition 1991, p.-69

19. मंडल रिपोर्ट : वर्ण व्यवस्था से समाजवादी व्यवस्था की ओर, मस्त राम कपूर, सारांश प्रकाशन प्रा. लि., 13, दरियागंज, नई दिल्ली-110 002, दूसरा संशोधित-परिवर्धित संस्करण, 1996, पृ.-29

20. वही, पृ.-31

21. वही, पृ.-66-7

22. इन्दिरा साहनी बनाम भारत संघ : (1993) 1 उम.नि. प. पृ.-248

23. मंडल रिपोर्ट : वर्ण व्यवस्था से समाजवादी व्यवस्था की ओर, मस्त राम कपूर, सारांश प्रकाशन प्रा. लि., 13, दरियागंज, नई दिल्ली-110 002, दूसरा संशोधित-परिवर्धित संस्करण, 1996, पृ.-33

24. वही, पृ.-37

25. वही, पृ.-37

26. वही, पृ.-27

27. वही, पृ.-38

अध्याय-14

सन्तराम बी. ए. : गैरों के बीच[क]

I

सब से पहले बताया जाए कि सन्तराम कुम्हार थे। लेकिन वे कैसे कुम्हार थे? वे अपने गाँव के अपनी जाति के कुम्हारों के बारे में अपनी आत्मकथा 'मेरे जीवन के अनुभव' में लिखते हैं—"गाँव की हिन्दू जनता में अधिक संख्या कुम्हार जाति के लोगों की है। ये लोग मिट्टी के बर्तन नहीं बनाते। इन पर केवल 'कुम्हार' का लेबल जन्म-जाति के कारण ही लगा है। ये लोग देश-देशान्तर में वाणिज्य व्यापार करते हैं। बहुत से लोगों के पास खच्चर हैं। इन पर वे माल ले जा कर पहाड़ी स्थानों में बेचते हैं।"[1]

उन्हें अपनी कुम्हार जाति की सच्चाई का सामना इस रूप में करना पड़ा—"विद्यार्थी जीवन में मुझे जात-पाँत के दो कटु अनुभव हुए। उन को मैं कभी भूल नहीं सका। जब चौथी कक्षा में मैं अम्बाला स्कूल में भरती हुआ, तो रजिस्टर में मेरी जाति भी लिखी गई। मेरे अपने गाँव में तो हमारी पर्याप्त प्रतिष्ठा और प्रभाव था। वहाँ मैंने कभी अनुभव ही नहीं किया था कि कुम्हार भी कोई नीच जाति है; परन्तु अम्बाला उन दिनों होशियारपुर की अपेक्षा जीर्णमताभिमानी लोगों का बड़ा गढ़ था। मेरे सहपाठी मुझे 'कुम्हार' कह कर छेड़ने लगे।"[2] लेकिन इस से आगे वे पूरी परम्परा को पकड़ लेते हैं जब अगला वाक्य इन शब्दों का लिखते हैं—"छेड़ते भी क्यों न, जब तुलसीदास जैसे महात्मा और महाकवि कह गए हैं—

"जे बर्नाधम तेलि कुम्हारा।
स्वपच किरात कोल कलवारा।"[3]

तुलसी दास की इसी चौपाई को अपनी हिन्दू मानसिकता में पक्की करते हुए सियालकोट के किसी मूल राज नागर ने सन्तराम के खिलाफ गालियों से भरा एक विज्ञापन छाप कर बाँटा था। उस विज्ञापन में लिखा था 'कि सन्तराम अपनी जाति चाहे

क. सन्तराम बी. ए. : गैरों के बीच, डॉ. धर्मवीर, कथाक्रम, 4, ट्रांजिट हास्टल, वायरलेस चौराहे के पास, महा नगर, लखनऊ-226 006, जुलाई-सितम्बर, 2004, पृ.-51-61

कितना ही क्यों न छिपाए, परन्तु उस के लेखों में गधे की हिनहिनाहट से उस की कुम्हार जाति छिपी नहीं रहती।'[4]

जाति और छुआछूत को ले कर ब्राह्मण का दिमाग कैसा बना होता है, यह जानने का मौका सन्तराम को बार-बार मिला था। वे एक वाकये का जिक्र करते हैं–"अपने गाँव के उद्यान में रहते हुए एक दिन मेरी सुसराल, मजारा डींगरियाँ, जिला होशियार पुर का एक ब्राह्मण उद्यान में आ गया। मैंने उससे भोजन के लिए कहा। वह मुझ शूद्र का खाना न खा कर अपना खाना आप बनाना चाहता था।"[5] सन्तराम ने खाना बनाने की अनुमति देनी चाही लेकिन उन की पत्नी ज्यादा पक्की निकलीं। उन्होंने उस ब्राह्मण से कहा–"....यदि आप मेरे हाथ का बना खाना खा सकते हैं तो सहर्ष विराजिए, परन्तु यदि आप हमें अपवित्र समझते हैं और मेरे हाथ का बना खाना नहीं खा सकते, तो मैं विवश हूं, मैं अपने घर में आप को आप पका कर खाने की अनुमति नहीं दे सकती।"[6] सन्तराम लिखते हैं–"वह महाशय भी हठ के पूरे थे। बिना खाए ही चल दिए।"[7] अब यहाँ प्रश्न यह नहीं है कि एक ब्राह्मण में और दूसरे ब्राह्मण में फर्क होता है। प्रश्न यही पूछा जाएगा कि एक भी ब्राह्मण ऐसा क्यों होता है कि वह कुम्हार के घर का पका खाना नहीं खाएगा। खानपान के बारे में छुआछूत बरतना उस का व्यक्तिगत मामला होता है या आपद्धर्म और प्रायश्चित का विधान रचते हुए यह उस के धर्म का और धर्म की पुस्तकों का आदेश है?

यहाँ एक बात का जिक्र और किया जा सकता है। कहना यह है कि ब्राह्मणों को कोई मनाही नहीं है कि अपनी सीमाओं में रह कर वे जो चाहे खाएं। वे दूसरों की संस्कृतियों पर फर्क न डालते अपनी संस्कृति के अनुसार आचरण करने के लिए एकदम स्वतन्त्र हैं। राज्य ने या दूसरे समाजों ने उन के खानपान पर कभी दबाव नहीं डाला। लेकिन यह ब्राह्मण वर्ग है जो इस मामले में भी खामेखाह कथनी और करनी का अन्तर बरतता है। हुआ यों कि सन्तराम ने खेती करने के अपने तजुर्बे में मरे हुए ढोरों की जहाँ-तहाँ बिखरीं हड्डियां अपने खेतों में डलवा लीं जिस से अच्छी खाद बन सके। इस पर उन के मित्र कहानीकार सुदर्शन उन पर बिगड़ पड़े। उन्होंने 'आर्य गजट' में सन्तराम के इस व्यवहार के खिलाफ टिप्पणी लिखी। पूरे एरिये में बवाल मच गया कि गाय की हड्डियों को इस प्रकार इस्तेमाल किया जा रहा है। एक दूसरे अखबार 'अखबारे आम' में भी यह बात छपी। लेकिन इस 'अखबारे आम' का सम्पादक कौन था? उत्तर में लिखा गया है–"यह वही कश्मीरी ब्राह्मण पण्डित गोपीनाथ है जो स्वयं गो-मांस खाता रहा है।"[8] प्रमाण और हवाला यह दिया गया है कि कुछ वर्ष पहले स्वामी श्रद्धानन्द ने एक मुकदमे में 'होटलों के बिल प्रस्तुत करके प्रमाणित कर दिया था कि पण्डित गोपीनाथ गोमांस खाते रहे हैं।'[9]

इस से क्या जाहिर होता है? जाहिर यह होता है कि ऐसे छोटे-छोटे तरीकों से कथनी और करनी में अन्तर करने के लिए अभ्यास किया जाता है, नहीं तो किसने मना

किया है कि वे गोमांस न खाएँ? यह उन की अपनी मर्जी का सौदा है। लेकिन कहेंगे यह कि वे गोमांस नहीं खाते और छिप कर गोमांस खाएंगे—यह चरित्र अजीब है।

II

सन्तराम 'जात-पाँत तोड़क मंडल' के साथ एकरूप हैं। इतिहास में यह मण्डल उन के बिना नहीं है और यह सन् 1922 ईस्वी की बात है।

'जात-पाँत तोड़क मण्डल' की स्थापना लाहौर में भाई परमानन्द के मकान पर 10 मार्ग शीर्ष संवत् 1979 को मध्याह्न के समय बीस-बाईस स्त्री-पुरुषों की एक सभा में हुई थी। मंडल का यह नाम सन्तराम ने ही रक्खा था। वे इस मण्डल के मन्त्री बने थे और भाई परमानन्द प्रधान चुने गए थे।[10] लेकिन सच बात तो यह है कि सन्तराम ही 'जात-पाँत तोड़क मंडल, लाहौर' के वास्तविक जन्मदाता थे।[11] दूसरी बात यह है कि 'जात-पाँत तोड़क मण्डल का जन्म यद्यपि एक प्रकार से आर्य-समाज में ही हुआ था, क्योंकि इस के संस्थापकों में अधिकांश आर्य-समाजी ही थे, तथापि इस का विरोध भी वहीं से आरम्भ हुआ'[12] था।

मूल बात वर्ण-व्यवस्था की है। इसे भी ले कर सन्तराम के चिन्तन में बदलाव हुआ था। वे अपने आरम्भिक चिन्तन के बारे में लिखते हैं—"आर्य समाज के सामाजिक सिद्धान्त मुझे विशेष रूप से अच्छे लगते थे। वर्ण-व्यवस्था जन्म से नहीं, गुण-कर्म-स्वभाव से है, स्वामी दयानन्द के इस सिद्धान्त ने मुझे विशेष मुग्ध किया।"[13] अपने बाद के चिन्तन के बारे में वे लिखते हैं—"जात-पाँत ही नहीं, वर्ण-व्यवस्था की उपयोगिता पर से भी हमारा विश्वास उठ चुका था।"[14] तब उन के लिए मंच आर्य समाज का होता था लेकिन वर्ण-व्यवस्था को ले कर उन के विचार भिन्न हो गए थे। ऐसे एक मंच के बारे में वे लिखते हैं—"विषय वर्ण-व्यवस्था था। काँगड़ी गुरुकुल के प्राध्यापक रामदेव जी वर्ण-व्यवस्था का समर्थन कर रहे थे और मैं उस का खंडन।"[15] लेकिन एक अन्य दृष्टि से भी सन्तराम का आर्य समाज से मोहभंग हो चुका था। वे लिखते हैं—"परन्तु हमने देखा कि हमारी सारी शक्ति आर्य-समाज के काम में लग जाती है और हमारा प्रचार नहीं हो पाता। तब हमने इस निरर्थक काम को आप ही छोड़ दिया।"[16] यहाँ ध्यान रहे कि लाहौर में आर्य समाज की वच्छोवाली संस्था की सारी बागडोर संख्या बल की वजह से सन्तराम के ग्रुप के हाथ में आ गई थी जबकि दूसरे लोग उन्हें वहाँ से निकालना चाह रहे थे।

जात-पाँत तोड़क मंडल का विरोध इस के नाम को ले कर भी किया गया था। यह खुद आर्य समाज, लाहौर से जुड़े लोगों ने किया था। 'वे कहते थे कि इस का नाम वर्ण व्यवस्थापक मंडल होना चाहिए, न कि जात-पाँत तोड़क।'[17] लेकिन सन्तराम की

विचारधारा के लोगों का मत था कि वर्ण-व्यवस्था की स्थापना इस मण्डल का उद्‌देश्य नहीं है। 'इस का काम तो जात-पाँत को मिटाना है।'[18] दिल्ली के एक बहुत बड़े सेठ ने भाई परमानन्द के द्वारा कहला भेजा कि यदि मण्डल अपना नाम बदल कर 'हिन्दू साम्यवाद मण्डल' कर ले और काम चाहे जात-पाँत तोड़ने का ही करे, तो मैं उसे दस हजार रुपया दान दूँगा। भाई परमानन्द ने बहुत बल दिया कि नाम बदल कर दान ले लें लेकिन सन्तराम ऐसे प्रलोभनों में लाने वाले व्यक्ति नहीं थे।[19]

अपनी सोच की पराकाष्ठा में वे राष्ट्र की बुरी हालत के लिए मनु की स्मृति को जिम्मेदार मानते थे। एक अभिनन्दन पत्र में उन्हें पिछड़ी और दलित मानवता का हितकारी मानते हुए उन की प्रशस्ति में लिखा गया था—''आपने राष्ट्र की दरिद्रता एवं दुर्दशा का मूल कारण ढूंढ़ निकाला, हमारे दुर्भाग्य और अपमान का वास्तविक कारण मनु की स्मृति बताया।''[20] यहाँ मनु की स्मृति का मतलब वर्ण-व्यवस्था और छुआछूत के विधान से है।

III

सन्तराम ने डा. अम्बेडकर के जाति-सम्बन्धी विचारों की हर जगह तारीफ की है। तारीफ नहीं बल्कि वे उनके विचारों से प्रभावित भी हुए हैं। वे जानते थे कि डा. अम्बेडकर ने लिखा है कि 'जात-पाँत को तब तक तोड़ना सम्भव नहीं जब तक कि उन धार्मिक भावनाओं को नष्ट नहीं किया जाता जिन पर जात-पाँत आधारित है।'[21] सन्तराम लिखते हैं कि डा. अम्बेडकर '....ने हिन्दुओं की जाति-प्रथा से तंग आ कर घोषणा कर दी (थी) कि यद्यपि मैं हिन्दू जन्मा हूँ, परन्तु मैं हिन्दू मरूँगा नहीं।'[22] समझा जा सकता है कि उन दिनों डाक्टर अम्बेडकर की इस घोषणा का अर्थ क्या था। सन्तराम साक्षी देते हैं कि 'इस घोषणा से हिन्दुओं में एक तहलका-सा मच गया'[23] था।

ये सन्तराम ही थे जिन्होंने डा. अम्बेडकर को जात-पाँत तोड़क मंडल के 1936 के लाहौर में होने वाले वार्षिक सम्मेलन की अध्यक्षता करने के लिए आमंत्रित किया था। सन्तराम ने अपनी पुस्तक में उस घटना की पूरी जानकारी दी है कि कैसे और क्यों उन्हें उस वर्ष का वार्षिक सम्मेलन रद्‌द करना पड़ा था। डा. अम्बेडकर ने अपने अध्यक्षीय भाषण को लिखित रूप दिया था। वे अपने भाषण में यह कहने जा रहे थे कि 'एक हिन्दू के नाते मेरा यह अन्तिम भाषण होगा।' सन्तराम ने उनसे उस वाक्य को निकाल देने की प्रार्थना की, क्योंकि वे यही बात किसी दूसरे अवसर पर आसानी से कह सकते थे। परन्तु डा. अम्बेडकर ने इन्कार कर दिया। इस पर सन्तराम लिखते हैं—''....हमने अपने अनुष्ठान को केवल एक तमाशा बनाने में कोई लाभ न देखा।''[24] कारण यह था कि लाहौर के प्रतिष्ठित सज्जन उस समय डाक्टर अम्बेडकर को काले झण्डे दिखाने वाले थे।

लेकिन सन्तराम के भीतरी मन की बात क्या थी? वह उन्होंने गांधी जी को लिखे अपने पत्र में इस प्रकार लिखी थी—"इस सब के रहते भी, मैं उन के अभिभाषण की प्रशंसा किए बिना नहीं रह सकता। जहाँ तक मेरा ज्ञान है, वह इस विषय पर सर्वाधिक विद्वत्तापूर्ण प्रबन्ध है और इस योग्य है कि भारत की प्रत्येक भाषा में इस का अनुवाद हो।"[25]

गांधी जी ने डाक्टर अम्बेडकर के इस ना-दिए गए, परन्तु प्रकाशित, अध्यक्षीय व्याख्यान का विरोध अपने पत्र 'हरिजन' के अंकों में किया था। सन्तराम इस विषय पर डाक्टर अम्बेडकर के पक्ष में और गांधी जी के विरोध में खुल कर आए थे। उन का पत्र गांधी जी की पत्रिका में 15 अगस्त 1936 के अंक में छपा था। उस के महत्वपूर्ण अंश इस प्रकार हैं—"इसके अतिरिक्त मैं आपका ध्यान इस बात की ओर दिलाना चाहता हूँ कि आपका जाति और वर्ण में दार्शनिक अन्तर इतना सूक्ष्म है कि सर्वहारा जन उसे समझ नहीं पाते। कारण यह है कि हिन्दू समाज में सभी व्यावहारिक कामों के लिए जाति और वर्ण दोनों एक ही चीज हैं, क्योंकि दोनों का काम एक ही है, अर्थात् अन्तरजातीय विवाह और सहयोग पर प्रतिबन्ध लगाना। आप का वर्ण-व्यवस्था का सिद्धान्त इस युग में अव्यवहार्य है। निकट भविष्य में भी इसके पुनः जी उठने की कोई आशा नहीं है। परन्तु हिन्दू जात-पाँत के बंधुए हैं। वे इसे नष्ट नहीं करना चाहते। इसलिए जब आप अपनी आदर्श या काल्पनिक वर्ण-व्यवस्था का प्रचार करते हैं तब उनको जात-पाँत के साथ चिमटे रहने के लिए बहाना मिल जाता है। इस प्रकार आप वर्ण-विभाग की अवास्तविक उपयोगिता का समर्थन करके सामाजिक सुधार की बड़ी हानि कर रहे हैं, क्योंकि यह हमारे रास्ते में रुकावट पैदा करती है। वर्ण-व्यवस्था की जड़ पर कुठाराघात न करके अस्पृश्यता को दूर करने का यत्न करना रोग के केवल बाह्य लक्षणों का उपचार करने या पानी पर लकीर खींचने के समान है। द्विज लोग अपने सच्चे हृदय से कथित अछूतों और सछूत शूद्रों को सामाजिक समता नहीं देना चाहते। इसलिए वे जात-पाँत तोड़ने से इन्कार करते हैं। अस्पृश्यता-निवारण के लिए वे बड़े-बड़े दान इस विचार्य विषय को टालने के लिए ही देते हैं। अस्पृश्यता और जातिभेद को दूर करने के लिए शास्त्रों की सहायता ढूँढ़ना कीचड़ को कीचड़ से धोने के समान है।"[26]

बताया जा चुका है कि डा. अम्बेडकर ने घोषणा कर दी थी कि यद्यपि मैं हिन्दू-जन्मा हूँ, परन्तु मरूँगा हिन्दू नहीं। सन्तराम बताते हैं कि उन्हीं दिनों डा. अम्बेडकर एक सरकारी मिशन के साथ लाहौर आए। सन्तराम उन के बारे में लिखते हैं—"वे सवर्ण हिन्दुओं से इतने तंग आए हुए थे कि वे उन से मिलना तक पसन्द न करते थे। इसीलिए वे गवर्नर की कोठी में उतरे।"[27] जात-पाँत-तोड़क मंडल ने उन को एक चाय पार्टी देने का निश्चय किया। इस पर डा. अम्बेडकर बोले—"मैंने किसी हिन्दू-संस्था में भाग न लेने का संकल्प कर रखा है।"[28] तब सन्तराम ने कहा—"मैं आप को हिन्दुओं की ओर से नहीं, जात-पाँत तोड़क मण्डल की ओर से निमंत्रण देने आया हूँ।"[29] इस पर वे मान गए।

डा. गोकुल चन्द की कोठी पर चाय पार्टी दी गई जिसमें नानक चन्द पण्डित और राय बहादुर बद्री दास भी आमंत्रित थे। नानक चन्द पण्डित ने डा. अम्बेडकर से पूछा—"डाक्टर साहिब, आपने घोषणा की है कि मैं हिन्दू नहीं मरूंगा। क्या कोई ऐसा उपाय भी है जिस से आप अपने इस धर्म-परिवर्तन के संकल्प को बदल दें?" इस पर डाक्टर साहिब बोले—"इस संकल्प को बदलवाने का केवल एक ही उपाय है और वह यह कि जो कुछ जात-पाँत तोड़क मंडल कहता है हिन्दू समाज उसे अपना ले। परन्तु यह बात सौ वर्ष में भी सम्भव नहीं।"[30] इस पर रायबहादुर बद्री दास बोल उठे—"डाक्टर साहब, 100 में से एक 0 उड़ा दीजिए। दस ही वर्ष में जात-पाँत का अन्त हो कर रहेगा।"[31] उन्होंने यह भी कहा कि पंजाब में छूतछात बिलकुल नहीं है और चलिए, हम आप को आर्य समाज के मन्दिर में ले चलते हैं। इस पर डा. अम्बेडकर ने कहा—"आर्य समाज मन्दिर में नहीं, किसी सनातन धर्मी देव-मन्दिर में मुझे और मेरे साथ चार-पाँच दूसरे अछूतों को भी ले चलिए। तब मैं आप की बात सत्य मानूँ।"[32] सन्तराम अपनी आत्मकथा में रिकार्ड दर्ज करते हैं कि 'इस पर सब को चुप रह जाना पड़ा'[33] था।

वहाँ से आ कर सन्तराम ने आर्य समाज के कालेज विभाग के मुखिया को डा. अम्बेडकर की चुनौती सुनाई। जवाब में मुखिया ने जो कहा था, वह इस प्रकार था—"किसी मन्दिर के पुजारी को पचास रुपये का लालच दे दो और कह दो कि पीछे से तुम मन्दिर को गंगाजल से शुद्ध कर लेना इससे डाक्टर का मुंह तो बन्द हो जाएगा।" उन्हें सन्तराम ने उत्तर दिया—"ऐसा धोखा करने का साहस मुझ में नहीं। किसी दूसरे से कहिये।"[34]

सन्तराम ने इस से जुड़ी हुई एक अन्य घटना को भी लेखबद्ध किया है। वह इस प्रकार है—"एक अछूत जाति के नवयुवक ने उन्हीं दिनों बड़ी कठिनाइयों का सामना कर के दयानन्द ऐंग्लो वैदिक कालेज, लाहौर से बी. ए. पास किया था। मैं उसे ले कर उन्हीं आर्यसमाजी नेता के पास गया और प्रार्थना की कि आपके हाथ में कई संस्थाएँ और काम हैं। इस बेचारे को कहीं नौकरी दिला दीजिये। उस समय तो उन्होंने हमें हाँ-हूँ कर के टाल दिया। बाद को जब मुझे एकान्त में मिले तो बोले—"मैं नहीं चाहता, अछूत चौथी-पाँचवीं कक्षा से अधिक पढ़ें। हमारे अपने लड़कों को ही नौकरियाँ नहीं मिलतीं, हम इनको कहाँ से नौकरी दें।"[35] इस पर सन्तराम लिखते हैं—"उनकी इन बातों का मुझ पर बहुत बुरा प्रभाव पड़ा। मैं मन में सोचने लगा कि लोग इन्हें महात्मा कहते हैं। परन्तु भीतर इन का हृदय कितना संकीर्ण है। मैं समझ गया कि डा. आम्बेडकर का द्विज-हिन्दुओं पर से जो विश्वास उठ गया है, उस का एक बड़ा कारण अधिकांश द्विजों की यही दूषित और संकीर्ण मनोवृत्ति है।"[36] सन् 1936 के अपने इस अनुभव को खींच कर वे सन् 1963 में अपनी आत्मकथा लिखने तक लाते हैं—"मैं आज भी देखता हूँ, कोई हिन्दू सोशलिस्ट बन जाय, कम्युनिस्ट बन जाय, कांग्रेसी बन जाय और चाहे सर्वोदय का प्रचारक हो जाय, वह बेटी-व्यवहार में जात-पाँत का ही पाबंद रहता है। वह

केवल आर्थिक और राजनीतिक समता पर ही बल देता है, सामाजिक समता पर आंखें मींच लेता है।"[37]

गांधी जी से पत्र-व्यवहार ही नहीं बल्कि सन्तराम का उन से वार्तालाप भी हुआ था। यह सन् 1933 या 34 की बात थी। गांधी जी लाहौर पहुँचे थे। तब इन के रू-ब-रू प्रश्न करने पर गांधी जी जात-पाँत के पक्ष में इस प्रकार बोले थे—"....जात-पाँत में एक बड़ा लाभ यह है कि व्यवसायों में प्रतियोगिता बहुत कम हो जाती है। आज एक लड़का मैट्रिक पास करता है। फिर वह सोचता है कि मैं अध्यापक बनूँ, पटवारी बनूँ, क्लार्क बनूँ, वकील बनूँ, इंजीनियर बनूँ या मिलिटरी में जाऊँ। सब कहीं उसे कठोर प्रतियोगिता का सामना करना पड़ता है। परन्तु जात-पाँत प्रणाली में इस प्रकार की कोई कठिनाई नहीं आती। जो व्यवसाय पिता करता है पुत्र चुपचाप वही काम करने लगता है। बढ़ई का बेटा बढ़ई बन जाता है और सुनार का बेटा सुनार का काम करने लगता है। व्यवसाय चुनने में कोई कठिनाई नहीं होती।"[38] इस पर आपत्ति करते हुए सन्तराम ने गांधी जी से कहा था—"यह ठीक है कि इस व्यवस्था में ब्राह्मण के लड़के को, अयोग्य होने पर भी, पठन-पाठन या मन्दिर में पूजा-पाठ का काम मिल जायगा। क्षत्रिय का लड़का, कायर होने पर भी, सेना में सिपाही या मेजर बन जायगा। बनिए का लड़का भी दुकान या व्यापार कर के धन कमा लेगा। परन्तु एक भंगी, जिस के दादा-परदादा आठ आना मासिक पर टट्टी उठाते रहे हैं, विद्वान बनने की योग्यता रहते भी स्वयं टट्टी उठा रहा है, और उसके पोते-पड़पोते भी टट्टी उठाते रहेंगे। यह कहाँ का न्याय है?"[39] सन्तराम ने आवेश में गांधी जी से यह भी कहा था—"महात्माजी, आप जाति से बनिया हैं। बनिए का काम नमक-तेल बेचना है। फिर आप हमें उपदेश क्यों देते हैं? जाइए, कहीं जाकर दाल-आटे की दुकान खोल लीजिए।"[40]

एक बार पेरियार रामास्वामी नायकर लाहौर में सन्तराम से मिलने उन के घर पर पहुँचे। पेरियार जात-पाँत के कट्टर विरोधी थे लेकिन इस के साथ-साथ वे ईश्वर और हिन्दी के भी विरोधी थे। सन्तराम उन से पूछ बैठे कि जात-पाँत का विरोध तो समझ में आता है पर ईश्वर और हिन्दी ने आप का क्या बिगाड़ा है जो आप इन का भी विरोध करते हो? इस के उत्तर में पेरियार ने अपना तर्क इस प्रकार रखा था—"देखिए, जब हम जात-पाँत को मिटाने को कहते हैं तब ब्राह्मण कहने लगते हैं कि जात-पाँत का विधान शास्त्रों में है। इस पर हम कहते हैं कि ऐसे शास्त्रों को हम नहीं मानते। इस पर वे उत्तर देते हैं, आप शास्त्र को कैसे नहीं मानते? शास्त्र तो वेद प्रतिपादित है। तब हम कहते हैं कि ऐसे वेदों को भी हम नहीं मानते। इस पर वे कहते हैं—"वेद तो भगवद्वाणी हैं। उन्हें मानने से कोई कैसे इन्कार कर सकता है?" तब हमें कहना पड़ता है कि हम ऐसे भगवान को भी नहीं मानते।"[41] सन्तराम अगले मुद्दे पर लिखते हैं—"हिन्दी के विरोध का कारण उन्होंने यह बताया कि जहाँ अँगरेजी-साहित्य हम में स्वतन्त्रता और समता का भाव भरता है, वहाँ हिन्दी-साहित्य जात-पाँत की घुट्टी पिलाता है। देखिए, हिन्दी का

सबसे बड़ा साहित्य तुलसीदास का 'रामचरित मानस'' ही तो है न। वह कहता है–

पूजिय विप्र शील-गुन हीना।
शूद्र न गुणगण-ज्ञान-प्रवीना।।

....

''हम ऐसी भाषा को क्यों अपनाए जिसका साहित्य हमें नीच और शूद्र बनाने में लगा है।''[42]

सन्तराम सन् 1931 की जन-गणना के अंग्रेज आयुक्त डा. हट्टन से भी मिले थे। बातचीत का आरम्भ सन्तराम के द्वारा इन शब्दों से हुआ–''जो लोग जात-पाँत नहीं मानते, जन-गणना में उन को जाति लिखाने पर विवश न किया जाय।''[43] इस पर डा. हट्टन बोले थे–''ऐसे हिन्दू की कल्पना करना भी सम्भव नहीं जिस की कोई जाति न हो।''[44] जब सन्तराम ने कहा कि ये सब पुरानी बातें हैं और हम हिन्दू हैं पर जात-पाँत नहीं मानते तो इस पर डा. हट्टन ने जवाब दिया था–''सरकार ने मुझे यहाँ पर समाज-सुधार के काम पर नहीं लगाया। मुझे तो हिन्दू-समाज की इस समय जैसी अवस्था है वैसी ही लिखने को कहा गया है।''[45] खास कर अछूत जातियों के बारे में उन्होंने कहा था–''सरकार उन (अछूत जातियों) की सामाजिक, आर्थिक और शिक्षा-सम्बन्धी अवस्था का पता लगाना चाहती है। वह यह भी जानना चाहती है कि इन लोगों की संख्या बढ़ रही है या घट रही है और यह भी कि ये लोग उन्नत हो रहे हैं या अवनत। यदि आप इन को अपनी जाति न लिखाने को कहेंगे तो सरकार का यह उद्देश्य पूरा न हो सकेगा।''[46]

IV

भाई परमानन्द की अध्यक्षता में सन् 1922 में जात-पाँत तोड़क मण्डल की स्थापना हुई थी लेकिन सन् 1943 तक सन्तराम का इस उद्देश्य को ले कर उनसे भी मोह भंग हो गया था। वे लिखते हैं–''उन को मेरी बातें चुभने का क्रारण यह था कि वे अछूतोद्धार और जात-पाँत मिटाने जैसी बातें हिन्दूहित या अधिक-से-अधिक राष्ट्र-हित की दृष्टि से करना चाहते थे। दूसरे शब्दों में वे चाहते थे कि भंगी रहें तो भंगी ही पर उनका वेतन बढ़ जाय या उन की टट्टी उठाने की रीति का सुधार हो जाय। इस के विपरीत मेरा भाव बदल चुका था। मैं ये दोनों काम मानवता श्रेय की दृष्टि से करना चाहता था।''[47]

अब सन्तराम के सामाजिक विचार सही दिशा में और पूर्णता तक पहुँच गए थे। वे लिखते हैं–''एक मनुष्य रहे तो अछूत, पर हिन्दू कहलाए, या भारत को स्वराज्य मिल जाय, पर वह व्यक्ति आप गुलाम ही बना रहे, इसलिए अपनी स्वार्थ-सिद्धि के लिए हम अछूतों.....(को) ''शुद्ध'' कर लें और ईसाई या मुसलमान न बनने दें–यह बात मुझे

स्वार्थपरता लगने लगी थी। मैं चाहता था कि व्यक्ति को मानवता के अधिकार प्राप्त हों, मजहब (धर्म) से वह चाहे हिन्दू, मुसलमान या ईसाई रहे। धर्म मनुष्य के हितार्थ होना चाहिए, नीच स्वार्थसिद्धि के लिए नहीं। अछूत को यदि दास, शूद्र या नीच ही रहना है तो स्वराज्य उस के लिए विदेशी राज्य से कुछ भी अच्छा नहीं।''[48] वे ईसाइयों के काम की प्रशंसा करते हुए लिखते हैं–''अब ईसाई उन को पढ़ा-लिखा कर कम-से-कम सभ्य नागरिक तो बनाते हैं। ईसाइयों को बुरा-भला कहना और आप कुछ न करना, मुझे मूर्खता और स्वार्थपरता लगता था।''[49] वे डा. मोहम्मद इकबाल के इन शब्दों की गहराई बड़ी तीव्रता से महसूस करने लगे थे :

''आह शूदर के लिए हिन्दोस्ताँ गमखाना है।
दर्दे इन्सानी से इस बस्ती का दिल बेगाना है।''

''अर्थात् शूद्र जातियों के लिए भारत नरकागार है। मानवी अनुकम्पा तो इस बस्ती में नाम को नहीं।''[50] वे आगे लिखते हैं–''मैं स्वराज के लिए उतना व्यग्र नहीं था जितना कि जात-पाँत और उस के अनिवार्य परिणाम, अस्पृश्यता को मिटाने के लिए। जो लोग कहते हैं कि अस्पृश्यता धीरे-धीरे हट जायगी, उतावली नहीं करनी चाहिए, वे अपने को तनिक भंगी और चमार की अवस्था में रख कर देखें।''[51] अछूतों के मुसलमान धर्म में धर्मान्तरण की हिन्दू-शिकायत के बारे में सन्तराम ने अपने एक लेख में इस प्रकार लिखा था–''हिन्दू अस्पृश्यता भी बनाए रखना चाहते हैं और साथ ही यह भी चाहते हैं कि अछूत हिन्दू धर्म छोड़ कर हमारी दासता से मुक्त न हो जायँ।''[52] अपने उक्त लेख का जिक्र करते हुए वे लिखते हैं–''मैंने यह भी लिखा कि यदि मैं अछूत होता तो मैं भी इस दासता से छुटकारा पाने के लिए मुसलमान हो जाता।''[53]

सन्तराम अपने चिन्तन में बहुत घूम-घूम कर और अनेक चक्कर काट-काट कर सही जगह पर आए हैं। वे सन् 1963 में अपनी जीवनी में लिखते हैं–''जो बातें मैंने तब कही थीं और जो मास्टर (बिहारी लाल) जी और कुछ दूसरों को चुभी थीं, वही आज स्वतन्त्र अछूतों और पिछड़ा वर्ग की संस्थाएँ उच्च स्वर में कह रही हैं। इस से सिद्ध होता है कि मानवता की तड़प के कारण मेरे अन्तस्तल से निकले वे उद्‌गार ठीक ही थे।''[54] यहाँ मेरा केवल यह कहना है कि उन के विचार एकदम ठीक थे लेकिन वे हमेशा गैरों के बीच रहे। उन्हें अपने विचारों के अनुकूल अपनी उठ-बैठ ढूँढ़नी चाहिए थी। उन का पूरा हिन्दू वातावरण उन के विचारों के लिए असहज था।

उन के एक लम्बे कथन से उनकी सारी सोच उजागर हो जाती है। यह कथन इस प्रकार है–''मेरा जन्म एक ऐसी जाति में हुआ था जो न तो द्विज के समान ऊंची है और न अछूत के समान बिलकुल गिरी हुई। ऐसी जाति में जन्म पाने से मैं इस योग्य हुआ हूँ कि कथित द्विज और कथित अछूत जातियों की दशा का ठीक-ठीक सर्वेक्षण कर सकूँ। मैं सही या गलत तौर पर, इस परिणाम पर पहुँचा हूँ कि अछूतों और शूद्रों को

उतना अपनी निर्धनता का दुःख नहीं जितना कि द्विजों द्वारा पग-पग पर होने वाले इन के सामाजिक तिरस्कार का। भारत में मुसलमानों की इतना अधिक संख्या और उनके हिन्दुओं का विरोधी होने और साथ ही कथित अछूतों की दुरवस्था का मूल कारण ऊँचे वर्ण के हिन्दुओं की दूषित मनोवृत्ति है। जन्माभिमान के नशे में मदमत्त हो इन्होंने मानवता का दीवाला निकाल दिया है। इन्होंने अपनों को पराया ही नहीं, कट्टर शत्रु भी बनाया है। इन्होंने विदेशियों की सहस्रों वर्ष की दासता सहन की परन्तु जन्मना ऊँच-नीच अर्थात् जात-पाँत को न छोड़ा। चिकनी-चुपड़ी बातों का इन पर कोई प्रभाव नहीं होता। कुम्भकर्ण की नींद सोई हिन्दू जाति को जगाने के लिए कठोर कशाघात का प्रयोजन है। इसी लिए मुझे खरी-खरी सुनानी पड़ती है।''[55] इस में उन की दृढ़ता और मजबूती दीख रही है लेकिन इसी कथन में उन के चिन्तन की दो बड़ी कमजोरियाँ भी छिपी हुई हैं। पहली कमजोरी यह है कि वे वर्ण-विभाजन की फूट डालो और राज करो की कूटनीति में फँस गए हैं कि वे शूद्र होने के कारण अछूत नहीं हैं। दूसरी कमजोरी यह है कि वे जवाब में अपने नेक उद्देश्य के लिए बिना ढांचागत संस्थाएँ खड़ी किए खरी-खरी सुनाने तक सीमित हो कर रह गए हैं। इस मामले में डा. अम्बेडकर का काम उन से ज्यादा ठीक रहा। उन्होंने दलित और पिछड़े समाजों को विधायिका और लोक सेवाओं में आरक्षण तथा धर्म के मामले में बौद्ध धर्म के विकल्प की दो संस्थाएँ दीं जबकि सन्तराम ने इस ओर ध्यान नहीं दिया। अच्छा होता कि जाँत-पात तोड़क मंडल के नाम पर हिन्दुओं को खरी-खरी सुनाना छोड़ कर वे दलित-पिछड़े समाजों को नई और स्वतन्त्र संस्थाएँ देने के काम में जुटते।

यह बात सच है कि अपने सामाजिक विचारों की दृढ़ता को ले कर उन में कोई कमी नहीं है। किसी लोभ के कारण वे अछूतों के मुकाबले में हिन्दुओं के हो कर नहीं रहे। उन के शब्द इस प्रमाण के लिए सच्ची गवाहियाँ हैं–''मुझे कोई अच्छा कहे या बुरा, मैं जिस बात में कथित अछूतों की भलाई समझता हूँ, उसे कहने में संकोच करना पाप मानता हूँ। द्विज हिन्दुओं का पक्ष लेने से मुझे कई प्रकार के लाभ हो सकते थे। अछूत बेचारों के पास तो है ही क्या जो वे मुझे दें। फिर भी मेरी आत्मा को संतोष है कि लाला लाजपत राय, भाई परमानन्द और महात्मा गांधी के रोष को सहन करके भी मैं ने अछूतों का पक्ष-समर्थन नहीं छोड़ा। कारण यह है कि मेरा दृढ़ विश्वास है कि इसी में सारी हिन्दू जाति का कल्याण है।''[56] लेकिन पूछना यही है कि सारी बात ठीक, पर उन्होंने यह 'हिन्दू-हिन्दू' की रट क्या लगा रक्खी है। इसीं वजह से उन का सारा किया-धरा बेकार हुआ जा रहा है।

सन्तराम जात-पाँत का विरोध करते हैं लेकिन उन के मन में 'हिन्दू' शब्द के साथ मोह सदा बना रहा है। वे अपने अन्तर्मन में हिन्दू-जाल से उभर नहीं सके। उन का एक कथन देखा जा सकता है–''मैं जात-पाँत को हिन्दुओं की अवनति का प्रधान कारण मानता हूँ।''[57] जात-पाँत को उन्होंने प्रधान कारण अवश्य माना है लेकिन उन का

मुख्य उद्देश्य एक अपरिभाषित शब्द 'हिन्दू' की रक्षा का बन गया था। इस सोच के कारण न जात-पाँत मिटती है और न 'हिन्दू' का हिसाब हो पाता है। इस में एक सीमा तक डा. अम्बेडकर का चिन्तन सही चला है कि यदि जात-पाँत को मिटाना है तो हिन्दू धर्म को छोड़ दो। लेकिन सन्तराम इस चिन्तन तक कभी नहीं आ सके। वे नहीं समझ सके कि दलितों के लिए हिन्दू धर्म एक षडयन्त्र है और षडयन्त्र का कोई बचाव या सुधार नहीं किया जा सकता। कहा जाए कि डा. अम्बेडकर के चिन्तन की सब से बड़ी कमजोरी यह है कि उन्होंने खुद को हिन्दू धर्म में पैदा हुआ माना और सन्तराम की सोच में सब से बड़ा खोट यह है कि उन्होंने खुद को शूद्र माना। जब तक ये विचारक खुद को हिन्दू और शूद्र मानते रहेंगे, इन का कोई निस्तारा नहीं है। कम से कम सोच की स्वतन्त्रता तो प्राप्त की जाए। जीवन की तरह उसे तो अभिशप्त न होने दिया जाए।

असल में, दलित-पिछड़ों की सारी समस्या उन के चिन्तन की है। उन के दुःख सच्चे हैं लेकिन उन के समाधान कच्चे हैं। वे ऐतिहासिक समस्या का सामना सामान्य लोग बन कर करते हैं जबकि उन पर जिम्मेदारी बड़ी है। यह कोई छोटी बात नहीं है कि तीन हजार साल से जातियों के रूप में उन की पहचान बना कर उन्हें गुलाम रखा गया है। वे बौद्धिक स्तर पर समाधानों के प्रति गम्भीर नहीं हैं। जैसे कोई उन्हें समझा देता है, वे वैसा ही आचरण करने लगते हैं। उन्होंने अपना स्वतन्त्र चिन्तन विकसित नहीं किया। उन का स्वतन्त्र चिन्तन हमेशा मौजूदा रहता है लेकिन वे उस की कड़ियाँ नहीं जोड़ पाते हैं। सन्तराम भी चिन्तन की इस गफलत के शिकार हुए हैं जब लिखते हैं—"ऊँच-नीच मूलक-जात-पाँत तोड़ने का आन्दोलन कोई नया नहीं। समाज-हितैषी सज्जन, जबसे यह हानिकारक वर्ण-व्यवस्था बनी है, तभी से इसे तोड़ने का आन्दोलन करते आए हैं। बुद्ध, कबीर, नानक, तुकाराम, सवेश्वर, राजा राम मोहन राय, केशवचन्द्र सेन और दयानन्द प्रभृति महानुभाव सब इस जात-पाँत के विरुद्ध प्रचार करते रहे हैं।"[58] एकदम कहा जा सकता है कि उन की यह सोच स्पष्ट धार की नहीं है। वे अपनी परम्परा को ढूंढ़ नहीं पा रहे हैं और सब कुछ को गड्डमड्ड कर रहे हैं। बताइए, वर्ण-व्यवस्था को ले कर कबीर और दयानन्द एक साथ कैसे हो जाएंगे? लेकिन एक उन का नहीं बल्कि ज्यादातर पिछड़े चिन्तकों की सोच ऐसी ही बोथरी और बिना धार की है।

दलित-पिछड़ों के चिन्तन की यह कमजोरी एक दूसरे रूप में भी प्रकट होती है। सन्तराम लिखते हैं—"मैं न तो हिन्दू-धर्म, ईसाई धर्म या मुसलिम धर्म नाम के कोई अलग-अलग धर्म मानता हूँ और न भारतीय संस्कृति या पाश्चात्य संस्कृति नाम की कोई अलग-अलग संस्कृतियाँ। मैं केवल एक मानव-धर्म और केवल एक मानव संस्कृति मानता हूँ।"[59] लेकिन यह विचार उन की ऊँचाई का नहीं बल्कि धार्मिक गैर-जिम्मेदारी का है। इसी गलत धारणा की वजह से ये दलित-पिछड़ी जातियाँ गुलाम बनी हुई हैं। ऐसे विचारों से इन का कोई भला नहीं हुआ है। ठोस धरातल पर मानवता के ऐसे हवाई किले बनाने से कोई प्रयोजन नहीं सध सकता।

इस चिन्तन की तीसरी कमजोरी धर्म को मात्र सामाजिक बना लेने की है। चाहे वे पेरियार हों या डा. अम्बेडकर हों—यह चूक सब से होती है। इस चूक को करते हुए खुद सन्तराम लिखते हैं—"ईश्वर, नरक, स्वर्ग आदि की कल्पना भी भय और लोभ के द्वारा लोगों को बुराई से बचाने अर्थात् एक-दूसरे के लिए दुःखदायक होने से रोकने के लिए ही की गई मालूम होती है। धर्म मनुष्य के लिए है, मनुष्य धर्म के लिए नहीं है, ठीक उसी प्रकार जैसे कपड़ा शरीर के लिए होता है, शरीर कपड़े के लिए नहीं। कपड़ा शरीर पर फिट न आये तो कपड़े में काट-छांट की जाती है, उसे फिट करने के लिए शरीर को नहीं छेड़ा जाता। इसलिए प्रत्येक युग और देश का धर्म अलग-अलग हो सकता है।"[60] जाने किसे समझा रहे हैं—उन का विरोधी इन बातों को उन से ज्यादा अच्छी तरह जानता है।

सब से बड़ी दिक्कत यह है कि दलित-पिछड़ों को अपने इतिहास का ज्ञान नहीं है। उन के इतिहास की महानताएँ रही हैं पर वे उन के बारे में जानते नहीं हैं। बिना इतिहास की जानकारी के नुकसान यह होता है कि चिन्तन का विकास नहीं होता। वे हर बार अपने संघर्ष को नए सिरे से शुरू करते हैं। उन की हर पीढ़ी की शक्ति पहले स्तर के संघर्ष में ही समाप्त हो जाती है। उधर, उन के विरोधी लोगों की कोशिश यही रहती है कि दलित-पिछड़ों के चिन्तन की शृंखला न बन खड़ी हो।

मुझे नहीं मालूम कि क्या सन्तराम को मक्खलि गोशाल के नाम का पता था। कम से कम उन की इस आत्मकथा 'मेरे जीवन के अनुभव' में मक्खलि गोशाल का कहीं जिक्र नहीं है। ऐसी स्थिति में वे अपने चिन्तन को ऐतिहासिक सूत्रता में कैसे पिरो सकते थे? लेकिन सुखद सूचना है कि अब नए लेखक अपने इतिहास को तारतम्यता और निरन्तरता दे रहे हैं। सोहन लाल मधुप का एक लेख 'प्रजापति समाज तथा उस का इतिहास' शीर्षक से पत्रिका 'समतावादी भारत' के जुलाई-सितम्बर, 2003 के अंक में प्रकाशित हुआ है।[61] उन्होंने भारत के कुम्हार समाज में पैदा कुछ महापुरुषों के नाम गिनाए हैं। उन में सन्तराम का नाम भी आया है। खुशी की बात यह है कि उन नामों में 'मंक्खली पुत्र गौशालक' का नाम भी आया है। सोहन लाल मधुप को भी मक्खलि गोशाल के बारे में ज्यादा जानकारी नहीं है लेकिन वे शुरू की कड़ी तक तो पहुँचे हैं।

पुनः कहा जाए कि सन्तराम अपने चिन्तन की परम्परा से अज्ञात रहे हैं। उन का चिन्तन सही है, लेकिन अपने इतिहास से बेखबर रहने की स्थिति में दिशारुद्ध हो कर रह गया है। उन का चिन्तन अगली पीढ़ियों को पूरा नेतृत्व नहीं दे सकता। वह उतना महान नहीं हो सका जितना महान मक्खलि गोशाल के पास था। चिन्तन लड़ रहा है लेकिन उस की कोई पहचान नहीं है। रण भूमि में वीरगति पाने पर यह पता नहीं चल सकेगा कि वह कौन था जिस ने वीरगति पाई है। एक सही युद्ध में वह अनाम मरेगा। इसलिए इस चिन्तन की बेल लम्बी नहीं है। शृंखला की गाँठे जुड़ती नहीं है। इतिहास में यह युद्ध अकेले का बन कर रह जाता है। ऐसे में हारना निश्चित है। असल में, यह

युद्ध अकेले का है ही नहीं। इसे समाज-सुधार के रूप में देखना छोटा करके देखना है। जब मुकाबला संस्था से है तो व्यक्ति की ज्यादा नहीं चल सकती। संस्था का सामना संस्था करेगी—धर्म के मामले में भी। यह गर्व से कहना कि दलित-पिछड़ी जाति का अमुक व्यक्ति सभी धर्मों से ऊपर उठ गया है, वास्तविकता में धोखा खाना है और बेपहचान हारना और मरना है।

जाति के मामले में भी भ्रमों को दूर किया जाना है। लोग अपने जन्म को, अपने पेशे को और अपने विवाह-सम्बन्ध को बहुत महत्व देते हैं। जब जाति माँ-बाप से, पेशे से और विवाह से जुड़ती है तो इसे समाप्त नहीं किया जा सकता। पेशा छूट सकता है और विवाह भी टूट सकता है लेकिन माँ-बाप छूट ही नहीं सकते। जब जाति के द्वारा माँ-बाप, पेशे और विवाह के मामलों में इतनी मदद और सुविधा होती है तो जाति के अस्तित्व को ले कर हाय-तौबा मचाने की क्या जरूरत है? भारत में लड़ने की जरूरत जातियों की छोट-बड़ाई और ऊँच-नीच के निर्धारण को ले कर थी, मनुष्य के अपमान की धार्मिक व्यवस्था से थी, लेकिन तनिक भीड़ पड़ने पर हिन्दू चिन्तन तर्क का ओड़पेड़ छोड़ कर अव्यवहार के स्तर पर पहुँच कर क्रान्तिकारी होने का भ्रम पाल लेता है। सन्तराम इस गफलत से बाहर नहीं हैं क्योंकि वे हिन्दू रहते हुए वर्ण-व्यवस्था, जातिप्रथा और अस्पृश्यता से लड़ रहे हैं। डा. अम्बेडकर का चिन्तन इस जगह ठीक था कि 'एन्निहिलेशन ऑफ कास्ट' उन का एक हिन्दू के नाते आखिरी भाषण था। सन्तराम के सरोकारों को देख कर लगता है कि हिन्दुओं को चिन्ता वास्तविक हिन्दुओं को न हो कर दलित-पिछड़े वर्ग के फर्जी हिन्दुओं को ज्यादा सता रही है।

V

यह अच्छा हुआ कि सन्तराम ने स्त्री पर अपने विचार पूरे-पूरे रखे हैं। स्त्री को ले कर वे अपनी आजीवक परम्परा में हैं लेकिन इस बात को जानते नहीं हैं। पहली बात, वे संन्यास के चिन्तन पर नहीं हैं बल्कि उस के विरुद्ध गृहस्थ जीवन के चिन्तन पर हैं। इसलिए स्त्री के बारे में उन के विचार एकांगी और अतिरंजित प्रकृति के नहीं हैं कि या तो स्त्री जार होती है या स्त्री कोई अपराध नहीं करती। वे स्त्री को, जहाँ वह अच्छी है उसे अच्छी कहते हैं, और जहाँ वह बुरी है उसे बुरी कहते हैं। यह उन का यथार्थ की कसौटी पर कसा हुआ चिन्तन है कि सारी स्त्रियाँ एक-सी नहीं हैं जैसे सारे पुरुष एक-से नहीं हैं।

औरत के बारे में यह रट लगाते रहना कि वह सताई हुई है, उसे समानता का अधिकार न देने की वजह से संभव है। बराबरी देने में उसे सेक्स के तथा अन्य मामलों में अपराधिन माना जा सकता है। सन्तराम ने समानता को छिपाया नहीं है जब उन्होंने औरत को जिम्मेदार ठहराते हुए लिखा है—"जिन दिनों मैं जालन्धर स्कूल में पढ़ता था,

मुझ पर एक नव-विवाहिता सुन्दर लड़की ने डोरे डालने का यत्न किया। वह मेरी भाभी की आँख बचा कर एकान्त में मेरे पास आ बैठती थी।"[62] ध्यान रहे, यह लड़की विवाहिता है।

पुरुषों के मन चलायमान हो सकते हैं जिन पर परिवार के हित में पाबन्दी रखनी पड़ती है। इसी समानता से स्त्रियों के मन भी चलायमान हो सकते हैं जिन को गलत रास्ते से रोका जाना होता है। उन्होंने ऐसी एक अन्य घटना का जिक्र किया है। वे लिखते हैं–"एक विवाह में स्त्रियाँ पंक्तिबद्ध बैठी खाना खा रही थीं। युवतियों ने घूंघट काढ़ रखे थे। उन को पानी देने का काम मेरे सिपुर्द था। एक सुन्दरी नवयौवना लड़की आधा घूँघट किए थी। वह बार-बार पानी माँगती थी। जब भी वह गिलास आगे बढ़ाती मैं उस का गिलास पानी से भर देता। मेरे पीठ फिराते ही वह पानी गिरा देती और फिर गिलास मेरे सामने कर देती।"[63] सन्तराम की पत्नी भी उस पंक्ति में बैठी खाना खा रही थीं। खाना खाने के बाद उन की पत्नी ने उन्हें एकान्त में ले जा कर डाँटा कि उस युवती के साथ क्या चोचले कर रहे थे। सन्तराम ने पत्नी से कहा कि मैं तो कुछ नहीं कर रह था; वह जब पानी माँगती थी तो मैं उसे पानी दे देता था। पत्नी बोली–"सब स्त्रियाँ उस के इन चोचलों को देख हँस रही थी और मैं लज्जित हो रही थी।" पत्नी ने समझाया–"पुरुषों को पता नहीं लगता; ऐसी स्त्रियाँ इस प्रकार उन को फँसा लेती हैं।"[64] यहाँ इस से ज्यादा कुछ कहने की जरूरत नहीं है कि पत्नी के रूप में एक नारी ही अपने पति को दूसरी नारी से सावधान रहने को कह रही है। पत्नी की सीख गलत नहीं है, जो गलत है, चोचले करती वह दूसरी नवयौवना है जिस ने आधा घूंघट काढ़ रखा था। एक अन्य स्त्री के बारे में वे लिखते हैं–"मेरी एक बहुत निकटवर्ती युवती स्त्री तीन वर्ष से बेलगाम हो कर प्रायः प्रतिदिन सब समय मुझ पर और मेरी पत्नी पर गालियों की बौछार किया करती है, क्योंकि मैंने उसे दो-एक बार दुराचार और कुमार्ग से रोका है।"[65]

ब्राह्मण अपनी ब्राह्मणियों के बारे में कुछ भी कहें लेकिन सन्तराम का अनुभव है कि ब्राह्मणियों में व्यभिचारिणी औरतें होती हैं। उन्होंने एक ब्राह्मणी के बारे में लिखा है कि वह किस चरित्र की औरत थी। वे रिकार्ड दर्ज करते हैं–"मैं...एक निर्धन घर की ब्राह्मण स्त्री से भोजन बनवा कर खाया करता था। मैं उसे खाद्य सामग्री दे देता था। वह मुझे अपने घर से भोजन बना कर भेज देती थी। मैं उसे अपने मकान पर नहीं आने देता था। उस की एक जवान लड़की भी थी। एक दिन उस स्त्री ने मुझे कहला भेजा, आप इतने बड़े मकान में अकेले सोते हैं। आप कहें तो मैं रात्रि को आ कर आप के पास सो जाया करूँ। वह स्त्री मुझ से आयु में बहुत बड़ी थी।....मैंने धन्यवाद-पूर्वक उस की बात अस्वीकार कर दी।"[66] इस घटना पर एक दिन उन के एक अधीनस्थ अध्यापक ने उन से हंसी में कहा–"आप बड़े पक्के निकले। हम तो समझते थे, आप फँस जायँगे। पर आप बच गए।" अध्यापक ने आगे कहा, 'हम यह सब खेल देख रहे थे।' इस पर

सन्तराम ने उन अध्यापक से कहा, 'वह स्त्री तो मुझ से बहुत बड़ी है।'' अध्यापक बोले, ''उस की लड़की तो जवान है।''[67] ऐसी स्थिति में यही पूछा जाना है कि तब ब्राह्मणों के ब्राह्म-विवाह का क्या अर्थ रह जाता है। ब्राह्मणी भी ऋतुमती होती हैं और व्यभिचार करती हैं—फिर ब्राह्मणी के लिए ब्राह्म-विवाह अलग से क्या चीज है?

सन्तराम उन पतियों को बहुत बुरा मानते हैं जो अपनी पत्नियों को पीटते हैं। लेकिन स्त्रियों के प्रति इस हमदर्दी और सदाशयता के साथ-साथ वे व्यावहारिक जीवन से बेखबर नहीं हैं। उन्हें वे पत्नियां भी बुरी लगती हैं जो अपने पतियों को पीटती हैं। उन के सामने ऐसी घटना घटी थी। उन के पड़ोस में एक कम्पाउन्डर रहते थे जो डाक्टर कहलाते थे। पहली स्त्री के देहान्त के बाद उन्होंने एक विधवा से विवाह किया था। यह पत्नी लम्बाई-मोटाई में डाक्टर साहिब से तिगुनी थी। उन के घर में झगड़ा रहता था। आवाज सुन कर ऐसा लगता था कि डाक्टर साहब अपनी पत्नी को पीट रहे हैं। उस रात भी ऐसा ही था। अन्दर से आवाज आ रही थीं—''ऊई, मैं मर गई!'' अपनी पत्नी के कहने पर सन्तराम ने उन के गेट पर जा कर बाहर से पुकारा—''डाक्टर साहिब, आप क्यों इस बेचारी को पीट रहे हैं?''

इस पर वे भीतर से बोले—''आप को क्या मालूम, मैं इसे पीट रहा हूँ या यह मुझे पीट रही है?''

यह सुन कर सन्तराम चकित रह गए। बाहर एक घसियारा लेटा था। वह बोल उठा—''बाबू जी, यह लुगाई बहुत प्रचण्ड है। कल इस ने डाक्टर साहिब को लोहे की सलाख दे मारी थी।''[68]

तजुर्बा लेने के लिए दो-तीन दिन के बाद सन्तराम ने सड़क पर मिलने से उस डाक्टर-पत्नी से कहा—''बहन जी, डाक्टर साहिब आप को पीटते हैं। आप भी कभी हाथ दिखा दिया करें तो अच्छा हो।'' वे झट बोल उठीं—''उस दिन मैंने भी दो लगा दी थीं।'' इस के बाद वे लिखते हैं—''तब मुझे डाक्टर साहब की बात सत्य जान पड़ी। वह पीट भी रही थी और चिल्ला भी रही थी।''[69] यहाँ बात केवल इतनी समझी जानी है कि भारतीय नारियों के बारे में एकतरफी गलतफहमियाँ नहीं पाली जानी चाहिए। यहाँ सभी तरह की नारियाँ हैं और सभी तरह के पुरुष हैं। एकांगी भ्रम हटा कर वास्तविकताओं को जान कर उन का पक्के इरादों से सामना किया जाए तो वह बात राष्ट्र और समाज के लिए ज्यादा हितकर सिद्ध हो सकती है। भारतीय विद्वानों को आत्यन्तिक रुझानों से बच कर पारिवारिक जीवन के यथार्थ से जूझने की कोशिश करनी चाहिए।

सन्तराम विवाह को विवाह के रूप में मानते हैं; वे विवाह को जारकर्म के सर्टिफिकेट के रूप में नहीं मानते। उन्होंने विवाहेतर सम्बन्धों की अनुमति नहीं दी है। उन का ऐसा विचार स्त्री और पुरुष दोनों के लिए है।

एक बार वे शिमले जिले के निचार स्थान में रह रहे थे। वहाँ बाहर से काम पर आए हुए लोगों के बारे में वे अपनी पत्नी को एक पत्र में लिखते हैं—''इन बीसियों

बाबुओं में दो एक को छोड़ कर सब ही पत्नी-व्रत को भंग किए हुए हैं। और तो और मेरे प्रिय मित्र.....जैसे व्यक्ति भी दो-तीन देवियों का सतीत्व नष्ट कर चुके हैं। बहुतेरों ने तो यहाँ सब के सामने रखैल रक्खी हुई हैं।''[70] इन शब्दों को पढ़ कर लगता है कि वे अध्यात्म और संन्यास के लबादे में छुपे मूल व्यभिचारी भारत का वर्णन कर रहे हैं। पश्चिम को बदनाम किया जाता है लेकिन प्राच्य भारत ऐसा ही है जैसा सन्तराम ने ऊपर बताया है।

सच बात यह है कि जारकर्म के चलते जाति और वर्णों की व्यवस्था नहीं टूट सकती। कारण यह है कि जारकर्म विवाह की ओर नहीं जाता जबकि विवाह जाति और वर्ण तक सीमित रह जाता है। द्विज विवाह-व्यवस्था में किसी भी जाति की स्त्री से अनुलोम जारकर्म करने की स्वतः और अनुस्यूत इजाजत रहती है। जारकर्म के बजाय यदि विवाह हो तो जाति के पार जाया जा सकता है। लेकिन जारकर्म विवाह से ही बचता फिर रहा है। वास्तव में, जारकर्म विवाह का चोर है। हाँ, प्रेम को विवाह में तब्दील होना चाहिए लेकिन द्विजों की पारिवारिक व्यवस्था में यह जारकर्म ब न कर रह जाता है। प्रेम जारकर्म का सबसे पहला और बड़ा शिकार है।

सन्तराम की दूसरी पत्नी सुन्दर बाई प्रधान ने शादी से पहले उन्हें एक पत्र लिखा था। पत्र के कुछ शब्द इस प्रकार हैं—''विवाह बौद्धिक और नैतिक मित्रता का पाया है।.....व्यक्ति का व्यक्तित्व खिले और कौटुम्बिक आदर्श चालू रहे, यही विवाह का निमित्त है।''[71] लेकिन दुख की बात है कि द्विजों के ब्राह्म-विवाह की व्यवस्था में व्यक्ति का व्यक्तित्व विवाहेतर सम्बन्धों में ही खिलता है, कौटुम्बिक आदर्शों में नहीं।

VI

सन्तराम ने अपनी इस आत्मकथा 'मेरे जीवन के अनुभव' में उन विषयों पर पर्याप्त प्रकाश डाला है जिन पर उन्हें जरूर बोलना चाहिए था। ये विषय समता, सामाजिकता, योग, समाधि, संन्यास, परलोक, कर्म और पुनर्जन्म के हैं। लेकिन इन में भी उन के विचार स्पष्ट अन्तर ले कर नहीं उभरे हैं। वे सही व्यक्ति हैं लेकिन कई जगह गलत परम्परा के साथ जुड़े हुए हैं। वे योग, समाधि और संन्यास के विरोधी हैं जो बात उन की अपनी आजीवक परम्परा से मेल खाती है, लेकिन कर्म और पुनर्जन्म को ले कर वे ब्राह्मण परम्परा की भाषा में बोलने लगते हैं।

योग को ले कर वे आजीवक कबीर का नाम लिए बिना उन्हीं की बोली बोलते हैं जब वे लिखते हैं—''....मैं इस परिणाम पर पहुँचा कि योग-समाधि प्रभृति क्रियाओं का सच्चे आध्यात्मिक या उच्च तथा पवित्र जीवन के साथ कोई सम्बन्ध नहीं। यह तो पाँव से सींग बांध कर रस्से पर किसी नट के नाचने के समान केवल अभ्यास की बात है।''[72]

उन्होंने अपने जीवन-दर्शन को बताते हुए इस प्रकार लिखा है—"मेरा मत ऐसा हो गया है कि किसी मनुष्य के अच्छा या बुरा होने का पता इस बात से नहीं लगता कि वह कितने घन्टे समाधि में बैठता या कितनी राम-नाम की माला जपता है। किसी व्यक्ति की जाँच करनी हो कि वह कैसा है तो देखना यह चाहिए कि वह धन कैसे कमाता और अपने उस कमाए धन को खर्च कैसे करता है। बस इस से उस के सारे जीवन का चित्र आप के सामने आ जायगा।"[73]

राधास्वामी मत के गुरु सावन सिंह से सन्तराम का वार्तालाप देखने लायक है। जात-पाँत के विषय पर बहस में सावन सिंह ने इन से कहा—"हम इस लोक की बात नहीं करते, हम तो परलोक की बात करते हैं।" "इस पर इन्होंने उन से कहा—"मैं तो इस लोक को ही सुखी देखना चाहता हूँ। परलोक में क्या होगा, इस की मुझे कुछ अधिक चिन्ता नहीं।" सन्तराम निष्कर्ष निकालते हैं—"इस से मुझे विदित हो गया कि हमारे ये आध्यात्मिक गुरु जनता को किस प्रकार परलोक की कल्पित बातों की मदिरा पिला कर संसार की वास्तविक समस्याओं पर विचार करने से रोकते हैं।"[74] अपनी परम्परा में उन का अनुभव संन्यास के विरोध का है। वे गृहस्थ में विश्वास रखने वाले प्यारे व्यक्ति हैं। बहुत सही लिख रहे हैं '....कि जो लोग संसार से विरक्ति दिखलाते हुए बड़े उपदेशक बन कर बाहर धर्म पर व्याख्यान झाड़ते फिरा करते हैं, वे बहुधा ऐसे लोग होते हैं जिन की अपनी गृहस्थी दुखी होती है।'[75]

समाज में समता को ले कर वे ऐसे बोलते हैं मानो आजीवक रैदास बोल रहे हैं। वे लिखते हैं—"मैं न किसी को अपने से नीचा मानता हूँ और न किसी को अपने से ऊँचा।"[76] उन का अगला वाक्य बिलकुल रैदास के महावाक्य 'ऐसा चाहूँ राज मैं....' की ही व्याख्या में लिखा गया है—"मैं ऐसा समाज देखना चाहता हूँ जिस में न कोई इतना निर्धन हो कि उसे किसी से माँगने की आवश्यकता हो और न ही कोई इतना धनाढ्य हो कि लोगों को धन लुटा सके।"[77]

उन के जीवन में बौद्ध-दर्शन का कोई खास महत्व नहीं है लेकिन वे बुद्ध के बहकावे से पूरी तरह बच नहीं सके। उन का डा. हरदयाल से पत्र-व्यवहार रहा था। गवर्नमेन्ट कालिज लाहौर में जब सन्तराम पहले वर्ष में पढ़ते थे तब डा. हरदयाल पाँचवें वर्ष में भरती हुए थे। डा. हर दयाल ने उन के लिए अमरीका से पत्र में लिखा था कि 'यदि आप जात-पाँत को मिटाना चाहते हैं तो बौद्ध-साहित्य से आप को बहुत सहायता मिलेगी।'[78] खुद सन्तराम बुद्ध की प्रशंसा में लिखते हैं—"अपना दीपक आप बनो, बुद्ध का यह उपदेश मुझे बहुत हितकर लगता है। मैं मानवता को ही सब से बड़ा धर्म मानता हूं।"[79] बुद्ध के इस उपदेश में कुछ भी बुरा नहीं है कि मनुष्य अपना दीपक आप बने, लेकिन यह उपदेश तब का है और उन के लिए है जिन्होंने अपने धर्मग्रन्थ न तैयार कर रखे हों और सद्गुरु सामने न हो। अभी तक प्राच्यविदों ने बुद्ध के इस महावाक्य की खोल-बांध ठीक-ठीक नहीं की है। यह महावाक्य ब्राह्मण-परम्परा से हटने के लिए था,

न कि अपनी परम्परा का धर्मग्रन्थ खड़ा न करने के लिए। बाद में बुद्ध स्वयं शास्ता बने भी हैं और बुद्ध के बाद त्रिपिटक की रचना हुई ही है।

यहाँ इस लेख में उस बड़ी बहस को फैलाने का अवसर नहीं है, केवल इतना जाना जाए कि सन्तराम के कर्म, ईश्वर और पुनर्जन्म पर क्या विचार हैं। उन्होंने कर्म के बारे में लिखा है—"संसार में ईश्वरीय दण्ड या पुरस्कार नाम की कोई वस्तु नहीं। सब हमारे ही कर्मों का परिणाम है।"[80] वे अपनी पत्नी को एक पत्र में लिखते हैं—"यह सांसारिक संयोग अनित्य है। प्रत्येक प्राणी अपने-अपने कर्म का ही उत्तरदाता है। यदि स्त्री अपने धर्म का पालन नहीं करती तो उस का दण्ड उसे भोगना पड़ेगा। यदि पुरुष परस्त्री-गमन करता है, तो उस के अपने ही कर्म उसे नरक योनि में ले जायँगे।"[81] ईश्वर से वे एक तरह से डरे हुए नहीं हैं। वे लिखते हैं—"मैं ऐसा जीवन व्यतीत करना चाहता हूँ जिस से जब मैं इस संसार से प्रयाण करूँ तो, यदि कोई परमेश्वर है, उस से मैं कह सकूँ कि लेखा कर लीजिए; मेरा कुछ निकलता है तो मुझे दे दीजिए, और आप का कुछ निकलता है तो आप ले लीजिये। मुझे परमेश्वर के सामने डर के मारे नाक रगड़ने की आवश्यकता न पड़े।"[82]

सन्तराम जिस जगह आ कर सब से कमजोर सिद्ध हुए हैं, वह पुजर्नन्म का सिद्धान्त है। वे पूर्वजन्म में असंदिग्ध हो कर विश्वास करते हैं। वे लिखते हैं—"दोनों में से मेरी किसी भी भार्या ने मुझे कभी गहने कपड़े के लिए तंग नहीं किया। यह मैं अपने पूर्व जन्म के किसी सुकर्म का सुफल मानता हूँ।"[83] उन्होंने पुनर्जन्म के सिद्धान्त को उपयोगिता की दृष्टि से भी देखना चाहा है। वे लिखते हैं—"सन् 1928 में जब मेरे एकमात्र पुत्र वेदव्रत की मृत्यु से मुझे असह्य दुःख हुआ था तब 'बालसखा', इलाहाबाद के सम्पादक और मेरे मित्र श्री लल्ली प्रसाद पाण्डेय ने मुझे सान्त्वना देते हुए लिखा था कि हम पूर्वजन्मों में जो पाप कर आये हैं ऐसे दुःखों के द्वारा हमारी वह पापों की गठरी हलकी होती रहती है। हमें अपने कुकर्मों का फल तो भोगना ही है, इसलिए ऐसे दुःख भोग कर हम अपने पापों की गठरी को हलका करते हैं। हमें ऐसा समझ कर ही इन विपत्तियों को शान्तिपूर्वक सहन करना चाहिए। मुझे उन की इस बात से बहुत ढांढ़स मिलती है।"[84]

वे जानते हैं कि पुनर्जन्म में विश्वास करके उन के सामाजिक चिन्तन में अगली दिक्कतें बढ़ती हैं। उन दिक्कतों का निवारण करने के लिए वे बचाव की मुद्रा में बिलकुल डा. अम्बेडकर की भाषा बोलने लगते हैं। उन्होंने लिखा है—"मैं पुनर्जन्म को मानता हूँ। मैं गत चालीस वर्ष से पुनर्जन्म की घटनाओं का अध्ययन और संग्रह करता आ रहा हूँ। इस विषय पर मैंने अपने सारे अनुसन्धान का निचोड़ तुमसर (नागपुर) के श्री गोपीकृष्ण राजाराम के अभिनन्दन ग्रन्थ (संवत् 2016 वि.) में लिखा है। परन्तु मैं यह नहीं मानता कि अपने सुकर्मों के अनुसार भगवान किसी को पुरस्कार-स्वरूप ब्राह्मण और किसी को कुकर्म के दण्ड-स्वरूप भंगी जाति में जन्म देता है। मनुष्य अपने कर्मों के

अनुसार अनुकूल और प्रतिकूल परिस्थितियों में जन्म लेता है और किसी को प्रतिकूल परिस्थिति को बदल कर अच्छी में आने में सहायता देना सभी सत्पुरुषों का धर्म है और उस को प्रतिकूल परिस्थिति में गिरा रहने पर विवश करना भारी पाप।''[85]

कहना चाहिए, इस जगह सन्तराम और डा. अम्बेडकर दोनों दार्शनिक अपनी आजीवक परम्परा से पूरी तरह से हट और कट गए हैं। दलित-पिछड़ों के लिए इस से बड़ा दुर्भाग्य दूसरा नहीं हो सकता कि सामाजिक स्तर पर सारी बातें सही कह कर उन के चिन्तक आध्यात्मिक स्तर पर पुनर्जन्म में विश्वास की गलत बात को दोहरा-तिहरा रहे हैं।

संदर्भ

1. मेरे जीवन के अनुभव, सन्तराम बी. ए., हिन्दी प्रचारक पुस्तकालय, पो. बाक्स नं. 70, पिशाच मोचन, वाराणसी-1, प्रथम संस्करण, अक्तूबर 1963
2. वही, पृ.-16
3. वही, पृ.-16
4. वही, पृ.-225
5. वही, पृ.-68
6. वही, पृ.-68
7. वही, पृ.-68
8. वही, पृ.-41
9. वही, पृ.-41
10. वही, पृ.-184
11. वही, पृ.-65
12. वही, पृ.-199
13. वही, पृ.-163
14. वही, पृ.-246
15. वही, पृ.-199
16. वही, पृ.-203
17. वही, पृ.-226
18. वही, पृ.-227
19. वही, पृ.-227
20. वही, पृ.-260-61
21. वही, पृ.-219
22. वही, पृ.-219
23. वही, पृ.-219
24. वही, पृ.-221
25. वही, पृ.-221
26. वही, पृ.-221-22
27. वही, पृ.-222
28. वही, पृ.-222
29. वही, पृ.-222-23
30. वही, पृ.-223
31. वही, पृ.-223
32. वही, पृ.-224
33. वही, पृ.-224
34. वही, पृ.-226
35. वही, पृ.-224
36. वही, पृ.-224
37. वही, पृ.-225
38. वही, पृ.-234
39. वही, पृ.-234-35
40. वही, पृ.-235
41. वही, पृ.-252
42. वही, पृ.-252
43. वही, पृ.-230
44. वही, पृ.-230
45. वही, पृ.-231
46. वही, पृ.-231
47. वही, पृ.-213
48. वही, पृ.-213
49. वही, पृ.-214
50. वही, पृ.-214
51. वही, पृ.-214
52. वही, पृ.-206
53. वही, पृ.-206
54. वही, पृ.-214
55. वही, पृ.-216-17
56. वही, पृ.-217-18
57. वही, पृ.-269
58. वही, पृ.-183
59. वही, पृ.-177
60. वही, पृ.-178
61. प्रजापति समाज तथा उस का इतिहास, सोहन लाल मधुप, समतावादी भारत, 123, वी. पी. हाऊस, रफी मार्ग, नई दिल्ली-110001, जुलाई-सितम्बर 2003, पृ.-48-9
62. मेरे जीवन के अनुभव, सन्तराम बी. ए., हिन्दी प्रचारक पुस्तकालय, पो. बोक्स नं.-70, पिशाच मोचन, वाराणसी-1, प्रथम संस्करण, अक्तूबर, 1963, पृ.-28
63. वही, पृ.-92
64. वही, पृ.-93
65. वही, पृ.-180
66. वही, पृ.-31
67. वही, पृ.-31
68. वही, पृ.-87

69. वही, पृ.-87

70. वही, पृ.-127

71. वही, पृ.-105

72. वही, पृ.-167-68

73. वही, पृ.-173-74

74. वही, पृ.-172

75. वही, पृ.-80

76. वही, पृ.-174

77. वही, पृ.-174

78. वही, पृ.-262

79. वही, पृ.-180

80. वही, पृ.-177

81. वही, पृ.-127-28

82. वही, पृ.-174

83. वही, पृ.-11

84. वही, पृ.-176-7

85. वही, पृ.-175-6

अध्याय-15

मुद्रा राक्षस : एक विदेशी शूद्र[क]

जारसत्ता की मेरी खोज की वजह से कई लोग एक्सपोज हो गए हैं। भेड़ की खाल ओढ़ कर वे दलितों के हितैषी बने पड़े थे। अब उजागर हो कर रह गए हैं कि वे दलितों को मिलने वाले आरक्षण से इसलिए परेशान खड़े हैं क्योंकि अब दलित लोग इस काबिल हो गए हैं कि वे जारसत्ता के खिलाफ लड़ाई लड़ सकेंगे। वे उन्हें उन की नौकरियां छुड़वा कर पुनः इतने दीनहीन बनाना चाहते हैं कि उन के जारसत्ता के चक्रवर्ती साम्राज्य के खिलाफ विद्रोह के लिए सिर न उठा सकें। आश्चर्य यह है कि खुद को 'शूद्राचार्य' घोषित और महिमामंडित करवाने वाले इन में मुद्रा राक्षस अग्रणी हो गए हैं। लेकिन उन के इस शूद्र होने से इतिहास का एक नया पन्ना भी खुल जाता है। उन्होंने 21 अक्तूबर, 2007 के छपे 'राष्ट्रीय सहारा' के स्तम्भ 'असमय' में लिखा है—"किसी समय शूद्र जातीय ऐतरेव सवर्णों में इसी तरह प्रविष्ट हुए थे और ब्राह्मणों से ज्यादा अपमानजनक बातें शूद्र जातियों के लिए उन्होंने ही लिखी थीं।"[1]

मैंने मुद्रा राक्षस की पुस्तक 'धर्मग्रन्थों का पुनर्पाठ' पढ़ी है। सच बात यह है कि भारत के शूद्रों में विदेशी मूल के लोग भी शामिल हैं। सारे शूद्रों को भारतीय मूल के मानने से ही इतिहास की पढ़ाई में गलतियाँ हुई हैं। जब आर्य भारत पर आक्रमण कर रहे थे तो वे सेना में अपने कारपेन्टरों, लुहारों, मोचियों, बावर्चियों, तेलियों और बोझे ढोने वाले अन्य कामगारों को भी साथ लाए थे। उन के बिना उन की सेनाएँ आगे बढ़ ही नहीं सकती थीं। बाद में भारत के विजित लोगों को भी उन्होंने अपनी चार वर्ण वाली विदेशी समाज व्यवस्था में शूद्र मान लिया।

विदेशी ब्राह्मणों और विदेशी क्षत्रियों में आपसी वर्चस्व के लिए भारत भूमि में हुईं लड़ाइयों के बारे में विद्वानों को उपनिषदों, बौद्ध साहित्य और पुराणों के द्वारा काफी ज्ञात हो चुका है परन्तु देशी और विदेशी दो प्रकार के शूद्रों की पहचान अलग-अलग न कर पाने के कारण इन्डोलोजी के अध्ययन में अंधकार अटा पड़ा है। फर्क यह है कि विदेशी

क. डा. धर्मवीर का यह लेख, अम्बेडकर इन इण्डिया, पूनार आफसेट, गुईन रोड, अमीनाबाद, लखनऊ-226 018, दिसम्बर, 2007 के अंक में पृ.-39-41 पर प्रकाशित हुआ है।

शूद्र हमेशा जारसत्ता के पक्षधर रहे हैं जैसे कि उत्तर भारत में आज के मुद्रा राक्षस जबकि देशी शूद्र सदा जारसत्ता के खिलाफ लड़े हैं जैसे कि महाराष्ट्र और दक्षिण भारत में जोतिबा फुले और नारायण गुरु। इसी फर्क की वजह से आज ब्राह्मणों को जारसत्ता के पक्ष में अलग से लड़ने की जरूरत नहीं है क्योंकि उन के सजातीय एक विदेशी शूद्र मुद्रा राक्षस मैदान में दलितों के सामने खम ठोक कर उतर आए हैं। हाँ, इतिहास में किसी न किसी समय पर विदेशी मूल के शूद्र होने के कारण ही मुद्रा राक्षस की पुस्तक का नाम 'धर्मग्रन्थों का पुनर्पाठ' पड़ा है, जिस का मतलब है कि आधार ग्रन्थ इन आर्यों के ही रहने हैं। यकीन न हो तो सब की दाढ़ियाँ बढ़वा लो, जिस से आज भी काफी हद तक पता चल जाएगा कि इस देश का कौन व्यक्ति किस मूल वंश का है। मुद्रा राक्षस के बारे में क्या चित्र रचूँ?—बस, यही कह सकता हूँ—''हँसता तो होगा फितरते-यजदां कभी-कभी।''

खूब समझ में आ रहा है कि मुद्रा राक्षस मेरे साहित्य से इतने खफा क्यों हुए हैं या घबरा क्यों गए हैं। भुने बैठे थे कि मैंने वीरेन्द्र यादव के माध्यम से अपनी पुस्तक 'प्रेमचंद : सामन्त का मुंशी' में मुद्रा राक्षस के उपन्यास 'दण्ड विधान' से दलित जातियों के बारे में लिखे गए उन के शब्दों को उद्धृत कर दिया था। वे शब्द इस प्रकार थे—''कौन नहीं पकड़ता है चमार टोली की औरत ऐ? सतीश कि राघव कि इन्दर कि तुम? भंगी चमार साला किस की औरत किस ने छोड़ी है ऐं?''[2] अब मुद्रा राक्षस ने मेरी भाषा के बारे में लिखा है कि वह वैसी है 'जैसी कभी 'बनारस' और 'कलकत्ता' के बड़ा बाजार में छपने वाली पोर्नोग्राफी में हुआ करती थी।'[3] जाने इन्होंने कहाँ-कहाँ और क्या-क्या देखा है। लगता है, ऐसे ही आँय-बाँय जन्म बिताते फिरे हैं। कोई पूछे, कि ऊपर उद्धृत की गई इन की भाषा को क्या हिन्दी में सुभाषित कहा जाएगा? इन लेखकों और लेखिकाओं की ऐसी भाषाओं को उद्धृत करने से ही मेरी पुस्तक उस हद तक गन्दी हुई है। इसलिए, मैंने ज्यादा उद्धरण देने बन्द कर दिए थे और लिखा था—''ब्रह्म वैवर्त पुराण के वे सम्बन्धित श्लोक यहाँ उतारने से मैं रुक रहा हूँ क्योंकि उस पुराण की वजह से मैं अपनी अच्छी-भली इस किताब को गन्दी नहीं होने दूँगा।''[4]

मुद्रा राक्षस पूछ रहे हैं कि मेरे 'अधिकांश लेखन में जारकर्म का स्यापा कहाँ से आ गया?'[5] अजी, आप ही के शब्दों की वजह से आ गया। स्यापा इसलिए आ गया क्योंकि जारकर्म कानून में तलाक का आधार और दण्डनीय अपराध है। भला, आप के इन शब्दों को पढ़ कर किसी भी चमार को चैन कैसे आएगी? चमारियों की तो आप ने नींद ही उड़ा दी है। आप ने पूरी चमार कौम को मार डाला। आप ने ये शब्द लिख कर भंगियों और चमारों की इज्जत का कुछ भी नहीं छोड़ा। हाँ, जो जमीदार की अय्याशी है, वह चमार का स्यापा है। क्या चमार जाति का होने के कारण मैं मुद्रा राक्षस के उपरोक्त शब्दों को पढ़ कर हँसूँ, नाचूँ, गाऊँ और ठुमके लगाऊँ?

मुद्रा राक्षस बिलकुल गलत सवाल उठा रहे हैं जब लिख रहे हैं कि क्यों कर मेरी 'चिन्ता का विषय सिर्फ और सिर्फ स्त्री ही हो गया...।'[6] उन्हें इस से क्या खास परेशानी

है? कौन से साहित्यिक कोड या मैनुएल में लिखा है कि मुझे अपने साहित्य में स्त्री के विषय को नहीं छूना चाहिए? स्त्री विमर्श के इस समय में भी स्त्री पर बात नहीं की जाएगी तो और कब की जाएगी? वे मुझे यह आदेश देने वाले कौन होते हैं कि मुझे किस विषय पर नहीं लिखना चाहिए? साहित्य के क्षेत्र में यह क्या डिक्टेटरी चला रखी है कि स्त्री-पुरुष के सम्बन्धों पर लिखने को वर्जित ठहरा रहे हैं? बताइए, लिखने के लिए मुझे अपने बाबा साहेब डा. अम्बेडकर की सुननी है कि इन मुद्रा राक्षस की? हमारे बाबा साहेब डा. अम्बेडकर ने इस बारे में वक्तव्य दिया था—"हिन्दू संहिता इस देश में विधान मंडल द्वारा अभी तक किए गए सामाजिक सुधार उपाय में सब से महान था। इस के महत्व की तुलना किसी भी कानून से...न विगत में....न भविष्य में, नहीं की जा सकती है। वर्ग और वर्ग में असमानता, लिंग सम्बन्धी भेद जो कि हिन्दू समाज की आत्मा है, को अछूता छोड़ देना...गोबर के ढेर पर महल खड़ा करना है।"[7] उत्तर में बताया जा सकता है कि मेरी चिन्ता का विषय सिर्फ और सिर्फ 'जारसत्ता' उसी तरह हो गया है जिस तरह इस से पहले कार्ल मार्क्स के लिए सिर्फ और सिर्फ 'पूंजी' था। केन्द्र बदला है, लक्ष्य नहीं। लक्ष्य एक ही है—शोषण और गुलामी से मुक्ति—और इस में जारकर्म और बलात्कार के खिलाफ बोले बिना क्या दुनिया में कोई भी स्त्री-विमर्श सम्भव है?

बहस इस जगह पहुँच गई है कि मुझे स्त्री-विरोधी कह कर अब जारसत्ता के पक्षधर बच नहीं सकते। मैं स्त्री का विरोधी नहीं बल्कि जारसत्ता का विरोधी हूँ जिस में पुरुष पकड़े जाते हैं। स्त्रियों का नाम ले कर हिन्दी में ये कुछ पुरुष लेखक कौन सा सशक्त, रचनात्मक और वैचारिक लेखन कर रहे हैं? इन्हें किस प्रकार की स्वायत्तता चाहिए कि विवाह के सारे कायदे-कानूनों को बाहर कर रहे हैं? ये अपनी कौन सी अस्मिता का सवाल उठा कर सदाचारी लोगों से सम्मान प्राप्त करना चाहते हैं?

अच्छी बात यह है कि इस जारसत्ता का विरोधी एक मैं ही नहीं, और दूसरे पुरुष ही नहीं, बल्कि स्त्रियाँ भी हैं। कई दूसरी स्त्रियाँ अपने साहित्यिक लेखन में ऐसी जारसत्ता का पूरा विरोध कर रही हैं। इन में एक बड़ा नाम मधु किश्वर का है। वे इसे 'अय्याशी' कहती हैं। अपनी अभिव्यक्ति के लिए उन के पास सब की तरह अभी तक यही शब्द उपलब्ध था। बस, मैंने इसे ज्यादा स्पष्ट करने के लिए, चिन्तन के स्तर पर नई भाषा में 'जारसत्ता' कहा है ताकि इस पर कारगर आक्रमण किया जा सके।

मधु किश्वर ने जारसत्ता के अय्याश मर्दों के बारे में ठीक कहा है—"....यह षडयन्त्र पितृसत्ता का नहीं, ऐय्याश मर्दों का है। पितृसत्ता में तो फिर भी औरतों की इज्जत की जाती थी। उन्हें माँ, बेटी, बहन, देवी बना कर रखा जाता था। अब के मर्द तो उन्हें सिर्फ... ।"[8] उन्होंने इस बारे में आगे कहा है—"ठीक है कि आप को यह फैशन, ग्लैमरस नंगी-नंगी औरतें अच्छी लगती हैं, तो आप कीजिए न ऐय्याशी, सारे समाज पर, बच्चे-बच्चे पर यह सब थोप कर हमारे जीवन को क्यों हराम कर रहे हैं।"[9] उन्होंने जारसत्ता की ऐसी अय्याश औरतों के बारे में भी सही कहा है—"औरतें आज कहती हैं

कि यह शरीर मेरा है, मैं जैसे चाहूं इस का इस्तेमाल करूँ। तो ठीक है हर व्यक्ति को आजादी है अपना नफा-नुकसान करने की। कोई भी जब चाहे आत्महत्या कर सकता है। पर मैं कहती हूँ, आप आत्महत्या को रोमांटिसाइज तो मत कीजिए।...एक व्यक्ति को पूरा हक है अपना नुकसान करने का पर समाज का दायित्व है कि वह बेवकूफियों को बेवकूफी ही माने और उन्हें ग्लैमराइज-रोमांटिसाइज न करे।"[10]

बड़ी अच्छी बात यह है कि हमारे देश ने समाज में Socially and Educationally Backward Classes की खोज करके उन्हें अगड़ी बनाने का बीड़ा उठाया है। लेकिन इस के साथ-साथ जरूरत इस बात की भी है कि समाज में Morally Backward Classes की भी पहचान कर के उन्हें भी नैतिक दृष्टि से अगड़ी बनाया जाए। तभी हमारा राष्ट्र सच्चे अर्थों में शक्तिशाली होगा। इस के लिए हमें 'जार साहित्य' को परिभाषित कर के उसे 'अश्लील साहित्य' की तरह साहित्य से बाहर कर देना चाहिए। समाज के लिए स्वस्थ साहित्य का निर्माण करना है क्योंकि जारकर्म साहित्य के लिए हानिकारक है। कुल मिला कर, गुजारिश यही है कि मूल मुद्दों से बिना भटके और बिना भ्रमित हुए स्त्री साहित्य के विषय पर इस बहस को पूरी जिम्मेदारी और गम्भीरता से चलाया जाए।

सन्दर्भ

1. केरल सरकार और जारसत्ता का दलित प्रवक्ता, मुद्रा राक्षस, राष्ट्रीय सहारा, दिल्ली, 21 अक्टूबर, 2007
2. प्रेमचंद : सामन्त का मुंशी, डा. धर्मवीर, वाणी प्रकाशन, 21ए, दरियागंज, नई दिल्ली-110 002, प्रथम संस्करण, 2005, पृ.-71 पर उद्धृत
3. केरल सरकार और जारसत्ता का दलित प्रवक्ता, मुद्रा राक्षस, राष्ट्रीय सहारा, दिल्ली, 21 अक्टूबर, 2007
4. वही, 21 अक्टूबर, 2007
5. वही, 21 अक्टूबर, 2007
6. वही, 21 अक्टूबर, 2007
7. अम्बेडकर : प्रबुद्ध भारत की ओर, गैल ओमवेट, अनुवादक, डा. पूरनचंद टंडन, पेंगुइन बुक्स इण्डिया (प्रा. लि.), 11 कम्युनिटी सेन्टर, नई दिल्ली-110 017, संस्करण 2005, पृ. 128 पर अम्बेडकर 1995, 14 बी. के. 1: 1325 से उद्धृत
8. नैतिकता हर समाज व जाति में अलग-अलग होती है, मधु किश्वर, हंस, 2/36, अन्सारी रोड, दरियागंज, नई दिल्ली-110 002, सितम्बर, 2005, पृ.-46
9. वही, पृ.-46
10. वही, पृ.-46

भाग-तीन

अध्याय-16

महापुरुषों का बँटवारा अम्बेडकर बनाम गांधी की बहस[क]

क. बहस का वर्तमान रूप
ख. दलित प्रतिनिधित्व पर हमला
ग. अस्पृश्यता, हिन्दू धर्म और गांधी जी

क. बहस का वर्तमान रूप

भारतीय समाज एक बीमार समाज है। इस का इलाज किया जाना है। अन्य देशों के समाज भी समय-समय पर बीमार हुए हैं। उन देशों ने अपने उपचार ढूँढ़ें हैं। यह हो सकता है कि अन्य देशों के उपचार हमारे समाज के लिए भी उपयुक्त बैठें। लेकिन इस बात की भी सम्भावना है कि वे उपचार हमारे लिए ठीक न बैठें। ऐसी स्थिति में हमें अपने देशी उपचार ढूँढ़ने चाहिए। पर, क्या हमारे देश में समाज के उपचार के लिए देशी नुस्खे उपलब्ध हैं? इस के उत्तर के लिए हमें इस समाज की दो परम्पराएँ दीखती हैं। ये दोनों परम्पराएँ एक-दूसरे की विरोधी हैं। प्राचीन भारत में ये ब्राह्मण और बौद्ध धर्म की हैं। उस से भी पहले ये वेद और चार्वाक की रही थीं। मध्य काल में ये सगुण बनाम निर्गुण की रही थीं। आजकल ये गांधी बनाम अम्बेडकर की हैं। ये हर युग में आपस में एक-दूसरे से टकराई हैं। लेकिन इन के टकराने में इन के स्वरूप बदलते रहे हैं।

क्या चार्वाक का चिन्तन वैदिक समाज के रोग का सही उपचार नहीं है? क्या बुद्ध ने समाज में ब्राह्मणों की सर्वोपरिता को चुनौती नहीं दी थी? क्या कबीर ब्राह्मणी समाज के सामने क्रान्ति के डिक्टेटर बन कर नहीं उभरे थे? क्या डॉ. अम्बेडकर ने गांधीवादी उदारता को एक खुली और सच्ची चुनौती नहीं दी थी? इसी सन्दर्भ में कहा जा रहा है कि अम्बेडकर और गांधी की बहस आरक्षण के मामले में कोई फालतू बहस नहीं है। यह

क. महापुरुषों का बँटवारा, धर्मवीर, पश्यन्ती, 3/3, आई. एन. एस. बिल्डिंग, रफी मार्ग, नई दिल्ली-110 001, अप्रैल-जून, 1998, पृ.-24-37

इस विषय में पूर्णतः एक सार्थक बहस है। उलटे, कहा यह भी जा सकता है कि इस बहस को समझे बिना आरक्षण को ठीक-ठीक नहीं समझा जा सकता। हाँ, अम्बेडकर और गांधी की बहस से यह पता चलता है कि आरक्षण अधिकार है या दया है, या आरक्षण लिया गया है या यह दिया गया है। इसे मूल अधिकार कहा जाए या अपवाद कहा जाए, यह अधिकार से छीनी गई रोटी है या भीख में फेंका गया टुकड़ा है? जो आरक्षण प्राप्त कर रहे हैं वे दलितों के सिंह हैं या द्विजों के द्वार पर कुत्ते खड़े हैं? आरक्षण को ले कर इन दोनों दृष्टियों में फर्क-ही-फर्क है। इस बहस में गांधी का महत्व इसलिए भी बढ़ जाता है क्योंकि सुप्रीम कोर्ट के परिसर में गांधी जी की प्रतिमा अनावरित मिलती है।

इस बहस में भ्रम इसलिए पैदा हो जाता है कि गांधी जी गोल मेज सभा में और पूना पैक्ट में हिन्दुओं की तरफ से बोल रहे थे परन्तु बता यह रहे थे कि वे अछूतों की तरफ से बोल रहे हैं। यदि गांधी अछूतों के प्रतिनिधि थे तो तब यह दावे के साथ कहा जा सकता है कि वे अछूतों के सब से कमजोर और ढुलमुल प्रतिनिधि थे। इसलिए, ऐसे क्षुद्र शब्द मुँह से निकालने से अच्छा है कि उन्हें दलितों का प्रतिनिधि न माना जाए। तब अम्बेडकर और गांधी की बहस ज्यादा सार्थक सिद्ध हो सकती है। वैसे, इस बहस में गांधी जी को बुद्धिमान और महान कहा जाना चाहिए पर साथ में यह भी कहा जाना चाहिए कि उन की यह महानता और बुद्धिमत्ता केवल हिन्दुओं के हित में थी। दलितों के लाभ की दृष्टि से उन की महानता का कोई मूल्य नहीं है।

यह समझ लिया जाए कि अम्बेडकर और गांधी की बहस हिन्दुओं की सामाजिक व्यवस्था में अकेली और निराली बहस नहीं है। उत्तर भारत के मध्यकाल के इतिहास में यह बहस कबीर और रामानन्द के रूप में चली थी। महाभारत काल में यह बहस एकलव्य और द्रोण तथा रामायण काल में शम्बूक और राम के संघर्षों और द्वन्द्वों में चली थी। इस बहस में शम्बूक का शीश कटा था, एकलव्य का अँगूठा कटा था तथा कबीर और अम्बेडकर का भी कुछ-न-कुछ कटा था। विचित्र बात यह है कि इस में एकलव्य और द्रोण तथा कबीर और रामानन्द की बहस को शिष्य और गुरु की बहस में तब्दील कर दिया गया है जबकि ये दोनों बहसें शिष्य और गुरु की नहीं थीं। ये अपने-अपने युगों में शीश काटने वाली शम्बूक और राम की बहसें थीं। अम्बेडकर और गांधी की बहस में भी डर यह है कि इस बहस को भी कुछ दिनों बाद द्विज चिन्तक शिष्य और गुरु की बहस बता सकते हैं। वास्तव में, यदि दलित चिन्तक सतत जागरूक न रहा तो कालान्तर में यह किंवदन्ती शुरू की जा सकती है कि डॉ. अम्बेडकर महात्मा गांधी के सब से प्रिय शिष्य थे। ऐसी बहस के बीज कुछ द्विज चिन्तकों ने इसी समय बो दिए हैं।

इस बहस में एक अन्य दृष्टिकोण भी है। बताया जा सकता है कि एक बार साहित्य अकादमी, नई दिल्ली, के साहित्योत्सव की बहसों में कुछ श्रोतागण ऐसा कहते हुए सुने गए—"हम गांधी और अम्बेडकर दोनों को पूज्य मानते थे लेकिन मंच पर

आसीन ये विद्वान हमें इस बात के लिए मजबूर कर रहे हैं कि हम गांधी या अम्बेडकर में से किसी एक को माने।'' श्रोताओं की इस टिप्पणी से उन की वैचारिक बेचैनी जाहिर हो रही थी। उन की इस बेचैनी का अर्थ था कि वे अम्बेडकर को गांधी के साथ हिन्दू धर्म में समाना चाहते थे पर ऐसा कर नहीं पा रहे थे। इस मामले में उन का उदारवाद सफल नहीं हो पा रहा था। उन से अम्बेडकर भुलाए नहीं जा रहे थे और मिटाए भी नहीं जा रहे थे। ऐसा भी हो सकता है कि वे अम्बेडकर और गांधी के दोनों व्यक्तियों को अपने घर के भीतर दीवार पर टांग कर उन की पूजा करनी चाहते थे जो हिन्दुओं का पुराना तरीका है। शायद वे अम्बेडकर और गांधी की दोनों विचारधाराओं को धोखा देना चाहते थे। लेकिन अम्बेडकर और गांधी की बहस लगातार जारी है। मंडल कमीशन पर छिड़ी बहस से इस में और तेजी आ गई है। इस बहस में तीन तरह के पत्रकार-चिन्तक सामने आए हैं। एक वे हैं जो अम्बेडकर की निन्दा करते हैं, दूसरे वे हैं जो अम्बेडकर और गांधी को समान महत्व देते हैं, तथा तीसरे वे हैं जो गांधी की निन्दा करते हैं। पहले द्विज चिन्तक, दूसरे समाजवादी विचारधाराओं के बीच वाले आधुनिक चिन्तक, तथा तीसरे दलित चिन्तक हैं। यह इन का मोटा-मोटा विश्लेषण है।

अरुण शौरी, डॉ. अम्बेडकर के निन्दक पत्रकार हैं। डॉ. अम्बेडकर के बारे में उन के लेख या साक्षात्कार आए हैं जिन के शीर्षक इस प्रकार हैं–'अम्बेडकर ने संविधान की एक लाइन नहीं लिखी'[1], 'अम्बेडकर ने तो नफरत बोई थी'[2], 'अम्बेडकर की नजर में अंग्रेज और अछूत'[3], 'बिना जांच-पड़ताल किए पूजा'[4], 'अंग्रेजों ने सन् 42 के आन्दोलन व हड़तालों की तीव्रता को छिपाने के लिए क्या-क्या स्कैन्डल नहीं किए'[5], 'धौंस-डपट तर्क और हमला सबूत हैं'[6]। अरुण शौरी ने **राष्ट्रीय सहारा** के माध्यम से डॉ. अम्बेडकर को राजनैतिक विलेन भी कहा था। जब उन से उनकी इस टिप्पणी के बारे में ज्यादा खुलासा चाहा गया तो उन्होंने कहा कि 'जिन्ना, अम्बेडकर और लोहिया, इन तीनों का ही स्वभाव था कि या तो आप उन की बात मान जाएँ या फिर वे चीज को तोड़ देंगे।'[7] यह खुलासा देते समय अरुण शौरी यह भूल गए कि इस मामले में महात्मा गांधी ने डॉ. अम्बेडकर के सामने इस से भी ज्यादा कठोर रुख अखत्यार किया था कि या तो मेरी बात मान जाइए नहीं तो मैं आमरण अनशन कर के अपना जीवन खो दूँगा। पूना पैक्ट की पूरी कहानी गांधी जी के इसी स्वभाव की देन है। वैसे, संविधान को ले कर डॉ. अम्बेडकर के खिलाफ ऐसा एक लेख 'अम्बेडकर और संविधान निर्माण' शीर्षक से भानुप्रताप शुक्ल का भी आया है।[8] उन्होंने अपने लेख में लिखा है–''तब बहुमत के दृष्टिकोण को ध्यान में रख कर प्रारूप में दिए गए कुछ शब्दों को हटाने और संशोधनों में प्रयुक्त कुछ शर्तों को जोड़ने का ही काम शेष रह जाता था। ऐसी स्थिति में डॉ. अम्बेडकर के पास संविधान निर्माण का कोई काम ही नहीं बचता था।''[9]

अब पूछा जा सकता है कि अरुण शौरी के इस कथन का क्या मतलब है कि 'अम्बेडकर ने संविधान की एक लाइन नहीं लिखी।' क्या इस से अरुण शौरी यह कहना

चाहते हैं कि डॉ. अम्बेडकर को संविधान लिखना नहीं आता था? लेकिन यदि अरुण शौरी 'संविधान सभा के वाद-विवादों' के साथ-साथ एक अन्य पुस्तक 'फ्रेमिंग ऑफ इन्डिया'ज कन्स्टिट्यूशन' भी पढ़ते तो उन्हें पता चलता कि डॉ. अम्बेडकर ने इस संविधान से बहुत पहले अपना मूल संविधान लिख दिया था जो 'स्टेट्स एण्ड माइनरिटीज' शीर्षक से उन की अलग से प्रकाशित और आज भी उपलब्ध एक महत्वपूर्ण पुस्तक है। लेकिन ऐसा भी कहाँ है कि डॉ. अम्बेडकर इस बात पर गर्व करते हों कि उन्होंने संविधान का निर्माण किया है? उन्होंने इस संविधान के बारे में कहा है कि इसे फूँकने वाला पहला व्यक्ति मैं हूँगा। जब उन से पूछा गया कि उन्होंने इस संविधान को बनाने में जी-तोड़ मेहनत की थी तो उन्होंने उत्तर दिया था कि मैं उन दिनों किराये का टट्टू था। उन्होंने कहा था कि मैंने बहुमत की इच्छाओं को रूप दिया था और इस के सिवा कुछ भी नहीं किया था। क्या ऐसी स्थिति में अरुण शौरी पलट कर डॉ. अम्बेडकर को पुनः देशद्रोही और राजद्रोही कहेंगे?

पुनः पूछा जा सकता है कि अरुण शौरी इस में क्या कहना चाहते हैं कि अम्बेडकर ने संविधान की एक लाइन नहीं लिखी। यदि डॉ. अम्बेडकर ने संविधान की एक भी लाइन नहीं लिखी थी तो क्या इस से वे छोटे हो जाते हैं या भारत के इतिहास में उन का महत्व कम हो जाता है? क्या डॉ. अम्बेडकर का महत्व एक संविधान लिखने से ही है? लेकिन अरुण शौरी ने डॉ. अम्बेडकर को अपने लेख 'बिना जांच-पड़ताल किए पूजा' में देश-द्रोही सिद्ध करने की कोशिश की है। इस में अरुण शौरी ने बताया है कि जब कि सन् 1942 में महात्मा 'से बढ़ कर उन के 'महान आत्मा' गांधी 'अंग्रेजों, भारत छोड़ो' का नारा लगा रहे थे तब डॉ. अम्बेडकर ब्रिटिश सरकार की ओर से रेडियो पर संदेश प्रसारित कर रहे थे—"अगर भारत की स्वतंत्रता तराजू में है...तो यह भारतीयों की आपसी फूट के कारण है। भारत की स्वतंत्रता के दुश्मन खुद भारतीय ही हैं, दूसरे नहीं।"[10] इस में अरुण शौरी बिलकुल भूल गए कि प्रथम विश्व-युद्ध में उन की परिभाषा के उन के 'महान आत्मा' गांधी ने ब्रिटिश सरकार के राजभक्त वालन्टीयर बन कर अंग्रेजों की मदद की थी जब कि तब एम. एन. राय अंग्रेजों को भारत से खदेड़ने के लिए खुद भारत से बाहर खिदड़े-खिदड़े फिर रहे थे। पत्रकार शिव प्रसाद धुसिया ने सही पूछा है—"क्या अरुण शौरी स्वीकार करेंगे कि 1915 को अंग्रेजों की सेना में भर्ती होने के लिए गांधी जी भारतीयों को 'स्वराज्य प्राप्ति' के उद्देश्य से भ्रमित कर सुभाष चन्द्र बोस के आह्वान 'लोहा गर्म है चोट करो' को फटकारते हुए अंग्रेजों की खुले आम चार वर्ष तक देश का दौरा करते हुए 'चापलूसी' नहीं तो और क्या करते रहे?"[11] शिव प्रसाद धुसिया ने एम. एन. राय को ले कर भी एक लेख लिखा है जिस के अनुसार गांधी जी ने अंग्रेज साम्राज्य की सेवा की थी।[12]

जब एक पत्रकार दीपक वाजपेयी ने अरुण शौरी से पूछा कि 'आप खुद को बौद्ध मत के काफी करीब पाते हैं' और 'अन्ततः अम्बेडकर ने भी बौद्ध धर्म स्वीकार किया

था,'[13] तो अरुण शौरी का उत्तर था—"नहीं, नहीं। उन के धर्म परिवर्तन से स्पिरिचुअल क्वेस्ट से कोई लेना-देना नहीं था। वह तो एक राजनैतिक बात थी। आप मेरी बात नहीं मानते, इसलिए मैं बौद्ध हो जाता हूँ।...बौद्ध धर्म भी उन्होंने नाममात्र को ही अपनाया।"[14] यहाँ अरुण शौरी डा. अम्बेडकर को बौद्ध धर्म का भी नहीं रहने दे रहे हैं। बौद्ध के रूप में अरुण शौरी खुद निर्णायक बन कर निर्णय दे रहे हैं कि डॉ. अम्बेडकर उन के मुकाबले के बौद्ध भी नहीं थे।

दलित पत्रकार कँवल भारती ने अरुण शौरी के लेख का उत्तर अपने प्रति-लेख 'अंग्रेज भक्त नहीं थे अम्बेडकर'[15] में दिया है। उन्होंने 'सोर्स मैटेरियल' से उद्धृत किया है जिस में डा. अम्बेडकर ने इसी द्वितीय विश्व-युद्ध के दौरान 1941 में चेतावनी के रूप में कहा था—"मैं ब्रिटिश सरकार का समर्थक इसलिए हुआ हूँ, क्योंकि चारों तरफ से दुश्मनों से घिरे दलित एक ही समय में सभी मोर्चों पर नहीं लड़ सकते। इसलिए मैंने कुछ और पाने से पहले हिन्दुओं की दो हजार वर्ष पुरानी निरंकुशता और दमन नीति से तथा दलितों के सामाजिक अधिकारों के लिए लड़ने का निश्चय किया है। किन्तु मैं (इस से भी ज्यादा) कटु और घातक प्रहार अंग्रेजों के विरुद्ध हजार बार करूँगा, यदि मेरे अपने लोगों को अभिशप्त करने के लिए उन्हें अन्तिम सूखी हड्डी से भी वंचित किया जाएगा, जिस से वे अपना एकमात्र आहार पूर्ण करते हैं।"[16] कँवल भारती ने इस विषय को ले कर एक अन्य लेख 'सवर्ण स्वार्थ थे 'भारत छोड़ो' के पीछे'[17] भी लिखा है।

यहाँ यह बात भी विचित्र है कि अरुण शौरी की निगाह उस हिन्दू सेना को राष्ट्रद्रोही कहने की ओर नहीं गई जो अंग्रेजों की ओर से दोनों विश्व-युद्धों में अफ्रीका के जंगलों तक में जा कर लड़ी थी। यह बात पुनः विचित्र है कि उन हिन्दू आई. सी. एस. अधिकारियों और तमाम हिन्दू राजकर्मचारियों की सेवा स्वतंत्र भारत के प्रशासन में बहाल रखी गई जिन्होंने स्वाधीनता संग्राम के समय राष्ट्रभक्त हिन्दुओं को पकड़ कर जेल में डाला था। अंग्रेज भक्त राजाओं को महंगे प्रिवीपर्स दिए गए तथा अंग्रेज भक्त जमींदारों का उन्मूलन आज तक नहीं हो सका है। जहाँ तक डॉ. अम्बेडकर के बारे में अरुण शौरी की टिप्पणी के उत्तर की बात है तो उसे संक्षिप्त रूप में इन शब्दों में रखा जा सकता है कि डॉ. अम्बेडकर हिन्दूभक्त, गांधीभक्त और कांग्रेस भक्त बिलकुल नहीं थे। जहाँ तक अरुण शौरी की यह बात है कि डॉ. अम्बेडकर ने संविधान की एक लाइन भी नहीं लिखी थी तो उस का जवाब शिव प्रसाद धुसिया ने अपने पत्र 'पूर्वाग्रह से ग्रस्त हैं शौरी' में इस प्रकार दिया है—"निस्संदेह अरुण शौरी की इन 50 वर्ष के पश्चात बाबा साहेब के विरुद्ध टिप्पणियों का एक अर्थ है कि वह अपनी जातीय घृणा और द्वेष को छिपाने में असफल रहे हैं।"[18] सच ही, यदि अरुण शौरी के शब्दों में डॉ. अम्बेडकर ने नफरत बोई है तो खुद अरुण शौरी उन के खिलाफ ऐसे लेख लिख-लिख कर अपने पूर्वजों द्वारा तीन हजार वर्ष पहले बोई गई मनुवादी नफरत की पकी हुई फसल को आज तक काट रहे हैं। इधर, इस बहस में द्विज दृष्टि को ले कर एक अन्य पत्रकार देवेन्द्र

स्वरूप के कई लेख आए हैं। उन के ये लेख स्वाधीनता संग्राम के समय के खोजपूर्ण लेख हैं। ये इस प्रकार हैं–'अंग्रेजों को हरिजन आन्दोलन से भय क्यों था?'[19], 'आम्बेडकर-भक्ति बनाम गांधी-विरोध'[20], 'गांधी, अम्बेडकर और साम्राज्य'[21], 'अम्बेडकर का पत्रकार कहाँ है?''[22], 'तीसरे दशक का दलित' यथार्थ''[23], 'दलित शब्द का भ्रम जाल'[24], 'दलित आन्दोलन का भटकाव'[25], और 'इतिहास का एक निर्णायक अगर'[26]। ये सारे लेख दलित चिन्तन को संकुचित और छोटा सिद्ध करने के लिए लिखे गए हैं।

कभी-कभी अम्बेडकर और गांधी की यह बहस बहुत गर्म हो जाती है। सुश्री मायावती ने मार्च, 1994 में लखनऊ की एक प्रेस कान्फ्रेस में गांधी के बारे में कह दिया कि महात्मा गांधी दलितों के शुभ-चिंतक नहीं थे और वे दलितों के सब से बड़े दुश्मन थे।[27] इस में उन्होंने यह भी पूछ लिया था कि यदि दलित लोग हरिजन अर्थात हरि के जन हैं तो क्या अन्य समुदायों के लोग शैतान की औलाद हैं।[28] तब सुश्री मायावती के इस बयान से पूरे देश में खलबली मच गई थी। प्रेस में मायावती के इन शब्दों को गांधी के प्रति अपमानजनक माना गया। गांधी के पक्ष में अनेक सम्पादकीय और विशेष लेख लिखे गए। उन में से कुछ इस प्रकार हैं–'गांधी की इज्जत'[29], 'क्या गांधी दलितों के विरोधी थे?'[30], 'गांधी को किसी वकील की जरूरत नहीं है'[31], 'अम्बेडकर के सहारे महात्मा गांधी पर हमला'[32]। लेकिन यह बहस इस से पहले भी चल रही थी और आज तक चल रही है। इस क्रम में कुछ अन्य लेखों का उल्लेख किया जा सकता है–'क्या गांधी दलितों से बचाव के लिए हैं?'[33], 'देवताओं के नाम पर'[34], 'जातीय विद्वेष का विष'[35]। इन से पहले एक अन्य लेख 'अम्बेडकर को गांधी से न लड़ाएँ'[36] आया था। श्री कांशी राम ने इस बहस में पड़ते हुए कहा है कि डॉ. अम्बेडकर के व्यक्तित्व, उन के संघर्ष और सन्देश के कारण उन्हें गांधी को अपनाने में हिचक है। उन्होंने कहा है कि वे डॉ. भीम राव अम्बेडकर की पुस्तकों 'व्हाट कांग्रेस एण्ड गांधी हैव डन टु दॅ अनटचेबल्स' तथा 'एन्निहिलेशन ऑफ कास्ट' को अपनी गाइड मान कर चलते हैं। उन्होंने कहा है कि अपनी पुस्तक में डॉ. अम्बेडकर ने दलितों को 'बीवेयर ऑफ गांधी' अर्थात गांधी से सावधान रहने को कहा है। इसलिए वे सिर्फ गांधी से सावधान रहना चाहते हैं। उन्होंने कहा है–''अपनी ओर से हम न तो कुछ कहना चाहते हैं और न कुछ करना चाहते हैं।''[37]

ख. दलित प्रतिनिधित्व पर हमला

डॉ. अम्बेडकर लन्दन में होने वाली गोल मेज सभा में दलितों के प्रतिनिधि बन कर गए थे। गांधी जी पहली गोल मेज सभा में नहीं गए थे लेकिन दूसरी गोल मेज सभा में गए थे। उस में डॉ. अम्बेडकर को गांधी जी की जिस बात का विशेष अफसोस और रंज था वह यह था कि गांधी जी ने डॉ. अम्बेडकर द्वारा दलितों के प्रतिनिधित्व को और स्वयं

उन की ईमानदारी को नकारना चाहा था। हुआ यह था कि गांधी जी ने गोल मेज सभा की बहसों में डॉ. अम्बेडकर को दलितों का प्रतिनिधि नहीं माना था। उन्होंने बार-बार डॉ. अम्बेडकर के प्रतिनिधित्व को खुली चुनौतियाँ दी थीं। 17 सितम्बर, 1931 को 'संघ संरचना समिति' के सामने बोलते हुए गांधी जी ने कहा था—"यदि यह समान विचार रखने वाले समान उद्देश्यों से परिचालित ऐसे सदस्यों की समिति होती जिन्हें अपने मत दे कर किसी निष्कर्ष पर पहुँचने का अधिकार होता तो मैं डॉ. अम्बेडकर के साथ बहुत दूर तक जा सकता था। लेकिन हमारी स्थिति ऐसी नहीं है। यह तो बेतरतीब ढंग से चुने बेमेल लोगों की एक मंडली है जिस का प्रत्येक सदस्य शेष से सर्वथा स्वतंत्र है और इसलिए उसे किसी भी सामान्य नियम का ख्याल किए बिना अपनी राय देने का अधिकार है।"[38] उन्होंने आगे कहा था—"जहाँ तक अस्पृश्यों का सम्बन्ध है, अभी तक मैं यह नहीं समझ पाया हूँ कि डॉ. अम्बेडकर क्या कहना चाहते हैं। लेकिन इतना तो है ही कि अस्पृश्यों के हितों का प्रतिनिधित्व करने का गौरव अकेले डॉ. अम्बेडकर साहब को ही प्राप्त नहीं होगा।"[39]

2 अक्तूबर, 1931 को 'अल्प-संख्यक समस्या समिति' की बैठक में बोलते हुए उन्होंने कहा था—"हम में से प्रायः सभी, हम जिन दलों या समुदायों के प्रतिनिधि समझे जाते हैं, उन के निर्वाचित प्रतिनिधि नहीं हैं। हम यहाँ सरकार द्वारा मनोनीत हो कर आए हैं, और जिन की उपस्थिति एक सर्वसम्मत समाधान के लिए अत्यन्त आवश्यक थी, वे भी यहाँ आपको नहीं मिलेंगे।"[40] 16 अक्तूबर, 1931 से पूर्व गांधी जी ने लन्दन में एक प्रश्नोत्तर में भाग लिया था। प्रश्नोत्तर के एक अंश में गांधी जी कहते हैं—"मैं आप को यह बताना चाहता हूँ कि डॉ. अम्बेडकर देश के उसी भाग की तरफ से बोलते हैं जिस भाग में वे रहते हैं। हिन्दुस्तान के दूसरे भागों की तरफ से वे नहीं बोल सकते। मुझे देश के कई भागों से तथाकथित 'अस्पृश्यों' की ओर से असंख्य तार मिले हैं जिन में उन्होंने डॉ. अम्बेडकर को अपना प्रतिनिधि मानने से इनकार किया है।"[41] गांधी जी ने आगे कहा था—"जब मैं उनका (अस्पृश्यों का) प्रतिनिधित्व करने की बात करता हूँ तब गोल मेज परिषद में प्रतिनिधित्व करने की बात कहता हूँ। और मैं आपको विश्वास दिलाता हूँ कि यदि कोई हमारे इस दावे को चुनौती देता है तो मैं खुशी से जनमत संग्रह का सामना करूँगा और उस में सफल होऊँगा।"[42] 31 अक्तूबर, 1931 के दिन लन्दन के फ्रेंड्स हाउस में भाषण देते हुए गांधी जी ने कहा था—"अगर वे (डॉ. अम्बेडकर) अस्पृश्यों के सच्चे प्रतिनिधि होते तो मैं अलग हो जाता।...मैं उनका अस्पृश्यों का प्रतिनिधि होने का दावा स्वीकार नहीं करता। उनका प्रतिनिधि मैं हूँ। आप उन से पूछ कर देखिए। हो सकता है, वे मुझे न चुनें, लेकिन डॉ. अम्बेडकर तो कदापि नहीं चुने जाएँगे।"[43] 12 नवम्बर, 1931 को लन्दन की 'कामन वेल्थ ऑफ इण्डिया लीग' में बोलते हुए गांधी जी ने कहा था—"यद्यपि मैं डॉ. अम्बेडकर का प्रतिनिधि नहीं हूँ लेकिन दलित वर्गों का अवश्य हूँ।"[44] 13 नवम्बर, 1931 की दूसरी गोल मेज सभा की

'अल्प-संख्यक समस्या समिति' की बैठक में बोलते हुए गांधी जी ने कहा था–"मैं स्वयं व्यक्तिगत रूप से अछूतों के विशाल समुदाय का प्रतिनिधि होने का दावा करता हूँ। यहाँ मैं...स्वयं अपनी ओर से भी बोल रहा हूँ और मैं दावे के साथ कहता हूँ कि यदि अछूतों का मत लिया जाए तो मुझे उन के मत मिलेंगे और मेरा स्थान सब से ऊपर होगा।"[45] उन्होंने इस क्रम में आगे कहा था–"अपने उत्तरदायित्व का पूरा ध्यान रखते हुए मैं यह कहता हूँ कि डॉ. अम्बेडकर का सारे भारत के अछूतों की ओर से बोलने का दावा उचित नहीं है।"[46]

इस प्रकार देखा जा सकता है कि गांधी जी ने डॉ. अम्बेडकर के दलितों की ओर से बोलने के अधिकार को ही चुनौती दे डाली थी। डॉ. अम्बेडकर को ब्रिटेन में इस समस्या का सामना करना पड़ा था। तब के दलितों के पास धर्म, धन, सत्ता और सम्मान में से कुछ भी हासिल नहीं था। लेकिन इस मुसीबत की चरम परिणति इस बात में थी कि उन का प्रतिनिधित्व और नेतृत्व भी उनसे छीना जा रहा था। जब दलितों को अपना प्रतिनिधि आप बनने का अवसर न मिले तो यह दलितों के इतिहास की सबसे बड़ी विडम्बना है। उनके इस विचार के विरोध में डॉ. अम्बेडकर ने 8 अक्तूबर, 1931 को गोल मेज सभा की अल्प संख्यक समिति की नौवीं बैठक में कहा था–"हम इस आरोप को नहीं नकार सकते कि हम सरकार के नामित व्यक्ति हैं, लेकिन जहाँ तक मेरा सवाल है, मुझे इस बारे में जरा भी सन्देह नहीं है कि यदि भारत के दलित वर्गों को इस कान्फ्रेंस के लिए अपना प्रतिनिधि चुनने का मौका दिया जाता तो वे मुझे जरूर चुनते। इसलिए मैं कहता हूँ कि चाहे मैं नामित प्रतिनिधि हूँ या नामित प्रतिनिधि नहीं हूँ, मैं अपने समुदाय के लोगों के दावों का पूरी तरह प्रतिनिधित्व करता हूँ। मैं कहना चाहता हूँ कि इस मामले में कोई किसी गलतफहमी में न रहे।"[47] गांधी जी के इस दावे के बारे में कि दलितों का प्रतिनिधित्व वे डॉ. अम्बेडकर से अधिक करते हैं, डॉ. अम्बेडकर ने इसी बैठक में कहा था–"इस दावे के बारे में मैं केवल यह कहना चाहता हूँ कि गैर-जिम्मेदार लोग ऐसे झूठे दावे किया ही करते हैं जबकि सच यह होता है कि उन दावों से सम्बन्धित लोग उन्हें सदा ही नकारते हैं।"[48]

गांधी जी डॉ. अम्बेडकर के बारे में कुछ और भी कह जाते थे। उन्होंने 24 अक्तूबर, 1931 को ओक्सफोर्ड में भारतीय मजलिस में डॉ. अम्बेडकर की गोल मेज सभा में दलितों के लिए पृथक निर्वाचन मंडल की माँग के बारे में कहा था–"हो सकता है, उस से खुद उन्हें (डॉ. अम्बेडकर को) सत्ता और पद मिल जाए लेकिन अस्पृश्यों की कोई भलाई नहीं होने वाली है।"[49] यहाँ बताया जा सकता है कि आर्य समाज के 'जात-पात तोड़क मंडल' ने डॉ. अम्बेडकर को अपने 1936 के वार्षिक अधिवेशन का अध्यक्ष बनाया था। यह अधिवेशन लाहौर में होने वाला था। डॉ. अम्बेडकर ने इस के लिए अपना अध्यक्षीय भाषण लिख कर तैयार किया था। 'जात-पात तोड़क मंडल' की स्वागत समिति ने तय पाया कि अध्यक्षीय भाषण में व्यक्त विचार मण्डल को सहन नहीं

होंगे। इसलिए 1936 का यह अधिवेशन ही रद्द कर दिया गया था। डॉ. अम्बेडकर ने अपने उस भाषण को, उस का पूरा कारण बताते हुए, 'एन्निहिलेशन आफ कास्ट' नाम से पुस्तक के रूप में प्रकाशित करा दिया। गांधी जी ने इस पुस्तक पर अपने 'हरिजन' पत्र में 'डॉ. अम्बेडकर का अभियोग' शीर्षक से तीन किश्तों में एक लेख लिखा था। इस में गांधी जी ने अन्य बातों के अलावा यह भी लिखा था–"वे भविष्य में जो कुछ भी करें लेकिन डॉ. अम्बेडकर एक ऐसे व्यक्ति हैं जो खुद को कभी भूलने नहीं देते।"[50]

ऊपर देखा जा सकता है कि गांधी जी डॉ. अम्बेडकर पर कभी सत्ता और पद के लोभ का और कभी सस्ती लोकप्रियता हासिल करने का आरोप लगा देते थे। इस बारे में डॉ. अम्बेडकर ने अपनी प्रतिक्रिया इन शब्दों में जाहिर की थी–"जब कि मैं गांधी जी की इस बात के लिए प्रशंसा करता हूँ कि उन्होंने मेरी इस पुस्तक पर अपनी राय लिखी है, लेकिन मुझे इस बात का आश्चर्य है कि ये महात्मा मुझ पर यह आरोप लगाते हैं कि मैंने बिना दिए भाषण को छपवा कर ख्याति अर्जित करने की कोशिश की है। ये महात्मा कुछ भी कहें लेकिन इस पुस्तक को छपवाने में मेरा उद्देश्य यह था कि हिन्दुओं को सोचने के लिए मजबूर किया जाए कि वे वस्तुस्थिति को समझें। मैं कभी नाम कमाने के पीछे नहीं दौड़ा हूँ, और यदि कहूँ तो मुझे यह ख्याति मेरी चाहत और जरूरत से ज्यादा मिली हुई है। लेकिन यदि यह माना भी जाए कि मैंने यह पुस्तक अपने लिए सस्ती लोकप्रियता हासिल करने के लिए प्रकाशित कराई है तो मैं यह पूछना चाहता हूँ कि मुझ पर इस आरोप को लगाने का अधिकार किसे प्राप्त है। यह तो सच है कि महात्मा जैसे लोग जो खुद इस गिरफ्त में आ सकते हैं मुझ पर यह आरोप नहीं लगा सकते।"[51]

ग. अस्पृश्यता, हिन्दू धर्म और गांधी जी

गांधी जी ने खुद को दलितों का नेता कहा है। वे इस क्षेत्र में यहाँ तक गए कि डॉ. अम्बेडकर के दलितों के नेता होने को चुनौती दे बैठे थे। पर क्या यह उन का सही दावा भी था? क्या वे सच में ही दलितों के शुभ-चिन्तक थे? लेकिन महत्वपूर्ण प्रश्न यह भी नहीं है कि गांधी जी दलितों के हितैषी थे या नहीं थे। इस मुद्दे को दो हिस्सों में बाँट कर देखना चाहिए। ये दो हिस्से हिन्दू धर्म और दलित समाज के हैं। प्रश्न को इस तरह रखा जाना चाहिए कि गांधी जी ने हिन्दू धर्म की रक्षा की है या उन्होंने दलित समाज की रक्षा की है। यह एक साधारण उत्तर है कि उन्होंने हिन्दू धर्म और दलित समाज दोनों की रक्षा की है। प्रश्न यह है कि यदि गांधी जी के पास हिन्दू धर्म और दलित समाज में से किसी एक की रक्षा करने का विकल्प या मजबूरी बने तो वे इन में से किसे चुनेंगे। यही प्रश्न डॉ. अम्बेडकर के सामने रखा जा सकता है कि यदि उन्हें इन दो में से केवल एक को चुनने की स्वतंत्रता दी जाए तो वे किस का चयन करेंगे।

सब से पहले यह जाना जाए कि गांधी जी के हिन्दू धर्म और दलित समाज पर अलग-अलग क्या विचार हैं। गांधी जी ने अपने हिन्दू होने के बारे में साफ लिखा है—"मैं वंशानुगत गुणों के प्रभाव पर विश्वास रखता हूँ और मेरा जन्म एक हिन्दू परिवार में हुआ है इसलिए मैं हिन्दू हूँ।"[52] अपने हिन्दू होने को समझाने के लिए उन्होंने एक उदाहरण दिया है। वे लिखते हैं—"जैसे अपनी पत्नी के बारे में अपनी भावना का वर्णन करना मेरे लिए कठिन है वैसे ही हिन्दू धर्म के बारे में भी। उस का मुझ पर जितना असर होता है, उतना संसार की और किसी स्त्री का नहीं हो सकता। ऐसा नहीं कि उस में दोष हैं ही नहीं। मैं तो कहूँगा, मुझे उस में जितने दोष दिखाई देते हैं, दरअसल उस से भी अधिक दोष उस में होंगे। लेकिन मुझे उस के साथ एक अटूट बन्धन का अनुभव होता है। मेरी यही भावना हिन्दू धर्म के बारे में भी है, भले ही उस में जो दोष हों, उस की जो सीमाएँ हों।"[53] इस प्रकार, गांधी जी के लिए हिन्दू धर्म दोषयुक्त होने पर भी त्याज्य नहीं है। वे उस से एक अटूट बन्धन के कारण हर हालत में बँधे हुए हैं। वे अपने हिन्दू धर्म से इतने अधिक बँधे हुए हैं कि यहाँ तक कहते हैं—"अगर मैं हिन्दू हूँ तो सारे हिन्दू समाज के द्वारा बहिष्कृत हो जाने पर भी मैं हिन्दू ही बना रहूँगा।"[54] यहाँ देखा जा सकता है कि गांधी जी अपने हिन्दू धर्म को किसी भी कारण छोड़ने वाले नहीं हैं। हिन्दू होने की उन की दृढ़ता तीन बातों में प्रकट होती है :

पहली, उनका जन्म हिन्दू परिवार में हुआ है;

दूसरी, हिन्दू धर्म के दोष भी उनके लिए दोष नहीं हैं और वे उन्हें अनदेखा कर जाएँगे;

तीसरी, हिन्दू होने के लिए वे समाज के बहिष्कार से भी नहीं डरते।

हिन्दू धर्म में गांधी जी की अटूट आस्था जान लेने के बाद अब देखा जाए कि उन का दलित समाज से कितना लगाव या प्रेम है। क्या यहाँ भी वे ऐसे ही एकनिष्ठ हैं? लेकिन पता चलता है कि दलित समाज पर अपने विचार प्रकट करते समय वे पहेलियाँ-सी बुझाने लगते हैं। वे दो-दो विरोधी बातें एक साथ कहने लगते हैं जिस से उनकी निष्ठा पर शक होने लगता है। वे एक जगह कहते हैं—"शूद्रों के वेदाध्ययन पर लगाए गए प्रतिबंध को खुद मैं स्वीकार नहीं कर सकता।"[55] लेकिन वे दूसरी जगह कहते हैं—" 'शूद्र को वेदाध्ययन करने का अधिकार नहीं'—यह वाक्य सर्वथा गलत नहीं है। शूद्र अर्थात् असंस्कारी, मूर्ख, अज्ञानी। ऐसे व्यक्ति वेदादि का अध्ययन कर के उन का अनर्थ करेंगे।"[56] गांधी जी वर्ण को जन्मना मान कर अपने इस तर्क को अधिक सुस्पष्ट भाषा में इस प्रकार रखते हैं—"मेरा वर्ण-भेद का मानना सृष्टि के नियमों का समर्थन करता है। हम अपने माता-पिता के कुछ गुण-दोष जन्म से ही विरासत में प्राप्त करते हैं। मनुष्य योनि में मनुष्य ही पैदा होते हैं, इसे जन्मानुसार वर्ण का ही सूचक समझिए। हम जन्मतः प्राप्त गुण-दोषों में थोड़ा-बहुत परिवर्तन कर सकते हैं; इस दृष्टि से कर्म को

भी स्थान है। एक ही जन्म में पूर्वजन्म में अर्जित संस्कारों को सर्वथा मिटा देना शक्य नहीं है। इस अनुभव को देखते हुए तो जो जन्म से ब्राह्मण है उसे ब्राह्मण मानने में ही सब प्रकार से लाभ है। विपरीत कर्म करने से ब्राह्मण इसी जन्म में शूद्र बन जाए और संसार उसे फिर भी ब्राह्मण मानता जाए तो इस से संसार की कोई हानि नहीं।''[57] यहाँ देखा जा सकता है कि गांधी जी के बाद के ये दो उद्धरण उन के पहले उद्धरण को पूरी तरह काट देते हैं।

खुद अस्पृश्यता के बारे में गांधी जी के विचार जाने जाएँ कि वे इस बारे में क्या कहते हैं। पता चलता है कि उन की दृष्टि इस मामले में भी डगमगाती है। वे इसे इतिहास में ठीक भी बताते हैं और कभी इसे गलत भी बताते हैं। एक बार उन्हें 'यह भी लगता है कि जब गो-रक्षा हिन्दुओं का धर्म बन गई तब गोमांस खाने वालों का समाज से बहिष्कार कर दिया गया। इसलिए निश्चय ही समाज में भारी संघर्ष हुआ होगा। यह सामाजिक बहिष्कार सिर्फ इस धार्मिक बन्धन को न मानने वालों पर ही नहीं लागू किया गया, बल्कि उन के पापों का फल उन की सन्तानों को भी दिया गया।'[58] यूँ, उन्होंने अस्पृश्यता के मूल कारण को बुरा नहीं माना है। उन्हें शिकायत केवल यह है कि 'जो रिवाज आरम्भ में शायद अच्छे उद्देश्यों से शुरू किया गया वह बाद में कठोर परिपाटी के रूप में बदल गया और हमारे धर्म ग्रन्थों में भी कुछ ऐसे श्लोक जोड़ दिए गए जिस से यह परिपाटी सर्वथा अनुचित और अन्यायपूर्ण ढंग से स्थायी बन गई।'[59] निश्चित रूप से गांधी जी अस्पृश्यता को प्राचीन मानते हैं। उन का कहना है कि 'अस्पृश्यता की प्राचीनता से कोई इन्कार नहीं करता; परन्तु यदि इसे दोष मानना है तो फिर प्राचीनता के नाम पर इस का समर्थन नहीं किया जा सकता।'[60] इस प्रकार, गांधी जी का यह प्रश्न बराबर चलता है कि 'एक समय हम लोगों ने कुछ मनुष्यों को तिरस्कृत माना था पर क्या इसलिए हम आज उन की सन्तानों को भी तिरस्कृत ही मानें?'[61] यहाँ तक अस्पृश्यता के बारे में यह तर्क चला है कि अस्पृश्यता गोमांस के कारण प्रचलन में आई थी, कि अस्पृश्यता एक प्राचीन रिवाज है, लेकिन अपने एक सार्वजनिक भाषण में गांधी जी ने बिल्कुल दूसरी बात कही है। उस में वे अस्पृश्यता को न ही ऐतिहारिक और न ही तर्क पूर्ण बता कर इसे कोरे अन्ध-विश्वास की श्रेणी में लाते हैं। वे कहते हैं—''अस्पृश्यता को सब से बड़ा अन्ध-विश्वास बताने में मैंने कभी कोई हिचक नहीं दिखाई।''[62] वे अपने एक अन्य भाषण में अस्पृश्यता को शास्त्र विरुद्ध सिद्ध करते हुए पूछते हैं—''मेरी समझ में नहीं आता कि जब शास्त्रों में पंचम वर्ण का कहीं भी उल्लेख नहीं है और 'गीता' में ब्राह्मण और भंगी को समान मानने की स्पष्ट आज्ञा है, तब भी हम हिन्दू धर्म के मस्तक पर लगे इस कलंक को कायम रखने की जिद क्यों पकड़े हुए हैं?''[63] फिर, उन्होंने इसे शास्त्र विरुद्ध ही सिद्ध नहीं किया बल्कि उन्होंने अस्पृश्यता को आत्मा की कसौटी पर भी कसा है और इसे बुरी पाया है। वे कहते हैं—''छुआछूत सम्बन्धी नियम आत्मा के विकास में बाधक सिद्ध किए जा चुके हैं और ऐसा ही फिर

सिद्ध किया जा सकता है। ये नियम हिन्दू धर्म की उदात्त भावनाओं के पूर्णतः विपरीत हैं।''[64] इस प्रकार, यहाँ तरह-तरह से देखा जा सका है कि अस्पृश्यता के विरोध में गांधी जी की तीव्रता ऐसी नहीं है जैसी हिन्दू धर्म के बचाव में रही है।

इधर, डॉ. अम्बेडकर की पुस्तक 'एन्निहिलेशन ऑफ कास्ट' के विरोध में उन्होंने लिखा था—''मेरी राय में डॉ. अम्बेडकर ने सब से बड़ी जो गलती की वह यह है कि उन्होंने ऐसे उद्धरण चुने हैं जिन की प्रामाणिकता और महत्ता संदिग्ध है और ऐसे पतनोन्मुख हिन्दुओं का उदाहरण दिया है जो हिन्दू धर्म का अत्यन्त गलत रूप में प्रतिनिधित्व करते हैं।''[65] लेकिन गांधी जी हिन्दू धर्म ग्रन्थों के बारे में स्वयं क्या सोचते हैं जबकि डॉ. अम्बेडकर ने अपनी पुस्तक में मनु, महाभारत और बृहस्पति के उद्धरण दिए थे? इस से पहले गांधी जी ने लिखा था कि 'मैं अपने को सनातनी हिन्दू इसलिए कहता हूँ कि :

> 1. मैं वेदों, उपनिषदों, पुराणों और हिन्दू-धर्म ग्रन्थों के नाम से प्रचलित सारे साहित्य में विश्वास रखता हूँ और इसलिए अवतारों और पुनर्जन्म में भी।'[66]

अपने इसी लेख में आगे वे यह अजीब-सी बात भी लिखते हैं कि 'हिन्दू धर्म की दो ही पुस्तकें हैं जिन्हें जानने का दावा मैं कर सकता हूँ। वे हैं—'गीता' और तुलसीकृत 'रामायण'।'[67] इस से भी विचित्र बात वे दूसरी जगह अपने एक भाषण में कहते हैं—''उन दिनों मेरा विश्वास था कि अस्पृश्यता हिन्दू धर्म का अंग नहीं है और यदि वह उस का अंग है तो ऐसा हिन्दू धर्म मेरे काम का नहीं।''[68] लेकिन इसी भाषण में अपनी पहली मान्यता का खण्डन करते हुए वे कहते हैं—''यह सच है कि हिन्दू धर्म में अस्पृश्यता पाप नहीं समझी जाती। मैं शास्त्रों की व्याख्या के सम्बन्ध में किसी वाद-विवाद में नहीं पड़ना चाहता। 'भागवत' या 'मनुस्मृति' से प्रमाण प्रस्तुत कर के अपनी बात को सिद्ध करना शायद मेरे लिए कठिन भी हो। लेकिन मैं हिन्दू धर्म के तत्व को समझ चुकने का दावा करता हूँ। अस्पृश्यता की अनुमति दे कर हिन्दू धर्म ने पाप किया है। इस से हमारा पतन हुआ है।''[69] अस्पृश्यता सम्बन्धी गांधी जी के चिन्तन में यही दुविधा है कि वे 'भागवत' और 'मनुस्मृति' को हिन्दू धर्म ग्रन्थ सिद्ध कर के भी उन ग्रन्थों से डरते हैं। अपनी इसी कमजोरी के बल पर वे धर्माचार्यों और शास्त्रज्ञों का खंडन करने की ठानते हैं। आदि शंकराचार्य के द्वारा किसी चाण्डाल को दूर रहने को कहने की बात को अप्रस्तुत मान कर[70] और यह मान कर कि वहाँ 'चाण्डाल शब्द का किस अर्थ में व्यवहार हुआ है उस के बारे में तो हमें और भी कम मालूम है'[71], गांधी जी नए धर्माचार्यों का विरोध कर बैठते हैं। वे लिखते हैं—''वर्तमान शंकराचार्यों और शास्त्रियों के हिन्दू-धर्म ग्रन्थों की सही व्याख्या देने के किसी भी दावे को (अगर ऐसा दावा किया जाता है तो) मैं जोरदार शब्दों में अस्वीकार करता हूँ।''[72]

गांधी जी की अस्पृश्यता को मिटाने में जिद्दोजहद कितनी कम थी, इस बात का पता उन के और तत्कालीन हिन्दू स्वामी करपात्री जी के बीच हुए पत्र-व्यवहार से चल सकता है। यह पहल गांधी जी की थी कि वे स्वामी करपात्री जी से बात करनी चाहते हैं। गाँधी जी ने स्वामी करपात्री को 19 जून, 1947 को नई दिल्ली से एक संक्षिप्त पत्र लिखा था। इस में उन्होंने लिखा था–"स्वामी भाष्करानन्द जी ने आप के बारे में मुझ से बातें की हैं। धर्म रक्षा के बारे में अगर आप आगामी मंगल या बुध को यहाँ पधार सकते हैं तो हम वार्तालाप कर सकते हैं।"[73] इसके उत्तर में स्वामी करपात्री जी ने उन से मिलने के बजाय पहले उन्हें एक पत्र लिखा था। इस पत्र में स्वामी करपात्री जी ने 'मन्दिर प्रवेश' को सामाजिक के बजाय धार्मिक वस्तु माना था। उन्होंने यह भी लिखा था कि वे 'आत्म-प्रेरणा आदि को धर्म में कोई प्रमाण नहीं मानते'[74] जिस की गांधी जी बात किया करते थे। गांधी जी ने 24 जुलाई, 1947 को इस के उत्तर में स्वामी करपात्री को लिखा था–"मुझे कहना पड़ता है कि सनातन धर्म की प्रचलित मान्यता से मैं सहमत नहीं हूँ।"[75] उन्होंने इस पत्र में यह भी लिखा था–"सनातन धर्म में अस्पृश्यता को कुछ भी स्थान नहीं है। अगर वह रही तो मैं धर्म का नाश देखता हूँ।"[76] इस के उत्तर में स्वामी करपात्री जी ने दिनांक 25 जुलाई, 1947 को गांधी जी को पत्र द्वारा लिखा था–"अनादि वेदशास्त्र सम्मत वर्ण व्यवस्था, विवाह संस्था, मन्दिर मर्यादा और स्पर्शास्पर्श विवेक को कलंक कह कर कानून से नष्ट करना आवश्यक समझना...कितने आश्चर्य की बात है?"[77] स्वामी करपात्री जी ने इस पत्र में एक बहुत साफ बात यह कही थी कि 'पूर्वोक्त सिद्धान्तानुसार आप यह सब न मानें, तो भी जो मानें, उन्हें अपने विश्वासानुसार स्वतंत्रता होनी चाहिए।'[78] लेकिन गांधी जी ने स्वामी जी के इस पत्र का कोई उत्तर नहीं दिया था। जब उन्हें स्वामी करपात्री जी की तरफ से चन्द्र शेखर शास्त्री के द्वारा पुनः याद दिलाया गया[79] तो गांधी जी ने 29 जुलाई, 1947 को यह लिख कर जवाब दिया था–"श्री गोस्वामी जी महाराज, आप के अगले खत का जवाब नहीं दिया क्योंकि उस में बोध ही था। मुझे ज्यादा कहने जैसा न था।"[80]

यहाँ प्रश्न उठता है कि गांधी जी और हिन्दू स्वामी करपात्री जी के बीच गांधी जी द्वारा शुरू कर के खुद उन्हीं के द्वारा रोके गए इस पत्र-व्यवहार का निचोड़ क्या है। इस में देखा जा सकता है कि गांधी जी ने करपात्री जी को समझाना छोड़ दिया है। उधर, स्वामी करपात्री जी गांधी जी की 'आत्म-प्रेरणा' को मानते नहीं हैं और गांधी जी के पास स्वामी जी को समझाने का अन्य कोई दूसरा उपाय नहीं है–ऐसी स्थिति में क्या किया जा सकता है? गांधी जी के द्वारा इस पत्र-व्यवहार को रोकने का यही अर्थ निकलता है कि उन्होंने धर्म-सम्बन्धी अपनी शास्त्र सम्मत व्याख्या कर के स्वामी करपात्री जी को अस्पृश्यता का व्यवहार करने के लिए स्वतंत्र छोड़ दिया है।

गांधीवाद और सनातन धर्म के बीच यह वार्तालाप सन् 1954 में एक बार फिर शुरू हुआ था। तब गांधी जी जीवित नहीं थे लेकिन उन के शिष्य श्री वियोगी हरि जी

थे। वियोगी हरि ने 14 अप्रैल, 1954 को यह वार्तालाप पुनः शुरू कर के स्वामी करपात्री जी को लिखा था–"अस्पृश्यता-निवारण का प्रश्न भी उस सम्मान को मेरे हृदय से दूर नहीं कर पाया जो आप के तपोमय आध्यात्मिक जीवन के प्रति बना हुआ है। मैं जानता हूँ कि मुझ से कहीं अधिक ही आप के करुणा विगलित हृदय में हरिजनों के प्रति प्रेम होगा।"[81] इस आदर सूचक सम्बोधन के बाद वियोगी हरि ने करपात्री जी को मनाने के लिए लिखा था–"मैं इस आशा का त्याग कैसे कर दूँ कि एक दिन आप स्वयं ही पूर्वकाल के सन्त पुरुषों की भाँति हरिजनों को अपने हृदय से लगा कर और उन का हाथ पकड़ कर विश्वनाथ मन्दिर में ले जाएँगे?...आप घोषणा कर दीजिए कि आगामी प्रदोष के दिन आप हरिजनों को स्वयं अपने साथ ले जा कर भगवान शिव का दर्शन और पूजन कराएँगे।"[82] यहाँ समझा जा सकता है कि यह वियोगी हरि की स्वामी करपात्री से की गई हृदय को हिला देने वाली एक बड़ी प्रार्थना थी। लेकिन करपात्री जी ने 23 अप्रैल, 1954 को वियोगी हरि को जो उत्तर भेजा था वह इस प्रकार था–"श्री विश्वनाथ मन्दिर आदि जैसे कुछ मन्दिर ही बचे हैं। यदि ऐसे कुछ मन्दिर शास्त्र विश्वासी सनातन धर्मियों के लिए छोड़ दिए जाएँ तो इसे से हरिजनों की भक्ति में कोई कमी नहीं आती।"[83] इस प्रकार, हिन्दू स्वामी करपात्री जी ने गांधी जी की या उन के शिष्यों में से किसी की बात मान कर नहीं दी थी। यहाँ यह भी ज्ञातव्य है कि सन् 1947 में पत्र-व्यवहार के समय करपात्री जी की आयु कुल 40 वर्ष की और गांधी जी की आयु उन की आयु से दुगनी अर्थात 78 वर्ष की रही थी।

हिन्दू धर्म के धर्माचार्यों और शास्त्रज्ञों की ऐसी पक्की मान्यता होने पर भी गांधी जी ने डॉ. अम्बेडकर के बारे में लिखा था कि 'हिन्दू धर्म को मानने का दावा करने वाले एक वर्ग के व्यवहार के कारण वह (डॉ. अम्बेडकर) हिन्दू धर्म से ही निराश हो गए हैं।'[84] खुद गांधी जी की बात धर्माचार्यों के सामने चल नहीं रही है और वे अत्याचार को व्यवहार कह कर डॉ. अम्बेडकर को हिन्दू धर्म में रोके रखना चाहते हैं। वे स्वयं शास्त्रों की अस्पृश्यता विरोधी व्याख्या करने का आधार नहीं ढूँढ़ पाए और अस्पृश्यता के सताए हुए लोगों के प्रतिनिधि को उलझाए रखना चाहते हैं। उन के पास सनातन धर्म के धर्माचार्यों और अनुयायियों को अस्पृश्यता के विरोध में लाने का कोई उपाय नहीं है। वे केवल अपनी बात कह कर रह जाते हैं। वे अपने पत्र 'यंग इण्डिया' में लिखते हैं–"मैं अस्पृश्यता को मानने के लिए अपने मन को कभी भी तैयार नहीं कर पाया हूँ।"[85] लेकिन यहाँ प्रश्न यह नहीं था कि गांधी जी ने अस्पृश्यता को मानने का मन कभी नहीं बनाया बल्कि प्रश्न यह था कि हिन्दू धर्म में अस्पृश्यता के चलते क्या उन्होंने कभी हिन्दू धर्म को छोड़ने का मन बनाया था। गांधी जी ऐसा कभी नहीं कर पाए लेकिन डॉ. अम्बेडकर ने यही दूसरा काम किया था। डॉ. अम्बेडकर ने हिन्दू धर्म को त्याग कर सन् 1956 में बौद्ध धर्म को ग्रहण किया था। लेकिन इस बारे में गांधी जी ने सन 1927 में ही लिख दिया था कि 'मैं जैन और बौद्ध धर्मों को हिन्दू धर्म से अलग नहीं मानता।'[86]

डॉ. अम्बेडकर ने 14 अक्टूबर, 1956 के दिन बौद्ध धर्म ग्रहण करते समय 22 प्रतिज्ञाओं में से 5वीं प्रतिज्ञा यह जरूर की थी कि 'मैं भगवान बुद्ध विष्णु का अवतार हैं, इसे कभी नहीं मानूँगा। मैं ऐसे प्रचार को पागलपन और झूठा प्रचार मानूँगा।'[87] लेकिन पुराने इतिहास को देखते हुए उन की यह प्रतिज्ञा बहुत हल्की पड़ती है। लगता ऐसा है कि डॉ. अम्बेडकर अपने समय के गांधी के रूप में बुद्ध से तो जुझारू हो कर लड़ रहे थे लेकिन ढाई हजार वर्ष पहले बुद्ध के रूप में जन्मे पुराने गांधी के शिष्य बन गए थे। दलितों की समस्या को देखते हुए गांधी और बुद्ध में इतना ही फर्क है कि गांधी वैश्य वर्ण में जन्मे थे और बुद्ध क्षत्रिय वर्ण में जन्मे थे। वैसे गांधी जी ने डॉ. अम्बेडकर की पुस्तक 'एन्निहिलेशन आफ कास्ट' में डॉ. अम्बेडकर द्वारा व्यक्त किए गए धार्मिक मानदण्डों को बहुत अच्छी तरह समझा था। गांधी जी ने डॉ. अम्बेडकर द्वारा तैयार किए गए मानदण्डों को चुनौती नहीं दी थी लेकिन उन्होंने धर्मों को चुनौती अवश्य दी थी जब उन्होंने लिखा था—"डॉ. अम्बेडकर ने जो मानदण्ड रखा है उस के हिसाब से तो सम्भवतः आजकल का कोई भी जीवित धर्म खरा नहीं उतरेगा।"[88] यह आश्चर्य ही कहा जाएगा कि स्वयं डॉ. अम्बेडकर को धर्म के अपने महान मानदण्डों पर बीस वर्ष बाद बौद्ध धर्म खरा उतरा हुआ दीख सका जिस के बारे में गांधी जी कहते हैं कि वह हिन्दू धर्म ही है।

गांधी जी के अस्पृश्यता को ले कर जाति, वर्ण, हिन्दुइज्म, पेशे, सेवा, दासता आदि पर जो विचार थे वे भी देखे जा सकते हैं। वह कोई चिन्तन न हो कर हिन्दू धर्म को बचाने की रिडल और चतुराई है। वह विचारों का ईमानदार विकास नहीं बल्कि अराजकता और बंधुआपन है। उन का विचार है—"हमें ध्यान रखना चाहिए कि अस्पृश्यता हटाने का काम बहुत कठिन है। हमारा काम बहुत बड़ा है। मुझे इस बात में तनिक भी सन्देह नहीं है कि ईश्वर या तो अस्पृश्यता हटाएगा या हिन्दुइज्म।"[89] 'यदि अस्पृश्यता को जड़ से समाप्त करना है तो जातियों को नष्ट होना ही पड़ेगा।'[90] 'हिन्दूवाद वर्णाश्रम धर्म का दूसरा और अपूर्ण नाम है।'[91] 'चारों वर्ण बहुत सारी जातियों और उपजातियों में बँटे हैं। लेकिन पहले तीन वर्णों में लोगों को अपना वर्ण बताने में शर्म का अनुभव नहीं होता। जो चौथे वर्ण में अर्थात शूद्र हैं वे अपनी उपजाति ही बताते हैं वर्ण नहीं। वे अपने वर्ण को शोषण का प्रतीक मानते हैं।'[92] 'वर्ण का सम्बन्ध जन्म से तो है। यह सम्बन्ध आवश्यक तो नहीं लेकिन गहरा अवश्य है। वर्णाश्रम धर्म के पालन का अर्थ है कि पूर्वजों द्वारा बताए गए सभी आनुवांशिक और पारम्परिक नियमों को कर्तव्य समझ कर पालन।'[93] वे आगे लिखते हैं—"शूद्र शारीरिक श्रम अपना कर्तव्य समझ कर अवश्य ही करेगा।"[94] उन का विचार है—"वर्ण का निश्चय जन्म से होता है। लेकिन उसी वर्ण में बने रहने के लिए उस के कर्तव्यों का पालन आवश्यक है। ब्राह्मण माता-पिता से उत्पन्न सन्तान ब्राह्मण कही जाएगी। लेकिन यदि वय प्राप्त होने पर वह ब्राह्मण वर्ण के अनुरूप आचरण न करे तो वह ब्राह्मण नहीं कहलाएगा। वह ब्राह्मणत्व

से नीचे गिर जाएगा। दूसरी तरफ ऐसा व्यक्ति है जो जन्म से ब्राह्मण नहीं है लेकिन अपने व्यवहार से अपने आप को ब्राह्मण सिद्ध करता है तो उसे ब्राह्मण माना जाएगा। हालांकि वह खुद ही यह सिद्ध नहीं करना चाहेगा।''[95] 'वैवाहिक और सामाजिक सम्बन्धों का वर्णाश्रम व्यवस्था से कोई सम्बन्ध नहीं है। यह बिल्कुल ही अलग बात है।'[96] वे कहते हैं–''वर्णों के नियम का अर्थ है कि प्रत्येक व्यक्ति को धर्म समझ कर कर्तव्य का पालन करना चाहिए। यही पूर्वजों द्वारा बताया गया है।'' वे जारी रखते हैं–''शूद्र शारीरिक मेहनत, सेवा और कर्तव्य समझ कर करता है, उस के पास अपना कहने को कुछ भी नहीं है, स्वामित्व की उस की कोई चाह भी नहीं है। वरीयता के अनुसार संसार को सब से पहले उस का सम्मान करना चाहिए। वह सब का स्वामी है क्योंकि वह बड़ा सेवक है। कर्तव्य परायण शूद्र निश्चय ही किसी भी अधिकार को छोड़ देगा लेकिन ईश्वर उस पर सब से अधिक कृपा करेगा।''[97]

गांधी जी के इन अराजक और बंधुआ विचारों को पढ़ कर पूछा जा सकता है कि वे किस को बहकाना चाह रहे हैं। क्या डॉ. अम्बेडकर उन के सामने कोई बालक थे जो खिलौनों से और चन्दामामा की कहानियों से बहल जाते? किसी भी जागरूक दलित की दृष्टि से गांधी जी के ये सारे विचार कूड़ें में फेंकने लायक हैं। कहा जाता है कि वर्ण-व्यवस्था के बारे में गांधी जी के विचार बाद में बदल गए थे। लेकिन उन के विचारों के बदलने और न बदलने से क्या होता है? क्या दलितों ने इस बात का ठेका ले रखा है कि वे किसी एक हिन्दू के विचार बदलने के लिए उस के बुढ़ापे तक अपेक्षा रखेंगे? दलितों की दृष्टि में अस्पृश्यता के बारे में हिन्दू का विचार नहीं बदला करता है बल्कि वह उस के झूठ बोलने की कला होती है। वह विश्वास दे कर छलना चाहता है या वह उस का संकट काल और आपद्धर्म चल रहा होता है। जहाँ तक गांधी जी के डॉ. अम्बेडकर के बारे में विचार हैं तो वे खूबसूरत और रिडल भरे शब्दों में उन के मिशन को नष्ट करना चाहते हैं। वे कह रहे हैं–''डॉ. अम्बेडकर उग्र और निर्भय व्यक्ति हैं। वह धर्म पर किसी छड़ी से प्रहार नहीं करना चाहते हैं। वे हिन्दुत्व को समाप्त कर देना चाहते हैं। यह उन की अपनी इच्छा है वे ऐसा कर सकते हैं। यदि हरिजन ऐसा करना चाहे तो कर दें। हरिजनों को ही हिन्दुत्व को समाप्त करना होगा। मैं चाहता हूँ कि हरिजन डॉ. अम्बेडकर की तरह ही योग्य और सच्चे बनें लेकिन उन का तरीका भिन्न हो।''[98] यह गांधी जी की दलितों को बिल्कुल वैसी ही सलाह है जैसी सलाह विन्स्टन चर्चिल हिन्दुओं को देते कि गांधी जी एक बहुत महान व्यक्ति हैं लेकिन आजादी के मामले में उन की बात और उन के नेतृत्व को मत मानो।

यहाँ देखा जा सकता है कि गांधी जी की प्राथमिकता में हिन्दू धर्म को बचाने या अस्पृश्यता को समाप्त करने का अन्तर है। उन की प्राथमिकता हिन्दू धर्म को बचाने की रही थी, अस्पृश्यता को मिटाने की नहीं। यदि उन का हिन्दू धर्म अस्पृश्यता के चलन के साथ बचा रहता तो उन्हें इस से कोई आपत्ति नहीं थी। डॉ. अम्बेडकर की वजह से

अस्पृश्यता को उन्होंने अपराध नहीं माना बल्कि अन्ध-विश्वास माना है। यहाँ अतिरिक्त बताया जा सकता है कि दुर्भाग्य से, गांधी जी के इस मत को कि अस्पृश्यता अन्ध-विश्वास है, सुप्रीम कोर्ट ने भी अपने निर्णय में सच माना है। सुप्रीम कोर्ट को अपने निर्णय में संविधान और संविधान से निकले कानूनों से बाहर नहीं जाना चाहिए। संविधान के अनुच्छेद-17 में अस्पृश्यता को दण्डनीय अपराध घोषित किया गया है। 'सिविल अधिकार संरक्षण अधिनियम, 1955' ने संविधान के इस अनुच्छेद 17 को वास्तविकता प्रदान की है। उस में अस्पृश्यता के आचरण का दोष सिद्ध हो जाने पर दण्डादेश में कारावास और जुर्माने का प्रावधान है। लेकिन सुप्रीम कोर्ट ने **शास्त्री यग्न पुरूपदास जी और अन्य बनाम मूलदास भंडारदास वैश्य और एक अन्य के मामले** में मुख्य न्यायमूर्ति गजेन्द्रगडकर के माध्यम से यह अभिनिर्धारित किया है कि 'अस्पृश्यता अन्ध-विश्वास, अज्ञानता और हिन्दू धर्म के सही उपदेशों को गलत समझने पर आधारित है।''[102] संविधान के अनुच्छेद 17 और 'सिविल अधिकार संरक्षण अधिनियम, 1955' के पहले उच्चतम न्यायालय अस्पृश्यता की कुछ भी व्याख्या कर सकता था लेकिन अब उसे इस की कोई भी उपदेशात्मक व्याख्या करने की स्वतंत्रता प्राप्त नहीं है। संविधान के लिए अस्पृश्यता, अन्ध-विश्वास, अज्ञानता और हिन्दू धर्म के सही उपदेशों को गलत समझना नहीं है बल्कि यह अपराध है। अस्पृश्यता के अपराध को अन्ध-विश्वास और अज्ञानता कहने में अपराध का बचाव है जो कम-से-कम न्यायालय को नहीं करना चाहिए। न्यायालय को संविधान से और विधि की भाषा से बाहर जा कर कुछ नहीं लिखना चाहिए।

अम्बेडकर और गांधी की इस बहस में यह बात नहीं भूली जा सकती कि डॉ. अम्बेडकर स्वयं दार्शनिक थे। उन्हें अपने मिशन की गहरी समझ थी। वे इस मिशन के जन्मदाताओं में से थे। दार्शनिक की विशेषता यह होती है कि वह किसी भ्रम में नहीं जी सकता। वह किसी रिडल, हिफोक्रेसी या कथनी और करनी के अन्तर से पार देखने की शक्ति रखता है। नेता के रूप में वह किसी राजनेता का अनुयायी नहीं बन सकता। बूढ़े गांधी ने यह सोचा था कि नेहरू, पटेल, राजेन्द्र और अन्य लोगों की तरह डॉ. अम्बेडकर भी उन के शिष्य और अनुयायी बन जाएँ। लेकिन डॉ. अम्बेडकर दलितों की मुक्ति की लड़ाई लड़ रहे थे इसलिए उन्होंने हिन्दुओं की लड़ाई में वहीं तक भाग लिया जहाँ तक उस से दलितों का हित जुड़ा था। दलित हित को छोड़ कर उन्होंने केवल द्विजों की लड़ाई में उन का साथ नहीं दिया। उधर, चतुराई यह थी कि द्विजों ने अपनी लड़ाई के बारे में यह प्रचारित कर रखा था कि वह भारत राष्ट्र और भारतीय समाज की लड़ाई है। इसी चतुराई में उन्होंने यह प्रचार कर दिया कि अन्य लोग देशद्रोही हैं। उसी क्रम में अरुण शौरी जैसे हिन्दू लेखकों द्वारा आज यह अपेक्षा रखी जा रही है कि दलित लोग अम्बेडकर के विरोध में गांधी जी की पूजा करें। यह दलित मिशन पर जबर्दस्ती करने की बात है कि उन के द्वारा दलितों पर अपने महात्मा और देवता थोंपे जा रहे हैं। द्विजों

की इस कोशिश से यही पता चलता है कि शायद पहले वे ऐसे कामों में सफल होते रहे हैं। लेकिन डॉ. अम्बेडकर की लड़ाई गांधी जी से नहीं थी। गांधी जी बीच में आ कर उन से व्यर्थ में लड़ते थे। वास्तव में, डॉ. अम्बेडकर की लड़ाई उन कट्टरपंथी शक्तियों से थी जिन्होंने गांधी जी को भी गोलियों से भूना था। गांधी जी डॉ. अम्बेडकर से कहते थे कि मुझ पर भरोसा रखो। डॉ. अम्बेडकर का यही कहना था कि गांधी खुद अपने धर्मावलम्बियों के भी सच्चे प्रतिनिधि नहीं थे। गांधी कट्टरपंथ के सामने स्वयं धोखे में रहे और वे डॉ. अम्बेडकर को भी इस धोखे की चपेट में रखना चाहते थे। लेकिन डॉ. अम्बेडकर गांधी जी के इस अज्ञान में नहीं फँसे। उन्होंने कट्टरपंथ से अपनी सीधी लड़ाई जारी रखी, यह दूसरी बात है कि इस लड़ाई में उन्हें गांधी जी के उदारवाद से ज्यादा लड़ना पड़ा। यही कट्टरपंथ की युद्ध नीति होती है कि जब भी भेजेगा वह युद्ध में अपनी ओर से दलित के सामने अपने उदारवाद को भेजेगा। यूँ, द्विजों का उदारवाद उन के कट्टरपंथ का शिकार हो जाता है।

सही दृष्टि यह है कि स्वाधीनता संग्राम में नेताओं की अपनी अलग-अलग शैलियाँ थीं। कोई एक नेता अपनी शैली को दूसरों पर थोंप नहीं सकता था। इस में दूसरे नेता की शैली को देशद्रोह भी नहीं कहा जा सकता था। यदि ऐसा नहीं है तो भगत सिंह और सुभाष चन्द्र बोस का साथ न देने में महात्मा गांधी को देशद्रोही करार दिया जा सकता है। इसीलिए कहा जा रहा है कि स्वाधीनता संग्राम में डॉ. अम्बेडकर की भी अपनी शैली और अपना मिशन था। इस में सभी को सम्मान की दृष्टि से देखा जाना चाहिए। इस दृष्टि से दलित लोग गांधी को कभी देशद्रोही नहीं कहते हैं। गांधी से उन का मतभेद दलित प्रश्न को ले कर है जो आज तक अनसुलझा है। यह संयोग था कि यह प्रश्न स्वाधीनता संग्राम के दौरान अम्बेडकर और गांधी के बीच उभरा था जिस के फलस्वरूप राष्ट्र को स्वतंत्रता 50 वर्ष पहले मिल गई थी लेकिन अस्पृश्यता आज तक नहीं मिट सकी है।

सब से अन्त में, इस बहस में मुश्किल यह है कि दलित ऐसा नहीं कर सकते कि वे द्विजों के अच्छे और बुरे भाग कर लें। वे ऐसा विभाजन कर के द्विजों के तर्क के उलझाव में आ जाते हैं। जब दलित हिन्दू धर्म का विरोध करते हैं तो वे सनातन धर्म का विरोध करने में स्वामी दयानन्द की प्रशंसा नहीं कर सकते। वे तिलक के मुकाबले में गांधी को अच्छा नहीं कह सकते। दलित जानते हैं कि स्वामी दयानन्द की प्रशंसा में उन्हें सनातन धर्म की तथा गांधी की प्रशंसा में उन्हें पण्डित मदन मोहन मालवीय की प्रशंसा करनी पड़ जाएगी। दलित तर्क को पता है कि सनतान धर्म से स्वामी दयानन्द की लड़ाई ऊपरी है और भीतर से वे एक हैं। ऐसे ही, गांधी जी और स्वामी करपात्री दलितों के लिए आपस में दोनों चुम्बक की तरह जुड़े हुए हैं। असल में, सारे हिन्दू अपने सिविल कानून में गहरे गुंथे हुए हैं। इस आधार पर इन के विवाह नहीं टूटते कि एक आर्य समाजी है और दूसरा सनातनी तथा एक गांधीवादी है और दूसरा तिलकवादी।

इसलिए दलितों का तर्क सम्पूर्ण हिन्दू धर्म को त्यागने का है, इस के इस या उस भाग की प्रशंसा या विरोध का नहीं। वैसे, दलित जन गांधी जी की प्रशंसा इस नाते सौ बार करेंगे कि उन्होंने राष्ट्र की स्वतंत्रता का युद्ध लड़ा। उन का अपने व्यक्तिगत जीवन में खान-पान और ओढ़ने-पहनने का अपना ढंग था—इस से किसी दलित को क्या आपत्ति हो सकती है? इसलिए गांधी के एक इन्सान होने के नाते उन की सौ प्रशंसाएँ की जा सकती हैं लेकिन दलितों की तरफ से उन के हिन्दू होने की हजार बुराइयाँ अवश्य की जाएँगी। जब डॉ. अम्बेडकर के रूप में दलित लोग पूरे हिन्दू धर्म को छोड़ रहे हैं तो वे हिन्दू गांधी की प्रशंसा और पूजा करने में अपना समय नष्ट नहीं कर सकते। तब तुलना में वे केवल डॉ. अम्बेडकर का यशोगान करेंगे। उन्हें इन्सान गांधी पसन्द हो सकता है लेकिन वे हिन्दू गांधी की प्रशंसा कभी नहीं कर सकते। इसलिए, द्विज लेखकों, पत्रकारों और चिन्तकों की उन से ऐसी अपेक्षा रखना व्यर्थ है। दुर्भाग्य से, डॉ. अम्बेडकर के सामने गांधी जी जब भी पेश हुए वे एक 'हिन्दू गांधी' के रूप में पेश हुए थे।

सन्दर्भ

1. अम्बेडकर ने संविधान की एक लाइन नहीं लिखी, अरुण शौरी, अमर उजाला, मेरठ, दिनांक 16 नवम्बर, 1996
2. अम्बेडकर ने तो नफरत बोई थी, अरुण शौरी, दैनिक जागरण, नई दिल्ली, दिनांक 10 दिसम्बर, 1995
3. अम्बेडकर की नजर में अंग्रेज और अछूत, अरुण शौरी, दैनिक जागरण, नई दिल्ली, दिनांक 5 जनवरी, 1995
4. बिना जांच-पड़ताल किए पूजा, अरुण शौरी, दैनिक जागरण, नई दिल्ली, दिनांक 22 दिसम्बर, 1995
5. अंग्रेजों ने सन् 42 के आन्दोलन व हड़तालों की तीव्रता को छिपाने के लिए क्या-क्या स्कैन्डल नहीं किए, अरुण शौरी, दैनिक जागरण, नई दिल्ली, दिनांक 29 दिसम्बर, 1995
6. धौंस-डपट तर्क और हमला सबूत है, अरुण शौरी, दैनिक जागरण, नई दिल्ली, दिनांक 8 मार्च, 1996
7. इण्डिया टुडे, तेवर, लिविंग मीडिया इण्डिया लि., एफ—14/15, कनाट प्लेस, नई दिल्ली-110 001, दिनांक 15 दिसम्बर, 1992
8. अम्बेडकर और संविधान निर्माण, भानुप्रताप शुक्ल, नवभारत टाइम्स, नई दिल्ली, दिनांक 14 अप्रैल, 1995
9. वही
10. बिना जांच-पड़ताल किए पूजा, अरुण शौरी, दैनिक जागरण, नई दिल्ली, दिनांक 22 दिसम्बर, 1995
11. 'दोषपूर्ण जांच और लेखन चतुराई', शिव प्रसाद धुसिया, दैनिक प्रभात, मेरठ, दिनांक 5 जनवरी, 1996
12. 'देशभक्त डॉ. अम्बेडकर व एम. एन. राय', शिव प्रसाद धुसिया, दैनिक जागरण, मेरठ, दिनांक 24 नवम्बर, 1994

13. दैनिक जागरण, नई दिल्ली, दिनांक 10 दिसम्बर, 1995
14. वही
15. समय चेतना, दिल्ली, मार्च, 1996, पृ.-54
16. वही, पृ.-56
17. सवर्ण स्वार्थ थे 'भारत छोड़ो के पीछे', कंवल भारती, नवभारत टाइम्स, नई दिल्ली, दिनांक 2 सितम्बर, 1992
18. पूर्वाग्रह से ग्रस्त हैं शौरी, शिव प्रसाद धुसिया, अमर उजाला, मेरठ, दिनांक 27 सितम्बर, 1996
19. अंग्रेजों को हरिजन आन्दोलन से भय क्यों था?, देवेन्द्र स्वरूप, नवभारत टाइम्स, नई दिल्ली, दिनांक 12 अक्टूबर, 1995
20. आम्बेडकर-भक्ति बनाम गांधी-विरोध, देवेन्द्र स्वरूप, नवभारत टाइम्स, नई दिल्ली, दिनांक 17 अगस्त, 1995
21. गांधी, अम्बेडकर और साम्राज्य, देवेन्द्र स्वरूप, नवभारत टाइम्स, नई दिल्ली, दिनांक 3 अगस्त, 1995
22. अम्बेडकर का पत्राचार कहाँ है?, देवेन्द्र स्वरूप, नवभारत टाइम्स, नई दिल्ली, दिनांक 10 अगस्त, 1995
23. तीसरे दशक का दलित यथार्थ, देवेन्द्र स्वरूप, नवभारत टाइम्स, नई दिल्ली, दिनांक 15 जून, 1995
24. दलित शब्द का भ्रम जाल, देवेन्द्र स्वरूप, नवभारत टाइम्स, नई दिल्ली, दिनांक 31 अगस्त, 1995
25. दलित आन्दोलन का भटकाव, देवेन्द्र स्वरूप, नवभारत टाइम्स, दिनांक 8 जून, 1992
26. इतिहास का एक निर्णायक अगर, देवेन्द्र स्वरूप, नवभारत टाइम्स, नई दिल्ली, दिनांक 24 अगस्त, 1995
27. The Indian Express, New Delhi, 10 March, 1994
28. वही
29. गांधी की इज्जत, नवभारत टाइम्स, सम्पादकीय, नई दिल्ली, दिनांक 17 मार्च, 1994
30. क्या गांधी दलितों के विरोधी थे?, बरेन राय, नवभारत टाइम्स, नई दिल्ली, दिनांक 10 जनवरी, 1995
31. गांधी को किसी वकील की जरूरत नहीं है, उदयन शर्मा, अमर उजाला, मेरठ, दिनांक 15 मई, 1995
32. अम्बेडकर के सहारे महात्मा गांधी पर हमला, अच्युतानन्द मिश्र, नवभारत टाइम्स, नई दिल्ली, दिनांक 30 सितम्बर, 1994
33. क्या गांधी दलितों से बचाव के लिए हैं?, राज किशोर, नवभारत टाइम्स, नई दिल्ली, दिनांक 21 अक्टूबर, 1994
34. देवताओं के नाम पर, राज किशोर, नवभारत टाइम्स, नई दिल्ली, दिनांक 8 अप्रैल, 1994
35. जातीय विद्वेष का विष, नरेन्द्र मोहन, दैनिक जागरण, नई दिल्ली, दिनांक 5 अप्रैल, 1994
36. अम्बेडकर को गांधी से न लड़ाएं, अरुण कुमार त्रिपाठी, नवभारत टाइम्स, नई दिल्ली, दिनांक 13 अगस्त, 1991
37. नवभारत टाइम्स, मधु सूदन आनन्द, नई दिल्ली, दिनांक 16 अगस्त, 1996
38. सम्पूर्ण गांधी वाङ्मय, खण्ड-48, प्रकाशन विभाग, सूचना और प्रसारण मंत्रालय, भारत सरकार, नई दिल्ली, 1971, पृ.-32
39. वही, पृ.-38
40. वही, पृ.-129

41. वही, पृ.-177
42. वही, पृ.-178
43. वही, पृ.-286
44. वही, पृ.-323
45. वही, पृ.-330
46. वही, पृ.-331
47. Dr. Babasaheb Ambedkar : Writings and Speeches, Volume 2, Compiled by Vasant Moon, Education Department, Government of Maharashtra, Bombay-400032, Reprint 1989, p.-660
48. ibid., p.-660
49. सम्पूर्ण गांधी वाङ्मय, खण्ड-48, प्रकाशन विभाग, सूचना और प्रसारण मंत्रालय, भारत सरकार, नई दिल्ली, 1972, पृ.-248
50. Dr. Babasaheb Ambedkar : Writings and Speeches, Volume 2, Compiled by Vasant Moon, Education Department, Government of Maharashtra, Bombay-400032, Reprint 1989, p.-81
51. ibid., p.-86
52. हिन्दू धर्म क्या है?, महात्मा गांधी, नेशनल बुक ट्रस्ट, इण्डिया, ए-5, ग्रीन पार्क, नई दिल्ली-110016, प्रथम संस्करण, 1993, पृ.-4
53. वही, पृ.-7-8
54. वही, पृ.-93
55. वही, पृ.-10
56. वही, पृ.-69
57. वही, पृ.-54
58. वही, पृ.-9
59. वही, पृ.-9
60. वही, पृ.-27
61. वही, पृ.-24
62. वही, पृ.-43
63. वही, पृ.-109
64. वही, पृ.-111
65. वही, पृ.-113
66. वही, पृ.-6
67. वही, पृ.-8
68. वही, पृ.-106
69. वही, पृ.-106-7
70. वही, पृ.-26
71. वही, पृ.-27
72. वही, पृ.-7
73. स्वामी करपात्री जी और उन का राजनीतिक दर्शन, डॉ. राम जी मिश्र, आचार्य प्रकाशन, 190 बी/10, राजरूपपुर, इलाहाबाद, प्रथम संस्करण, 1992, पृ.-167
74. वही, पृ.-168
75. वही, पृ.-168
76. वही, पृ.-169
77. वही, पृ.-170
78. वही, पृ.-170
79. वही, पृ.-170
80. वही, पृ.-171
81. वही, पृ.-176
82. वही, पृ.-176-77
83. वही, पृ.-177
84. हिन्दू धर्म क्या है?, महात्मा गांधी, नेशनल बुक ट्रस्ट, इण्डिया, ए-5, ग्रीन पार्क, नई दिल्ली-110 016, प्रथम संस्करण, 1993, पृ.-113
85. वही, पृ.-8
86. वही, पृ.-35
87. नागपुर का धम्मोपदेश, बोधिसत्व बाबा साहब डा. अम्बेडकर, भरतीय बौद्ध महासभा (पंजी.), दिल्ली प्रदेश, बुद्ध विहार, अम्बेडकर भवन, नई दिल्ली-110 055, पृ.-20
88. हिन्दू धर्म क्या है?, महात्मा गांधी, नेशनल बुक ट्रस्ट, इण्डिया, ए-5, ग्रीनपार्क, नई दिल्ली-110 016, प्रथम संस्करण, 1993, पृ.-113
89. The Colleced Works of Mahatma Gandhi, Volume-59, 1974, p.-120
90. ibid., Volume-8, 1974, p.-25

91. ibid., p.-62
92. ibid., p.-63
93. ibid., p.-63-4
94. ibid., p.-64
95. ibid., p.-64
96. ibid., p.-65
97. ibid., p.-66
98. ibid., Volume 81
98. हरिजन से दलित, सम्पादक राज किशोर, वाणी प्रकाशन, 21-ए, दरिया गंज, नई दिल्ली-110 002, प्रथम संस्करण, 1994, पृ.-144
100. युग पुरुष बाबा साहेब डॉ. भीम राव अम्बेडकर : संघर्ष गाथा, हिमांशु राय, समता प्रकाशन, 30/64, गली नं. 8, विश्वास नगर, शाहदरा, दिल्ली-110 032, प्रथम संस्करण, दिसम्बर, 1990, पृ.-56
101. Dr. Babasaheb Ambedkar : Writings and Speeches, Volum 9, Compiled by Vasant Moon, Education Department, Government of Maharashtra, Bombay-400032, 1991, p.-69
102. 1966 (3) एस. सी. आर. 242 से कर्नाटक राज्य बनाम अप्पा बालू इंगले में (1993) : 1 : उम. नि. प. : 508 पर उद्धृत

अध्याय-17

कबीर मंडन गांधी खण्डन[क]

चूंकि गांधी जी वर्णाश्रम और पुनर्जन्म में विश्वास करते हैं, इसलिए मेरा उनके विचारों से मेल नहीं खाता। उन्होंने ब्रिटेन की गोलमेज सभा में बाबा साहेब डॉ. अम्बेडकर के मुकाबले में दलितों का प्रतिनिधि होने का झूठा दावा भी पेश किया था, इसलिए मैं उन्हें वहीं खारिज कर देता हूं। मेरी रुचि वर्ण-विरोधी और पुनर्जन्म में विश्वास न रखने वाले दलित जातियों के सन्तों और महापुरुषों के जीवन और विचारों को जानने में है। मुझे लगता है, राज किशोर जी अचानक मुलाकात को पत्रकारिता का हिस्सा बना कर मुझे गांधी जी पर लिखने का न्यौता दे रहे हैं।

मैं कबीर पर गम्भीर काम कर रहा हूं। दलित कौमें मेरे इस काम से बेहद खुश भी हैं। राजकिशोर जी कबीर पर मेरे इस काम से नाखुश हैं। उन्होंने मुझे कई दूसरे हिन्दी विद्वानों की तरह उस दिन भी यही सलाह दी थी कि अब मुझे कबीर पर आगे लिखना छोड़ देना चाहिए। लेकिन मेरा कहना है कि कबीर पर मेरा काम पूरा होने के बाद राजकिशोर जी मुझे याद दिलाएंगे तो मैं गांधी जी पर लिख सकता हूं। फिलहाल, मेरी विद्वता कबीर के मन्डन के लिए समर्पित हैं, गांधी जी के खण्डन में जाया करने के लिए नहीं। वे मेरी स्कीम में कहीं नहीं हैं। फिर भी, यदि मैं आगे राजकिशोर जी का न्यौता स्वीकार कर लूं तो क्या करूंगा? मैं गांधी जी पर हिन्दी में अपनी किताब का नाम 'इति सिद्धम' के आधार पर 'गांधी जी का डिमहात्माइजेशन' रखूंगा। पुस्तक का अंग्रेजी में अनुवाद करना पड़ा तो उस का शीर्षक 'द फिलास्फर ऑफ अडल्ट्री' रखूंगा।

उस दिन मुझे कबीर पर मेरी छठी किताब 'सूत न कपास' मिलनी थी। हम वाणी प्रकाशन के दफ्तर में बैठे थे। प्रकाशक और लेखक की खुशी का दिन था। उसे एक छोटा-सा जश्न कहिए। डॉ. श्यौराज सिंह बेचैन और राजकिशोर जी मौजूद थे। अरुण महेश्वरी जी ने मेरे लिए किताबें तैयार कर रखी थीं। राजकिशोर जी ने मुझ से कहा कि एक प्रति मुझे दीजिए। किताब पहले ही मार्केट में थी, लेकिन मैंने उस किताब की पहली लेखकीय प्रति उन्हें दी। अब मुझे इस बात की शिकायत नहीं है कि लेखक,

क. कबीर मंडन गांधी खण्डन, डॉ. धर्मवीर, जनसत्ता, दिल्ली, 30 मार्च, 2003

पत्रकार और स्तम्भकार होने के बावजूद उन्होंने जनसत्ता में छपे अपने उस लेख में उस पुस्तक पर सूचनात्मक भी नहीं लिखा। इस में मुझे उन की कूटनीति दीख रही है कि कबीर पर मौलिक और जरूरी बहस को रोक कर वे मुझे गांधी जी की नकली और फालतू बहस में उलझाना चाहते हैं। यदि उन के हिसाब से कबीर पर बहुत काम हो चुका है तो मेरे हिसाब से गांधी जी अपने अनुयायियों में हमेशा से अप्रासंगिक रहे हैं।

ऐसा नहीं कहा जा रहा है कि गांधी जी के समय में दक्षिण अफ्रीका में रंगद्वेष नहीं था, लेकिन इसे खोजने वे विदेश क्यों जा रहे हैं? यह जातिद्वेष के रूप में सब से ज्यादा उन के हिन्दुस्तान में आज तक मौजूद है। यदि रेलयात्रा का ही उदाहरण दिया जाए तो दलित लेखक मोहन दास नैमिशराय ने अपनी अभी प्रकाशित आत्मकथा 'अपने अपने पिंजरे' के दूसरे भाग में इसे रोज दिल्ली जाने वाले मेरठ शटल में भुगता है। वे लिखते हैं कि एक दिन 'दलित और सवर्ण यात्रियों के बीच तू-तू, मैं-मैं से हाथापाई तक की नौबत आ गई।' वे कारण बताते हैं—"असल में यह लड़ाई-झगड़े जगह की कमी होने के कारण नहीं होते थे। बल्कि सवर्णों के झूठे दम्भ और अहम के कारण होते थे। उनके बराबर में कोई दलित बैठे, यह उन्हें गंवारा न था। साथ-साथ ट्रेन में चलते-चलते एक-दूसरे की जाति का भी पता चल जाता था। तब और भी वाद-विवाद हो जाता था। विषय कुछ भी हो, जातियों के ऊँचे-नीचे होने की बातें सवर्णों द्वारा अवश्य ही दोहराई जाती थीं।" इसलिए दलितों को रंगद्वेष की बुराई जानने के लिए गांधी जी की आत्मकथा पढ़ने की जरूरत नहीं है। वे वर्णद्वेष और जातिद्वेष को जानने के लिए दलित लेखक सूरज पाल चौहान की आत्मकथा 'तिरस्कृत' को पढ़ते हैं। इस में मुझे यह भी पता है कि मोहनदास कर्मचंद गांधी भारत में वर्णभेद और जातिभेद के कितने बड़े समर्थक थे।

दुख इस बात का है कि उस दिन ज्ञान के ममीरे से मैंने राजकिशोर जी की आंखें खोली थीं कि गांधी जी के पास कोई सा एक टिकट नहीं था। लेकिन इस का श्रेय मुझे देने के बजाय यह हिन्दी विद्वानों का धन्यवाद देने का कैसा तरीका है कि कृतज्ञता के सारे सलीके एकदम गायब हैं? ऐसा इसलिए कि गांधी जी को किंवदंती और मिथ बना कर पढ़ा और पढ़ाया जा रहा है। खैर, इतना अच्छा हुआ कि अब राज किशोर जी को यह पता चल गया है कि दक्षिण अफ्रीका में 'प्रिटोरिया जाते हुए' गांधी जी के पास बिस्तर का टिकट नहीं था लेकिन अभी उन्हें यह बताया जाना बाकी है कि उस के बहुत बाद भारत में बर्दवान से पूना जाते हुए गांधी जी ने क्या किया था। उन के किए के जवाब में गार्ड साहब बोले थे—"मुझ से बहस मत कीजिए। मेरे पास जगह नहीं है। पैसे न देने हों, तो गाड़ी से उतरना पड़ेगा।" इस घटना का जिक्र करते हुए अपनी एक गलती गांधी जी ने स्वयं स्वीकार की है कि उन्होंने तीसरे दर्जे का टिकट ले कर अपनी पत्नी कस्तूर बाई को दूसरे दर्जे के स्नानघर में स्नान करवाया था, लेकिन वे पहली जगह भी गलत थे और गार्ड साहब सही थे। गांधी जी ने किराये के पैसे चुकाये भी थे।

अन्त में, उनकी आत्मकथा 'द स्टोरी ऑफ माई ऐक्सपेरिमेन्ट विद ट्रुथ' का शीर्षक इसलिए गलत है कि तीन-साढ़े तीन हजार साल पुरानी घाघ संस्कृति का यह चतुरदास ईसा की 19वीं और 20वीं सदियों में सत्य के साथ प्रयोग करने चला था!.... कौन यकीन करेगा?

देश की आजादी के लिए जो लड़े वे सब वरेणीय हैं, गांधी जी भी और मौलाना आजाद भी।

अध्याय-18

सार्वजनिक कार्यकर्ता?

I

जिस बात का डर था, अब वही सामने है। राज किशोर को मेरा समझाना है कि गाँधी जी को आँखें खोल कर पढ़ा और समझा करो। आँख मूंदने से न आपका भला होगा और न गाँधी जी का। बहस के दिन वाली बात फिर उठती है। अब राज किशोर अपनी उस सोच को कलमबद्ध करते हैं—"जिस प्रसंग से धर्मवीर गाँधी जी को बेटिकट यात्री साबित करने का सुख प्राप्त करना चाहते हैं, वह तो मुझे उस महात्मा के जीवन का एक प्रेरक प्रसंग लगता है। सार्वजनिक कार्यकर्ता को सादा से सादा जीवन बिताना चाहिए और अपने मेजबान का एक भी पैसा जाया नहीं करना चाहिए।"[1]

इन दो वाक्यों में राज किशोर ने कितनी बड़ी तथ्यात्मक भूल की है वह बताई जा सकती है। यहाँ उन्होंने गांधी जी को 'सार्वजनिक कार्यकर्ता' कहा है जो वे सच में नहीं थे। अच्छा होता, ऐसा लिखने से पहले वे मुझ से पूछ लेते। जब बात इतनी गम्भीर चल रही है तो तथ्यों के प्रति उन्हें सतर्क और सावधान रहना ही चाहिए। आखिर, अब वे अपनी आँखें नहीं मूंद सकते।

हुआ यह था कि बम्बई में गाँधी जी की वकालत नहीं चल रही थी। उस के कारण कई थे। लेकिन उन की जो चाहत थी वह यह थी—"मुझको तो हर महीने 300 रुपये मिल जाएं तो काफी हैं। पिताजी को कौन इस से ज्यादा मिलते थे?"[2] तब वकील के बजाय वे अर्जी-दावे लिखने वाले बन गए। वे एक मामले की बावत लिखते हैं—"मैंने अर्जी-दावा तैयार कर लिया। मित्रों को दिखाया। उन्होंने पास कर दिया और मुझे कुछ-कुछ विश्वास हुआ कि मैं अर्जी-दावे लिखने लायक तो जरूर बन सकूँगा—असल में मैं इस लायक था भी।"[3] वे आगे लिखते हैं—"मेरा काम बढ़ता गया। मुफ्त में अर्जियाँ लिखने का धंधा करता तो अर्जियाँ लिखने का काम तो मिलता, पर उस से दाल-रोटी की व्यवस्था कैसे होती?"[4] इस के बाद वे लिखते हैं—"मैंने सोचा कि मैं शिक्षक का काम तो अवश्य ही कर सकता हूँ। मैंने अंग्रेजी का अभ्यास काफी किया था। अतएव मैंने

सोचा कि यदि किसी हाई स्कूल में मैट्रिक की कक्षा में अंग्रेजी सिखाने का काम मिल जाय तो कर लूँ खर्च का गड्ढा कुछ तो भरे!"[5] आगे की कहानी उन्हीं के शब्दों में इस प्रकार है–"मैंने अखबारों में विज्ञापन पढ़ा : "आवश्यकता है, अंग्रेजी शिक्षक की; प्रतिदिन एक घन्टे के लिए। वेतन रु. 75।" यह एक प्रसिद्ध हाईस्कूल का विज्ञापन था। मैंने प्रार्थना-पत्र भेजा। मुझे प्रत्यक्ष मिलने की आज्ञा हुई। मैं बड़ी उमंगों के साथ मिलने गया। पर जब आचार्य को पता चला कि मैं बी. ए. नहीं हूँ, तो उन्होंने मुझे खेद पूर्वक विदा कर दिया।"[6] यहाँ इस मुगालते में रहने की जरूरत नहीं है कि अर्जियाँ मुफ्त में लिखी जाती थीं। अर्जी लिखने की आमदनी के बारे में आगे गाँधी जी लिखते हैं–"बम्बई से निराश हो कर मैं राजकोट पहुँचा। वहाँ अलग दफ्तर खोला। गाड़ी कुछ चली। अर्जियाँ लिखने का काम मिलने लगा और हर महीने औसत रु. 300 की आमदनी होने लगी।"[7]

अपने बड़े भाई के लिए सिफारिश करने वे एक अंग्रेज अधिकारी के पास गए जो विलायत के दिनों से उन के परिचित थे। सिफारिश की बात सुन कर उस अफसर ने अपने चपरासी से इन्हें हाथ से धक्का दिलवा कर दरवाजे से बाहर करवा दिया। वे लिखते हैं–"मेरा उक्त अधिकारी के यहाँ जाना अवश्य दोष युक्त था।"[8] लेकिन ज्यादा बुरा परिणाम यह निकला कि अब वहाँ उन्हें 'वकालत करने में साहब के साथ का झगड़ा बाधक बनता था।'[9]

फिर क्या हुआ? वही बात बताने के लिए मैंने ऊपर का संक्षिप्त घटनाक्रम बताया है। प्रमाण पुनः गाँधी जी की आत्मकथा है–"इसी बीच भाई के पास पोरबन्दर की एक मेमन फर्म का संदेशा आया : "दक्षिण अफ्रीका में हमारा व्यापार है। हमारी फर्म बड़ी है। वहाँ हमारा एक बड़ा मुकदमा चल रहा है। चालीस हजार पौंड का दावा है। मामला बहुत लम्बे समय से चल रहा है। हमारे पास अच्छे-से-अच्छे वकील बेरिस्टर हैं। अगर आप अपने भाई को भेजें, तो वे हमारी मदद करें और उन्हें भी कुछ मदद मिल जाए। वे हमारा मामला हमारे वकील को अच्छी तरह समझा सकेंगे। इस के सिवा वे नया देश देखेंगे और कई नए लोगों से उन की जान-पहचान होगी।"[10] उनके बड़े भाई ने दादा अब्दुल्ला के साझी सेठ अब्दुल करीम झवेरी से उन की मुलाकात कराई। सेठ ने गाँधी जी से कहा–"आप हमारे बंगले में ही रहेंगे। इस से आप पर खर्च का बिलकुल बोझ नहीं पड़ेगा।"[11] यह आवास मिला लेकिन वेतन वगैरह का क्या हुआ? गाँधी जी ने पूछा, "आप मेरी सेवायें कितने समय के लिये चाहते हैं? आप मुझे वेतन क्या देंगे?"[12] सेठ अब्दुल करीम ने जवाब दिया–"हमें एक साल से अधिक आपकी जरूरत नहीं रहेगी। आप को पहले दर्जे का मार्गव्यय देंगे और निवास तथा भोजन-खर्चे के अलावा 105 पौंड देंगे।"[13] इस पर गाँधी जी ने लिखा है–"इसे वकालत नहीं कह सकते। यह नौकरी थी। ....भाई को 105 पौंड भेजूँगा तो घर का खर्च चलाने में कुछ मदद होगी। यह सोच कर मैंने वेतन के बारे में बिना कुछ झिक-झिक किए ही सेठ अब्दुल करीम का प्रस्ताव स्वीकार कर लिया और मैं दक्षिण अफ्रीका जाने के लिए तैयार हो गया।"[14]

तो, गाँधी जी के अपने शब्दों में यह 'नौकरी' थी लेकिन राज किशोर इसे 'सार्वजनिक कार्य' बता रहे हैं। कितनी बड़ी गलती है! फिर, ऐसे लोग गाँधी जी को कैसे समझ सकेंगे? ऐसा नहीं है कि गाँधी जी ने सार्वजनिक कार्य न किए हों, वे उन्होंने बहुत ज्यादा किए हैं। सार्वजनिक कार्यकर्ता और सार्वजनिक संस्था के बारे में वे लिखते हैं–"जिस संस्था को लोग मदद देने के लिए तैयार न हो, उसे सार्वजनिक संस्था के रूप में जीवित रहने का अधिकार ही नहीं है।"[15] इसलिए गलती गाँधी जी की नहीं है बल्कि राज किशोर की है कि वे उन की आत्मकथा को ठीक से पढ़ नहीं रहे हैं क्योंकि इस प्रकरण में वे एक वकील और उन के अपने शब्दों में एक नौकर थे। वेतन के मामले में गाँधी जी ने कोई झिक-झिक नहीं की। वे चाहते तो कर भी सकते थे लेकिन उन्होंने पहले दर्जे के मार्ग-व्यय को घटा कर तीसरे दर्जे का नहीं करवाया था। यह नौकरी की शर्त का मामला था और वे इसे अधिक से अधिक सुविधाओं वाली बनाने का आग्रह करने के लिए स्वतंत्र थे। इस में कुछ भी बुरा नहीं है।

उन्हें पहले दर्जे के टिकट के लिए जद्दोजहद करते देखना है तो पुनः गाँधी जी के शब्दों पर जाना पड़ेगा। वे लिखते हैं–"मुझे दादा अब्दुल्ला के बम्बई वाले एजेण्ट के जरिये टिकट खरीदना था। पर स्टीमर में कोई केबिन खाली न थी। हालत यह थी कि अगर इस मौके को चूक जाता तो मुझे एक महीने तक बम्बई की हवा खानी पड़ती। एजेण्ट ने कहा, "हमने कोशिश तो बहुत की, पर हमें टिकट नहीं मिल सका। आप डेक में जाएं तो जा सकते हैं। भोजन की व्यवस्था सलून में हो सकेगी।" वह जमाना मेरे लिए पहले दर्जे की यात्रा का था। क्या बारिस्टर डेक का यात्री बन कर जाय। मैंने डेक में जाने से इनकार कर दिया। मुझे एजेण्ट पर शक हुआ। मैं यह मान न सका कि पहले दर्जे का टिकट मिल ही नहीं सकता। एजेण्ट की अनुमति ले कर मैंने ही टिकट प्राप्त करने का प्रयत्न किया। मैं स्टीमर पर पहुँचा। बड़े अधिकारी से मिला। पूछताछ करने पर उसने सरल भाव से उत्तर दिया : "हमारे यहाँ इतनी भीड़ शायद ही कभी होती है। पर इस स्टीमर से मोजाम्बिक के गवर्नर-जनरल जा रहे हैं, "इस से सारी जगहें भर गई हैं।"[16] गाँधी जी ने अफसर से फिर पूछा–"तो आप मेरे लिए किसी तरह जगह निकाल ही नहीं सकते?"[17] गाँधी जी लिखते हैं–"अफसर ने मेरी तरफ देखा। फिर वह हँसा और बोला : "एक उपाय है। मेरे केबिन में एक बर्थ खाली रहती है। उस में हम यात्री को नहीं लेते, पर आप को मैं वह जगह देने के लिए तैयार हूँ।" मैं खुश हुआ। अफसर का आभार माना। सेठ से बात करके टिकट कटाया....।"[18]

इस में राज किशोर को गाँधी जी के सार्वजनिक कार्यकर्त्ता होने की बात कहाँ से दीखती है? इस में उन्होंने डेक में जाने से भी इनकार किया है। यदि मेजबान का एक भी पैसा जाया न करने की बात होती तो उन्हें पहले दर्जे के बजाय डेक में ही जाना चाहिए था। इसलिए राज किशोर के गाँधी जी को पढ़ने में यहाँ नम्बर काटे जा रहे हैं। उन की कोपी पर यह टिप्पणी भी लिखी जा रही है कि वे 'गाँधी जी की आत्मकथा को दोबारा पढ़ें।'

अपने पर्चे में राज किशोर ने दादा अब्दुल्ला को 'मेजबान' कहने की भी गलती की है। गाँधी जी 'मेहमान' नहीं थे और दादा अब्दुल्ला 'मेजबान' नहीं थे। गाँधी जी 'वकील' थे और दादा अब्दुल्ला उन के 'मुवक्किल' थे। इस केस के बारे में और दादा अब्दुल्ला के बारे में गाँधी जी लिखते हैं—"मैंने केस में पूरी दिलचस्पी ली। मैं उस में तन्मय हो गया। आगे-पीछे के सब कागज-पत्र पढ़ गया। मुवक्किल के विश्वास की और उस की होशियारी की सीमा न थी।"[19] इस अगली गलती के लिए राज किशोर को पाँचवीं कक्षा के मोनिटर के पद से भी हटाया जाता है।

बात 105 पौंड के वेतन के हिसाब की रह जाती है। उस समय एक पौंड पन्द्रह रुपये का होता था। गाँधी जी ने ही दादा अब्दुल्ला के दावे के बारे में बताया है—"दादा अब्दुल्ला का मुकदमा छोटा न था। चालीस हजार पौंड का यानी छह लाख रुपयों का दावा था।"[20] इस हिसाब से 105 पौंड के 1575 रुपये होते हैं। आवास, मार्ग-व्यय और खाना-खर्चा इस से अलग है। यह सन् 1893 की बात है। लेकिन चम्पारन में गाँधी जी सन् 1917 में पहुँचे थे। वहाँ के किसानों की मजदूरी के बारे में गाँधी जी लिखते हैं—"उन दिनों वहाँ पुरुषों की मजदूरी दस पैसे से अधिक नहीं थी। स्त्रियों की छह पैसे और बालकों की तीन पैसे थी। चार आने की मजदूरी पाने वाला किसान भाग्यशाली समझा जाता था।"[21] इस प्रकार भाग्यशाली किसान की चार आने रोज के हिसाब से एक महीने में साढ़े सात रुपये की मजदूरी बनती थी जबकि उस से 24 साल पहले तथाकथित गरीब गाँधी जी अपने सारे खर्चे काट कर पन्द्रह सौ पिहछत्तर रुपये मासिक घर फेंक देते थे। कहा इसलिए जा रहा है क्योंकि गाँधी जी ने अपने घर की गरीबी का वर्णन इन शब्दों में किया है—"सन् 1887 में मैंने मैट्रिक की परीक्षा पास की। देश की और गाँधी-कुटुम्ब की गरीबी ऐसी थी कि अहमदाबाद और बम्बई-जैसे परीक्षा के दो केन्द्र हों, तो वैसी स्थिति वाले काठियावाड़-निवासी नजदीक के और सस्ते अहमदाबाद को पसन्द करते थे। मैंने वही किया।"[22] लेकिन सच यह था कि देश की वास्तविक गरीबी गांधी जी के इस 'देश' और 'गाँधी-कुटुम्ब' से, ढाई आने रोज की मजदूरी के हिसाब से परिमाण में 335 गुनी ज्यादा और गुणात्मक रूप में एकदंम भिन्न और मारक थी। इसलिए राज किशोर को गाँधी जी के बारे में कुछ चश्मा उतार कर भी देखना चाहिए। उन्हें यह फर्क जरूर देखना चाहिए कि दक्षिण अफ्रीका में सेठ अब्दुल्ला के वकील के रूप में वे सार्वजनिक कार्यकर्ता नहीं थे।

II

ऐसे समय इस में राज किशोर के लिए 'प्रेरक प्रसंग' वाली क्या बात रह जाती है? इस प्रसंग में गाँधी जी सार्वजनिक कार्यकर्ता नहीं थे। वे आवास, पहले दर्जे का यात्रा-व्यय

और खाना ले कर अलग से प्रतिमाह अपने घर के लिए 1575 रुपये भेज रहे थे। लेकिन बताया जाए कि गाँधी जी अपने शब्दों के प्रयोग में बहुत सतर्क थे। अपने बारे में स्वयं लिखते हैं—"मैं अपने-आपको यह प्रमाण-पत्र दे सकता हूँ कि मेरी जबान या कलम से बिना सोचे-समझे या बिना तौले शायद ही कोई शब्द कभी निकलता है।"[23] अब्दुल्ला सेठ के वाक्यों की व्याख्या की एक बानगी देखी जा सकती है—"इन वाक्यों में दुनियावी समझदारी थी, देशाभिमान था और थोड़ी संकुचितता थी। दुनियावी समझदारी तो स्पष्ट ही है। देशाभिमान के बिना पगड़ी का आग्रह नहीं हो सकता; और संकुचितता के बिना 'वेटर' की टीका संभव नहीं।"[24] ऐसी स्थिति में गाँधी जी के इस वाक्य को देखा जा सकता है—"अब्दुल्ला सेठ ने उसे कटाने का आग्रह किया, पर मैंने हठवश, अभिमानवश और पाँच शिलिंग बचाने के विचार से बिस्तर का टिकट कटाने से इनकार कर दिया।"[25]

यहाँ तीन शब्द महत्वपूर्ण हैं—'हठवश', 'अभिमानवश' और 'पाँच शिलिंग बचाने का विचार'। अब तक इस लेख में इसी विषय पर विचार हुआ है कि 'पाँच शिलिंग बचाने के विचार' का कोई औचित्य नहीं है। यह खर्च उन के दक्षिण अफ्रीका आने की शर्त में शामिल था। इस में मेजबान के एक भी पैसा जाया करने वाली बात कहने की जरूरत नहीं है। यह बिस्तर का किराया है।

अब व्याख्या के लिए दो शब्द बाकी रह जाते हैं, 'हठवश' और 'अभिमानवश'। लेकिन इन्हें जानने से पहले एक अन्य महत्वपूर्ण पक्ष पर बात कर ली जाए। इस के लिए बिस्तर के बारे में ज्यादा जानकारी ली जा सकती है। जितना गाँधी जी की आत्मकथा से पता चलता है वह इस प्रकार है :

1. "वहाँ रेल में सोने की सुविधा के लिए पाँच शिलिंग का अलग टिकट कटाना होता था। अब्दुल्ला सेठ ने उसे कटाने का आग्रह किया, पर मैंने हठवश, अभिमानवश और पाँच शिलिंग बचाने के विचार से बिस्तर का टिकट कटाने से इनकार कर दिया।"[26]
2. "अब्दुल्ला सेठ ने मुझे चेताया, "देखिये, यह देश दूसरा है, हिन्दुस्तान नहीं है। खुदा की मेहरबानी है। आप पैसे की कंजूसी न कीजिये। आवश्यक सुविधा प्राप्त कर लीजिये।"[27]
3. "ट्रेन लगभग नौ बजे नेटाल की राजधानी मेरित्सबर्ग पहुँची। यहाँ बिस्तर दिया जाता था। रेलवे के किसी नौकर ने आ कर पूछा, "आप को बिस्तर की जरूरत है?" मैंने कहा, "मेरे पास अपना बिस्तर है।"[28]
4. "सिपाही आया। उस ने मेरा हाथ पकड़ा और मुझे धक्का देकर नीचे उतारा। मेरा सामान उतार लिया। मैंने दूसरे डिब्बे में जाने से इनकार कर दिया। ट्रेन चल दी। मैं वेटिंग रूम में बैठ गया। अपना

"हैण्ड-बैग" साथ में रखा। बाकी सामान को हाथ न लगाया। रेलवे वालों ने उसे कहीं रख दिया। सरदी का मौसम था। ....इस से ठण्ड खूब लगी। मेरा ओवर-कोट मेरे सामान में था। पर सामान माँगने की हिम्मत न हुई। फिर अपमान हो तो? ठण्ड से मैं काँपता रहा।"[29]

5. "रात पड़ी। ट्रेन आयी। मेरे लिए जगह तैयार ही थी। बिस्तर का जो टिकट मैंने डरबन में कटाने से इनकार किया था, वह मेरित्सबर्ग में कटाया। ट्रेन मुझे चार्ल्स टाउन की ओर ले चली।"[30]

यदि अगले दिन भी गाँधी जी बिस्तर का टिकट नहीं लेते तो मुझे नहीं लगता कि रेलवे के अधिकारी उन्हें प्रथम श्रेणी से यात्रा करने देते। राज किशोर की बात में दम तब होता यदि वे अगले दिन भी बिस्तर का टिकट न कटा कर पहले दर्जे से यात्रा करने की कोशिश करते। यदि वे टिकट न लेते तो क्या उन्हें पहले दर्जे के डिब्बे में बैठने दिया जाता? यहाँ सेठ अब्दुल्ला के चेताए हुए शब्द पुनः सार्थक हो उठते हैं–"देखिये, यह देश दूसरा है, हिन्दुस्तान नहीं है। खुदा की मेहरबानी है। आप पैसे की कंजूसी न कीजिये। आवश्यक सुविधा प्राप्त कर लीजिये।"[30] आखिर, गाँधी जी के इन शब्दों की व्याख्या जरूर की जानी चाहिए–"बिस्तर का जो टिकट मैंने डरबन में कटाने से इनकार किया था, वह मोरित्सबर्ग में कटाया।" क्या राज किशोर की यह जिम्मेदारी नहीं है कि सेठ अब्दुल्ला की दी हुई चेतावनी में और अगले दिन टिकट कटाने में कोई सम्बन्ध और तालमेल बैठाएँ? बीच की घटना को वे जैसे चाहे व्याख्यायित करें लेकिन दो छोरों में नुक्ता जरूर ढूँढ़े। दूसरे नुक्ते की बात यह भी है कि यदि पहले दिन के कहे अनुसार उन के पास अपना बिस्तर था तो उन्होंने रेलवे मैनेजर से बिस्तर का टिकट न लेने के लिए जिरह क्यों नहीं की। गाँधी जी के किसी भी प्रशंसक या अनुयायी को इस प्रश्न का उत्तर देना ही चाहिए।

वह ट्रेन अभी तक दक्षिण अफ्रीका में सुरक्षित है जिस में से गाँधी जी को सन् 1893 में सिपाही ने धक्का दे कर उतारा था। 'विश्व कप 2003' में खेलने गई भारतीय क्रिकेट टीम के खिलाड़ियों ने उस में विशेष सफर किया था। हमारे प्रसिद्ध गेंदबाज जवागल श्रीनाथ उसी सीट पर बैठे थे जो गाँधी जी की थी। यहाँ तक इतिहास सुरक्षित है। लेकिन मुझे इस अध्याय के पूरे विश्लेषण के लिए कुछ ज्यादा प्रमाणों की जरूरत है। मैं जानना चाहता हूँ कि उस रात गाँधी जी के पास अपना बिस्तर था या नहीं। अब्दुल्ला सेठ ने उन से बिस्तर का टिकट कटाने का आग्रह किया था और चेताया भी था। जब रेलवे के नौकर ने आ कर पूछा कि 'आप को बिस्तर की जरूरत है' तो गाँधी जी ने उत्तर दिया था–"मेरे पास अपना बिस्तर है।"

क्या गाँधी जी के यह कहने से सिद्ध हो जाता है कि उन के पास अपना बिस्तर था? मैं 'हाँ' नहीं कह पाऊँगा क्योंकि अगले तथ्य इस की पुष्टि नहीं करते। कारण निम्नलिखित हैं :

1. उन्होंने अपना बिस्तर बिछा नहीं रखा था, जब रेलवे का नौकर आया तब भी, और जब कोई यात्री आया तब भी, और जब उन्हें धक्का दिया गया, तब भी।
2. उन के पास 'हैण्ड-बैग' था और 'सामान' था।
3. जब रात को उन्हें वेटिंग रूम में सरदी लगी तो उन्हें अपने 'सामान' में से 'ओवरकोट' की याद आई, 'बिस्तर' की नहीं। क्या सामान में बिस्तर नहीं था? ज्यादा सम्भावना इस बात की बनती है कि उन के पास बिस्तर नहीं था। तब क्या गाँधी जी का रेलवे के कर्मचारी से यह कहना कि 'मेरे पास अपना बिस्तर है'—उन का झूठा कथन था? क्या इस प्रश्न को गाँधी जी को मिथक बना कर पढ़ने वालों को अन्दाज लगाने के लिए अनुत्तरित छोड़ दिया जाए?
4. अगली रात उन्होंने बिस्तर का टिकट कटाया। इस के बाद इतना ही लिखा—"ट्रेन मुझे चार्ल्सटाउन की ओर ले चली।" यहीं इस अध्याय का अन्त है। इस से पता नहीं चलता कि उन्होंने रात को बिस्तर बिछाया और ओढ़ा था कि नहीं। ऐसा नहीं हो सकता था कि टिकट ले कर उन्होंने बिस्तर न लिया हो क्योंकि वह आगे ट्रेन छोड़ते समय जमा करना होता था।
5. उन्होंने अगले दिन यह नहीं कहा कि उन के पास अपना बिस्तर है। यदि बिस्तर था तो सामान खोल कर दिखा देते कि उन्हें दूसरे बिस्तर की जरूरत नहीं है।
6. इस से मेरा अनुमान यही है कि उन के पास अपना बिस्तर नहीं था और उन्होंने रेलवे के कर्मचारी से सफेद झूठ बोला था कि उन के 'पास अपना बिस्तर है।'

गाँधी जी के इस झूठ का कोई खास मतलब नहीं है। यह मेरा अनुमानित निष्कर्ष है। जो उन्होंने निपट झूठ बोले हैं वे इस आत्मकथा में खुद उन की कलम से भरे पड़े हैं। एक जगह वे लिखते हैं—"पाँच-छह साल से विवाहित और एक लड़के का बाप होते हुए भी मैंने अपने को कुँआरा बताने में संकोच नहीं किया।"[31]

वेटिंग रूम में उन्होंने अपना 'हैण्ड-बैग' अपने साथ रख रखा था, तब बाकी सामान को हाथ क्यों नहीं लगाया? उन्हें अपना बाकी सामान भी अपने पास रखना

चाहिए था। वह उन्हीं का सामान था। उसे उन्होंने वहीं प्लेटफार्म पर क्यों पड़े रहने दिया? उसे कोई और यात्री या चोर-उचक्का उठा कर ले जाता तो? खैर, उन के द्वारा सामान को वहीं छोड़े जाने पर रेलवे वालों ने उसे कहीं रख दिया था।

गाँधी जी की हठ और उन का अभिमान दोनों टूटे जब अगले दिन उन्हें ट्रेन से यात्रा करने के लिए बिस्तर का टिकट कटवाना पड़ा। लेकिन मैं गाँधीवादियों से पूछता हूँ कि उन की राय क्या है? मैं खुद राज किशोर से पूछता है—गाँधी जी को पहले दिन ही बिस्तर का टिकट कटवाना चाहिए था या नहीं? पर वे किसी दूसरे यात्री को क्या सलाह देंगे क्योंकि वे तो गाँधी जी द्वारा टिकट न लेने को अपने लिए महात्मा के जीवन का 'प्रेरक प्रसंग' मान बैठे हैं? खैर, मेरी सलाह यही है कि उन्हें टिकट कटवाना चाहिए था।

गाँधी जी जिस बात को खुद 'हठ' और 'अभिमान' बता रहे हैं, उसे राज किशोर महात्मा के जीवन का प्रेरक प्रसंग क्यों बता रहे हैं? यह पढ़ने का कौन-सा तरीका है? ऐसे लोग महात्माओं के फोटो ही अपने घरों में टांग सकते हैं। तभी इनके हिसाब से राम ने शम्बूक का वध करने में और द्रोण ने एकलव्य का अँगूठा काट लेने में सही काम किए थे। पाँच शिलिंग की बचत के नाम पर 'हठ' और 'अभिमान' को एकदम छिपा रहे हैं—सोच का निपट अंधेरा! —दिमाग की एकदम गरीबी!!

इस प्रकरण से दो निष्कर्ष निकाले जा सकते हैं। पहला, यदि आज राजधानी एक्सप्रेस में सफर करते हुए राज किशोर गाँधी बन कर यह कहने लगें कि उन्होंने ट्रेन का खाना नहीं खाया है, और दिए हुए बिस्तर का इस्तेमाल नहीं किया है, इसलिए इन दो मदों का किराया उन्हें वापिस मिलना चाहिए तो रेलवे के अधिकारीगण उन पर हँसेंगे ही। खाना और बिस्तर उस व्यवस्था में सम्मिलित है। कोई एक यात्री खाना नहीं खाएगा या बिस्तर का इस्तेमाल नहीं करेगा—व्यवस्था की सुविधा इस आधार पर कम नहीं की जा सकती। एक यात्री ने खाना नहीं खाया लेकिन पैन्ट्री का डिब्बा पूरा जा रहा है। उस में कर्मचारी उतने ही लगे हैं। ऐसा नहीं किया जा सकता कि एक यात्री ने खाना नहीं खाया तो उस दिन पैन्ट्री में एक कर्मचारी की कमी कर दी जाए। इन्फ्रा-स्ट्रक्चर की मद में खर्चा पूरा हो रहा है। दो हजार यात्रियों में एक यात्री खाना नहीं खाएगा तो ऐसा नहीं किया जा सकता कि उस के हिसाब से उतनी गोभी कम खरीदी जाएगी। इसीलिए राज किशोर को समझाया जा सकता है कि उन दिनों ट्रेन की शुरूआत का पहला चरण था। डिब्बे भी छोटे-छोटे थे। बिस्तर रखने की जगह नहीं थी। आज कल डिब्बों में ही बिस्तर चढ़ा दिए जाते हैं। लेकिन उस समय उन्होंने स्टेशनों पर बिस्तर देने की सुविधा कर रखी थी। कम्प्यूटर भी नहीं था कि बटन दबा कर पता चल सके कि कौन यात्री कहाँ से चढ़ेगा।

दूसरा निष्कर्ष यह निकलता है कि यदि गाँधी जी के पास बिस्तर नहीं था तो यह अच्छी बात नहीं थी। यह उस प्रथम श्रेणी के डिब्बे में सफर करने का तरीका नहीं था।

प्रथम श्रेणी के डिब्बे के लिए लोग महंगा टिकट इसीलिए लेते हैं। बिस्तर रेलवे का होता या गाँधी जी का निजी होता लेकिन बिस्तर होना जरूर चाहिए था क्योंकि उस से अंग ढँक जाते हैं। बिस्तर के बिना बड़ी अजीब स्थिति पैदा हो सकती है कि यात्री के गुप्तांग तक दीख जाएँ। ऐसे उघड़ने की इजाजत मर्दों के सामने भी नहीं दी जा सकती लेकिन यदि दूसरे यात्रियों में औरतें भी शामिल हों तो स्थिति और भी हास्यास्पद और अनुचित हो जाती है। गाँधी जी सत्य के साथ प्रयोग कर रहे थे लेकिन इस में दूसरे लोगों को भी अधिकार मिल जाता है कि वे उन के प्रति कानूनी या दूसरा व्यवहार करें।

गाँधी जी की यह जिद क्या थी कि वे बिस्तर का टिकट नहीं लेंगे? क्या खास वजह थी कि उन्होंने टिकट नहीं लिया? बेमतलब में 'आड मैन आउट' क्यों बना जा रहा है? उन की मानसिकता क्या थी? आखिर उन के भीतर भरा हुआ क्या था? मेरा साफ-साफ पूछना है, क्या वे द्विज बन कर यह तो नहीं सोच रहे थे कि उन से पहले जाने किस-किस ने वह बिस्तर ओढ़ा होगा?

III

यह रवीन्द्र नाथ टैगोर से पूछा जाए कि उन्होंने गाँधी जी को 'महात्मा' की उपाधि क्यों दी थी। क्या यह उन्हें गाँधी जी द्वारा 'गुरुदेव' कहने के जवाब में दी गई पदवी थी? हो कुछ भी, टैगोर ही इस के लिए जवाब देह हैं।[32] लेकिन 30 मार्च, 2003 को 'जनसत्ता' में 'कबीर मंडन गांधी खंडन' के शीर्षक से छपे अपने लेख में मैंने लिखा था कि मैं गाँधी जी पर अपनी पुस्तक का नाम 'गाँधी जी का डिमहात्माइजेशन' रखूँगा। अखबार वालों को मेरे लेख का शीर्षक वही रखना चाहिए था। खैर, उन्होंने उसे बदल कर 'कबीर मंडन गाँधी खंडन' कर दिया। लेकिन जाने किस कारण जानबूझ कर राज किशोर ने अपने लेख में गाँधी जी को फिर भी 'महात्मा' ही लिखा है—"जिस प्रसंग से धर्मवीर गाँधी जी को बेटिकट यात्री साबित करने का सुख प्राप्त करना चाहते हैं वह तो मुझे उस महात्मा के जीवन का एक प्रेरक प्रसंग लगता है।" क्या इस शब्द का प्रयोग मेरा जी जलाने के लिए किया गया है? लेकिन ऐसा होना सम्भव नहीं है। मैं केवल एक टीचर के नाते उन्हें समझाना चाहता हूँ कि गाँधी जी को समझना है तो उन्हें 'महात्मा' कहना छोड़ें। 'महात्मा' का विशेषण लगा कर आपने अपने काम को खुद ही बोझिल बना लिया है। वे लिखते भी हैं—"मैं गाँधी जी को ठीक से नहीं जानता। इस की कोशिश जरूर है।"[33]

इस 'महात्मा' शब्द पर गाँधी जी की एक सुचिन्तित सोच रही है। उन्होंने इस का लाभ उठाया है। लेकिन उन्हें इस के नुकसान भी उठाने पड़े हैं। वे काशी के बारे में लिखते हैं—"इस के बाद मैं दो बार और काशी-विश्वनाथ के दर्शन कर चुका हूँ, पर वह

तो 'महात्मा' बनने के बाद। अतएव 1902 के अनुभव तो फिर कहाँ से पाता! मेरा 'दर्शन' करने वाले लोग मुझे दर्शन क्यों करने देते? 'महात्मा' के दुःख तो मेरे जैसे महात्मा ही जानते हैं।''[34] 'महात्मा' बनने से पहले दक्षिण अफ्रीका में वे 'भाई' कहे जाते थे। वे लिखते हैं—''दक्षिण अफ्रीका में मैं 'महात्मा' नहीं बना था, 'बापू' भी नहीं हुआ था। मुवक्किल मित्र मुझे 'भाई' कह कर ही पुकारते थे।''[35] कितना अच्छा हो, राज किशोर गाँधी जी का अध्ययन उन्हें 'महात्मा' मान न करें। मेरा कुछ आता-जाता नहीं, इस में उन्हीं का लाभ है। गाँधी जी को 'महात्मा' कह कर समझना चाहोगे तो आँखें चौंधियाएँगी ही और बुद्धि चक्कर खा जाएगी। यदि वे अब भी उन्हें 'महात्मा' कहने की आदत जारी रखेंगे तो इस से सब से ज्यादा कष्ट गाँधी जी के काम को होना है। उन्हें पता चले कि डा. अम्बेडकर उन्हें 'गाँधी' और 'मिस्टर गाँधी' कहा करते थे। उन की दो पुस्तकों के नाम इस प्रकार हैं—'मिस्टर गाँधी एण्ड दि एमन्शिपेशन ऑफ अनटचेबल्स' तथा 'व्हाट कांग्रेस एण्ड गाँधी हैव डन टु दि अनटचेबल्स।'

संदर्भ

1. सूत न कपास, प्रस्तुति राज किशोर, जनसत्ता, नई दिल्ली, 30 मार्च, 2003
2. सत्य के प्रयोग अथवा आत्मकथा, लेखक मो. क. गांधी, अनुवादक काशीनाथ त्रिवेदी, नवजीवन प्रकाशन मन्दिर, अहमदाबाद-14, पुनर्मुद्रण, जनवरी 2003, पृ. 85
3. वही, पृ. 86
4. वही, पृ. 86
5. वही, पृ. 86
6. वही, पृ. 86
7. वही, पृ. 87
8. वही, पृ. 90
9. वही, पृ. 91
10. वही, पृ. 91-2
11. वही, पृ. 92
12. वही, पृ. 92
13. वही, पृ. 92
14. वही, पृ. 92
15. वही, पृ.-178
16. वही, पृ. 93
17. वही, पृ. 93
18. वही, पृ. 93
19. वही, पृ. 119-20
20. वही, पृ. 119
21. वही, पृ. 382
22. वही, पृ. 31
23. वही, पृ. 56
24. वही, पृ. 98
25. वही, पृ. 100
26. वही, पृ. 100
27. वही, पृ. 101
28. वही, पृ. 101
29. वही, पृ. 101
30. वही, पृ. 102
31. वही, पृ. 58
32. ".......Rabindranath Tagore, India's Nobel Prize Winner, conferred on Gandhi the appellation he would carry for the rest of his life, 'Mahatma'. 'The Great Soul in Beggar's Garb, he called him."
Freedom at Midnight by Larry Collins and Dominique Lapierre, Vikas Publishing House Pvt. Ltd., 5 Ansari Road, New Delhi-110002, Eleventh Impression, 1976, Page -46
33. सूत न कपास, प्रस्तुति राज किशोर, जनसत्ता, नई दिल्ली, 30 मार्च, 2003
34. सत्य के प्रयोग अथवा आत्मकथा, लेखक मो. क. गाँधी, अनुवादक काशीनाथ त्रिवेदी, नवजीवन प्रकाशन मन्दिर, अहमदाबाद-14, पुनर्मुद्रण, जनवरी 2003, पृ. 220
35. वही, पृ. 241

अध्याय-19

देवदत्त क्यों हँसे?[क]

ढाई हजार साल पुराने जमाने की बात है कि देवदत्त ने हंस को तीर मारा था। बुद्ध ने हंस को लगा वह तीर निकाला था। झगड़ा इस बात का था कि हंस किसका है—देवदत्त का या बुद्ध का—मारने वाले का या बचाने वाले का?

अब हमारे जमाने की बात है कि देवदत्त ने 'जनसत्ता' के 8 जून, 2003 के समाचार पत्र में एक लेख लिखा है—'निशाने से आगे'। मतलब यह कि 'देवदत्त' नाम के साथ यह 'निशाना' शब्द जुड़ा ही हुआ है—अब वे पहले देवदत्त हों या नए देवदत्त। निशाना, शिकार, घायल—ये शब्द इस नाम से अब तक भी हटे नहीं हैं।

वे बताने चले हैं कि धर्मवीर के खिलाफ स्त्रियों के छोड़े हुए तीर निशाने से आगे चले गए हैं। लेकिन उन्हें पता नहीं कि ये तीर हर बार चूकेंगे—देवदत्त के हाथों से भी। यदि स्त्रियों के तीर 'निशाने से आगे' पहुंच गए हैं तो देवदत्त के तीर 'निशाने से पीछे' रह गए हैं। विवाह का पक्ष लेते हुए भी आखिर वे अपने लेख में व्यभिचार को स्पेस दे ही गए—"कुछ मामलों में व्यभिचार कर्त्तव्य हो सकता है।" हे भगवान, दलित औरतों और पुरुषों को यह क्या सुनना पड़ रहा है—कानों पर हाथ रख लिए जाएं—सवर्णों के चिन्तन में व्यभिचार कर्त्तव्य की श्रेणी में शोभित है।

खैर, देवदत्त का पहला सवाल अच्छा है—"लेकिन कोई पुरुष साल भर विदेश में रहने के बाद घर लौटे और पाए कि उस की प्रिय पत्नी तीन महीने के एक शिशु को पालने में झुला रही है तो क्या इसे स्त्री स्वतंत्रता की अभिव्यक्ति माना जाएगा? या, ऐसा पति तीन महीने का एक शिशु ले कर घर में प्रवेश करे तो यह दृश्य क्या बहुत शोभनीय होगा?" यह सवाल उन्होंने महिला लेखिकाओं से पूछा है पर यदि यहाँ गाँधीजी का दिया हुआ तैयार उत्तर दे दिया जाए तो अनुचित नहीं होगा। हाँ, सवर्ण समाज में ऐसे प्रश्नकर्ता पहले से ही रहे हैं और उनके रेडीमेड उत्तर भी। प्रसंग इसलिए बनता है क्योंकि देवदत्त ने ही इस लेख में मेरे बारे में लिखा है—"आजकल दलित लेखक धर्मवीर के बुरे दिन चल रहे हैं। हाल ही में महात्मा गाँधी की रेल यात्राओं पर गलतबयानी के

क. देवदत्त क्यों हँसे?, धर्मवीर, जनसत्ता, नई दिल्ली, 6 जुलाई, 2003

मामले में फंस गए थे। इस बार स्त्रियों ने उन्हें धर दबोचा।" खैर, असल मुद्दे पर आया जाए कि गाँधी जी ने देवदत्त के बिलकुल ठीक इसी प्रश्न का उत्तर अपने एक पाठक के भेजे गए एक पत्र के उत्तर में इन शब्दों में दिया था :

"सार देना ही सम्भव होने के कारण एक युवक द्वारा लिखे गए पत्र का सार नीचे दिया जा रहा है :

"मैं विवाहित हूँ; मैं विदेश चला गया था। मेरा एक मित्र था, जिस पर मुझको और मेरे माता-पिता को पूरा विश्वास था। उस मित्र ने मेरी पत्नी को बहका लिया है। अब मैंने विदेश से वापस आकर अपनी पत्नी को उस मित्र के संसर्ग से गर्भवती पाया और पिता से कहा तो वे कहते हैं कि गर्भपात करा देना चाहिए; यदि ऐसा न हुआ तो कुटुम्ब की लाज चली जाएगी। मुझे गर्भपात कराने में धर्म नहीं दिखता। स्त्री को बड़ा पश्चात्ताप हो रहा है। उसने खाना-पीना बन्द कर रखा है, और बहुत रोती-पीटती है। मेरा क्या धर्म है, कृपया मुझे बतलायें?"

"यह पत्र मैं बहुत संकोच के साथ प्रकाशित कर रहा हूँ। ऐसी घटनाएँ समाज में होती रहती हैं, यह सभी जानते हैं। उनके बारे में प्रकट रूप से मर्यादा के साथ चर्चा करना मुझे अनुचित नहीं जान पड़ता; यही नहीं बल्कि वह आवश्यक मालूम होता है।

"गर्भपात नहीं कराना चाहिए, यह तो सूर्यप्रकाश की तरह स्पष्ट है। जैसा दोष इस बेचारी पत्नी ने किया है, वैसा दोष हजारों पति करते हैं। पर उनको कोई कुछ नहीं कहता। समाज इसे बर्दाश्त तो कर ही लेता है, इसकी निन्दा भी नहीं करता। पुरुष जिस विकार के वश में है, उसी के वश में स्त्री भी है। फर्क सिर्फ इतना ही है कि पुरुष का दोष प्रकट नहीं होता और स्त्री का सहज ही प्रकट हो जाता है।

"स्त्री दया की पात्र है। उसके बालक का प्रेम के साथ पालन करना पति का धर्म है। पिता की इच्छा के आधीन न होना धर्म है। अब पति अपनी पत्नी के साथ संभोग करे या न करे, यह एक जटिल प्रश्न है। यदि पति पत्नीपरायण हो, उस ने स्वयं कभी दोष न किया हो तो पत्नीसंग का त्याग करना उस के लिए उचित है। वह पत्नी का पालन पोषण करे, उस के लिए ज्ञान प्राप्त करने की व्यवस्था करे, और पत्नी को शुद्ध रहने में सहायता करे। यदि पत्नी को सच्चा पश्चात्ताप हुआ हो और पति उसे ग्रहण करे तो मुझे उसमें कोई दोष नहीं दीखता। और ऐसी स्थिति की

कल्पना मैं कर सकता हूँ, जबकि उसे, जिसका मन दोष से पूरी तरह से मुक्त हो गया है, ग्रहण करना धर्म हो जाता है।''
(सम्पूर्ण गाँधी वाङ्मय, खण्ड अड़तीस, नवंबर 1928–फरवरी 1929, प्रकाशन विभाग, सूचना और प्रसारण मंत्रालय, नई दिल्ली-110001, संस्करण दिसम्बर 1970, पृ.-194)[ख]

इस लम्बे उद्धरण से पता चलता है कि यदि गाँधी जी का नाम सम्मान से लिया जाएगा तो साल भर बाद विदेश से आने पर हिन्दू पति को अपनी हिन्दू पत्नी के तीन महीने के शिशु को पालने में झूलते देख कर खुश होना ही पड़ेगा। देवदत्त बताएं, मैं इसमें निरुत्तर कहाँ हो जाता हूँ? मैंने यहाँ कौन-सी फूहड़ टिप्पणी कर दी है? गाँधी जी को उद्धृत करना क्या फूहड़पन है? देवदत्त मुझ से लड़ रहे हैं या गाँधीजी से, मैं उनके नजदीक हूँ या गाँधीजी उनके नजदीक हैं? वाह, जो काम उनकी लेखिकाएं न कर सकीं, मुझे मुंहतोड़ जवाब देने का काम वे करने चले हैं। भदेसपन मेरे लेख में है या गाँधीजी के इस उत्तर में? जो जारकर्म को रोके वह भद्दा आदमी है या जो जारकर्म को प्रोत्साहित करे वह भद्दा आदमी है?

अन्त में, मैं दोबारा हाथ जोड़ कर प्रार्थना कर रहा हूँ कि हमें गाँधी जी पर मत बुलवाओ—मामला चाहे उनकी बेटिकट रेल यात्राओं का हो या जारकर्म के द्वारा गैर-पति के बच्चे पलवाने का। उनकी इस मंशा पर रोक लगाते हुए देवदत्त के लेख को पढ़ने से यह पता जरूर लगता है कि महिला लेखिकाओं के चलाए हुए तीर निशाने से आगे नहीं गए बल्कि धोखे से खुद देवदत्त की छाती में लग गए हैं। तीरों की पूरी चुभन उनके लेख में व्यक्त हुई है। शायद प्रभा खेतान और मैत्रेयी पुष्पा के तीर गहरे भी लगे हैं। नोंक ज्यादा पैनी थी। पर स्त्रियों की आँखों पर पट्टी बाँध कर तीर चलवाए जाएंगे तो ऐसा होगा ही।

ख. यहाँ अनुवाद को ज्यों का त्यों रखा गया है।

अध्याय-20

हिन्दुओं के दो महापुरुषों की अछोपा औरतें और वे खुद[क]

इन दो हिन्दू महापुरुषों में सब से पहले प्रेमचंद को लिया जाए। ये हिन्दी में साहित्य के महापुरुष हैं और इन की ख्याति और मान्यता भारत की अन्य साहित्यिक भाषाओं तक में फैली हुई है। ये विदेशों में भारतीय साहित्य की प्रगतिशीलता के राजदूत भी हैं। इन के नाम से यह भ्रम फैलाया गया है कि ये दलितों के बड़े हितैषी थे। आश्चर्य की बात यह है कि हिन्दुओं के पास आज तक इन का कोई विकल्प नहीं है। शायद, दूसरे के पैदा होने की गुंजाइश ही नहीं है क्योंकि जन्म ही उलटा हुआ था—मतलब—फरेब से पैदा हुआ था।

सामाजिक अन्याय की जड़ अस्पृश्यता है। इस से बड़ा सामाजिक अन्याय धरती पर दूसरा नहीं हो सकता कि एक मनुष्य दूसरे मनुष्य को घृणा की वजह से न छुए। न छूने के रोग सम्बन्धी कारण हो सकते हैं, लेकिन उन्हें अस्पृश्यता नहीं कहा जाएगा। हिन्दुओं की खोजी गई अस्पृश्यता धार्मिक मूल की है। गिनाए गए और चिह्नित किए गए लोगों को छूने से धर्म भ्रष्ट होता है—यह मनुष्य जाति के इतिहास में एक अनहोनी है। बताया यह जाना है कि अस्पृश्यता की यह अनहोनी प्रेमचंद के घर में बसती थी। खुद प्रेमचंद की जबान पर यह लिखित रूप में मौजूद थी। यूँ कहिए कि प्रेमचंद ने इसे अपने घर में पाला-पोसा है और पूरी जवान कर दी है।

प्रेमचंद के घर में दलितों के साथ छुआछूत बरती जाती थी, इस के प्रमाण दिए जा सकते हैं। उन की पत्नी श्रीमती शिवरानी देवी अपनी पुस्तक 'प्रेमचंद : घर में' लिखती हैं—"एक बार की बात है। मैं बीमार थी, मुझे दस्त की बीमारी थी। मेरा लड़का धुन्नू आठ महीने का था। बीमार कई महीने रही। डाक्टरों को आशंका थी कि अपने बच्चे

क. डा. श्यौराज सिंह बेचैन के संयोजन में 'भारतीय उच्च अध्ययन संस्थान, राष्ट्रपति निवास, समर हिल, शिमला-171 005' द्वारा 'समकालीन भारतीय साहित्य में सामाजिक न्याय की अवधारणा : विशेष संदर्भ दलित साहित्य' के विषय पर दिनांक 14 से 16 नवम्बर, 2007 को आयोजित संगोष्ठी में डा. धर्मवीर का यह लेख उनकी अनुपस्थिति में डा. दिनेश राम द्वारा पठित।

को मैं दूध पिलाती रही तो तपेदिक हो जाने का पूरा खतरा है। इस पर आप (प्रेमचंद) बोले—'मेहतरानी को दूध पिलाने के लिए रख लो। नहीं तो धुन्नू भी तो कमजोर पड़ जाएगा।' "[1] आगे का वृत्तान्त इस प्रकार है :

"मैं—'यह सब कुछ नहीं।'
'नहीं जी, दूध में क्या हर्ज है? तुम उसे मत छूना। वह तो बच्चा है।'
मैं—'बच्चे पर दूध का असर बहुत पड़ता है...।'
आप बोले—'फिर तुम्हीं बताओ। क्या करूँ?'
मैं—'बकरी का दूध ठीक रहेगा।' एक बकरी उन्होंने मंगवायी।"[2]

बात सीधी-सी है, दूध तो वे गाय और भैंसों का भी पी रहे हैं जो जानवर हैं। बकरी मँगवाई ही गई है। बच्चे को मेहतरानी का दूध पिला देंगे तो क्या फर्क पड़ता है? शिवरानी की अकल तो देखो—बकरी का दूध अपने बच्चे को पिला रही हैं, पर मेहतरानी का दूध पिलाने को तैयार नहीं हैं। यही हमें पूछना है कि इन की माथे की फूट रही हैं कि मेहतरानी का दूध पिलाने पर क्या असर पड़ता है, जो गाय-भैंस और बकरी के दूध के मुकाबले में वह अछूत माना गया है। फिर, जब मनुष्यों में अछूत मेहतरानी ढूँढ़ ली तो बकरियों में अछूत बकरी क्यों नहीं ढूँढ़ी? तब इन के हिसाब से बकरियों में भी अछूत बकरियाँ अवश्य होनी चाहिए थीं। तभी स्वामी अछूतानंद ने अपनी गजल में लिखा है—"कुत्ते व बिल्ली मक्खी से भी बना के नीचा।"[3] फिर, बच्चों के साथ हुई या बरती गई छुआछूत को हिन्दू लोग छुआछूत नहीं मानते। उस का उपाय भी आसान है। लेकिन प्रेमचंद अपनी पत्नी से यह कहना नहीं भूले कि तुम उस मेहतरानी को मत छूना। यही तो पूछ रहा हूँ कि ये शब्द निकलने से पहले प्रेमचंद की जबान जल क्यों नहीं गई थी। क्या यह दलित साहित्य रचा जा रहा है? इस से भंगी जात के लेखक प्रेमचंद से कितनी प्रेरणा लेंगे? अनपढ़ी में वे कुछ भी कह दें, पर पढ़-लिख कर अनपढ़ कैसे बन सकते हैं?

लेकिन शिवरानी ने भी जवाब में तीर छोड़ने में कोई कोर-कसर नहीं रखी। सुनिए, उन्होंने प्रेमचंद से क्या कहा था, उन्होंने अपने शब्द दर्ज किए हैं—"बच्चे पर दूध का असर बहुत पड़ता है। उस का दूध इस की प्रकृति के अनुकूल भी तो न पड़ेगा। वह आठ महीने का है, मेहतरानी को तो अभी बच्चा हुआ है। उस का दूध कैसे माफिक पड़ेगा?"[4] यूँ, हिन्दुओं में एक से एक अकल के पुर्जे भरे पड़े हैं। शिवरानी लिखती हैं—"अहीर के यहाँ से फिर एक सेर दूध आने लगा।"[5] अब माफिक आने या न आने वाली सारी बात खत्म। अब भैंस या गाय के दूध का हिसाब नहीं लगाया गया कि वह लैन का है, या बाँकड़ी का है। अहीर की भैंस या गाय बिलकुल लैन हो, तब क्या करें? तब उस का पता भी नहीं लगाया जा रहा है। यह छुआछूत से भरे हिन्दुओं के दिमाग की संरचना है। शिवरानी के बजाय प्रेमचंद से ही पूछा जाए कि क्या मेहतरानी के बच्चे को अपनी माँ की छाती के दूध की जरूरत नहीं थी। किसी ठकुरानी या ब्राह्मणी के दूध के लिए

क्यों नहीं कहा था? हाय रे प्रेमचन्द! हाय रे शोषण!! यहाँ प्रेमचंद खुद ही मान्यता दे रहे हैं कि तुम उस मेहतरानी को छूना मत। फिर, पत्नी के छुआछूत बरतने के व्यवहार के सामने हारे भी हैं। हारना भी क्यों कहा जाए?—यह उन के घर की सामान्य मान्यता थी। यदि नहीं, तो इसी बात के लिए अपनी पत्नी से लड़े क्यों नहीं? दलित के हिसाब से, यह प्रेमचंद के लिए घर में धुंधुकार उतारने का समय था, जिस में से उन्होंने कुछ भी नहीं किया। कम से कम शोर कर के उन्हें अपना घर सिर पर उठा लेना चाहिए था।

यह कब की बात थी? तब उन का बड़ा लड़का धुन्नू 8 महीने का था। धुन्नू का जन्म किस साल में हुआ था? शिवरानी लिखती हैं कि धुन्नू के जन्म के समय प्रेमचंद की उम्र छत्तीस-सैंतीस साल की थी।[6] तभी कहा जा रहा है कि हिन्दू कौम क्या कर के छुआछूत को मिटा सकती थी क्योंकि उन के प्रेमचंद जैसे लेखक महापुरुष अपनी 37 वर्ष की उम्र में अपने घर में छुआछूत से लड़ने को तैयार नहीं थे। कहा जाता है कि प्रेमचंद ने छुआछूत के विरोध में कई कहानियाँ लिखीं लेकिन उस सब के बजाय एक यह काम अच्छा होता कि न मानने पर उस दिन वे अपनी पत्नी का भसरा बिगाड़ देते। क्या छुआछूत को मिटाने के लिए हिन्दुओं को कुछ भी नहीं करना पड़ेगा? क्या कहानियाँ लिखने को हिन्दू लेखकों की कथनी में शामिल नहीं किया जा सकता जो उन की करनी से हमेशा छत्तीस के नाते में रहती है और जिस काम में वे बेहद सिद्धहस्त और पारंगत हैं? 'गोदान' में सिलिया चमारी और मातादीन ब्राह्मण के रिश्तों की कहानी लिखने वाले प्रेमचंद को यह जान लेना चाहिए था कि उन के अपने घर की कहानी क्या ज्यादा ठीक है। मेहतरानी से छुआछूत बरतने पर बाद में बने 'द प्रोटेक्शन आफ सिविल राइट्स एक्ट, 1955' के अनुसार शिवरानी को छह महीने तक की सजा हो सकती थी,[7] प्रेमचंद ने तो शिवरानी को तनिक भी दण्ड नहीं दिया। लेकिन इस से भी बड़े आश्चर्य और दुर्भाग्य की बात यह है कि आज उसी मेहतर जाति के एक लेखक ओम प्रकाश वाल्मीकि ने अरुण आदित्य से प्रेमचंद के बारे में संवाद में बोला है जो पत्रिका 'पल प्रतिपल' में छपा है—"...मैं उन्हें (प्रेमचंद को) महान लेखक मानता हूँ। वे श्रेष्ठ लेखक हैं, बड़े कलाकार हैं, हमारे अग्रज हैं....।"[8]

खैर, एक ओम प्रकाश वाल्मीकि के न लगती हो, मेरा मतलब है कि प्रेमचंद की खेल-खेल में दी गई यह गाली न चुभती हो, पर ऐसा नहीं है कि सारे दूसरे दलित लेखकों को भी गुस्सा न आता हो। खासकर, अपने साहित्य में उन के द्वारा चमारियों की इज्जत उतारने की वजह से प्रेमचंद के बारे में मेरी राय धुर दूसरे ध्रुव की है।

अब हिन्दुओं के एक दूसरे महापुरुष गाँधी जी की बात ली जाए। वे प्रेमचंद के आदर्श पुरुष थे। इस मामले में वे कैसे थे?

पहले ही बता दिया जाए कि गाँधी जी राजनेता ही नहीं थे बल्कि गुजराती भाषा के बड़े साहित्यकार भी थे। उन्होंने अपनी आत्मकथा मूल रूप में गुजराती भाषा में लिखी थी। इतना ही नहीं, वे अपने समकालीन अनेक भारतीय साहित्यकारों के प्रेरणा स्रोत भी

बने थे। उन के प्रेरणा स्रोत होने का यह क्रम हमारे समकालीन भारतीय साहित्य तक में जारी है। आज भी, दलित की नहीं, पर जब कोई चारा नहीं रहता तो मार्क्सवादियों समेत सवर्ण साहित्यकारों की वे शरणस्थली बन जाते हैं।

अब गाँधी जी और उन की पत्नी श्रीमती कस्तूरबा के बारे में जाना जाए। अच्छी बात यह है कि यदि प्रेमचंद के बारे में उन की पत्नी शिवरानी ने लिखा था तो यहाँ गाँधी जी ने अपनी पत्नी कस्तूरबा के बारे में लिखा है। गाँधी जी अपनी पुस्तक 'सत्य के प्रयोग अथवा आत्मकथा' में लिखते हैं—"जब मैं डरबन (दक्षिण अफ्रीका) में वकालत करता था, तब अकसर मेरे मुहर्रिर मेरे साथ रहते थे। उन में हिन्दू और ईसाई थे अथवा प्रान्त की दृष्टि से कहूँ तो गुजराती और मद्रासी थे।....एक मुहर्रिर ईसाई था। उस के माता-पिता पंचम जाति के थे। हमारे घर की बनावट पश्चिमी ढब की थी। उस में कमरों के अन्दर मोरियाँ नहीं होतीं...। इस से हर एक कमरे में मोरी की जगह पेशाब के लिए खास बरतन रखा जाता है। उसे उठाने का काम नौकर का न था, बल्कि हम पति-पत्नी का था। जो मुहर्रिर अपने को घर का-सा मानने लगते, वे तो अपने बरतन खुद उठाते भी थे। यह पंचम कुल में उत्पन्न मुहर्रिर नया था। उस का बरतन हमें ही उठाना चाहिए था। कस्तूरबाई दूसरे बरतन तो उठाती थी, पर इस बरतन को उठाना उसे असह्य लगा। इस से हमारे बीच कलह हुआ। मेरा उठाना उस से सहा न जाता था और खुद उठाना उसे भारी हो गया था। आँखों से मोती की बूँदें टपकाती, हाथ में बरतन उठाती और अपनी लाल आँखों से मुझे उलाहना दे कर सीढ़ियाँ उतरती हुई कस्तूरबाई का चित्र मैं आज भी खींच सकता हूँ।"[9]

इस बात को ले कर गाँधी जी और कस्तूरबा में बहुत झगड़ा हो गया था। लेकिन गाँधी जी के शब्दों में झगड़ा इस प्रकार निपटा—"यदि पत्नी मुझे छोड़ नहीं सकती थी, तो मैं भी उसे छोड़ कर कहाँ जा सकता था?"[10] गाँधी जी इस प्रकरण में यह भी लिखते हैं—"कस्तूरबाई चाहे तो मुझे आज धमका सकती है।"[11] बताइए, वह क्या धमका सकती है? छुआछूत बरतने वाली वह क्या कोई अच्छी औरत थी? गाँधी जी कस्तूरबा के बारे में आगे लिखते हैं—"उसे न तो उस के माता-पिता ने शिक्षा दी...।"[12] गलत, एकदम गलत, गाँधी जी की बात बिलकुल गलत। सच्ची बात यह थी कि कस्तूरबा को उस के माता-पिता ने छुआछूत बरतने की शिक्षा दी थी। छुआछूत बरतना क्या कस्तूरबा अपने आप सीख गई थीं? क्या वे हिन्दुस्तान में अकेली हिन्दू औरत थीं जो पंचमों से छुआछूत बरतती थीं?

मैंने इस बारे में 'कथादेश' में छपे अपने लेख 'बाबा साहेब डा. अम्बेडकर और यौन-सदाचार' में लिखा था—"...जिस बात का कस्तूरबा से हमारा सम्बन्ध है उस में तो वे मेरी दलित कौमों के लिए विष की बेल ठहरती हैं। 'विष की बेल' कहना उचित न हो पर उन्हें 'छुआछूत की छड़ी' तो कहा ही जा सकता है। जब गाँधी जी किसी बर्तन को उठा सकते थे तब कस्तूरबा को अपने घर की सफाई के इस काम से क्या एतराज

होना चाहिए था? बात दक्षिण अफ्रीका में सन 1898 की है।"[13] पूछना यह है कि यदि गाँधी जी घर में भैंस ला कर बांध देते, तब कस्तूरबा क्या करतीं? तब क्या भैंस का गोबर नहीं हटाना था? क्या वह कस्तूरबा के घर में ऐसे ही बिखरा पड़ा रहता? क्या पशु पालने हमारे जीवन का अंग नहीं हैं? क्या हमारे व्यवसाय उन से नहीं जुड़े हैं? क्या मानव सभ्यता का विकास आज भी बिना गाय-भैंस के गोबर हटाने और घोड़ों की लीद साफ करने के सम्भव है? बाद में गाँधी जी ने बकरी रखी ही थी, उस की मशिंगन कौन साफ करता था? एक पंचम जाति के मोहर्रिर के पेशाब का बर्तन उठाने में कस्तूरबा के भीतर का क्या टूट रहा था जबकि दूसरी जातियों के मोहर्रिरों के पेशाबों के बर्तन उन्हीं हाथों से उठाए जा रहे थे? आखिर, कस्तूरबा ने अपने चार बेटे भी उन के गू-मूत करके पाले थे। फिर फर्क क्या था?

गाँधी जी एक दूसरी कहानी भारत में आने के बाद की लिखते हैं। सन् 1915 में उन्होंने अहमदाबाद में एक आश्रम खोला। आशा के विपरीत, शर्तों में बंधने के कारण, गाँधी जी को उस आश्रम में एक अछूत परिवार को बसाना पड़ गया। सहायक मित्र मंडली में खलबली मच गई। गाँधी जी लिखते हैं–"पर जिस तरह बाहर खलबली मची, उसी तरह आश्रम में भी मची। यद्यपि दक्षिण अफ्रीका में मेरे यहाँ अन्त्यज आदि आते, रहते और भोजन करते थे, तथापि यह नहीं कहा जा सकता कि यहाँ अन्त्यज कुटुम्ब का आना मेरी पत्नी को और आश्रम की दूसरी स्त्रियों को पसन्द आया। दादी बहन (आश्रम में दूदा भाई अछूत की अछूत पत्नी) के प्रति घृणा नहीं तो उन की उदासीनता ऐसी थी, [illegible] मेरी अत्यन्त सूक्ष्म आँखें देख लेती थीं और तेज कान सुन लेते थे। आर्थिक सहायता के अभाव के डर ने मुझे जरा भी चिंतित नहीं किया था। पर यह आन्तरिक क्षोभ कठिन सिद्ध हुआ।"[14] तो, यह कस्तूरबा का गाँधी जी के आश्रम में दलित नारी के साथ व्यवहार था।

क्या बात यहीं रोक दी जाए? इस से आगे क्या कहा जाए? कहा यह जाए कि यह सब जानते हुए भी कि हिन्दू बच्चे को छुआछूत का बर्ताव करना मातृभाषा की तरह घुट्टी में मिलता है, हिन्दुओं के ये दोनों महापुरुष–प्रेमचंद और गाँधी–दलितों के प्रतिनिधि होने का दावा करते हैं। प्रेमचंद की आधी-अधूरी बात उन की पत्नी शिवरानी नहीं मानतीं और वे दलितों की तरफ पाला बदलने का ख्वाब देख रहे हैं। छुआछूत को मिटाने में गाँधी जी की बात अपनी पत्नी कस्तूरबा के सामने नहीं चलती और वे डा. अम्बेडकर से लन्दन की गोल मेज सभा में झगड़ रहे हैं कि अछूतों का प्रतिनिधि मैं हूँ। फिर, झूठे दावे कि मैं छुआछूत को एक साल में मिटा दूँगा, दो साल में मिटा दूँगा, कल मिटा दूँगा, आज मिटा दूँगा। हिन्दुओं के इन दोनों महापुरुषों का उन दिनों दलितों के इतिहास के साथ यह खेल हो रहा था! प्रायश्चित और पश्चाताप में यदि आज के हिन्दू पुरुषों को दलितों की नजरों में कुछ चढ़ना है तो वे कम से कम इतना कर लें कि पत्नी द्वारा छुआछूत बरतने को 'हिन्दू विवाह अधिनियम, 1955' में तलाक का कारण लिखवा

लें। तब हिन्दुओं के कितने घर टूटेंगे? अजी, पूछा यह जाए कि कोई घर साबुत बचेगा कि नहीं। इन की औरतें—हे भगवान! प्रेमचंद और गाँधी खुद ही बता रहे हैं कि वे कैसी होती हैं!!

संदर्भ

1. प्रेमचंद : घर में, शिवरानी देवी प्रेमचंद, आत्माराम एण्ड संस, 1376, कश्मीरी गेट, दिल्ली-110 006, संस्करण 2005, पृ.-61
2. वही, पृ.-61-2
3. राम राज्य न्याय (नाटक) शम्बूक मुनि-बलिदान, स्वामी अछूतानंद, बहुजन कल्याण प्रकाशन, सआदत गंज, लखनऊ-3, 11वीं बार, 1995, पृ.-20
4. प्रेमचंद : घर में, शिवरानी देवी प्रेमचंद, आत्माराम एण्ड संस, 1376, कश्मीरी गेट, दिल्ली-110 006, संस्करण 2005, पृ.-62
5. वही, पृ.-62
6. वही, पृ.-54
7. Dalit and The Law, Girish Agrawal and Colin Gonsalves, Human Rights Law Network, 65, Masjid Road, Jangpura, New Delhi-110 014, Edition 2005, pp.-53-68
8. सामन्त का मुंशी या कलम का सिपाही, संवाद, अरुण आदित्य, पल प्रतिपल, एस. सी. एफ. 267, सेक्टर-16, पंचकूला—134 113, हरियाणा, जून-सितम्बर, 2005, पृ.-75
9. सत्य के प्रयोग अथवा आत्मकथा, लेखक मो. क. गाँधी, अनुवादक, काशीनाथ त्रिवेदी, नवजीवन प्रकाशन मन्दिर, अहमदाबाद—380 014, पुनर्मुद्रण, जनवरी 2003, पृ.-249
10. वही, पृ.-250
11. वही, पृ.-250
12. वही, पृ.-251
13. मातृसत्ता, पितृसत्ता और जारसत्ता : खण्ड—छह : दूसरों की जूतियाँ, डा. धर्मवीर, वाणी प्रकाशन, 21-ए, दरियागंज, नई दिल्ली-110 002, प्रथम संस्करण, 2007, पृ.-88 पर कथादेश, सी-52/जेड-3, दिलशाद गार्डन, दिल्ली-110 095, अक्तूबर, 2003, पृ.-73-8 से उद्धृत
14. वही, पृ.-88-9 पर उद्धृत

APPENDIX-I

Twenty One Thesis on Dalit Language, Literature and Thought [A]

I

1. There is a separate and distinct identity of Dalit Language in every Indian language. They are different from Sanskrit and its influences. Sanskrit was never the language of the Dalits in India. It is a foreign language to them in their villages and their cities. If Sanskrit would have been the mother tongue of the Dalits, nobody could have stopped using Sanskrit from them. Nobody can say to a Malayali in Kerala that he is not allowed to use Malayalam. It is just inconceivable that all the Malayali women will not be allowed to speak and listen to Malayalam.

2. Sanskrit was not the language of the Punjab also where the Vedic literature is said to have been composed. In Punjabi language, 'Kshatriya' of Sanskrit is pronounced as 'Khatri' and 'Brahmana' as 'Bamman' throughout the Hindi belt.

3. No Dalit ancestor has written the Vedas. They were not the writers of any Vedic book. So, the Dalit should not claim any right over the Vedas. They do not belong to them. The Vedas are written in a language which is foreign to the Dalits. Valmiki and Vyas were not the ancestors of the present day Dalits. At the most, some of them were the old Aryo-Indians who were fighting for their patriarchal identity.

A. Presented by Dr.Dharam Veer, I.A.S, at the South Indian Literary Workshop from 27th to 29th May 2002, organised by the Scheduled Caste Development Department, Government of Kerala, at the Vailoppilly Sanskriti Bhavan, Thiruvananthapuram

4. The unity of the Dalit Indian languages is beyond the advent of three major foreign languages in India, namely, English, Persian and Sanskrit. If researches are made in this area, it will be known that Hindi has a very close relation with the South Indian Dravidian languages.

5. Clarity is the main contribution of the Dalit languages. Kabir also says_" मैं कहता सुरझावनहारी तू रहता उरझाई रे–"I always use the language which can solve the problem but you make it every time complicated." Comparing Hindi with Sanskrit he says – " संहस्कृत है कूप जल भाषा बहता नीर" – "While Sanskrit is the stagnated water of a well, Hindi is the flowing water of a river."

II

6. Dalit should contribute by changing their attitude towards society and nature. They should not ask for anything from their opponents, rather they should fight to contribute something special to the world. It is their right, and responsibility too, to add to the world civilisation. They cannot bear and afford to making complaints. Complaint is the worst enemy of human dignity. It goes against the unfolding of great potentialities of individuals. And the Dalits are capable of going on this right path. They know, they have never been the beggars. They earn their livelihood through the dint of hard work and by pure means. They have to prove to be the great children of their grand parents of history. They can avail themselves of any opportunity to contribute comprehensively to the world literature. If anything turns out to be a disaster, who can stop them from giving the best pieces of world literature on that account?

7. Dalit literature is a way of life of loving every human being. It cannot preach hatred and violence. These things are absent and foreign to the Dalit philosophic base. But it advocates struggle against the odds of society and nature. It resists all those things which are incongenial to mental health and social progress. It is based on scientific temper and humanism. It

can never go against the ideal of equality, on the other hand, it has to fight out inequality found anywhere in society.

8. The Dalits are not a weeping lot of society. They laugh whenever they get the opportunity — and they get ample opportunities to laugh and smile. Their marriages and births make them happy. They dance and sing on the occasion of seasonal changes. They understand the language of morning birds and read the meaning of the colours of flowers. In the night, they look deep into the sky which is full of stars and milky ways. The Sun comes to them to make them awake and the Moon shines on them in the fields. Certainly, they are the fortunate and equal creatures of nature and God. Nobody can make them low in this harmony. So, they should sing the songs of thanksgiving to the Mother Earth where they have been born. They cannot be denied their natural right to offer their prayers to the Father Universe.

9. It needs a welcome that the Dalit women have started writing literature in some Indian languages from the very beginning. But the opponents of the Dalits demand more and more literature from the Dalit women only. They are afraid of the literature being written by the Dalit man. Then, why should they not be afraid of the Dalit women literature also? No Dalit literature can be soft to them, the Dalit women would offend them writing against their adulteries and mass rapes. They can present this aspect in literature in a better way. The Dalit women have to understand it very clearly in their mind that they are not untouchables when they are raped or are used in adultery. This is Dalit man who is an untouchable for them. It is just not possible that the Dalit woman will become a millionaire at the cost of her Dalit man remaining poor.

10. The Dalits are a group of communities. The non-Dalits may use them against each other in literature also. But it is their policy which they have been using throughout the time. Dalit writers should understand that their opponents will derecognise all of them after recognising one of them, for the time being, against the other. For the Dalit writers, the

literature is more than mere livelihood and recognitions. They are set with a mission of human liberation. They have to perform their task instead of running after mean livelihood and fake recognitions.

11. The Dalits are the sufferers of the sexual immorality of the non-Dalits. This has to be abolished. Even when the untouchablity is abolished, immorality remains there with all its crimes. The Dalits believe in the institution of marriage. If anybody practices adultery, their personal law, which is full of responsibility and freedom, checks him and punishes him. Radhavad of the Krishana Bhakti is not available to the Dalit man or Dalit woman. They become husband and wife leaving no room for adulteress and adulterer.

12. The question still remains as to what about the form of the Dalit literary writings. One such answer is autobiography. This has become popular form of Dalit literature in India. But, why is it so that the autobiography writing is absent among the non-Dalit writers? Do they not have their personal life and its bitter experiences? If they have, what prohibits them from writing autobiographies? What are they hiding from society? And why are the Dalit writers so open even to tell that they are born out of illicit relations?

13. There is a debate going on that the non-Dalits can write Dalit literature. But the non-Dalits were already educated persons and they were writing their own literature. Why did they not write Dalit literature when they were capable of writing it? Were not the Dalits existing at that time? Is the Dalit a new and recent phenomenon in Indian society? The non-Dalit writer should recognise this fact that Dalit writings is not a profession. If Hitler wants to perform the role of the Buddha, it can be very well imagined, what type of the performance it may be. There should not be a place for the hypocrisies and jokes, at least in literature, otherwise, that will be a deceptive literature defeating its very purpose of liberating human beings.

III

14. The Dalits are unable to know their opponents. They are unable to name them. How much unfortunate are they in this world of confusion and illusion? This is the reason that their thoughts are not complete and clear even to themselves. This is the root cause of their disturbed and cursed thinking. The Dalits have to re-know as to what they are born.

15. They are what they have been made by others. They simply complain. They do not assert themselves for their own cause because they do not know what is their real cause.

16. The tragedy with the Indian thinking, including the thinking of the Buddha and Mahavir, is that they could not separate, themselves from their opponents. Nobody can reform others, but these Indian thinkers died with this satisfaction that they have reformed their opponents. That is why the great men of India are easy prey of hypocrisy. Either they themselves are hypocrites or they are won over by the hypocrites. For the Dalits, it is the same thing from both the sides.

17. The Dalit have not theorised their problems. They have not analysed them. They have not laid down their course of actions. They simply complain, they simply criticise. Their cry is just like a case of rumour in historical evidence. Nobody listens to them. Nobody notices them because they themselves are not serious to their causes. The human history does not run this way. It is unfortunate that they are satisfied if they are given a piece of bread. They do not fight for the future of their generation.

18. They should solve their own problems. Nobody will solve their problems. It is their own responsibility. Performing this work, they can contribute the greatest thinking to the world. They should not avoid it by shirking from their duties. They have to fulfill their historical task.

19. Criticising others have become their way of thought. They should stop criticising anybody who is not their own man. This is anti-democratic and they have no such right to criticize others.

20. If the Dalits need religion, which of course they need, they should have their own religion. They should write their own scripture.

21. 'Sacrifice' is a word which gets its meaning when a man has his own thinking. For this purpose, the Dalits should have their own thinking. A man should be ready to die for his convictions and for his own religion. In the absence of their religion, they do not have the concept of martyrdom. They are always used by others instigating and compelling them to fight among themselves only.

सन्दर्भ साहित्य

I. हिन्दी पुस्तकें

1. अम्बेडकर : प्रबुद्ध भारत की ओर, गैल ओमवेट, अनुवादक, डा. पूरनचंद टंडन, पेंगुइन बुक्स इण्डिया (प्रा. लि.), 11, कम्युनिटी सेन्टर, नई दिल्ली-110 017, संस्करण, 2005
2. अष्टादश स्मृति (भाषा टीका सहित), लेखक, मिहिर चन्द, संशोधक तथा परिवर्धक, नाम शरण सिंह, नाग प्रकाशन, 11 ए/यू. ए., जवाहर नगर, दिल्ली-110 007, संस्करण 1990
3. अस्पृश्य किस देश के नागरिक हैं?, धर्मवीर, राज किशोर द्वारा सम्पादित पुस्तक 'आज के कुछ प्रश्न-10 : मानव अधिकारों का संघर्ष' में संकलित, वाणी प्रकाशन, 21-ए, दरियागंज, नई दिल्ली-110 002, संस्करण, 2004, पृ.-76-90
4. आरक्षण : सामाजिक न्याय एवं राजनैतिक सन्तुलन, डॉ. अनिरुद्ध प्रसाद, रावत पब्लिकेशन्स, 3-न-20, जवाहर नगर, जयपुर-302 004, संस्करण 1991
5. कबीर : आधुनिक सन्दर्भ में, डा. राजदेव सिंह, लोक भारती प्रकाशन, 15 ए, महात्मा गांधी मार्ग, इलाहाबाद-1, संस्करण 1999
6. कबीर (कबीर के व्यक्तित्व, साहित्य और दार्शनिक विचारों की आलोचना), डा. हजारी प्रसाद द्विवेदी, हिन्दी ग्रन्थ रत्नाकर कार्यालय, बम्बई-4, तृतीय परिवर्धित संस्करण, 1950
7. कबीर साहित्य की प्रासंगिकता, सम्पादक विवेक दास, कबीर वाणी प्रकाशन केन्द्र, सतगुरु कबीर मन्दिर, कबीर चौरा मठ, वाराणसी-1, 1978
8. कौटिल्य का अर्थशास्त्र, व्याख्याकार वाचस्पति गैरोला, चौखम्बा विद्या भवन, चौक (बनारस स्टेट बैंक भवन के पीछे), पो. बा. नं. 69, वाराणसी-221 001, तृतीय संस्करण, 1984
9. क्या शूद्र भी हिन्दू हैं?, धर्मवीर, पुस्तक 'आज के प्रश्न-3 : हिन्दू होने का मतलब' में संकलित, सम्पादक राजकिशोर, वाणी प्रकाशन, 21-ए, दरियागंज, नई दिल्ली-110 002, प्रथम संस्करण, 1994, पृ.-91-97
10. जातिविहीन समाज का सपना, धर्मवीर, पुस्तक 'आज के प्रश्न-13 : जाति का जहर' में संकलित, सम्पादक राजकिशोर, वाणी प्रकाशन, 21-ए, दरिया गंज, नई दिल्ली-110 002, प्रथम संस्करण, 1998, पृ.-72-81
11. दर्शन-दिग्दर्शन, राहुल सांकृत्यायन, किताब महल, इलाहाबाद, प्रथम संस्करण, 1944
12. दलितों का दर्शन क्या हो?, धर्मवीर, पुस्तक 'आज के प्रश्न-6 : हरिजन से दलित' में संकलित, सम्पादक राज किशोर, वाणी प्रकाशन, 21-ए, दरियागंज, नई दिल्ली-110 002, प्रथम संस्करण, 1994, पृ.-143-155

13. दूसरी परम्परा की खोज, नामवर सिंह, राजकमल प्रकाशन प्रा. लि., 1-बी, नेताजी सुभाष मार्ग, दरियागंज, दूसरा संस्करण, पहली आवृत्ति, 2000
14. देहरी भई विदेस : लेखिकाओं के आत्मकथांश, सम्पादक राजेन्द्र यादव, अर्चना वर्मा और बलवंत कौर, किताब घर प्रकाशन, 4855-56/24, अंसारी रोड, दरियागंज, नई दिल्ली-110 002, प्रथम संस्करण, 2005
15. धर्मशास्त्र का इतिहास : प्राचीन एवं मध्यकालीन धर्म तथा लोक-विधियाँ, प्रथम भाग, डा. पी. वी. काणे, अनुवादक, अर्जुन चौबे काश्यप, उत्तर प्रदेश हिन्दी संस्थान, महात्मा गांधी मार्ग, लखनऊ, तृतीय संस्करण, 1980
16. नागपुर का धम्मोपदेश, बोधिसत्व बाबा साहब डा. अम्बेडकर, भारतीय बौद्ध महासभा (पंजी.), दिल्ली प्रदेश, बुद्ध विहार, अम्बेडकर भवन, नई दिल्ली-110 055
17. प्रेमचंद : घर में, शिवरानी देवी प्रेमचंद, आत्माराम एण्ड संस, 1376, कश्मीरी गेट, दिल्ली-110 006, संस्करण 2005
18. प्रेमचंद : विविध प्रसंग, खण्ड-3, संकलन और रूपान्तर, अमृत राय, हंस प्रकाशन, इलाहाबाद, प्रथम संस्करण, प्रेमचंद स्मृति दिवस, 1962
19. प्रेमचंद : सामन्त का मुंशी, डा. धर्मवीर, वाणी प्रकाशन, 21ए, दरियागंज, नई दिल्ली-110 002, प्रथम संस्करण, 2005
20. भारत का संविधान, 1 सितम्बर, 1991 को यथाविद्यमान, भारत सरकार, विधि, न्याय और कम्पनी मन्त्रालय, विधायी विभाग, राजभाषा खण्ड, तीसरा संस्करण, 1991
21. मंडल रिपोर्ट : वर्ण व्यवस्था से समाजवादी व्यवस्था की ओर, मस्त राम कपूर, सारांश प्रकाशन प्रा. लि., 13, दरियागंज, नई दिल्ली-110 002, दूसरा संशोधित-परिवर्धित संस्करण, 1996
22. मातृसत्ता, पितृसत्ता और जारसत्ता : खण्ड-छह : दूसरों की जूतियाँ, डा. धर्मवीर, वाणी प्रकाशन, 21-ए, दरियागंज, नई दिल्ली-110 002, प्रथम संस्करण, 2007, पृ.-88 पर कथादेश, सी-52/जेड-3, दिलशाद गार्डन, दिल्ली-110 095, अक्तूबर, 2003, पृ.-73-8 से उद्धृत
23. मानव अधिकारों की सार्वभौम घोषणा, भारत सरकार, विधि और न्याय मंत्रालय, राजभाषा खंड, विधायी विभाग, प्रकाशक-नियंत्रक, सिविल लाइन्स, दिल्ली-110 054
24. मेरे जीवन के अनुभव, सन्तराम बी. ए., हिन्दी प्रचारक पुस्तकालय, पो. बाक्स नं. 70, पिशाच मोचन, वाराणसी-1, प्रथम संस्करण, अक्तूबर 1963
25. युगपुरुष बाबा साहेब डॉ. भीमराव अम्बेडकर : संघर्ष गाथा, हिमांशु राय, समता प्रकाशन, 30/64, गली नं. 8, विश्वास नगर, शाहदरा, दिल्ली-110 032, प्रथम संस्करण, दिसम्बर 1990
26. राम राज्य न्याय (नाटक) शम्बूक मुनि—बलिदान, स्वामी अछूतानंद, बहुजन कल्याण प्रकाशन, सआदत गंज, लखनऊ-3, 11वीं बार, 1995
27. वैदिक सम्पत्ति, पण्डित रघुनंदन शर्मा, सार्वदेशिक आर्य प्रतिनिधि सभा, महर्षि दयानंद भवन, राम लीला मैदान, नई दिल्ली-110 002
28. शूद्रों का प्राचीन इतिहास, राम शरण शर्मा, राज कमल प्रकाशन प्रा. लि., 1-बी, नेताजी सुभाष मार्ग, नई दिल्ली-110 002, पेपर बैक संस्करण, 1997

29. सत्य के प्रयोग अथवा आत्मकथा, लेखक, मो. क. गाँधी, अनुवादक, काशीनाथ त्रिवेदी, नवजीवन प्रकाशन मन्दिर, अहमदाबाद-14, पुनर्मुद्रण, जनवरी, 2003
30. संपूर्ण क्रान्ति के लिए वर्ग एवं वर्ग उन्मूलन की भूमिका, डा. धर्मवीर, पुस्तक 'जाति : एक विमर्श' में संकलित, अनुवाद और सम्पादन, डा. जय प्रकाश कर्दम, नवभारत प्रकाशन, डी-626, गली नं. 1, अशोक नगर (निकट ललिता मन्दिर), शाहदरा, दिल्ली-110 093, द्विवितीय संस्करण, 2004
31. सम्पूर्ण गाँधी वाङ्मय, खण्ड अड़तीस, नवंबर 1928—फरवरी 1929, प्रकाशन विभाग, सूचना और प्रसारण मंत्रालय, नई दिल्ली-110 001, संस्करण, दिसम्बर 1970
32. सम्पूर्ण गांधी वाङ्मय, खण्ड-48, प्रकाशन विभाग, सूचना और प्रसारण मंत्रालय, भारत सरकार, नई दिल्ली, 1971
33. स्वामी करपात्री जी और उन का राजनीतिक दर्शन, डा. राम जी मिश्र, आचार्य प्रकाशन, 190 बी/10, राजरूपपुर, इलाहाबाद, प्रथम संस्करण, 1992
34. हजारी प्रसाद द्विवेदी ग्रन्थावली, खण्ड-4, राजकमल प्रकाशन प्राइवेट लिमिटेड, 8, नेताजी सुभाष मार्ग, नई दिल्ली-110002, प्रथम संस्करण, अगस्त, 1981
35. हिन्दुत्व : परिभाषित और अपरिभाषित, धर्मवीर, राज किशोर द्वारा सम्पादित पुस्तक 'आज के प्रश्न -11 : हिन्दुत्व की राजनीति' में संकलित, वाणी प्रकाशन, 21-ए, दरिया गंज, नई दिल्ली-110 002, प्रथम संस्करण, 1996
36. हिन्दू धर्म क्या है?, महात्मा गाँधी, नेशनल बुक ट्रस्ट, इण्डिया, ए-5, ग्रीन पार्क, नई दिल्ली-110 016, प्रथम संस्करण 1993
37. हिन्दू विधि के सिद्धान्त, लेखक, प्रो. (स्वर्गीय) विनायक विष्णु देशपाण्डे, सम्पादक, डा. अच्छे लाल, विधि, साहित्य प्रकाशन, विधि और न्याय मन्त्रालय, विधायी विभाग, भारत सरकार, भगवान दास मार्ग, नई दिल्ली-110 001, संस्करण 1987
38. हिन्दू विधि, चन्द्र नाथ झा, सुविधा ला हाउस, भोपाल, संस्करण 1991
39. हिन्दू विधि, सेन्ट्रल लॉ पब्लिकेशन्स, इलाहाबाद
40. हिन्दू विवाह अधिनियम, इन्द्रजीत मल्होत्रा, ईस्टर्न बुक कम्पनी, 34, लाल बाग, लखनऊ-226 001, द्वितीय संस्करण, 1991

II. English Books

1. Dr. Babasaheb Ambedkar : Writings and Speeches, Volume-I, Compiled by Vasant Moon, Education Department, Government of Maharasthra, Bombay-400032, Reprint 1989
2. Dr. Babasaheb Ambedkar : Writings and Speeches, Volume 2, Compiled by Vasant Moon, Education Department, Government of Maharasthra, Bombay-400 032, 1982
3. Dr. Babasaheb Ambedkar : Writings and Speeches, Volume 3, Compiled by Vasant Moon, Education Department, Government of Maharashtra, Bombay-400 032, Ist Edition 1987
4. Dr. Babasaheb Ambedkar : Writings and Speeches, Vol. 5, Education Department, Government of Maharashtra, Bombay-400 032, Ist Edition, 1989

5. Dr. Babasaheb Ambedkar : Writings and Speeches, Volume-9, Compiled by Vasant Moon, Education Department, Government of Maharashtra, Bombay-400 032, 1991
6. Dr. Babasaheb Ambedkar : Writings and Speeches, Vol. 14, Part One, Vasant Moon, Education Department, Government of Maharashtra, Bombay-400 032, Ist Edition, 1995
7. The Collected Works of Mahatma Gandhi, Volume 8, 1974
8. The Collected Works of Mahatma Gandhi, Volume 59, 1974
9. The Collected Works of Mahatma Gandhi, Volume-81
10. Dalit and The Law, Girish Agrawal and Colin Gonslaves, Human Rights Law Network, 65, Masjid Road, Jangpura, New Delhi-110 014, Edition 2005
11. Freedom at Midnight, by larry Collins and Dominique lapierre, Vikas Publishing House Pvt. Ltd., 5 Ansari Road, Delhi-110 002, Eleventh Impression, 1976
12. Mr. Gandhi and the Emancipation of Untouchables, B.R. Ambedkar, Thacker & Company Limited, Bombay, Edition 1943
13. Half-opened Door, M. Mohan Kumar, Konark Publishers, Delhi, Edition 2000
14. Indian Philosophy, Volume I, S. Radhakrishnan, George Allen & Unwin Limited, London, Eight Impression, 1966
15. Pearl Diver, B.I. Publications Pvt. Ltd., 54, Janpath, New Delhi-110 001, Ist Edition, 1998, M. Mohan Kumar
16. Politics, Power and Parties, M.N. Roy, Renaissance Publishers, Calcutta, April, 1960
17. Principle of Raclical Democracy, Fourth Thesis, M.N. Roy
18. Science and Philosophy, M.N. Roy, Renaissance Publishers, Calcutta, October, 1947
19. Shrimadbhagwadgita Rahasya or Karmayoga, Bal Gangadhar Tilak, Ist Edition 1935.
20. Social Justice and the Undone Vast, by Justice V.R. Krishna Iyer, B.R. Publishing Coperation, 22/9, Nangia Park, Shakti Nagar, Delhi-110 007, Edition 1991
21. Supreme Court on Reservation, Dr. Matadin Madholia, Kamlesh Publications, A/23-B, (MIG) Ashok Vihar-III, Delhi-110 052, Edition 1988

III. हिन्दी पत्र-पत्रिकाएँ

1. अंग्रेज भक्त नहीं थे अम्बेडकर, कँवल भारती, समय चेतना, दिल्ली, मार्च, 1996
2. अंग्रेजों को हरिजन आन्दोलन से भय क्यों था?, देवेन्द्र स्वरूप, नवभारत टाइम्स, नई दिल्ली, 12 अक्टूबर, 1995
3. अंग्रेजों ने सन् 42 के आन्दोलन व हड़तालों की तीव्रता को छिपाने के लिए क्या-क्या स्कैन्डैल नहीं किए, अरुण शौरी, दैनिक जागरण, नई दिल्ली, 29 दिसम्बर, 1995
4. अनमोल वचन, अमर उजाला, मेरठ संस्करण, 13 फरवरी, 2003

5. अम्बेडकर और संविधान निर्माण, भानु प्रताप शुक्ल, नवभारत टाइम्स, नई दिल्ली, 14 अप्रैल, 1995
6. अम्बेडकर का पत्राचार कहाँ है?, देवेन्द्र स्वरूप, नवभारत टाइम्स, नई दिल्ली, 10 अगस्त, 1995
7. अम्बेडकर की नजर में अंग्रेज और अछूत, अरुण शौरी, दैनिक जागरण, नई दिल्ली, 5 जनवरी, 1995
8. अम्बेडकर के सहारे महात्मा गांधी पर हमला, अच्युतानंद मिश्र, नवभारत टाइम्स, नई दिल्ली, 30 सितम्बर, 1994
9. अम्बेडकर को गांधी से न लड़ाएँ, अरुण कुमार त्रिपाठी, नवभारत टाइम्स, नई दिल्ली, 13 अगस्त, 1991
10. अम्बेडकर ने तो नफरत बोई थी, अरुण शौरी, दैनिक जागरण, नई दिल्ली, 10 दिसम्बर, 1995
11. अम्बेडकर ने संविधान की एक लाइन नहीं लिखी, अरुण शौरी, अमर उजाला, मेरठ, 16 नवम्बर, 1996
12. आम्बेडकर-भक्ति बनाम गांधी-विरोध, देवेन्द्र स्वरूप, नवभारत टाइम्स, नई दिल्ली, 17 अगस्त, 1995
13. आरक्षण पर सार्थक बहस, धर्मवीर, दूसरा शनिवार, सम्पादक राज किशोर, सत्य प्रकाशन सी 53, एक्सप्रेस अपार्टमेन्टस, दिल्ली-110 096, फरवरी 1998, पृ.-43-4
14. इण्डिया टुड़े, तेवर, लिविंग मीडिया इण्डिया लि., एफ-14/15, कनाट प्लेस, नई दिल्ली-110 001, 15 दिसम्बर, 1992
15. इतिहास का एक निर्णायक अगर, देवेन्द्र स्वरूप, नवभारत टाइम्स, नई दिल्ली, 24 अगस्त, 1995
16. उमेश मित्तल, नवभारत टाइम्स, नई दिल्ली संस्करण, 18 जनवरी, 1996
17. कबीर मंडन गांधी खंडन, डा. धर्मवीर, जनसत्ता, नई दिल्ली, 30 मार्च, 2003
18. कल्याण, हिन्दू संस्कृति अंक, गीता प्रेस, गोरखपुर, उत्तर प्रदेश
19. केरल सरकार और जारसत्ता का दलित प्रवक्ता, मुद्रा राक्षस, राष्ट्रीय सहारा, दिल्ली, 21 अक्तूबर, 2007
20. क्या गांधी दलितों के विरोधी थे?, बरेन राय, नवभारत टाइम्स, नई दिल्ली, 10 जनवरी, 1995
21. क्या गांधी दलितों से बचाव के लिए हैं, राज किशोर, नवभारत टाइम्स, नई दिल्ली, 21 अक्टूबर, 1994
22. क्या प्रेमचंद की कोई रखैल थी?, डा. कौशल राय, समाचार टाइम्स, संस्मरण कथा विशेषांक
23. गांधी, अम्बेडकर और साम्राज्य, देवेन्द्र स्वरूप, नवभारत टाइम्स, नई दिल्ली, 3 अगस्त, 1995
24. गांधी की इज्जत, सम्पादकीय, नवभारत टाइम्स, नई दिल्ली, 17 मार्च, 1994
25. गांधी को किसी वकील की जरूरत नहीं है, उदयन, अमर उजाला, मेरठ, 15 मई, 1995
26. जाति मुक्त समाज की ओर, डा. मस्तराम कपूर, नवभारत टाइम्स, नई दिल्ली, 7 दिसम्बर, 1992
27. जातीय विद्वेष का विष, नरेन्द्र मोहन, दैनिक जोगरण, नई दिल्ली, 5 अप्रैल, 1994

28. तीसरे दशक का यथार्थ, देवेन्द्र स्वरूप, नवभारत टाइम्स, नई दिल्ली, 15 जून, 1995
29. तुलसी की याद आना, डा. धर्मवीर, वाक्, प्रवेशांक, वाणी प्रकाशन, 21-ए, दरियागंज, नई दिल्ली-110 002, जनवरी-मार्च, 2007, पृ. 78-81
30. तेवर, अरुण शौरी, इण्डिया टुडे, लिविंग मीडिया इण्डिया लि., एफ-14/15, कनाट प्लेस, नई दिल्ली-110 001, 15 दिसम्बर, 1992
31. दलित आन्दोलन का भटकाव, देवेन्द्र स्वरूप, नवभारत टाइम्स, नई दिल्ली, 8 जून, 1992
32. दलित छात्रा की आँख फोड़े जाने की लोकसभा में निन्दा, नवभारत टाइम्स, नई दिल्ली, 8 अगस्त, 1995
33. दलित शब्द का भ्रम जाल, देवेन्द्र स्वरूप, नवभारत टाइम्स, नई दिल्ली, 31 अगस्त, 1995
34. दलित साहित्य की परिभाषा : समग्रता और पूर्णता की ओर, धर्मवीर, दलित साहित्य 1999, सम्पादक, जय प्रकाश कर्दम, सी-19, डी. डी. ए. फ्लैट, ईस्ट ऑफ लोनी रोड, दिल्ली-110 093, पृ.-32-49
35. दलित साहित्य-परम्परा में कबीर, नामवर सिंह, अपेक्षा, 27 घौंडली, कृष्णा नगर, दिल्ली-110 051, जनवरी-मार्च, 2003
36. देवदत्त क्यों हँसे?, धर्मवीर, जनसत्ता, नई दिल्ली, 6 जुलाई, 2003
37. देवताओं के नाम पर, राज किशोर, नवभारत टाइम्स, नई दिल्ली, 8 अप्रैल, 1994
38. देशभक्त डॉ. अम्बेडकर व एम. एन. राय, शिव प्रसाद धुसिया, दैनिक जागरण, मेरठ, 24 नवम्बर, 1994
39. दैनिक जागरण, नई दिल्ली, दिनांक 10 दिसम्बर, 1995
40. दैनिक जागरण, मेरठ संस्करण, 3 मई, 1995
41. दोषपूर्ण जांच और लेखन चतुराई, शिव प्रसाद धुसिया, दैनिक प्रभात, मेरठ, 5 जनवरी, 1996
42. धौंस-डपट तर्क और हमला सबूत हैं, अरुण शौरी, दैनिक जागरण, नई दिल्ली, 8 मार्च, 1996
43. नवभारत टाइम्स, मधु सूदन आनंद, नई दिल्ली, 16 अगस्त, 1996
44. नारी-विमर्श का लेखा जोखा–'देहरी भई विदेस', डा. हर दयाल, भाषा (द्वैमासिक), केन्द्रीय हिन्दी निदेशालय, मानव संसाधन विकास मन्त्रालय, भारत सरकार, पश्चिमी खण्ड-7, राम कृष्ण पुरम, नई दिल्ली-110 066, जनवरी-फरवरी, 2006
45. नैतिकता हर समाज व जाति में अलग-अलग होती है, मधु किश्वर, हंस, 2/36, अन्सारी रोड, दरियागंज, नई दिल्ली-110 002, सितम्बर, 2007
46. पहले बदलने की जरूरत, कीर्ति झा, नवभारत टाइम्स, नई दिल्ली संस्करण, 22 दिसम्बर, 1995
47. पूर्वाग्रह से ग्रस्त हैं शौरी, शिव प्रसाद धुसिया, अमर उजाला, मेरठ, 27 सितम्बर, 1996
48. प्रजापति समाज तथा उस का इतिहास, सोहन लाल मधुप, समतावादी भारत, 123, वी. पी. हाऊस, रफी मार्ग, नई दिल्ली-110 001, जुलाई-सितम्बर, 2003
49. बलात्कार का दर्शन, डा. जय प्रकाश कर्दम
50. बिना जांच-पड़ताल किए पूजा, अरुण शौरी, दैनिक जागरण, नई दिल्ली, 22 दिसम्बर, 1995
51. महापुरुषों का बँटवारा, धर्मवीर, पश्यन्ती, 3/3, आई. एन. एस. बिल्डिंग, रफी मार्ग, नई दिल्ली–110 001, अप्रैल-जून, 1998, पृ.-24-37

52. मुद्रा राक्षस : एक विदेशी शूद्र, डा. धर्मवीर, अम्बेडकर इन इण्डिया, पूनार आफसैट, गुईन रोड, अमीनाबाद, लखनऊ-226 018, दिसम्बर, 2007, पृ.-39-41
53. मुस्लिम प्रधानमंत्री के पक्ष में, मौलाना वहीदुद्दीन खाँ, नवभारत टाइम्स, नई दिल्ली संस्करण, 11 दिसम्बर, 1995
54. रखैल और जार का दलित पाठ, सम्पादकीय, राजेन्द्र यादव, हंस, 2/36, अन्सारी रोड, दरियागंज, नई दिल्ली-110002, नवम्बर, 2005
55. सम्पादन की गलत मिसाल, डा. धर्मवीर, जनसत्ता, दिल्ली, 28 मई, 2006
56. सवर्ण स्वार्थ थे 'भारत छोड़ो' के पीछे, कँवल भारती, नवभारत टाइम्स, नई दिल्ली, 2 सितम्बर, 1992
57. सामन्त का मुंशी या कलम का सिपाही, संवाद, अरुण आदित्य, पल प्रतिपल, एस. सी. एफ. 267, सेक्टर-16, पंचकूला-134 113, हरियाणा, जून-सितम्बर, 2005
58. सूत न कपास, प्रस्तुति राज किशोर, जनसत्ता, नई दिल्ली, 30 मार्च, 2003
59. 'हिन्दी' 'साहित्य' के 'इतिहास' की 'राजनीति', डा. धर्मवीर, अम्बेडकर इन इण्डिया, सम्पादक क्रान्ति कुमार निगम, पनार आफसेट, गुईन रोड, अमीनाबाद, लखनऊ-226 018, अगस्त 2006, पृ.-16-20

IV. English Magazines

1. The Indian Express, New Delhi, 10 March, 1994
2. The Myth of Caste Tyranny, Meenakshi Jain, The Indian Express, Kochi, 26 September, 1990

V. हिन्दी वाद निर्णय

1. अखिल भारतीय शोषित कर्मचारी संघ (रेल) बनाम भारत संघ और अन्य : (1981) 4 उम. नि. प. 638
2. इन्दिरा साहनी और अन्य बनाम भारत संघ और अन्य : (1993) 1 उम. नि. प. 1
3. कर्नाटक राज्य बनाम अप्पा बालू इंगले : (1993) 1 उम. नि. प. 495
4. के. एस. जयश्री और एक अन्य बनाम केरल राज्य और एक अन्य : (1977) 3 उम. नि. प. 360
5. के. सी. वसन्त कुमार और एक अन्य बनाम कर्नाटक राज्य : (1985) 4 उम. नि. प. 670
6. श्रीमती सुमित्री विष्णु बनाम भारत संघ : (1985) 4 उम. नि. प. 1259

VI. English Cases

1. Manohar Joshi vs. N. B. Patil (SUPREME COURT : 1995 (7) SCALE : VOLUME I, Number 1, p.-59
2. Dr. R.Y. Prabhu vs. Sh. P.K. Kundewale, Copy of the Original Judgement.
3. Dr. R.Y. Prabhu vs. Sh. P.K. Kundewale : SUPREME COURT : 1995 (7) SCALE, VOLUME 1, Number 1, p.-22
4. Sarla vs Mahendra Kumar : 1989 Criminal Law Journal 730 (Rajasthan)

डा. धर्मवीर के दलित सम्बंधी साहित्य पर बहस

I. हिन्दी

1. डा. अम्बेडकर के प्रशासनिक विचार का लोकार्पण, प्रस्तुति अजय नावरिया, अपेक्षा, 27-घौंडली, कृष्णा नगर, दिल्ली-110 051, जुलाई-सितम्बर, 2004, पृ.-172-73
2. 'डा. अम्बेडकर के प्रशासनिक विचार' पुस्तक का लोकार्पण, रिपोर्ट, राष्ट्रीय सहारा, नयी दिल्ली, 1 सितम्बर 2004
3. अम्बेडकरवादी साहित्य की अवधारणा, तेज सिंह, अपेक्षा, 27-घौंडली, कृष्णा नगर, दिल्ली-110 051, जुलाई-सितम्बर, 2004, पृ.-9
4. 'अशोक बनाम वाजपेयी : अशोक वाजपेयी' नामक डा. धर्मवीर की पुस्तक पर रमेश दत्त दुबे द्वारा 15 जनवरी 2005 की सुबह 11 बजे इण्डिया इण्टरनेशनल सेन्टर, नई दिल्ली में लोकार्पण-भाषण
5. अस्पृश्य किस देश के नागरिक हैं, धर्मवीर, राज किशोर द्वारा सम्पादित पुस्तक 'आज के प्रश्न-10 : मानव अधिकारों का संघर्ष' में संकलित, वाणी प्रकाशन, 21-ए, दरियागंज, नई दिल्ली-110 002, संस्करण, 2004, पृ.-76-90
6. आरक्षण पर सार्थक बहस, धर्मवीर, दूसरा शनिवार, सम्पादक राज किशोर, सी-53, एक्सप्रेस अपार्टमेन्ट्स, दिल्ली-110 096, फरवरी, 1998, पृ.-43-4
7. एक बौद्धिष्ट का फतवा, सम्पादकीय, मोहन दास नैमिशराय, बयान, बी. जी. 5ए/30-बी, पश्चिम विहार, नई दिल्ली-110 063, जून, 2007, पृ.-3
8. कबीर मंडन गांधी खंडन, डा. धर्मवीर, जनसत्ता, नई दिल्ली, 30 मार्च, 2003
9. कवि को कुछ और निकट से जानना, राकेश तिवारी, जनसत्ता, दिल्ली, 16 जनवरी, 2005
10. क्या शूद्र भी हिन्दू हैं?, धर्मवीर, पुस्तक 'आज के प्रश्न-3 : हिन्दू होने का मतलब' में संकलित, सम्पादक राज किशोर, वाणी प्रकाशन, 21-ए, दरियागंज, प्रथम संस्करण, 1994, पृ.-91-7
11. गांधी जी के बारे में एक भ्रम, राज किशोर, जनसत्ता, नई दिल्ली, 13 मार्च, 2003
12. जाति तोड़ने की बाबत, रामनाथ शिवेन्द्र, हंस, 2/36, अन्सारी रोड, दरिया गंज, नई दिल्ली-110 002, दिसम्बर 1998, पृ.-11-2
13. जातिविहीन समाज का सपना, धर्मवीर, पुस्तक 'जाति का जहर' में संकलित, सम्पादक राज किशोर, वाणी प्रकाशन, 21-ए, दरिया गंज, नई दिल्ली-110 002, प्रथम संस्करण, 1998, पृ.-72-81

14. ठहरे रहने की सलाह, आर. के. भट्ट, हंस, 2/36, अन्सारी रोड, दरिया गंज, नई दिल्ली-110 002, मई 1998, पृ.-7
15. तुलसी की याद आना, डा. धर्मवीर, वाक्, सम्पादक सुधीश पचौरी, 21ए, दरियागंज, नई दिल्ली-110 002, प्रवेशांक, जनवरी-मार्च, 2007, पृ.-78-81
16. दलित अस्मिता और गठबन्धन का प्रश्न, ईश कुमार गंगानिया, दलित साहित्य 2004 (वार्षिकी), सम्पादक जय प्रकाश कर्दम, बी-634, डी. डी. ए. फ्लैट्स, ईस्ट ऑफ लोनी रोड, दिल्ली-110 093, पृ.-69-82
17. दलित चिन्तन का विकास : अभिशप्त चिन्तन से इतिहास चिन्तन की ओर, डा. धर्मवीर दिनांक 14-17 अक्टूबर, 1997 को 'द्रि इण्डियन इन्स्टिट्यूट आफ एडवान्स्ड स्टडी, शिमला' के तत्वाधान में 'ब्लैक एण्ड दलित राइटिंग्स—सम रिसेन्ट ट्रेन्ड्स' के विषय पर आयोजित सेमिनार में पढ़ा गया एक पर्चा; हंस, 2/36, अन्सारी रोड, दरिया गंज, नई दिल्ली-110 032, मार्च 1998, पृ.-52-7 पर प्रकाशित; चमन लाल द्वारा सम्पादित पुस्तक 'दलित और अश्वेत साहित्य : कुछ विचार' के पृ.-57-70 पर प्रकाशित, प्रकाशक, भारतीय उच्च अध्ययन संस्थान, शिमला, प्रथम संस्करण, 2001
18. दलित चिन्तन बनाम इतिहास, डा. शैलेन्द्र कुमार त्रिपाठी, हंस, 2/36, अन्सारी रोड, दरिया गंज, नई दिल्ली-110 002, जुलाई 1998, पृ.-68
19. दलित विमर्श : वर्तमान परिदृश्य : नया ज्ञानोदय, समन्वय, उमा शंकर चौधरी, नया ज्ञानोदय, 18, इंस्टिट्यूशनल एरिया, लोदी रोड, पोस्ट बाक्स नं. 3113, नई दिल्ली-110 033, जून 2005, पृ.-11-24
20. दलित समाज के नए 'साईं बाबा' : डॉ. धर्मवीर का बुद्ध तथा अम्बेडकर विरोधी धर्मयुद्ध, डा. तुलसीराम, भारत अश्वघोष, 199ए, ईगल पैलेस, मेडिकल चौक, नागपुर-440009, महाराष्ट्र, मई-जून 1998, पृ.-6-15, 44
21. दलित साहित्य की परिभाषा : समग्रता और पूर्णता की ओर, लेखक, धर्मवीर, दलित साहित्य 1999, सम्पादक, जय प्रकाश कर्दम, सी-19, डी. डी. ए. फ्लैट्स, ईस्ट ऑफ लोनी रोड, दिल्ली-110 093, पृ.-32-49
22. दलित साहित्य के तवे पर, मूल मराठी लेखक, नरेन्द्र शेलार, अनुवादक, शेखर, दलित साहित्य 2004 (वार्षिकी), सम्पादक जय प्रकाश कर्दम, बी-634, डी. डी. ए. फ्लैट्स, ईस्ट ऑफ लोनी रोड, दिल्ली-110 093, पृ.-99-102
23. दलितों का दर्शन क्या हो?, धर्मवीर, पुस्तक 'आज के प्रश्न-6 : हरिजन से दलित' में संकलित, वाणी प्रकाशन, 21-ए, दरिया गंज, नई दिल्ली-110 002, प्रथम संस्करण, 1994, पृ.-143-55
24. दलितों पर सामन्ती अकड़ का बौद्धिक हंटर, रमेश निर्मल, जनसत्ता, नई दिल्ली, 6 अप्रैल, 2003
25. धर्म की अवधारणा और दलित, वेद प्रकाश, अभिमूकनायक, 192, पाकेट डी, मयूर विहार फेज-2, दिल्ली-110 092, दिसम्बर-2006, पृ.-7
26. नये इतिहास का संकेत, रत्न कुमार सांभरिया, हंस, 2/36, अन्सारी रोड, दरिया गंज, नई दिल्ली-110 002, मई 1998, पृ.-7

27. पश्यन्ती का दलित-चेतना अंक : दलित सवालों पर एक गम्भीर विमर्श, कंवल भारती, अभिमूकनायक, स्वर्ण जयन्ती विशेषांक, जुलाई-अगस्त, 1998, पृ.-14
28. पाठक-प्रतिक्रिया, कंवल भारती, अपेक्षा, 27-घौंडली, कृष्णा नगर, दिल्ली-110 051, अप्रैल-जून, 2004, पृ.-9
29. पाठक-प्रतिक्रिया, पूरा राम, अपेक्षा, 27-घौंडली, कृष्णा नगर, दिल्ली-110 051, जनवरी-मार्च 2004, पृ.-8-9
30. पाठक-प्रतिक्रिया, रमेश निर्मल, अपेक्षा, 27-घौंडली, कृष्णा नगर, दिल्ली-110 051, अक्तूबर-दिसम्बर 2003, पृ.-2-3
31. भाजपा प्रगतिगामी है, सुधीर सुमन, हंस, 2/36, अन्सारी रोड, दरिया गंज, नई दिल्ली-110 002, मई 1998, पृ.-8-9
32. महापुरुषों का बँटवारा, धर्मवीर, पश्यन्ती, 3/3, आई. एन. एस. बिल्डिंग, रफी मार्ग, नई दिल्ली-110 001, अप्रैल-जून 1998, पृ.-24-37
33. मुद्राराक्षस : एक विदेशी शूद्र, डा. धर्मवीर, अम्बेडकर इन इण्डिया, पूनार आफसैट, गुईन रोड, अमीनाबाद, लखनऊ-226 018, दिसम्बर 2007, पृ.-39-41
34. सम्पादक के नाम पत्र, अशोक कुमार, बयान, बी. जी. 5ए/30-बी., पश्चिम विहार, नई दिल्ली-110 063, जून, 2007, पृ.-5
35. समकालीन हिन्दी दलित विमर्श, रामचन्द्र, कृति संस्कृति सन्धान, बी 2/51, रोहिणी सेक्टर 16, दिल्ली-110 085, अंक 3 (संयुक्तांक), जनवरी 2004 से मार्च 2005, पृ.-123-32
36. साहित्य-विमर्श में अम्बेडकरवादी आन्दोलन, ईश कुमार गंगानिया, अपेक्षा, 27-घौंडली, कृष्णा नगर, दिल्ली-110 051, पृ.-120-27
37. सूत न कपास, प्रस्तुति, राज किशोर, जनसत्ता, नई दिल्ली, 30 मार्च, 2003
38. सम्पूर्ण क्रान्ति के लिए वर्ग एवं वर्ग उन्मूलन की भूमिका, डा. धर्मवीर, पुस्तक 'जाति : एक विमर्श' में संकलित, अनुवाद और सम्पादन, डा. जय प्रकाश कर्दम, नवभारत प्रकाशन, डी-626, गली नं. 1, अशोक नगर (निकट ललिता मन्दिर), शाहदरा, दिल्ली-110 093, द्वितीय संस्करण, 2004, पृ.-25-31
39. 'हिन्दी' 'साहित्य' के 'इतिहास' की 'राजनीति', डा. धर्मवीर, अम्बेडकर इन इण्डिया, सम्पादक क्रान्ति कुमार निगम, पनार आफसेट, गुईन रोड, अमीनाबाद, लखनऊ-226 018, अगस्त 2006, पृ.-16-20
40. हिन्दुत्व : परिभाषित और अपरिभाषित, धर्मवीर, राज किशोर द्वारा सम्पादित पुस्तक 'आज के प्रश्न-11 : हिन्दुत्व की राजनीति' में संकलित, वाणी प्रकाशन, 21-ए, दरिया गंज, नई दिल्ली-110 002, प्रथम संस्करण, 1996, पृ.-155-77

II. English

41. The Bijak Paternity, Dr. Ricard Slater, Economic and Social Policy Reform in India : Papers on Selected Research Themes under The Queen Elizabeth House Visiting Fellowship Programme, 1999/2000 Batch, Edited by Dr. Richard Slater, University of Oxford, Queen Elizabeth House, International Development Centre, pp.-37-41

42. Buddhism : A Halt or a Destination for Dalits?, Dr. Dinesh Ram, Shaheed Bhagat Singh College, Delhi University

43. Mahatmai Prescription of Gandhiji on Paternity, Dr. Dharam Veer, Forum for Social Equality News, Volume 1, No. 7, October, 2000, Force News House No. 4, Officers Nagar, Oottukuzhi, Thiruvananthapuram- 695 001, pp.-14-5

44. The Indomitable Man with a Mission, Sheoraj Singh Bechain, The Sunday Pioneer, 17 October, 1999

45. Skewed Faith Unravelled, I. Santha Kumar, The Secular Humanist, Deepthi, Kunduvara Chempukavu, Trichur -680 020, Kerala, May, 2003, p.-5

46. Twenty One Thesis on Dalit Language, Literature and Thought, Presented by Dr. Dharam Veer, I.A.S., at the South Indian Literary Workshop held from 27th to 29th May 2002, Organised by the Scheduled Caste Development Department, Government of Kerala, at the Vailoppilly Sanskriti Bhavan, Thiruvanthapuram.

•••